国家级小学教育一流本科建设专业与师范教育创新工程系列教材
浙江省"十三五"新形态规划教材

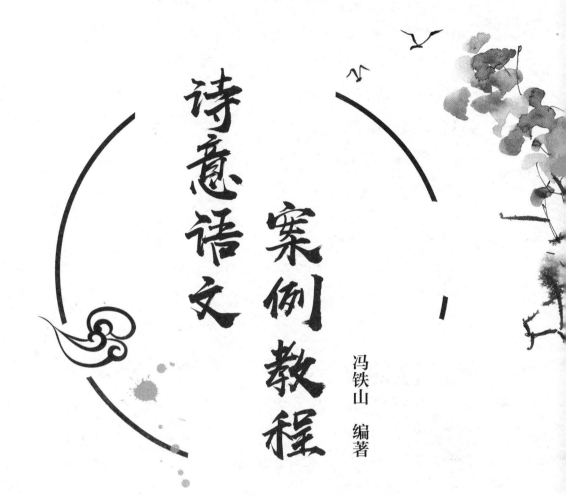

诗意语文案例教程

冯铁山 编著

华东师范大学出版社
上海

图书在版编目(CIP)数据

诗意语文案例教程/冯铁山编著.—上海:华东师范大学出版社,2021

国家级小学教育一流本科建设专业与师范教育创新工程系列教材

ISBN 978-7-5760-1139-5

Ⅰ.①诗… Ⅱ.①冯… Ⅲ.①小学语文课—教案(教育)—师范大学—教材 Ⅳ.①G623.202

中国版本图书馆 CIP 数据核字(2021)第 043296 号

国家级小学教育一流本科建设专业与师范教育创新工程系列教材

诗意语文案例教程

编　　著	冯铁山
责任编辑	彭呈军
特约审读	郝　琳
责任校对	樊　慧　时东明
装帧设计	刘怡霖

出版发行	华东师范大学出版社
社　　址	上海市中山北路3663号 邮编 200062
网　　址	www.ecnupress.com.cn
电　　话	021-60821666　行政传真 021-62572105
客服电话	021-62865537　门市(邮购)电话 021-62869887
地　　址	上海市中山北路3663号华东师范大学校内先锋路口
网　　店	http://hdsdcbs.tmall.com

印 刷 者	上海龙腾印务有限公司
开　　本	787×1092　16开
印　　张	23
字　　数	407千字
版　　次	2021年7月第1版
印　　次	2021年7月第1次
书　　号	ISBN 978-7-5760-1139-5
定　　价	78.00元

出 版 人　王　焰

(如发现本版图书有印订质量问题,请寄回本社客服中心调换或电话 021-62865537 联系)

《国家级小学教育一流本科建设专业与师范教育创新工程系列教材》编写委员会

主　编　周　勇

委　员　冯铁山　邵光华　徐晓雄
　　　　陈柏华　张光陆　沈玲蓉
　　　　黄荣良　汪明帅　姚佩英
　　　　李慧仙　周国平　李元厂

总序

为全面振兴我国本科教育,建设一流本科专业人才培养体系,教育部于2018年6月召开了新时代第一次高等学校本科教育工作会议,先后出台了《关于加快建设高水平本科教育全面提高人才培养能力的意见》(教高〔2018〕2号)和《关于一流本科课程建设的实施意见》(教高〔2019〕8号),把实施一流专业建设"双万计划"和一流课程建设"双万计划",作为新时代高水平本科人才培养体系建设的重要任务和重点举措。2019年4月,教育部办公厅发布了《关于实施一流本科专业建设"双万计划"的通知》(教高厅函〔2019〕18号),并于同年12月公布了首批国家级和省级一流本科专业建设点名单(教高厅函〔2019〕46号)。其中,宁波大学小学教育专业、法学专业、通讯工程专业等十个本科专业成功入选我国首批国家级一流专业建设点。至2020年底,宁波大学已有24个专业获批国家一流本科专业建设点,全校60%以上的专业入选国家和浙江省专业建设"双万计划"。宁波大学是2017年入选的国家"双一流"建设高校。根据教育部对"双一流"高校要率先建成"一流专业"的要求,我校教务处于2020年初组织2019年获批的国家和省级一流本科专业建设点制定了《宁波大学国家级和省级一流本科专业建设点2020—2022年建设方案》,由此开启了宁波大学本科专业人才培养体系高质量内涵建设与发展的新征程。

宁波大学小学教育专业是首批入选国家级一流本科专业建设点的专业之一。经过这些年不懈建设与努力,该专业内涵不断丰富,办学质量持续提升,陆续成为浙江省重点建设专业、浙江省教师教育基地、浙江省"十二五""十三五"优势和特色建设专业,并于2019年成功入选国家级一流专业建设点和浙江省一流专业建设点。该专业国家一流专业建设点负责人、宁波大学教师教育学院院长贺国庆教授主持制定了《小学教育国家级一流本科专业建设点2020—2022年建设规划方案》,把一流课程与教材建设项目作为推进国家一流专业建设、建设高水平小学教育人才培养体系的核心内容与重要抓手。根据建设规划方案的要求，宁波大学基础教育系主任、小学教育专业负责人周勇教授牵头成立了小学教育专业一流教材建设专家组与教材编写委员会，组织制定了《国家级小学教育一流本科建设专业与师范教育创新工程系列教材》建设规划，并且联系教育出版全国领先的华东师范大学出版社承担这套教材的出版事宜。呈现在大家面前的这套十卷本小学教育系列教材，就是宁波大学小学教育专业辛勤奉献的课程教材建设成果，同时也是该专业在建设国家一流专业的征程中迈出的坚实步伐。

作为宁波大学小学教育国家级一流专业建设成果，这套小学教育专业系列教材具有如下几个鲜明特色。

本套教材的第一个鲜明特色是：教材编写队伍荟萃了宁波大学教师教育团队的优势力量，教材编写过程实现了"领军型"教师团队建设与一流学科建设、一流专业建设、一流课程建设的一体化，为本套教材的整体编写质量奠定了坚实基础。"领军型"教师团队既决定着一流学科的建设质量，同时也决定着一流专业、一流课程与教材的建设质量。本套教材的每一位教材主编，既是在教师教育研究领域有所建树的研究专家与领军人物，又是本专业执教相应教师教育课程多年、具有丰富大学教学经验、同时又谙熟基础教育实践的骨干教师。本套教材的编写过程，既是各位主编教师带领自己的团队，根据专业人才培养目标与课程建设的需要，把最新教师教育研究成果转化为课程教学内容的过程，也是各位主编教师带领自己的团队，围绕一流课程教材建设，开展教学研讨、实现教师教学发展、凝练高水平教学团队的过程，实现了教师教育学科建设、专业建设、课程建设、团队建设的一体化。因此，本套教材的编写队伍与编写过程，为确保教材整体质量奠定了坚实基础。在此，对本套教材每本教材名称及主编基本情况简介如下（最终书名可能会有变动）：

◇《诗意语文案例教程》，编著者冯铁山博士、教授，语文教育研究专家。
◇《小学数学实践与科学实验》，主编邵光华博士、教授，数学教育研究专家。
◇《小学科学教学论》，著者周勇博士、教授，科学教育研究专家。
◇《小学英语教师专业发展》，主编张光陆博士、教授，英语教育研究专家。
◇《小学英语课程与教材分析》，主编陈柏华博士、教授，英语教育研究专家。
◇《小学信息化教学技能实务》，主编徐晓雄博士、教授，教育技术研究专家。
◇《小学班主任与班级管理》，主编汪明帅博士、副教授，教师教育研究专家。
◇《小学语文统编本教材教学设计》，著者沈玲蓉副教授，语文教育研究专家。

◇《小学数学算理基础》，主编黄荣良副教授，小学数学算理研究专家。

◇《小学教育实习指导》，主编姚佩英老师，教育实践课程研究专家。

本套教材的第二个鲜明特色是：整套教材在编写思路上注重落实一流专业人才培养目标、教师专业属性和专业发展机制对人才培养的要求，具有鲜明的专业性、实践性、案例性、反思性特征。本质上，教材是课程效能的价值载体和课程实施的基本媒体，是指导师生展开教学活动、建构学习经验、实现专业人才培养目标的重要教学资源。为此，教师教育教材的编写既要落实教师专业培养目标对课程目标和课程内容的要求，同时又要落实教师专业属性和专业发展机制对教学活动和教学过程的内在要求，才能保障教师教育教材承载相应的课程效能并发挥人才培养成效。宁波大学小学教育专业作为国家一流建设专业，将人才培养目标定位于：主动适应国家基础教育改革、浙江义务教育优质均衡发展和率先实现教育现代化对教师专业素质的要求，培养师德修养高尚与教育情怀浓厚，综合素养全面与实践技能扎实，具有一定教学专长能力与持续发展潜力的高素质、专业化小学教师。由此观照本套教材中每一本教材，无论是《诗意语文案例教程》、《小学数学实践与科学实验》、《小学科学教学论》、《小学英语教师专业发展》等面向教师教学内容素养的教材，还是《小学信息化教学技能实务》、《小学班主任与班级管理》、《小学教育实习指导》等面向教师一般教学技能素养的教材，都是针对高度支撑小学教育专业培养目标的课程，并且按照相应课程效能、课程目标、课程内容而开发出来的，从根本上保障了教材所承担的课程效能与人才培养成效，表现出非常强的"专业性"。其次，国家教育部颁布的《教师教育课程标准（试行）》指出，教师是反思性实践者，他们是在研究反思自身实践经验和改进教育教学行为过程中实现专业发展的。教师专业的这种反思实践性及其反思实践发展机制，已经为专家与新手教师比较研究的结果所证实，并已成为当前世界教师教育领域的共识，极大地影响了世界各国教师教育模式与课程教材开发策略。为了落实这种专业属性与专业发展机制的要求，本套教材注重把小学教育教学情境中的真实性、实践性问题，先导性地植入教材创设的学习情境之中，从而激发师范生以教师主体角色身份，展开对这些实践性问题的思考与探究，有意识地培养师范生对教师专业身份认同与教育实践智慧。这就是本套教材所具有的"实践性"。为了培养学生像教育专家那样解决这些实践问题，本套教材皆注重从优秀教师教学案例或专家指导下的联合教研案例中选择实践问题解决案例，并通过案例分析展示专家解决这些问题的思维过程，从而培养师范生的专家思维与教学专长能力。这就是本套教材所具有的"案例性"。为了引导学生在解决实践问题时超越自身经验,本套教材注重把多种先进理论成果引入问题解决过程,让学生作为反思的多种视角或方法,透视实践情境的复杂性并据此重构问题及其解决过程,培养师范生的实践反思能力。这就是本套教材所具有的"反思性"。从某种意义上说,专业性、实践性、案例性、反思性,正是一流教师教育教材所应具有的基本特征。

本套教材的第三个鲜明特色是:整套教材在编写内容与编写方式上致力于体现我国新时代国家一流本科专业建设与一流本科课程(即"金课")建设对教材内容与呈现方式的要求,具有较强的高阶性、创新性与挑战性。首先,整套教材在编写内容上体现国家一流建设专业培养目标对课程内容的要求,注重引导师范生运用新的理论观点对教育实践问题展开深层次探究学习,并融入当前热点与难点问题的探讨,强调学习内容的深度与广度,培养师范生解决复杂问题的专家思维与教学专长能力。在教材呈现方式上,本套教材注重创新教材呈现方式与话语体系,从奠定师范生综合素养、形成实践智慧、培养教学专长能力与持续发展潜力所需要的教学与学习条件出发,把先进学术研究成果的"学术化"表征方式与话语体系,转化为适合学生学与教师教的"教学化"的表征方式与话语体系,既保障教材内容的前沿性、科学性与深广度,又增强教材形式与功能的针对性与实效性,从而落实高阶性、创新性、挑战性的"金课"建设要求。另外,本套教材注重配合国家级与省级线下、线上一流课程资源的建设,努力构建出融合线上视频、多媒体课件、线下教学资源于一体的新形态教材体系。

总之,这套十卷本小学教师教育教材,向我们展示了宁波大学小学教育专业在建设国家一流专业征程中所迈出的坚实步伐与所取得的标志性成果。希望该专业以这次系列教材建设为契机,进一步加强一流课程教材建设、一流教师团队建设,进一步完善人才培养方案,加强教学改革与研究,全面提升专业内涵深度,开启全面建设国家级一流小学教育专业的新局面,为把小学教育专业尽早建成国家一流专业取得更多、更高水平的专业建设成果。

宁波大学副校长 国家二级教授 博士生导师

2021 年 5 月

目　录

自序：像呼吸一样自然地学习语文　　1

第一章　诗意语文案例研究概论　　1
　　第一节　教育教学案例的基本内涵与基本特征　　1
　　第二节　教育教学案例学习与研究的基本价值　　4
　　第三节　教育教学案例的思维路径　　7

第二章　诗意语文教学案例写作　　19
　　第一节　案例如何选题与拟题　　19
　　第二节　如何撰写问题背景　　23
　　第三节　如何进行案例情景描述　　25
　　第四节　问题提出与分析的撰写　　31
　　第五节　正文与进一步讨论的撰写　　35

第三章　诗意语文教学理论导引　　40
　　第一节　指向言语实践的语文教学　　40
　　第二节　诗意语文的基本内涵与实施策略　　49
　　第三节　诗意作文教学的基本内涵与实践策略　　54
　　第四节　德言同构：语文教学目的建构的实践逻辑　　63

第四章　识字与词语诗意教学案例　　　　　　　　　　　70
第一节　小学语文低段"德言同构"识字教学案例研究　　70
第二节　让静态的词语动起来——《燕子专列》词语教学　92

第五章　文言文诗意教学案例　　　　　　　　　　　　105
第一节　基于言语实践的小学文言文教学案例　　　　105
第二节　基于言语实践的《小石潭记》教学个案研究　　125
第三节　寻找语文缺失的一角：古诗词教学　　　　　140

第六章　作文诗意教学案例　　　　　　　　　　　　　149
第一节　小学习作教学诗意情境创设的案例　　　　　149
第二节　从心出发，焕发习作教学的诗意魅力
　　　　——六年级《感受阳光》诗意习作教学实录与评点　158
第三节　小学诗意习作专题课程开发与实践
　　　　——以"如何写清一件事"为例　　　　　　　171

第七章　阅读诗意教学案例　　　　　　　　　　　　　184
第一节　从结果印证嬗变到过程体验
　　　　——六年级语文《穷人》微体教学的价值取向案例分析　184
第二节　提高小学生自主阅读能力的"七彩阅读微课"　189
第三节　说明文《苏州园林》诗意教学　　　　　　　198
第四节　基于"言语实践"的说明文《琥珀》教学　　　207

第八章　诗歌诗意教学案例　　　　　　　　　　　　　222
第一节　基于意象理论的诗歌教学案例
　　　　——《假如生活欺骗了你》的核心意象分析　　222
第二节　回归童真，品味古诗里的情趣
　　　　——以《池上》教学为例　　　　　　　　　234

第九章 散文诗意教学案例 246
第一节 散文教学诗意情境创设的案例 246
第二节 文言散文多元对话教学案例 261

第十章 教材诗意解读案例 271
第一节 以点促面,寻找文本教学的"诗意起点" 271
第二节 基于主体论哲学的教材解读案例 278
第三节 走向视域融合的高中语文苏轼作品文本细读 288

第十一章 语文专题诗意教学案例 300
第一节 家国情怀专题教学 300
第二节 语文"母亲形象"专题教学 310

第十二章 卓越教师专业诗意成长案例 320
第一节 像榕树一样成长——一个"中师生"教师的专业成长之路 320
第二节 诗教融入语文课堂:问题、价值与方式 335

附录:跋山涉水探幽卉　归真求善臻美境——冯铁山教授和他的诗意教育 348

自序：像呼吸一样自然地学习语文

冯铁山

随着基础课改的深入，语文课改也迎来了百花齐放、百家争鸣的局面，在教材编写、课程建设以及教学方式等方面取得了丰硕的成果，尤其是有关语文教与学的"主义""举张"层出不穷。繁花似锦的背后仍存在学生语文学习"生活缺位""为人缺德""方法失当""语文失语"等现象。"生活缺位"体现在学生学习语文关注的是字词句段篇章语修逻文等有关考试的语文知识和应试能力，相对忽略完整生活的立体感悟和动态生成的诗意把握；"为人缺德"体现在语文学习没有处理好"为人"与"为文"的关系，难以从语文里汲取德性修养的有益营养；"方法失当"体现在死记硬背的学习方式没有得到根本的突破，倡导的自主合作探究学习往往流于形式，"合坐"代替了"合作"；"语文失语"则指的是无论是教师的教，还是学生的学，价值取向指向"理解"，对"语言文字的建构与运用"重视不够，导致学生语言普遍品质不高，粗俗化、网络化的现象日趋严重。

"致知在格物，物格而后知至。"（《礼记·大学》）要焕发语文学习的生命活力，需要做到"格物致知"，语文学习之规律在哪里？古希腊著名的哲学家赫拉克利特也说过一句很有名的话："人不能两次踏入同一条河流。"这句格言告诉我们，任何事物都是不断运动变化着的，语文学习也不例外。我们遵从语文学习的规律，语文教与学就会良性运转，反之则迟缓，甚至欲速而不达。人生活在大地之上，其实与大地中的任何生物是一样的，语文学习也如同大地里的一草一木自然生长的规律，它是动态的、发展的。小沈阳在其春节联欢晚会演出的小品说过一句经典的台词：眼一睁一闭一天就过去了，眼一闭不睁呢？这一辈子就过去了。把小沈阳这句话套用一下，人一呼一吸，人还活着；人不呼不吸，这辈子就完了。再把这句话引申到语文学习，学生无论是课堂，还是课外，语文学习能够做到一呼一吸，语文就学好了；如果不呼不吸，语文就变成一个死物。

什么是呼吸？从生物学视角看，所谓的呼吸是指生物同外界环境进行气体交换的整个过程，主要为吸进氧气，排出二氧化碳的过程。吸进氧气，那就是要吸收有益的、有用的东西；排出二氧化碳就是排出不好的东西。呼吸的过程离不开三个环节：第一环节就是外呼吸，通过肺通气和肺换气与自然的空气，自然的环境接洽、交流、交融；第二环节是中呼吸，通过我们的血液进行一个传输的过程；第三环节气体要与细胞、血液之间进行一种交换。由此可以类推到语文的学习也包括三个过程：第一，外呼吸，语文学习需要体验生活世界，看得见生活的图景，感受生活的律动；第二，中呼吸，将体验、感受到的生活信息与思维、与德性、与情感进行对话、解码；第三，内呼吸，自然就是与自己的生命发生联系，进而编码表现理想自我塑造的信息。这个过程其实就是学生创造性运用语言文字符号去相遇自然、相遇社会、相遇自我而创造性表达三重诗意的言语实践活动，是归真、求善、至美的语言文字建构与运用的活动，是让静止的语言文字动起来、躺下来的文字站起来，甚至死去的文字活过来的活动。

"呼吸玉滋液，妙气盈胸怀。"（[晋]郭璞《遊仙诗》）语文学习如何让学生兴趣盎然，就取决于学生的呼吸是否通畅，是否能够呼吸到新鲜的空气。如果我们的学生只是一个目瞪口呆的知识容器、看客，呼吸到的自然是一些陈旧的、静止的、死去的枯枝败叶。上个世纪八十年代初期我国的基础教育引入苏联当代教育家巴班斯基的"教学过程最优化"理论，以"语文自然呼吸"原理视之，语文教学的过程是语文教师的教与学生的学相结合且通过教师的作用，让学生自主求知、启智、健德和发展各种语文能力和形成个性品质的过程。从语文的基本性质看，语文既具有工具性，也具有人文性，人文精神的熏陶、德性品质培育以及人格铸造等"为人"的教育应与语文知识的传授、语文能力的训练等"为文"的教学水乳交融地结合起来。从教学设计看，一个切合语文学习本质的科学的语文教学过程设计应该由哲学基础、教学原则、教学方法、教学控制等层次构成，其中哲学基础层次是最根本的，决定和产生语文教学原则层次和教学方法层次。我国语文教育界所设计的语文教学过程大多出于经验，局限在教学方法，教学原则的演绎层面，而不是秉持语文教育哲学进行终极存在、终极价值以及终极解释的逻辑分析，主观色彩很浓的经验总结是很难把握语文教学的客观规律和学生学习语文的实际需求。就控制而论，语文教学控制就是对整个语文教学过程进行调控、管理，保证语文教学设计的每个步骤得以顺利实施。有效的管理不但能提高课堂教学效率，而且是提高语文教学质量的必要步骤。然而,现实里的语文课堂,往往对调控手段重视不够,尤其忽略语文教学评价与教学目标的一以贯之性,简单地把教学控制等同于提问、测验,导致满堂问及琐碎的、机械强化的测验大行其道,其实质就是教师以自己的意志为核心,把学生的思维、语言乃至教学过程均纳入教师控制范围,粗暴地抑制学生学习语文的灵性,破坏了优美的言语作品和谐的人文精神。就语文教学结构而言,任何语文教学过程都不是一成不变的僵化的活动。它必须因受教育对象、教学内容、教学阶段等因素的变化而变化。有的语文学习活动必须依靠教师的悉心指导,有的必须放手让学生自己去发现、去探究;有时可以偏重思维发展的序列,有时则注重识记、操作序列,不可一概而论。

  语文教师过分偏重知性分析,把语文学科教学变成知识的拼盘,促使学生变成语文知识的储存器,其语文教学的结果只能是"少慢差费"。按照巴班斯基的理论,所谓"最优化",指的是"用最少的时间,花最少的钱,取得最好的效果"。其中教学效果主要体现在"每个学生按照所提出的任务,于该时期内在教养、教育和发展三个方面,获得最高可能的水平"。换言之,优化的最终目的就是促进学生语文素养全面而和谐地发展。总之,要提高语文教学的效率,教师应成为一个善于挖掘汉语的、生活的诗意,成为一个诗意的导引者,学生应像呼吸一样自然地享受母语,享受母语学习的快乐。

  《诗意语文案例教程》一书从现代语文教学现实境遇出发,基于卓越教师培养的价值追求,借鉴现代诗学、教育学、心理学以及建构主义、后现代主义理论,依托"诗意语文""诗意作文""诗意德育"等实验,实施本科生、全日制研究生和非全日制研究生与一线语文教师"联合教研"的机制,按照合规律性与目的性相统一的精神,打造中小学诗意语文教学典型案例,既着力探究高师卓越教师人才培养模式,也探究革新中小学语文教学实践机制。主要特色如下:

  1. 理论指导有特色:围绕"诗意语文"这一核心理念,开展融问题提出、情境描述到实践探索以及课后反思于一体的案例研究,有助于师范生以及一线普通老师学习和操作的、"阳春白雪"的诗意语文;

  2. 实践基础有厚度:本书注重教学观念与教学技能训练的融合,化理论为实践操作训练,增强训练的针对性,打破相关教材大而全的编写思路。所有的案例来自笔者率领的团队进行的"联合教研",经过实践论证,获得一线教师广泛好评,不同于"只可远观,不可亵玩"的所谓名师课堂;

  3. 言说方式接地气:注重教材言说方式"教本"到"学本"的转换,且配合浙江省网络精品资源共享课程,努力编写融视频、课件、教学设计于一体的新形态体系。

编写队伍由冯铁山教授担任主编,负责全书的策划、提纲研制、理论部分和主要案例撰写以及整本书的编辑、修订,参与研究和撰写的作者主要由冯铁山教授指导的研究生、一线教师和部分本科生组成,他们是殷威、徐蕾、沈锦程、杨琦晖、冯小松、王凯琪、谷淑雨、王璐、黄峥、裘淑惠、杜珊珊、陈益、练善德、沈怡丹、陈雨师、范佳颖、孙立新等。叶舒蕾、徐莹、关函慈、梁家齐、岑帅、毛雨鑫 6 位同学参与校稿工作。该书在案例打造与撰写过程中参考了国内外大量学者的成果,尽量注明出处,但挂一漏万,不周之处,敬请海涵。

冯铁山

2020 年 7 月 27 日于宁波院士廷

第一章 诗意语文案例研究概论

任何医生,其医术的提高总是伴随着一个又一个临床病例的参与、诊断、研究;任何律师,其品牌的铸就也是通过一个又一个案例的模仿、剖析、娴熟。一个教师要成为卓越教师同样如此。不仅要学习教育教学基本理论,同时要善于打造教学案例、研究教学案例,进而学会就案例写作。只有通过一个个具有典型性、普遍性的教育或教学案例的积累,获得对具体事件处理的智慧技能,才能不断提升自己的专业水平,促进自己专业的成长,从而发展为卓越的"明"师,进而成为声名鹊起的"名"师。师范生,不管是本科生,还是研究生,一入学每学期坚持写一个教育或教学案例,在不久的将来自然也会成为教育教学研究的专家。其价值与功能还体现在如下几个方面。

第一节 教育教学案例的基本内涵与基本特征

一、关键概念的界定

(一)案例的基本内涵

什么是案例?从语用学的角度看,该概念在各行各业都比较通用。在商业领域,戈兰格(Charles Gragg)在20世纪30年代将案例界定为"商业主管实际面临的商业问题的记录,该记录具有他人赖以决策的事实、观点和偏见的。"而克里斯滕森(Christensen)界定为"一个案例是对实践中的管理人员或管理团队所面临的情境的有偏好的、历史的、临床的研究。它以叙事的方式呈现……提供了分析该特定情境所必需的内容和过程资料,以在承认实践世界的复杂性和模糊性的前提下形成并实施备择的行动方案。"[①]在医学领域,

---

[①] McAninch,A. R. Teacher Thinking and the Case Method:Theory and Future Direction Teacher College Press,Columbia University,1993,P. 69.

所谓的案例,指的是医生或医疗小组对需要诊断和治疗的症状的病人,包括对症状、诊断和治疗的全过程正式的书面记录。① 在法律领域,所谓的案例,指的是对法院经过审判的法律案情的描述和根据法律作出判决结果的纪录。

从不同的领域审视,大凡构成一个案例,需要落实几个基本要素:其一,案例有一个真实的事件且事件里包含需要认真诊断和解决疑难问题;其二,有完整的问题解决的程序及与之相谐和的方法手段;其三,问题诊断与解决的过程和结果具有普遍的意义,给他人具有借鉴和启迪价值。基于语用学分析,所谓的案例,指的是责任主体基于职业或学科认识,对一个现象或事件存在的问题进行诊断,然后运用系统化、科学化手段与方法分析、解决问题的过程及结果的描述与分析。

(二)教育教学案例的基本内涵

什么是教育教学的案例呢?所谓教育教学的案例,指的是教师主体或研究人员以叙事的形式描述教育问题分析及运用契合教育本质的手段、方法对该问题解决的教育事件,该事件的描述与分析对其他教师及研究人员具有教育理论与实践启迪意义。

二、教育教学案例的基本特征

清代文艺评论家叶燮在《原诗》篇里提出了"呈于象,感于目,会于心"②(《原诗》)的审美鉴赏主张。借鉴这个理论审视,认识论的角度看,一个好的教育教学案例打造后给其他教师或一般读者也有一个从教育对象以及教育对象存在问题所构成的形象、故事("呈于象")过渡到主体的感官刺激("感于目")以及发展到内心激荡("会于心")过程。也就是说一个好的教育教学案例描述需要有典型的事件、场景(氛围),从而"呈于象";需要有典型感人的教育人物形象且教师专业成长、教育智慧历练历历在目,即"感于目";还需要能够促使读者产生心灵的回声,即"会于心"。基本特征阐述如下:

(一)故事性特征

像所有好的教育教学故事一样,一个好的教育教学案例必须具备突出的问题构成的矛盾冲突,有曲折的问题发现、诊断、解决的情节,能把事件发生的时间、地点、人物等按一定结构展示出来。案例所展现的故事如同电影一样,要让读者看得见生活的慢镜头,语言表述应该要有细节描写、采取讲故事的口吻、具有极强的可读性,不能太概括、太抽象、太理论化。比如,笔者撰写的"有一种爱叫'中毒'",主要内容除了"背景信

---

① 王少非.在经验与反思中成长:案例开发与教师专业发展[M].济南:山东人民出版社,2008:2.
② 陈洪,卢盛江.中国古代文学理论读本[M].天津:南开大学出版社,2004.03:326.

息"外,着力描述 S 学校 W 老师面对"好学生"怎么不交作业的现象,提炼出班主任如何面对单亲家庭孩子表达"爱"的问题,然后,运用诗意德育"诗意生成"的原理,尝试进行"比德喻志""引典兴志"以及"自我明志"的诗意教育,有效引导单亲家庭孩子健康成长。其情节曲折,文笔类似教育叙事,读者通过这个叙事就如同摄影师看得见生活的慢镜头一样,有一种参与感、亲临感,案例所发生的事情似乎与自己生活当中发生的一样。

(二)冲突性特征

一个好的教育教学案例需要凸显一个教育教学比较典型的问题,这个问题的产生基本上就是一个矛盾冲突,而矛盾的产生可能是理想与现实之间教育观念的不调和,也有可能是教育对象与教育主体的价值取向不合辙,甚至是传统与现代、知与行之间存在着种种差异。没有问题就没有研究,案例研究也是如此。比如"一名民办教师转化'后进生'的努力",一看这个题目,就可以推知如下系列传统:其一,民办教师和公办教师存在身份认同与观念的冲突;其二,后进生与优秀生存在学习、生活等方面的差距;其三,教师转化后进生奋斗付出与获得回报的差异。正是有这一系列的冲突存在,才会吸引读者保持阅读与研究的兴趣,颇有兴趣地去探究民办教师跟后进生到底会发生什么故事,他们之间存在的问题是怎么解决的且思考该案例集中的这个有趣的论题具有什么启发性和价值性。

(三)本土性特征

什么叫做本土性呢?其实就是教育教学案例的地域化、校本化、个性化。所谓的地域化,就是这个案例是这个地方发生的典型事件,关注的地域化教育教学的特色经验,具有地域文化,地域教育的色彩;所谓校本化,指的是案例关注的问题是"此"学校真实发生的具有典型意义的事情,问题解决也具有学校的教育、教学、管理印痕;所谓的个性化,指的是教育教学案例"你"这个老师,"你"这个课堂发生的事情,是来自于教师以及所遇到的学生个体或集体亲身经历的事情。比如"'学霸'挨打了"这个案例,根据重智轻德的地域问题,到学校偏爱高分学生的校本问题,具体落实到某班"学霸"调戏女学生被"打"的现象,条分缕析学霸超常规行为背后的原因,根据归因分析的结果,对"学霸"进行心理调适与行为规范教育,促进"学霸"由单纯的"高分"变为"德智体美劳"协调发展;促进团队教师改变人才培养观念,转变为全面育人、全程育人。

(四)移情性特征

一个好的教育教学案例,从教育功能上而言,它需要发挥"会于心"的作用,也就是可以使其他教师或读者对案例所涉及的教育者、教育对象以及教育情境等产生移情作用。也就是他们能够对案例所描述问题及问题解决，或案例主体面临的独特情景产生身份认同、与之相伴的同情等情感。比如"自主·合作·探究——《春江花月夜》一课所追求的新课程理念"这个案例所追求的新课程理念就是《义务教育语文课程标准》倡导的核心教学理念——"开展自主、合作、探究的学习方式"。这是一线语文教师，尤其是义务教育阶段语文教师需要面对的主要任务，许多教师会自觉将自己圆融到该案例的角色当中，会对"根据什么进行操作"、"为什么会如此"等问题进行有意识地判断、研究、探讨。因为移情于此，自然也就有助于促使教师反思自己工作中的某些不足或长处，发现自身不足的根本原因并进而澄清有关问题。这实际上有助于促进其专业发展，促使其向专业化水平迈进。

（五）开放性特征

教育教学案例不是一个结果经验汇报的自我封闭系统，而是一个开放的存在。无论是案例的背景，还是问题提出与探讨，抑或需要有对已经做出的决策的评价。也就是说，一个好的案例不仅是一个地域、一个学校、一个教师的教育教学实践经验的描述，还是教育本质探索，终极教育价值追求的蓝本，凭借这个蓝本，其他教师能够对案例涉及的教育观念、教育行为以及教育管理与评价进行二度加工，思考如果自己面临同样或类似的问题该如何处理，能否有自己独特的想法、新的突破。比如面对2017年底新出台的《普通高中语文课程标准》提出的任务群教学需要，北京市第八十中学的王岱老师打造了"以挑战性学习任务提升学生的语文核心素养——'战国四公子'专题阅读教学案例"的案例。当大家对任务型教学、专题学习等新观念、新任务普遍模糊的时候，王老师总结出其中一种课型，其他老师除了移用、仿照案例的课型之外，还可以根据自己所处地域、学校以及个人的需要，不断解构、建构属于校本、个性的专题任务型教学的目标、内容、方法、手段与管理评价措施。从这个功能而言，教育教学案例的打造一定要做到：其一，紧密结合教育教学需要；其二，促进教师及相关读者对理论与知识的学习；其三，切实培养教师的实践能力。

第二节 教育教学案例学习与研究的基本价值

一、案例是现实问题解决的源泉

不论是特级教师，还是正高级教师，他们之所以卓越，就在于擅长从常见的教育现象里提炼出教育问题,围绕问题进行切合教育本质的教育教学实践,进而成为可以推广的典型案例。比如,汉语拼音教学是小学语文教学的第一道难关,也是儿童入学后面临的最大挑战。拼音教学负担重,解决了字音问题,难以解决字义与字形的问题;而字义、字形教学又出现教师机械串讲,音、形、义之间缺乏必然的联系,导致学生机械地识记偏旁部首和部件笔画,教得机械,学得被动。宁波的刘莹老师在攻读硕士学位的时候,结合自己的一年级语文教学实践,打造了"小学汉语拼音与儿歌整合的新童谣识字教学案例",把学拼音、识字、写字以及语言建构与运用有机整合起来,最大化地利用融学、创童谣活动,打造以儿童语言发展为核心的识字教学案例。比如先学拼音"piāo piáo piǎo piào",然后呈现汉字"飘、漂、瓢、票",在识别偏旁含义的基础上,围绕一定的中心和故事情节,编成句式整齐、合辙押韵、通俗有趣、易于理解、短小精悍并具有教育意义、儿童特色的童谣——"一个小水瓢,随风飘啊飘,漂到小河里,流到外婆桥。""我有一张票,有风随风飘,有水随水漂,你说好不好?"看着刘老师的教学案例,自然就会反思拼音教学和识字教学的问题,进而学会解决问题。

二、案例是教师专业成长的桥梁

优秀的教育教学案例都具有思想性、叙事性、创新性、典型性、开放性等特征。从思想性看,任何案例均会明示案例作者所遭遇的教育教学困惑以及面对困惑力求突破的心路历程,以及寻求问题解决的理论求索,自然也就凝聚他们的教育经验和教育思想;从叙事性而言,案例是发生在特定情境里案例呈现的故事与生活的图景,给人真实感,增加了教师阅读的亲近感;从创新性看,案例之所以成为案例,关键还在于案例呈现的问题分析与问题解决往往都是日常工作方法与价值理念的革故鼎新,其教育目的、内容、方法、手段以及途径,能带来新的启迪;从典型性而言,案例不仅反映"此"问题具有独特性,还反映"此"问题背后的"类"的普遍性,了解"此"案例具体的教育教学行为,有助于读者将自己的实际与理论联系起来思考,给自己的教育教学行为赋予新的意义;从开放性而言,案例所提供的"进一步思考"或"进一步研究的展望",有助于读者站在不同的角度,不同的立场,进行个性化的解读,这样也就促进教师专业判断和决策能力的发展,有助于提升教师的专业素质,获得专业成长。

三、案例是教育智慧形成的阶梯

叶澜老师将教育智慧归结为解决教育教学中新情况、新问题的能力;转化教育矛盾和冲突的教育机智；及时选择、调节教育行为的魄力；促进学生积极发展和创造的魅力等几个方面。从语文教育教学的角度看，所谓语文教师的教育智慧，指的是语文教师在语文教育教学情境中敏捷地、果断地、合乎教育本质地处理一切事情的情感、态度以及行为方式。教育智慧的形成需要教学经验的积累，也需要生活阅历的积淀，更需要教育情怀的涵养，这对于一个年轻老师来说，是一个巨大的挑战。如何尽快地达到教育智慧，达到机智、敏锐且合乎教育本质地解决教育教学实际问题的目的，除了自身的实践经验之外还可以通过学习他人的间接经验，因此，学习卓越教师的案例自然就成为比较理想的途径。在研习他人的教育教学案例过程中，需要把握教育智慧生成机制：首先，正确处理读者与案例作者的关系，构成主体间的对话关系，也就是说，案例研习者应当将案例的作者视为同路人，甚至圆融成自己，去相遇案例遭遇的现象与问题；其二，开展基于本质的教育对话，在案例教育实践过程中，对话教育的困惑、教育的问题以及困惑与问题解决的策略；其三，在相互诱发教育启迪、教育感动中不断改变教育教学生命样态，也就是不断发挥学习的主观能动性，在原作者基础上主动寻求突破，寻求教育教学行为有价值的依据及解读。这样一来，教育教学案例就成为教师教育智慧形成的阶梯，借助阶梯能够攀爬自己的教育"南天门"，甚至"泰山极顶"。

四、案例是理论思维提升的故乡

教育教学案除了描述一个或多个疑难问题解决的情境，还要分析问题解决的思路历程，并从思路历程里面揭示出契合教育本质的教育理论。因此，研习一个教育教学案例，除了习得处理实际问题的教育智慧之外，更深层的价值还在于有助于卓越教师提升教育理论思维。所谓的教育理论思维，是指教育教学实践主体基于培养人和传授学科知识等目的，依据系列概念和教育教学原理按照一定的逻辑关系对教育教学行为进行条理化、系统化的认识。它是教育教学实践主体在培养人的活动中形成的思维方式和认识运行模式，也是教育实践主体关于教育的思想、观念和方法的统一。教育教学案例，无论是问题的提出，还是理论假设、问题解决过程描述以及进一步讨论，均要求做到思维前后一贯、有条理、讲根据、符合事物发展的客观规律；这有助于培养卓越教师的思维逻辑性与系统性。教育教学案例需要通过"此"案例在场信息的生动描述来揭示隐藏的不在场信息的普遍性、概括性、超然性，有助于卓越教师通过具体的案例，抽取教育教学现象背后最本质的特性，从而形成自己的学术概念，并运用该概念联系自己的实践，进行推理、判断，从而获得改变或对俗常教育教学行为的突破；教育教学案例不是权威理论家的道德宣讲,也不是权威理论家教育教学理论的机械印证,而是教育教学实践基于自己的实践问题的解决,获得教育教学原理的发现,甚至生成自己的理论,因此,有助于卓越教师以批判、质疑、追问的态度去对待案例的问题与案例解决的行为,以事实、逻辑或以自己教育教学实效为评判的标准,从而提升自己的理论水准。

总之,卓越教师一方面把自己亲身经历的教育教学事情进行案例打造,另一方面学习借鉴他人的典型案例,均有助于积累丰富的教育资源,生成自己的教育智慧,找到理论和实践之间最佳的契合点,解决教育理论和教育实践两张皮的问题,提高教育教学活动的实效性。

第三节 教育教学案例的思维路径

案例打造与写作需要合适的研究方法,也需要相契合的思维方式。大体概括起来离不开三环节与六步骤:第一个大环节是"由约返博"地界定问题,即从具体的教育教学现象里抽象出一个具有现实意义的一个具体问题,这是一个具体到抽象的过程;第二个环节是"由博返约"地分析问题,而分析的方法是从一般到个别,也就是从一般的本质到个别属性的把握;第三个环节是"由约返博"地解决问题,解决问题要做到从具体的、特殊的"此"问题出发推导出与"此"问题有关的"类"问题解决的策略或原理,这就叫做"特殊到普遍",问题是案例的核心,围绕问题,进行"现象分析"—"问题提炼"—"归因探究"—"课题规划"—"实践行动"—"合理反思"就成为六个基本步骤。具体示意见图1-1。

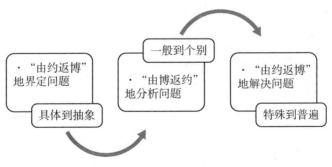

图1-1 教育教学案例思维路径示意图

一、"由约返博"地界定问题

(一)"我相遇的教育教学现象"

要打造一个案例,首先需要用于面对教育教学真实的现象,善于从教育教学现象里抽象出值得研究的教育问题。借用鲁迅《记念刘和珍君》一文里的话语来说,就是卓越的教师要敢于正视"斑驳淋漓"的教育现实,勇于直面"纷繁复杂"的教育问题。要落实第一环节的界定问题工作,其实需要分解为两个步骤:第一步为"我相遇的教育教学现象";第二步为"我提炼的教育教学问题"。

如何选取、介绍自己的相遇的教育教学现象呢?这需要案例主体回忆自己感兴趣或者包含困惑的教育和教学的现象,可以是一个片段一个场景。主要做到如下几点:其一,采取叙述、描写的手法介绍教育教学现象;其二,所介绍的教育教学现象是典型的,有研究价值的——即具有"约"的意义;其三,客观介绍现象本身,保持情感与价值的中立,也就是不要添加任何情感性评价。介绍的方法主要有两种,一种叫做实录式介绍,一种叫做白描式介绍,案例示范如下:

案例主题:这样的"回应"合适吗?

1. 实录式介绍

这是一节六年级的英语课。这节课主要的学习内容是学生能学会表达喜欢某种活动,即"I like to do something"的英语语言结构,学生学会在这个句型里用"to do"这样的不定式形式。执教教师是这样展开教学活动的:

首先与学生一起讨论各种户内活动、户外活动的英语词汇。然后,设置情境并导入"What do you like to do(你喜欢什么活动)?""I like to……(我喜欢……)"的句型,学生在情境中理解了句型的意义,也模仿了正确的读音。接着,教师开始用句型"What do you like to do at the weekend(周末你喜欢什么活动)?"问一个个学生,让他们根据实际情况回答。学生们有的说"I like to go to the cinema(我喜欢看电影).",有的说"I like to play football(我喜欢踢足球)",有的说"I like to play video games(我喜欢玩电子游戏)."……学生们的句子表述都很正确,教师呢,也都给予了肯定的回应:"Yes, you are right(是的,你是对的)!""Correct(正确)!""Very good(很好)!"等等。一切似乎顺理成章。

2. 白描式介绍

一节六年级英语公开课。内容是学会表达喜欢某种活动("I like to do

something")。学生纷纷回答,老师给予肯定(right,correct,very good)。一切似乎顺理成章。

不管是浓墨重笔式的实录介绍,还是轻描淡写式的白描介绍,任何教育教学现象的介绍均要做到"约"。所谓的教育教学现象之"约"就是关键的意思。从词源学的角度审视,所谓"约",指的是"从糸(mì),勺声"。"糸"是细丝之义,有缠束作用,故其本义为"绳索"。由此意义出发发展为"关键、简要"之意,比如"博而不杂,约而不漏"(《文史通义》);"读书一事,要由博而返之约,总以心得为主。"(《儒林外史》)从语用学的角度审视,所谓的"约",在大卫·特里看来就是事件经常发生,但关键事件是由我们观察情景的方式产生的,关键事件是对事件意义的阐释。我国学者陈晞认为"既不是发生了大事情、出了大问题,也不是教学中的重点、难点、关键点,就是课堂上发生的很普通很寻常的事情。但一旦点出它的关键原因、它的症结所在,并阐释出背后的具有普遍意义的本质的规律性的东西,就成为很有价值很经典的事件。"其实提出了教育教学案例现象把握的标准:一般不要关注"高大空远"的问题,而应该立足自己的教育教学实践,教育教学显现介绍做到"近小实亲"。这也就意味着要注意把握教育教学现象里面的关键事件。如何把握关键事件?主要的方法就在于选取自己感兴趣的关键词去观察、取舍、分析,关键词的选取可以是:有趣的、滑稽的、悲痛的、聪慧的、暴力的、不幸的、烦恼的、好的、微不足道的、熟视无睹的等等。

(二)"我提炼的教育教学问题"

在描述清楚教育教学现象后,需要对该现象进行问题提炼,自然进入到案例研究的第二步。一个现象或一件事情是由立体生活构成的,有很多的细节、很多的因素,只有善于找到关键问题,案例研究才有价值。如何从自己亲身经历的教育教学现象里提取案例研究的问题呢?需要做好如下几个方面的事情:其一,将教育教学现象当成自己相遇的故事;其二,用"我的问题是……"的句式分析教育教学现象里人物、行为、条件、结果存在的问题,有多少人物、多少行为就有多少问题;其三,从自己提出的问题里面厘析该现象存在的一个核心问题。按照这个思路思考下面两个现象存在的问题并提炼出核心问题。

现象1:徐老师的烦恼

开学初,徐老师从学校领取了桌子和长凳,并被告知:学校期末将进行财物验收,若财物有损坏或丢失,则由班级按损坏程度进行赔偿,该班期末评比还将被扣分。

徐老师平时特别注意加强班级集体主义教育,同学们的班集体主义感也日益增强。一学期下来,班级财物基本没有什么损坏和丢失。可是,就在学期结束的前一个星期,班上的凳子连续丢失了好几条,并出现在其他班级上。很显然,凳子是被偷走的。五(10)班的同学心里很不是滋味。过了几天,凳子又回来了,但却不是原来的那几条。徐老师觉得奇怪,一问,原来有的同学气愤不过,也去别班"拿"了凳子。

徐老师对此事件会采取什么态度?她将如何处理这几个学生?

现象2:班主任面对的"辣头"学生

美术老师闯了进来,径直走到我们一班班主任叶老师办公桌前说:"哎呀,叶老师,你快去看看吧,你们班小童又闯祸了,还把小莉给弄哭了!"其他老师一听"小童"二字,立马集体望向叶老师,议论纷纷。"哎哟,头疼!怎么又是他啊,我的祖宗啊!"叶老师走进教室,只见小童的位置周围是一片狼藉,美术工具散落一地,各科课本也被扔到地上,而他却满不在乎地站在自己座位边上翻腾着自己的美术书,他的同桌小莉却趴在桌子上轻声啜泣着,胳膊下是一幅被弄破的画。

这两则材料人物多元、事件复杂,但从不同的主体出发,把握主体行为的关键词不难提出系列问题。比如,针对第一则材料,徐老师需要面对的问题有:其一,班主任辛辛苦苦对学生进行班集体教育,但班级的公共财物被盗,必须付出赔偿金,班集体荣誉也受到损害,如何进行有效的班集体主义教育呢?其二,班主任如何引导学生合理看待集体利益受损和学生"偷盗"凳子行为,如何消解学生不平情绪呢?其三,作为负责人的班主任遇到这样的事情,难免也有不平情绪,如何协调好情感与理智的关系,尤其是如何与其他班主任以及学校进行交涉,力求完满地解决问题呢?针对第二则材料,从班主任角度看,需要解决的问题有:其一,如何教育好小童这样的"辣头"学生遵守课堂纪律,尤其是学会尊重同学;其二,如何安抚受到"辣头"学生欺凌的"小莉",解决课堂霸凌问题?其三,如何帮助学科老师履行教育的职责,开展学科育人,而不是事事推给班主任?抓住不同的主体以及主体所呈现的行为自然可以提出更多的问题。比如第一则材料,针对学校管理主体,可以提出学校层面存在的问题:其一,学校出台"财物验收,损坏赔偿"的制度,注重的是结果管理,忽略的是财物管理的过程;其二,要求各班级丢失、损坏桌椅需要照价赔偿,这是基于经济契约的、简单粗暴制度管理,忽略了学生维护公共财物的道德教育,更缺乏具体问题具体分析的心灵呵护。针对学生丢凳子、"偷"凳子的行为,可以提出自己班级财务管理不到位、为了维护小集体利益的目的不择手段,形成了小集体自私等问题。总之,关注点不同,意味着案例研究的价值取向和方法、手段均会不同。

从教育教学现象里提炼一个高水平的问题需要把握作为问题的内涵以及构成问题的三个基本要素。所谓的问题,指的是教育教学案例研究者基于实际情况的把握与理想状况设想的差距。具有以下三个要素:其一,教育教学的"起点",指已经发生的现实,研究者已经明确知道的现实状况、问题的条件、背景等,即问题的初始状态;其二,教育教学达成的"目标",指关于构成问题的结论的明确描述,即问题要求的答案或目标状态,即针对起点,经过努力达成的"终点";其三,理想与现实的"差距":指问题的起点与目标之间直接或间接的距离,必须通过一定的思维活动才能找到答案而达到目标。根据这三个要素就可以确定自己需要研究的核心问题以及想清楚研究问题的类型:其一,单一型问题——"起点1-目标(终点)1";其二,并行型问题——"起点1-目标(终点)1""起点2到目标(终点)2""起点3-目标(终点)3";其三,复合型问题——"起点1-目标(终点)1、2、3""起点2到目标(终点)1、2、3"等等。

当然,还要注意把握教育教学问题之"博",所谓"博",从词源角度分析,《说文解字》作者许慎认为,"从十,尃(fū)声","十"意思是四方中央齐备,"尃"有分布之义;而"博"自然就有"大通""普遍"的含义。教育教学问题之"博"自然指的是教育现象和关键现象背后的本质问题,是普遍现象的抽象,是问题域的核心枢纽。材料1存在的核心问题,无论从学校主体,还是从老师主体以及学生主体看,三方存在的共同起点都是注重强调事情的后果而忽略行为目标终点的合理性,也就是"强调事情的后果决定行为的正确与否、道德与否。正确的行为应该是使善最大化的行为";而材料2的关键问题自然就是班主任事必躬亲,导致问题学生与学科教师均失"德"而忽略自身的责任、义务。

二、"由博返约"地分析问题

(一)"我探究的可能原因"

问题提出来以后,需要对问题的形成进行归因分析。归因分析需要做到如下几个方面:其一,抓住关键问题里的"人物"、"行为"、"情境"等关键词进行系统的归因分析;其二,把种种原因有逻辑地系统化,也就是按照"宏观-中观-微观"或"条件-行为-结果"逻辑顺序进行有条理的排列;其三,从排列的归因分析里找到造成问题的核心因素。

比如,材料1造成徐老师困惑的原因到底有哪些?从行为主体的要素分析,造成这个问题有徐老师的因素、学生的因素和学校管理的因素,这些因素就构成了一个问题域。问题域里面这么多原因,什么是核心原因呢?从整体上而言,至少有两个方面:其一,动机方面,动机是道德判断的出发点,不问动机,只问结果,导致责任、义务和原则错位。如何让学生认识把握责任、利益、原则之间的关系,这就是班主任首要任务;其二,从徐老师本人进行归因分析不难发现,徐老师落实学校的规章制度,开展维护班集体利益的教育活动,本质上进行的是维护小集体利益的教育,促成班级形成小集体自私文化观,而小集体的自私文化观自然影响学生行为,导致学生丢失凳子去"偷"其他班级凳子的自私行为。

材料2造成班主任处理班级"辣头"学生问题应接不暇的原因在于:其一,从宏观层次审视,学校方面归因的是凸显班主任作为班级管理的责任主体,忽略德育、教学的一体化以及全员育人、全程育人、全面育人观念的一以贯之;其二,从中观层次审视,学校学科老师不能履行学科育人、维护课堂纪律、教育问题学生等职责,观念地将自己的责任推卸给班主任;其三,从微观方面归因,一方面小童之所以在课堂上可以欺凌其他同学,成为所有老师眼中的"辣头",原因在于缺乏集体认同感,缺乏契约精神,更缺乏同学之间主体间性关系的观念;另一方面班主任自身存在的原因是班级管理注重外在的规训,忽略尊重心灵的诗意熏陶。以上的归因分析中,什么是核心因素?尽管存在学校宏观、学科教师中观以及学生微观种种因素,归根结底还在于材料中的"我"事事亲力亲为,导致一旦学生有事,全部变成班主任的事情,自然也就导致学科老师也形成这样的思维定式——在上美术课的过程中发生事情也是班主任职责所在,课堂中搞不掂的学生,只有班主任才能搞掂;学生也形成这样期待,班主任来了,一切都好了。

(二)"我规划的可能课题"

原因分析清楚后,需要建立研究假设,而研究假设的建立,首先要针对案例研究的核心问题进行课题的研究,课题涉及案例的选题与拟题。如何确定好课题呢?针对以上的问题群与归因域、核心问题,可以进行角色置换,找到自己感兴趣的课题。比如材料2的假设:

假如我是A班主任,我会扪心自问:"遇到这个情况,我不会马上赶到教室,而是让美术老师先把课上完……"

假如我是B班主任,我会主动揽责:"我会对美术老师说抱歉,然后履行班主任责任……"

假如我是 C 班主任,我会心生不满:"真是烦死了,屡教不改,干脆把小童交给校长处理吧……"

假如我是 D 班主任,我会无可奈何:"我真不知道怎么办?假如……"

反复建立不同的假设,自然会找到并确定案例的主题,进而形成课题。形成课题之后要注意把课题分解成子课题,也就要把握问题分析之"约"。所谓问题分析之"约",指的是对课题核心概念或核心问题进行分解,即把握课题研究的问题域,进而有层次地进行分析,从而形成问题解决的问题链。所谓的问题链,指的是具有系统性的一连串的教育教学问题,是一组有中心、有序列、相对独立而又相互关联的问题。从形式上看,"问题链"是一问接一问,一环套一环;从内容上看,它是问问相连,环环紧扣;从目标上看,它是步步深入,由此及彼。需要指出的是,此环节的问题域与上一环节的问题域是不同的,此环节的问题域是针对自己选定课题的问题域。比如材料1的课题与问题规划如下:

课题1:假设徐老师主张"把凳子还回去",课题为"维护集体利益要以诚信为基础"。

1. 自己班里的学生无过错却要承担经济赔偿和荣誉受损,还要他们坚持"诚信",这对他们是否太不公平了?——公平内涵的理解以及与诚信的关系。

2. 本班学生看到自己因诚实而不利,别人却因不诚实而获利时,该如何说服学生坚持"诚信"?——诚信对于个人和班集体利益的价值。

3. 要求本班学生"诚信"时,会否从另一方面纵容了别班学生的不"诚信"行为?——建立在"诚信"基础上的班集体利益的维护策略。

课题2:假设徐老师默许学生"把凳子留下来",课题为"基于积极人格的班集体主义教育策略"。

1. 本班只是小团体,维护小团体利益的同时如何维护大集体的利益?——什么是大集体与小集体利益,二者如何协调关系。

2. 如果因凳子被盗就转而拿别人的凳子,这种行为连续下去会产生怎样的结果?——小集体自私导致人格的消极与不完整。

3. 会不会使行动者以追求好结果为由而替不正当行为与手段作辩护呢?——积极人格培育有助于落实真正的集体主义教育。

规划可能的课题环节,一般有两种思路,一种就是材料1的"问题链"的思维方式,要求做到如下几点:第一步,将你想要解决的所有问题罗列出来;第二步,按问题的类别和层次,分析和梳理这些问题;第三步,在你的脑里形成"链条",把握问题解决的逻辑顺序以及问题之间的关系。达到此步,就可初步知道案例研究需要解决什么问题。第二种叫做"问题树"的思维方式,要注意如下几点:第一步,分析课题核心概念,对核心概念进行概念分析或找到与核心概念相关的群概念,形成分析框架;第二步,针对每一个子概念提出一个子课题;第三步,按照"树根"-"树干"-"树枝"-"树叶"的思维方式逐一规划"本体论""本质论""价值论""方法论"对应的问题及子课题,即"第一层次属于本体论的是什么问题(What)——第二层次属于本质论的怎么样问题(How)——第三层次属于价值论的为什么问题(Why)——第四层次属于方法论的如何做问题(Way)"。

三、"由约返博"地解决问题
(一)"我可能进行的实践"

根据第二环节的分析问题成果,达到第三环节,就要做好"实践探究""合理反思"两个步骤的事情。如何进行实践改造呢?一个方面需要针对归因分析,一般而言,造成问题的原因有多少,针对性的实践策略就有多少;另一方面需要针对规划的课题,尤其是子课题的逻辑确定实践行动的先后顺序。

上文提到的小学英语教学案例"这样的'回应'合适吗?",分析造成老师机械地用"right,correct,very good"这样的评价语对学生的学习行为和结果进行评价问题,根本原因在于师生关系的失衡,教师奉行的是规训式的"教得"观念,而不是以语言建构与运用为本体的"习得"观念,基于此分析,提出"和衷共济,在多元互动的言语实践中焕发英语课生活魅力"的课题。于是,初步规划了如下实践方案:其一,设计隐含句型的问题情境,鼓励学生自我言说;其二,即使捕捉学生话语表达的信息,形成自由的生生、师生对话,例如,当学生说"I like to go to the cinema"时,教师可以回应"So do I. What kind of film do you like best?"或"Really, what film did you see last time?"成为真正意义上的交流互动;其三,搭建基本的对话支架,引导学生发现、习得基本句型;其四,基于自主互助,破除基本支架,鼓励学生自由表达。笔者根据这个行动方案指导南方S学校小学部张老师进行课堂教学改革实践,实录如下。

这是三年级一节英语课,教材是原汁原味的剑桥英语。翻阅该套教材,不难发现,与国内教材编排有所不同,课文是由一个个故事构成的,夸张的漫画,诙谐的文字,颇受孩子们喜欢。张老师的教学课前活动就给人眼前一亮的感觉,她没有急于上课,而是引导学生做思维体操。学生一边做动作一边说英语,尽管属于日常的简单问候语,但有动作配合,达到了全身心感受的效果。

第一环节,属于故事导入。张老师板书今天学习的课题"Mrs Day's garden",紧接着就出示花园的图片。利用图片,设置故事发生的情境,学生根据图片,认识花园里有什么(What)。当学生只是纯粹讲出单词的时候,张老师要求学生用"There is/are"句式。进而初步掌握该节课的第一个语言教学点——名词单复数的识别以及元音开头单词的配合运用。在教学互动的过程中,张老师特别注意引导学生根据课文内容识别"There is a/an_____""There are_____"的运用。

第二环节,属于故事展开。张老师提出"为什么这些动物能够来到 Mrs Day 的花园"问题,将教学引进故事探究,主要目的在于探究原因,语言的教学点在于学习用"because"回答,内蕴着阅读的"推理能力"培养。学生通过观察,很快就发现因为花园紧挨着农场。根据学生的答案,教师分别析出"next to""going out"等短语。有点小遗憾,这两个短语析出以后,教师没有就此展开教学。

第三环节,属于故事的高潮。可以根据前后情节的关联,命名为"动物狂欢时刻"。教学点比较明显,就是"正在进行时"的学习,教师引导学生学习"What are the animals doing in the garden"。该环节,故事的文本特别有趣,各种小动物神态各异,行为夸张,学生有角色意识,自然地进入到教学情境里,自主习得英语语言表达规则以及体会英国人的诙谐文化。

第四个环节,属于故事的结局,也可以定位"灾"后感叹。教学点在于"感叹句的学习"。在前面教学点落实的基础上,根据课文内容,教师引导学生扮演 Mrs Day 和 Mr Gray,自由地对花园的现状发表看法——"What do they say"。该环节教学不错,学生的感情到位,语言表达相当灵活。

第五节属于整理与复述环节。张老师呈现课文情节的图片,组织学生熟悉课文的文路并用英语串联课文内容。学生熟悉课文后,进行小组背诵和检测。

通过阅读教材,原版的剑桥教材没有一个中文字符,年轻的张老师,采取的也是全英文,口语流利,语音有空谷传音之感。整节课老师组织得井然有序,教学有序进行。小学的英语教学,教与学是师生和衷共济的活动,师生是主体间性的关系,这个关系的建立,是将课文信息比较机械的学习变成师生语言建构与运用的过程。教学的策略,除了认识课文信息外,还要有学生自我运用、抵达心灵的终点。即既落实语言的教学点,也落实"积累与语感、整合与语理"的逻辑起点和分步达标的教学终点。

推及语文教学,其思维训练也应该由"演绎"转向"归纳",语文学习内容由"蓝本"走向"文本",语文教学文化由强调"德性"走向"个性",语文课堂深度学习是课堂上学生在教师的引导下,通过对知识的理解与创造,实现认知结构完善,关键能力发展和复杂情感体验的过程。要促进学生自主地学习,教师还需要基于对学生的立体分析,对学科知识的多维解读,对学习规律的尊重,对学习环境的重视来确立学习目标,提炼学习内容,设计学习活动,促进学生互动式参与。

(二)"我反思的教学原理"

实践行动之后,需要问题解决之"博"的角度对实践行动进行理论反思。所谓的问题解决之"博",指的是案例主体对核心问题及子问题进行解决后获得的普遍性原则、原理认识,是实践问题的理论化。所谓的"理论化"的分析,指的是把不同的问题解决后的因素加以联合、概括,并使之上升为指引其他人解决相同或相似问题的基本原则与原理的过程。从学术研究的角度看,任何行动均要符合第一性原理,也就是要找到解释行为合理性的基本理论。第一性原理等于奇点加公理化的方法。任何真正符合科学的研究都始于它的原理,教育教学实践行为是否符合本质,需要行为主体反思出特殊到普遍的理论认识。

如何对教育教学实践行动进行理论化反思呢?基本的思维路径主要有两种:一种叫做"关键词归纳法",一种叫做"理论演绎法"。所谓的"关键词归纳法",就是从教育教学实践行动里找到关键词,然后结合具体的行为对关键词涉及的基本原理进行推理和概括。比如针对材料1"该不该把凳子还回去"进行两个方面的实践:其一,防盗措施,一方面向校方反映,让校方在全校范围内进行有关教育;另一方面对凳子作识别标记,实行责任制管理等;其二,道德境界提升措施,一方面教师加强引导学生的道德判断训练,在义与利的抉择下建构具有普世价值的善;另一方面帮助学生进行道德选择,为人之善远大于小集体利益损失。针对以上的措施提出"动机""后果""动机与效果、手段与目的一致性"等关键词,然后逐一分析案例中教育实践行动的合理性。比如,从关键词"动机"出发,就可以概括出"在义与利的抉择下建构具有普世价值的善"合理性在于"动机是道德判断的出发点,责任、义务和原则比行为的后果更为重要。"再比如从关键词"动机与效果、手段与目的一致性"出发,可以反思"班主任、学校领导以及学生主体三方协同加强集体主义教育行为"合理性在于"对行为评价既要考虑是否出于良好的行为动机,又要看是否达到善的目的""任何人的行为均应与他人互为手段与目的"等理论化认识,片面地强调一方的利益或者一方的道德境界都是有失偏颇的。

所谓的"理论演绎法",就是案例的主体借助自己掌握的理论进行个性化解读,然后对应到案例里相关的教育教学行为,最后,也概括出一般化的原理。比如材料2,如果打造的案例是《班主任"无为而治"才是班级管理的最高境界》,那么采取的必要措施大概由如下几个方面组成:措施一:"班主任、美术老师、小童"三方对话,凸显美术老师的主体作用;措施二:美术老师和小童组成帮扶合作"微共体";措施三:美术老师主动引导小童自主学习、自主管理;措施四:小童所产生的责权利优享美术老师。因为主题是"无为而治",根据这个关键词自然会想到老子的《道德经》,将老子的名言:"太上,不知有之;其次,亲而誉之;其次,畏之;其次,侮之。信不足焉,有不信焉。悠兮,其贵言。功成事遂,百姓皆谓'我自然'"。(老子《道德经》)将这句名言一一对应以上的行为,就会形成这样的反思:最好的班主任所管理的班级,不管是学生,还是学科教师均不感觉他的存在;次之的班主任,所管理的班级,学生和科任教师都亲近并称赞他;再次的班主任,所管辖的对象都畏惧他;最次的班主任,所管理的对象都轻视他、淡漠他。这其中的奥秘就在于班主任要加强自身的德性修养,如果德性不足,所管理的对象自然不会发挥主观能动性,就会成为时时发号施令、事事必须亲力亲为的"奔波型"班主任。在此基础上,可以得出如下几个方面的理论化认识:其一,班主任本人的德性修养是至关重要的教育基础,要提升并善于运用"非权力性的影响力";其二,学会授权、放权是班主任所必须具备的教育智慧,因为任何班主任无力控制所有事情,也无法制定全部决策;其三,"无为而治"至关重要的因素在于所授权的对象有良好的教育素质、职业德性。只有乐于上进、做教育的有心人且具备基本的班级管理、教育学生素养的学科老师,才能考虑。

【请你优雅地下水】布置作业

结合语文教育教学常见的现象,按照三环节六步骤思维路径进行案例研究的思维训练。

1. 案例观摩与研读:任选特级教师的案例,分析所选择的案例按照怎样的思维路径展开研究的,要求画出思维导图。

2. 教育情境与描述:采取浓墨叙事或白描的手法写作2—3个语文教育教学现象,要求事情清楚,具有典型性。

3. 问题提炼与分析:针对中小学语文教育教学现象,提出研究的问题并进行归因。

4. 课题与行动假设：根据研究的问题，提炼出核心问题并对核心问题进行课题的提炼，针对课题的关键概念或关键问题进行分析框架设计。

5. 行动与理论化反思：运用关键词归纳和理论演绎法对教育教学实践行动进行理论化阐释。

第二章 诗意语文教学案例写作

第一节 案例如何选题与拟题

一、把握选题的基本原则

所谓选题,即确定案例的主题。主题对于一个案例来说是不可缺少的,也就是说,一个教育教学案例必须交代清楚是关于什么的案例。而拟题,就是确定案例的题目。选题和拟题训练可以培养案例撰写者发现问题、分析问题、概括问题的能力。

选题有哪些具体的要求呢?需要把握正确的方向,解决语文教育教学实实在在的问题,满足时代教育教学课改的需求,且能够产生普适性的意义。具体阐述如下。

(一)方向性原则

所谓的方向性原则,指的是语文教育教学案例研究与写作必须落实国家教育政策和教育方针精神,认真做好立德树人的根本任务,切实在语文教育教学过程中贯彻课标规定的要求等。如何落实该原则要求?语文教师要有方针政策意识,善于研读党和国家、课程标准等政策文本,找到案例的选题的"主题"。比如党的十九大报告提出"全面贯彻党的教育方针""落实立德树人的根本任务""发展素质教育""推进教育公平",其中"全面贯彻党的教育方针"需要把握"为谁培养人"的总方向,"落实立德树人的根本任务"指出的是"培养什么样的人","发展素质教育"需要做好"怎样培养人","推进教育公平"需要"民主而公平地对待每一个学生"。有老师基于十九大报告政策文本的研读,将选题确定为大额班级教学制视域下难以照顾各个层次的学生的个体需要,进而采取分层教学,将题目确定为"走出大班教学的困境——L学校语文分层教学模式探索",目的在于探讨语文学科教学落实十九大报告关于优先发展教育精神的新策略。

（二）问题性原则

所谓问题性原则，指的是案例研究的选题要注意选取语文教育教学实际中存在的困惑、难题以及语文课程建设、教材解读、教学实施、教学评价等方面的问题。从问题的类型看，可以是时下课改的热点问题，比如语文义务教育阶段统编教材分析与教学、语文新高考解析与备考、语文学业水平测试与分析等等；也可以是直面教育教学的难点问题，比如2017年底新颁布的《高中语文课程标准》提出的"任务群教学""语文课程立德树人""传统文化专题教学""语文学科立德树人"等等；还可以是探讨多年未解的争议问题，比如"读写关系的深度融合""语文核心素养的课堂实践""跨媒介阅读与表达"等等；当然，更多的是语文教师基于日常教育教学实践而出现的"口语交际""阅读教学""作文教学""综合性学习"困惑与问题。从问题来源看，可以是上级教育行政部门需要攻关的问题，也可以是语文教育教学报刊关注的问题，还可以是学校与教师个人主持课题研究的问题。

（三）真实性原则

所谓真实性原则，指的是案例所反映的内容是中小学语文教育教学具体情境中的真实生活、真实课堂、真实问题，表达学校、家庭语文教师与学生，甚至家长真实的情感、价值、态度。真实性是语文教育教学案例研究的基本原则，落实该原则需要做到如下几个方面：其一，忠于事实，案例研究的问题以及与问题相关的教育教学事件均是语文教师从事语文课程建设、教材解读、资源开发与整合、语文教与学活动过程中客观存在、真实发生的；其二，情感中立，无论是案例中的人物与行为，还是研究打造者的行为均不能表现明显的个人偏爱，务必做到客观、准确地呈现；其三，价值中立，务必保证案例筛选、问题提出、实践改造以及分析反思过程的客观性、逻辑性与科学性，不能为研究而研究，为验证而验证，即为了达成预设的目的而主观臆测案例的结论。

（四）可读性原则

所谓可读性原则，指的是案例选择与研究既是教育教学普遍存在的有代表性的典型问题与语文教育教学实践，也是从表现形式与语言表达等层面而言，案例有一定的故事性与灵活而有个性的叙事艺术。首先，语文教师要注意案例的选题有视觉冲击力；其次，所提出的问题是大家普遍认可的；再次，言说方式有自己的个性；最后，得出的理论化结论或反思具有对话性与共鸣性。比如"H老师的美丽'惩罚'"案例，语文老师一般都担任班主任工作，这使得语文教育教学工作必须倾注德育情怀，关注班级管理工作，自然涉及惩罚教育，而惩罚如何做到不是体罚，也不是心罚，而是积极的干预方式，是智慧的教育,是让学生悟"道"再行"道",这取决语文教师是否具备如水般的美德,以及灵动而切合教育本质的教育智慧。将一个老师的惩罚教育命名为"美丽的惩罚",自然就具有极强的吸引力,案例采取的"如何变规训的体罚、心罚为美丽的惩罚"这种对话式的叙说方式,又增加了案例的亲切感与交流感,自然增加读者阅读的兴趣与思维的启迪。

基于以上的原则,我们可以审视如下选题的合理性与不当性:

1. 高中青春叙事美好表达与真实生活关系处理案例
2. 语文散文教学有效交流案例
3. 中小学语文教师集体备课的预设与生成问题设计案例
4. 基于语文核心素养的教材解读/教学模式建构、教学资源开发与整合
5. 中小学语文教育/教学失败案例的反思案例
6. 低段识字/看图写话/口语交际/读写一体的学习单设计研究

选题1明显来自高中语文新颁布的课标提出的"美好表达",方向性原则突出;"美好表达"与"真实生活"构成一个典型的问题,落实了问题性原则;高中青春叙事的主题符合高中生作文的现实,具有真实性和可读性。选题2是语文教育教学的老问题,尽管"有效交流"具有一定的方向性,但"有效"的标准,历来是人云亦云的概念,难以形成具有实践操作意义的量表,因而真实性、可读性原则难以落实。选题3研究的是语文教师集体教研,问题性原则突出,有现实的针对性,研究对象新颖,研究的问题为"预设与生成问题设计",具有问题的典型性,如果将研究对象确定为"某校语文课题组",那么该选题落实方向性、真实性与可读性是不难达到的。选题4采取"基于……"的言说方式,试图将语文核心素养落实到教材解读、资源建设、教学实践,方向性原则突出,也有助于提炼案例研究的问题,但真实性与可读性需要下功夫,尤其是这类型的选题有公式化的弊端。选题5另辟蹊径,选取的不是所谓"正能量"素材,而是"失败"案例,可读性、问题性与真实性原则不难落实,但案例打造与叙述需要把握好方向性原则的"边界"。选题6属于典型的热点与难点的问题,四个原则都可以落实,但需要整合研究力量,个人的力量显然是不够的。

二、语文教育教学案例如何拟题

(一) 案例拟题要注意的几个要素

俗话说"题好一半文"。所谓的拟题,指的是教育者采取契合案例研究的需要对所

研究的教育问题或话题提炼出预期符合教育效果主旨的文题。从这个概念定义可以判断,一个好的案例拟题至少要明示或暗示"所要解决的主要问题""所要研究的主要对象与内容""所要达成的主要效果"等。

1. 揭示案例研究问题或主题

案例所拟的题目清楚地表明研究的问题或者主题。例如"过招——27分入学茫童识字能力提升纪录",该案例的主题就是如何促进入学时候语文基础比较差的儿童尽快提高识字能力的研究;再比如"E时代背景下的H小学课外绿色网络行实践探索",该案例的主题自然就是如何培养学生媒介素养,引导学生养成健康上网的习惯。

2. 明确研究对象与基本内容

案例所拟的题目问题与主题可以暂时不在题目上体现,但要揭示具体的研究对象和主要的研究内容。笔者曾经结合高中《致橡树》《孔雀东南飞》等涉及爱情、婚姻、家庭的教材,写过一个有关引导学生如何树立正确的恋爱观以及规范男女生交往问题的案例,案例的题目就是"和中学生'谈情说爱'"。从题目上看,没有明确中学生"早恋"的主题与问题,但"中学生"的研究对象与"谈情说爱"的研究内容是十分清晰的。

3. 预设达成的主要效果

为了达成传播学"吸引眼球"的效果,案例的题目还可以用某个具有代表性的行为动作、典型细节或者具有特别意义事物的名称作为案例的题目。比如"高中生,'高高地举起你的左手'",该案例的题目就是针对语文教学课堂缄默现象,期待建构彰显学生主体的"自主-互助"课堂教学模式,选取有特征的"举手"作为案例题目,自然给人眼睛一亮的感觉;再比如"从'一杯水'到'水文化'的专题教学",该案例"一杯水"就是案例中的一个有代表性的细节,从生活中的为客人倒一杯水,引导学生结合《桂林山水》《雨说》《观沧海》等文本去探究"一杯理想""一杯希望""一杯情怀",很好地勾连了案例的内容与达成的传播效果。

(二)案例拟题的主要表达方式

"赋之言铺,直铺陈今之政教善恶。比,见今之失,不敢斥言,取比类以言之。兴,见今之美,嫌于媚谀,取善事以喻劝之。"(郑玄《毛诗正义》)"赋比兴"是《诗经》的三种主要表现手法,后演绎成诗词曲赋以及小说等各种文体交互使用的表达方式。借鉴该手法,可以为案例拟题带来很好的启示。

1. 赋:直陈其事

所谓的赋,指的是铺陈直叙,即案例主体直接把案例涉及的对象、内容,甚至案例表现主要人物蕴含的思想感情平铺直叙地表达出来。比如,"山村女教师让道德高尚了一个境界",该案例拟题没有华丽的辞藻,也没有文雅的修辞,直接将研究对象"山村女教师"的职业操守"让道德高尚了一个境界"表达清楚;再比如"Q中学语文专题教学机制实践",该案例也是直叙研究对象与研究内容。

2. 比:比德喻义

所谓的比,指的是以彼物比此物,借助客观存在的日月星辰、花草虫鱼等自然事物、景物以及人类社会典型人物形象化地表达案例题目需要呈现的主题、内容。这些客观事物、景物、人物均具备"民胞物与"的情怀、意义,即"比德喻义"。例如,"初中名著阅读要'把新桃换旧符'"很明显该拟题里面的"新桃换旧符",比德隐喻的就是名著阅读观念、课型、教学手段与方法的革故鼎新。

3. 兴:切类指事

所谓的兴,指的是案例题目先介绍看似无关的其他事物,然后引出着力研究的对象、内容、主旨。主要的方式有直接起兴、兴中含比等方法,目的在于激发读者的想象、联想,增强意境感、情境性,从而产生了形象鲜明、诗意盎然的传播效果。比如"做一片生命舒展的绿叶——海岛随军女教师角色定位与专业成长之路"借助海岛绿叶的自然生命样态,触发案例研究对象——海岛随军女教师形象塑造和专业成长的思考,给人新奇、别致之感。

总之,不能是选题,还是拟题,案例打造与研究者均要立足教育教学的现实大地从"现象表现"中发现"发展问题",透过"发展问题"看到"发展需要",聚焦"发展需要"去提炼、拟好"案例主题"。

【请你优雅地下水】布置作业

选择语文等学科教学或班级管理工作经典的事件,结合案例撰写的要求,拟一个题目,并对该题目进行赏析,不少于300字。

第二节 如何撰写问题背景

一、什么是案例背景

任何教育教学案例都是一定时空条件下的教育主体进行教育教学活动的产物,其中案例中的人、所做的事,或者发生的行为就要收到特定历史条件下社会、政治、经济、文化等要素的影响。撰写问题的背景,就要明确案例背景的基本内涵。所谓案例背景,指的是教育教学案例发生的教育主体的教育行为发生的特定条件、场景。从该概念的外延看,案例的背景自然有社会政治、经济、文化、教育的大背景和特定教育条件、情境的小背景之分。

为什么要撰写案例背景？对于案例打造者而言,把案例背景写清楚有助于提出案例研究的问题并对问题进行归因分析;对于案例的读者,也就是学习者而言,因为案例背景清楚地交代了案例所反映的事件、现象、人物思想产生的背景,就有助于他们找到人物行为、思想或事件发生、发展的根源和必然性,增加通过分析得出正确结论的可能性。

二、案例背景的撰写

(一) 案例大背景的写法

所谓案例的大背景,指的是案例人物、行为、事情发生的宏观条件。这些宏观条件包括案例发生的时代与社会政治、经济、文化的基本情况,还可以介绍教育教学理念,比如国家政策的要求、课标规定的精神等等对教育的影响。比如笔者撰写的反映单亲家庭孩子教育问题的《让德育散发诗意》,其中的大背景就是"改革开放和市场经济冲击着传统的家庭观念和伦理道德,导致离婚率居高不下,单亲家庭孩子存在爷爷、奶奶、外公、外婆、父亲、母亲'六不管'或过分'溺爱'两种极端的爱"。实录如下:

随着改革开放和信息化时代的来临,人们的生活方式、生活水平发生了翻天覆地的变化。社会的变革不断冲击着传统的家庭观念和伦理道德,年轻的父母们追求个性生活,讲究婚姻幸福质量,这本是无可厚非的,但每年离婚率节节攀升却是不争的事实。尽管社会对离婚这一现象抱有开明的态度,但单亲家庭孩子的教育问题却成为学校教育一个难点。纵观三十余年的研究,无论是社会学范畴的研究,还是教育学范畴的研究,大都肯定父母离异会对孩子的健康成长产生许多消极影响,产生诸如孤独忧虑、失望自卑、情绪低沉、性格孤僻等心理疾病;解决问题的对策,不约而同地强调离异的父母、学校、社区应给予单亲家庭的孩子更多的关爱。关爱似乎成为解决单亲家庭孩子教育的"灵丹妙药"。我们是否想过这些问题:一个处在发展中且不成熟的孩子每天要面对来自离异父母双方、祖父母、学校老师,甚至同学们如潮水般汹涌而至的"关爱",他们该如何应对,该如何接受父母离异的事实,如何应对父母离异导致自我生活的变化？辩证唯物主义告诉我们,外因是事物变化发展的条件,也许是必要条件,但真正起决定作用的还是内因。这些外加的"关爱"如何促使孩子这个"内因"生发积极的意义呢？什么样的关爱才真正切合教育本质呢？这一系列问题是单亲家庭教育需要理论与实践给予生动而有效地解答。①

（二）案例小背景的写法

所谓案例小背景,指的是该案例产生的小环境或基本条件,包括时间、地点、人物、事情的起因等;具体介绍案例教育教学或对学生学习产生重要作用的如学校类型、学生情况、教师情况等;还可以介绍对教育教学或学生学习产生重要作用的文化、理论依据等,尤其是对分析教育教学内容、建构教育教学目标、设计教育教学程序、管理评价措施等产生重要作用、体现新课程理念的教育学、心理学等理论依据。清楚地交代这些小背景,一般能够给人真实感、现场感。《让德育散发诗意》小背景写作如下:

创办于2001年的珠三角S学校,广告上宣称的是应我国加入WTO和全球经济日益一体化创建的,其实本质就是迎合了年轻父母的需要而创办的全寄宿式学校。这些年轻的父母缺乏教育孩子的时间,也缺乏教育孩子的能力。学校周边群山拥翠,高高的围墙和严密的安保措施基本上隔断了乱耳的闹市喧嚣以及扰心的红尘诱惑。尽管该校设立在沿海一个偏僻的乡村,但家长趋之若鹜,招生办门庭若市。开班不久,就办成一所从幼儿园到初中的规模达万人的学校。所招的学生,单亲家庭孩子比例自然高过一般学校。每一个班主任都要面对单亲家庭孩子教育问题,他们也是"八仙过海,各显神通"。其中,我的学生W老师所遭遇的故事尤为典型,他任教初一两个班的语文,同时兼任初一8班的班主任,从大学就读开始就接触到诗意德育理念,变外在的规训教育为内在的诗意生成。②

【请你优雅地下水】布置作业

根据选题与拟题,结合案例背景撰写要求撰写一则背景。要求用叙事的手法描述不合理的教育教学现象以突出存在的核心问题,注意叙事客观、引人入胜。(不少于800字)

第三节 如何进行案例情景描述

一、什么是案例情景描述

所谓的情景描述,指的是对教育教学案例所要解决的问题产生的情境或环境进行

---

① 冯铁山.让德育散发诗意[J].中国德育,2017(15).
② 冯铁山.让德育散发诗意[J].中国德育,2017(15).

描述。从本质角度审视,好的情景描述一方面要凸显生活性,另一方面要有问题感。所谓的生活性,指的是案例所展示的情景是立体的教育教学生活图景,不是线条化、逻辑抽象的概述;所谓的问题感,就是案例的情景描述事实上隐含的教育教学不合理的现象。

为什么要进行情景描述?将案例的情景描述清楚,事实上就是为后面问题提出与讨论服务的,因此,撰写情景描述尽管要做到"生活性"与"问题感",但绝对不是"眉毛胡子一把抓",也不能"记流水账",需要作者进行智慧的判断、选择和有针对性地描述。

二、案例情景描述的撰写

1. 主题意识鲜明

案例的情境描述尽管反映的是不合理的教育教学现象,但案例作者一定有凸显案例的主题意识,比如学科语文18级研究生孟如佳在情景描述的时候,描述了这样的案例情景:现在六年级的小孩子,在批改他们作文的时候,使用流行语的现象很普遍。在写到关于动物的话题作文时,有一位同学这样写"可爱的小狗用它呆萌的眼神望着我。"在写到关于朋友之间发生的故事时,有同学就这样描述:"和好朋友一起玩吃鸡游戏,结果被他虐到,真的是扎心了。"教师后来问那位玩游戏的同学吃鸡游戏是什么时,学生惊讶地说:"老师?!吃鸡游戏这么火,你竟然不知道?太 out 了吧!"该情景描述均围绕"学生语言网络化,有话不能好好说"现象展开,照应的主题就是"学生的书面语言表达规范化与典雅化"。

2. 还原教育现场

案例描述一般用描述手法叙述不合理的教学现象以突出中小学语文教育教学存在的问题。它不是"老师说""学生说"的课堂实录,需要真实地还原语文教育教学现场,给人立体的图景感。林筠婷撰写的《缺水的"山丘"与流动的"小溪"——Y职高自主互助语文有效性教学探究路径与实践》,运用描写手法,生动呈现了职高语文课堂苍白无力、僵硬死板的教学现象。

> "嘀铃铃……"上课铃响了,楼道内外没有想象中的奔跑和吵闹,走进教室即使阳光洒落但能看到的却是一排排缺水的"山丘",学生趴在桌上用校服把自己的头包得严严实实。
>
> "上课——"一位四十岁左右板着脸的老教师低着头边说上课边缓缓走入教室。

"老——师——好——"拖着长长的尾音,很快就被稀稀拉拉的桌椅搬动声盖过了。有三分之二的"小树们"笔直站好,剩下的同学依旧维持着"小土包"的样子在昏睡。

她仿佛什么都没有看到,在黑板上写下了龙飞凤舞的"我心归去(韩少功)"几个大字。

"把书翻到32页,今天我们来学习韩少功的《我心归去》。下面请看PPT,我们常常说'知人论世',学这篇课文之前我们先来看看作者韩少功的故事。"PPT上随即显示出韩少功的简介。

"给大家一分钟时间标注一下自然段。谁能说一下这篇课文写了什么?"代替学生回答的只有哗哗的翻书声。

"小明,你来回答一下这个问题。"

"这篇课文写了作者韩少功独自在异乡漂泊,很想念故乡。"

"很好,请坐。"

"小范,你说一下文章哪几段写了异乡?"

"一到四"

"哪几段写了思念故乡?"

"五到九"

"好,请坐。文章的主要脉络比较清晰,就写了这样两件事。这篇课文的最大特点就是其哲理性语言的使用,大家在读这篇文章时有没有发现比较难理解的语句,画出来读一读,然后我们大家一起来解决一下。"

不一会儿,教室里翻书的声音就渐渐小了,老师环视了一圈,看到最后排的几个同学依旧保持着小山丘的姿势,叹了口气。

"小范,你说一下。"

"我是这一句'就像我相信所有的中国二胡都只能演奏悲怆,即便是《赛马曲》与《赶集调》,那也是带泪的笑。'这里'带泪的笑'不懂。"

"哦,你觉得这句比较难,那行我们来一起看一下这个'带泪的笑',有没有同学能够解释一下?"

"我认为应该从两方面来理解,一个是泪一个是笑,我认为泪的原因是二胡的乐器特点导致的,它的声音就是悲怆的所以听起来带泪;而笑是作者韩少功听到了中国的乐器,由此想到了故乡所以会笑'"

"非常好。解释得很到位,其他同学懂了吧?那还有别的句子吗?"

"我是不懂这一句:'但那种失望不同于对旅泊之地的失望,那种失望能滴血。血沃之地将真正生长出金麦穗和赶车谣。'不知道作者想表达什么意思。"

"有同学能解释一下吗?"

大家都自觉地低下了头,像极了缺水干巴巴的小树,浑身紧绷一动不动。

老师一看无人应答,只好对这一句进行重点讲解:"'失望'是对故乡脏乱差的失望;而'滴血的失望'是对故乡怀揣着更大的期望,从心底里希望故乡能够发展得繁荣富强,正所谓爱之深责之切,只有在这种情感下才能对故乡的发展做出贡献,如果人人都有这样的情感,那么会自觉地投身于故乡的建设中去,这样故乡才能越来越好,也就长出了金麦穗和赶车谣。"

有几棵"小树"开始刷刷地奋笔疾书,生怕漏掉老师说的某一个字。其他"小树"缩成一团呆呆地望着书本,仿佛这一切和自己都没什么关系。

……

3. 内容取舍恰当

案例的情景描述需要凸显案例研究的主要问题,因此,内容取材与描述均要表现主要矛盾、主要事件。可以是一件完整的事件叙事,也可以是一个片段或几个片段的联结。当然,无论情景反映的教育现象多么复杂,还是事情多么简单,尽量以一种有趣的、引人入胜的方式来描述。宁波市范桂馥小学陈益撰写的《多元主体对话下小学哲理性散文教学的诗意回归》,善于删除繁枝,清楚地呈现小学语文五年级上册《落花生》教学存在的"用规训的方式直接灌输文本的道理"教学现象。

人教版小学语文五年级上册《落花生》是著名作家许地山的一篇叙事散文,真实地记录了作者小时候的一次家庭活动和所受到的教育,揭示了学习花生不图虚名、默默奉献的品格的主旨,说明人要做有用的人,不要做只讲体面而对别人没有好处的人。笔者在小学阶段也曾学过这篇文章,至今记忆犹新,记忆深刻的原因是因为课堂上回答不出老师所提的问题,清楚地记得当时老师的问题是:"为什么作者要以'落华生'作为自己的笔名?"当时老师以直接告知的形式提供了这个问题的答案,由于缺乏言语实践的语文体验,问题的答案已经完全没有印象了,只记得作为学生,回答不出问题时的恐慌与羞愧。在大学实习阶段,笔者曾执教过这篇课文,并且在两个班级进行磨课,儿时的羞愧记忆再次浮现,上课过程中笔者力求注重过程的展开与循序渐进,当时两节课上得比较顺利。如今,时隔三年后,再次审视当时的教学设计,还是存在许多的不足。首先回顾一下整个教学设计。

第一环节:设疑导入,激发兴趣

教师通过出示落花生的图片让学生了解花生的生长过程,进而理解落花生名字的由来。在此基础上,出示课后资料袋,引导学生学会质疑,为什么作者要以"落华生"作为自己的笔名?

第二环节:初读课文,理清文脉

教师出示阅读要求,引导学生带着问题读书,边读边想,课文围绕着花生写了哪些内容。在检查词语朗读环节,通过开小火车、小老师带领读等多种形式展开,并对学生的朗读进行评价。接着,教师引导学生默读课文,概括出课文围绕着花生写了种花生、收花生、尝花生和议花生,而且写法上详略得当,重点描写议花生,其他内容略写。

第三环节:研读课文,走进文本

教师带领学生聚焦描写议花生的内容,重点研读父亲的话,通过完成表格的形式了解父亲将花生与桃子、石榴、苹果进行对比,从而概括出花生与桃子、石榴、苹果不同的品质,并用朗读读出两者的不同。学习单中的表格内容如下:

	花生	桃子、石榴、苹果	评价
位置	埋在地里	高高地挂在枝头	
外表	矮矮的	鲜红嫩绿的	
印象	必须挖起来才知道	使人一见就生爱慕之心	

第四环节:总结全文,升华主题

教师引导学生质疑:父亲仅仅是在说花生吗?学生能体悟出这是父亲对于他孩子们的期望。联系学生的日常生活,寻找像花生这样默默无闻、辛苦付出的人,丰富花生的意象内涵。接着,聚焦文中"我"说的话:"人要做有用的人,不要做只讲体面,而对别人没有好处的人。"理解这句话中"体面"的意思,并提供课外补充资料,介绍作者许地山的生平,为抗日战争奔波劳累而死,年仅48岁,让学生深刻地感受到花生就是作者一生的写照。

第五环节:总结写法,课外拓展

教师小结:像这样借助一样事物来讲明道理的写法叫做借物喻人。引导学生结合生活实际,从身边的人或事中领悟到什么,试着选择其中的一种,运用借物喻人的写法进行描写。

4. 描述价值中立

所谓的价值中立,就是情景描述要做到客观地介绍典型事例,不能直接地提出问题,表述观点;也不能流露感情的褒贬,要让读者仔细品味,悟出其中的道理,对案例事件的描述应是坦率的,对教师的心理活动、观念冲突、情感方面的描写也应是客观的。比如王亚西撰写的《"温故而知新"与"知新而温故":高中古诗词复习课的逻辑思维训练案例研究》,该案例需要表现的是高中语文老师古诗词复习碎片化、缺乏逻辑的教学现象,但每一环节只是客观出现,没有作者的价值偏向与情感喜怒哀乐的流露。

第一环节　启思导入

教师播放《水调歌头》的古典音乐,营造古诗词学习的意境后,提出问题:"同学们,根据你们现在所学过的古诗,按内容分,可以分为几类?"学生回答后,教师总结,共有十类,即"写景抒情、爱国忧国、托物言志、边塞征战、赠友送别、怀人思乡、咏古怀史、山水田园、建功立业、生活杂感。"在此基础上,教师整理出历年中考中的古诗的题目,让学生找一找这些诗歌的重复考点有哪些。让学生发现写景抒情类古诗的重要性,进而切入主题——学习写景抒情类古诗词的答题技巧。

第二环节　练中总结

教师出示《江南春·绝句》的练习题让学生当场进行练习。学生完成后,教师发放标准答案,让学生进行小组讨论,任务是对照标准答案,总结自己在答题过程中出现的问题,分析失分的原因。在学生总结回答中,教师再与学生一起细读标准答案,总结答题的步骤,使答题更加规范,避免遗漏要点。例如针对此道题目:明朝杨慎在《升庵诗话》中谈到这首诗,认为"千里"的千,应该改为"十"字,理由是:"千里莺啼,谁人听得?千里绿映红,谁人见得?"此言遭到不少学者反驳,杨慎的观点错在何处?标准答案是:一是错在不懂得"千里"在这里虚写而非实数,或误解了艺术创作虚实结合的方法。二是既然是写江南春色,以"千里"概之亦扣题目。学生总结到第二点是失分的主要原因,缺乏全局与联系意识。教师适时点拨此类"抠字"题型的答题方法,即抓住关键词语,从词性、色彩、修辞、思想感情答题,同时,要结合全诗的意境,要有全局意识。

再如"全诗表达了诗人怎样的感情思想?"这道题。标准答案是:一是此首诗表达了诗人对江南景物的赞美与神往。二是表达了诗人对风景依旧、物是人非的感慨。学生总结第二点是主要失分的地方。对诗歌的后两句解读不到位。教师点拨道：表达思想情感的题目要抓住意象、情象、典故、标题、作者等。

第三环节　教师总结

教师分析完《江南春•绝句》的题目后,将写景抒情类古诗常见题目进行总结。如从思想情感角度讲,常见的题目形式有：1.该诗表达了作者怎样的思想情感？2.描写了怎样的景物？营造了怎样的氛围？3.塑造了怎样的形象,抒发了诗人怎样的情感？答题策略：表达思想情感的题目要抓住意象、情象、典故、标题、作者等。并且总结到古诗词常见的情感有：忧国忧民的情怀、建功立业的渴望、怀才不遇的苦闷、壮志难酬的愤慨、昔盛今衰的感慨、仕途失意的无奈、思亲思乡的情感、依依惜别的离情、孤寂悲凉的心境、羁旅漂泊的愁思、田园生活的向往、恬淡闲适的喜爱。

第四环节　巩固练习

教师总结分析后,再出示《过零丁洋》相关练习,进行巩固。

【请你优雅地下水】布置作业

根据情景描述要求,撰写一则案例主要问题发生的情境。要求有案例的适切性,不要机械套用大背景＋小背景,不少于1 000字。

第四节　问题提出与分析的撰写

一、问题的提出

在上一章论述案例研究思维路径的时候,介绍了问题的内涵和如何找到研究的问题。所谓的问题,是指客观事物之间的矛盾在人们头脑中反映,它反映了人们对客观事物或现象认识的不足。包括"起点""差距""终点"三个要素。所谓研究问题,指的是人们通常说的研究课题,是指研究的目的,通过对研究对象的主客观条件进行分析而确立的要具体解决的问题。

如何提出问题呢？问题的提出离不开案例背景和情景描述的研读,主要的方法如下：

（一）直接性问题

所谓直接性问题,指的是将情景描述里有代表性的教学行为,利用关键词法表述成直接研究的问题。例如,鄞州第二实验小学的张路老师针对情景描述里介绍的小学语文阅读教学"传统文化认知模糊""传统文化自信不足""传统文化的缺位"三个关键词,将研究的问题概述为——小学语文阅读教学不仅应培养学生严密的逻辑性和批判智慧,还应培养良好的人文素养以及爱国主题情怀,在"明形"、"悟理"、"晓道"、"践行"的阅读教学过程中,探寻精神基因的"逆生长"之路。案例的题目为《"精神基因"的"逆生长"之路——传统文化意识下的小学语文阅读教学案例研究》。

(二) 探索性问题

所谓探索性问题,指的是将案例背景与情景描述涉及的教育理论、教育观念转化为指导改进语文教育教学实践活动的问题。例如,广东诗人教师叶才生老师在执教《在山的那边》的时候,针对语文课机械串讲的教学现象,将该现象涉及的诗教鼻祖孔子提出"兴于诗,立于礼,成于乐"[1]和存在主义哲学家海德格尔等人提出"语言是存在的家"等理论融合,提出了基于言语实践的"以诗解诗、以诗化文"的初中课本诗导写多维价值及实践的问题。以《在山的那边》为例,首先,以直觉的方式对《在山的那边》这一诗作"漫画"式的组象方法与"纪传"式的结构形式做整体的把握;其次,引导学生从在场的"山"与"海"语词中寻找其"不在场"的原型意象,乃至"追梦人"深层的"自强不息,奋斗不已"的生命意蕴;最后,让学生结合原型意象及生命意蕴的理解化课文为自己的课本诗。这个过程不仅引导学生与文本、与作者、与生活对话,同时也做到了立言立人。

(三) 反思性问题

所谓反思性问题,指的是将情景描述所展示的教育教学现象进行由反面而正的思考,进而提出案例研究的问题。比如,江苏无锡辅仁高中的戴启江老师撰写的《归真、求善、至美——〈林黛玉进贾府〉诗意语文教学过程设计与实践》,其问题研究是这样展开的:反思当前的语文教学,如何建构契合学生完整生命培育的教学过程?借鉴冯铁山教授观点,语文教学的目标就是通过言语实践,生成诗意智慧的活动。这个教学过程就应该是通过言语实践达成归真、求善、至美的过程。语文教学如何在教学过程中凸显诗意智慧,实现学生的语文素养阶梯式地提升?借助《林黛玉进贾府》一课,探索变单向道传输知识的教学为学生自主的图景性思维训练,从而使教学过程达成归真、求善、至美的最终目标。

---

[1] 孔子,《论语·阳货》。

二、问题的结构化讨论与分析

结构是指系统内各个组成要素之间的相互联系、相互作用的框架。所谓"问题的结构化讨论与分析",指的是案例作者运用系统的思维方法对情景描述里提出的问题进行问题链或逻辑树的研究,不是问题的简单堆砌,而是采取分析论证的方法对问题进行理性分析。

(一)问题核心概念正解

所谓核心概念正解,指的是正面破解、剖析研究问题与研究课题里核心概念内涵与外延,从理论上搞清研究要素及其逻辑关系。概念内涵的正解主要的方法有定义分析、语用分析、词源分析、隐喻分析和文化分析等;概念外延的分析主要有划分。

以《农村小学轮写作文促进学生习作学力提升的案例研究》为例,这里面的核心概念除了"轮写作文"之外就是"学力"。所谓的"学力",从词源上而言,利用工具书查找不难发现,所谓的"学"就是"学习"的含义;所谓的"力"就是"筋也",指的是"用耒表示执耒耕作需要花费力气"。学力,自然指的是在学习上用力。从语用的角度看,将中外有关学力的语料搜集起来,然后进行概念分析。比如,如唐代范成大《送刘唐卿户曹擢第西归》诗云:"学力根深方蒂固";北宋诗人王令《寄洪与权》诗云:"贫知身责重,病觉学力怠";韩愈的诗《符读书城南》云:"欲知学之力,贤愚同一初,由其不能学,所入遂异间";日本西鹤的《日本永代藏》(1688年,元禄元年)卷五的第四个故事中曾出现过学力一词等等,概括起来,所谓的"学力"有如下含义:其一,学问的力量,或活用学问的力量;其二,学习能力;其三,学问之效力等等。而定义分析主要是针对专家学者给出的概念定义进行性质定义、关系定义、功能定义以及发生学方面的分析。比如"所谓学力,指人类通过后天学习获得的,以知识技能为核心而形成的种种能力。"构成学力的要素有哪些呢?这就需要对核心概念进行切分,不同的理论依据和不同的标准得出的要素各不相同。有学者切分为"积极的态度、知识和能力",有学者切分为"分析能力、元认知能力、言语智能或者说言语表达的能力",如果认同这个认知心理学的切分标准,那么"分析能力""元认知能力"和"言语智能"就构成学力这个核心概念的主要要素,进而推导出"习作学力"概念的构成要素为"审题力""构思力""表达力"与"修改力"。其中研究的重点也就可以确定为"主要关注缺乏学习意愿的学生""唤起学生自我更新的需求"。

(二)研究要素关系分析

每一个案例在进入"实践操作"之前,都要求先做一个理性层面的要素与要素关系的分析,形成一个分析框架——这个框架是围绕一个特定的话题(核心概念)展开的。对"核心概念"的理解是否科学、全面、到位,构成核心概念要素切分是否合理,均会影响到案例研究分析框架建构是否符合逻辑,影响案例的"研究设计"或"研究构想",从而决定着该案例的研究水准。一般而言,一个案例需要整体审视研究对象、研究主题、研究方法、研究问题之间的和谐性,也就是说这些要素之间的关系要注意其中的科学性与逻辑性。除此以外,还要把握核心概念的构成要素及其要素之间关系的处理。

比如,上海师范大学附属中学著名特级教师余党绪老师,针对高中学生整本书阅读,乃至阅读教学存在言语静默的现状,提炼出"如何在高中语文阅读教学中改变提高学生言语表达能力,使他们获取高峰体验"研究问题,进而形成"高中阅读教学中'读思练一体的高峰体验'实践研究"课题,将"读思练一体的高峰体验"概念切分为"读经典、学思辨、练读写",于是着力打造了"整本书阅读:读经典、学思辨、练读写——《鲁滨逊漂流记》'思辨读写'实践"案例。其中的研究对象"高中生"、研究主题"读思练一体的高峰体验"、研究问题"改变静默现象"、研究方法"思辨读写实践"构成了切合语文教学本质的具有科学性、合乎逻辑的研究。这个科学性与逻辑性的把握需要论证研究问题的性质和类型,把握案例研究问题的目的、价值和意义,还要善于把握该研究问题在国内外已经达到的研究状况和发展动向,并根据文献综述的结果,去论证该问题展开研究的可行性。

(三) 问题结构化分析

问题结构化分析就是将案例研究的总问题切分成有逻辑关系的子问题,子问题与子问题都是总课题问题衍生出来的,结构化的方法主要有"问题链"与"问题树"两种。"问题链"相当于古典小说《水浒传》"搓草绳"的情节结构,一个问题接着一个问题,环环相扣,问题解决也有一脉相承的。比如"高中阅读教学中'读思练一体的高峰体验'实践研究",第一个子问题是"高中语文阅读教学中,学生言语表达现状是怎样的?"与此相关的子课就是"调研高中生语文整本书阅读的静默现状与问题分析";在此基础上着力分析第二个子课题"高中生言语静默、言语表达困难的心理倾向",探究第三个子课题"归因分析高中生言语表达高峰体验难以达成的原因",最后正确认识和分析高中生整本书阅读言语表达的困境及成的基础上提出"读经典、学思辨、练读写"进行思辨读写,从而获取高峰体验的系列策略,即解决第四个子课题。

所谓的问题树,子问题、课题与总课题构成的是总分关系,子课题之间没有明显的一环接一环的关系,形同一棵树上长出不同的枝杈。比如浙江宁波鄞州正始中学杨琦晖打造的"寻找语文缺失的一角：古诗词教学"案例，针对高中传统的古诗词教学公共化的知识接受、识记现象，提出个性化的言语实践研究课题。进而从教学目标、教学主体、教学内容、教学手段、教学流程等角度进行结构化说明与子课题分析，这些要素均是总课题长出来的"枝杈"。

【请你优雅地下水】布置作业

根据自己的实践或你目前最关心的现象：

1. 从该现象中提炼出一个可以操作的研究问题；
2. 三人小组交流，对研究问题作进一步修改；
3. 全体讨论该问题是否适合；
4. 针对上一环节情景描述的中小学不合理教育教学现象，提出研究的问题并进行结构化说明（即"问题链"或"问题树"）。（不少于500字）

第五节　正文与进一步讨论的撰写

一、案例正文的撰写

任何文章都是有结构的，中心主旨、材料、结构是构成文章结构的三个主要要素，合理的结构必须处理好三者之间的关系。教育教学案例的正文同样如此，中心主旨是案例的"灵魂"，要明确无误；材料是案例的"血肉"，要丰富、生动，并能具体而形象地反映中心主旨；结构则是文章的"骨架"，是谋篇布局的手段，是运用材料反映中心思想的方法。

（一）中心主旨：提纲挈领

正文的写作是案例研究问题的解决，需要落实问题并提出结构化分析的成果，如果说结构化分析是案例的草图，正文写作就是变草图为蓝图。而中心主旨的理解与分析，就是对草图精神的识别、理解、综合与运用。这就形同建筑工人拿着过程设计图纸，需要技术员讲解设计员的设计意图一样，需要对问题及问题结构化分析进行主旨的领会与分布落实。

比如，《促进深度学习的语文阅读课堂教学案例研究》的研究问题和结构化：

研究问题：语文阅读课堂浅层知识教学如何走向深度学习。

结构化分析：

第一,语文深度学习的内涵是什么,基于深度学习的阅读课堂教学前提条件是什么?

第二,语文深度学习的认知结构与常规单向道传输语文知识的阅读课堂教学有什么不同?教学内容需要按照什么逻辑进行组织?

第三,语文深度学习的"度"如何把握,通过什么机制去实现?

第四,语文深度学习效果如何恒定?

根据研究问题总主旨以及对子课题研究问题主旨的分析,就会形成如下纲举目张式的主旨系统:其一,语文深度学习需扎根于真实情境,否则会成为无源之水;其二,语文深度学习需扎根于学生的认知结构,教学内容需要按照"社会参与""文化知识""自我发展"核心素养进行整合,否则只是碎片知识,即不可联的无效知识;其三,语文深度学习需扎根于深度批判,建立多元互动的自主互助的学习机制,才会在批判中去皮留质;其四,语文深度需抓好过程评价和元评价,从"认知的深度""社会参与深度""自我发展深度"等方面研制每一节课或一个阶段的评价表,否则语文阅读课堂教学会出现"阿Q"式的混沌状态的自我满足。主旨意图清晰,正文的撰写就有了基本方向。

(二)主要事件:切中肯綮

教育教学案例与一般的学术论文不同,需要达成很好的传播效果,就需要遵循"可读性原则",选材具有生动性,内容安排具有情节性。因此,教育教学案例正文撰写需要注意筛选、把握每一个教育教学过程的关键性的事件。对这些关键事件的处理,不是简单的组装,一方面要能够体现教育教学的核心问题和价值观,另一方面要突出关键问题解决的细节的描述,可以通过小标题呈现主要事件。

比如,广东中山叶才生老师撰写的"一个文艺青年诗教求索"案例,选取了自己在师范学校、公办学校语文教学以及民办学校工作十年历程中探索将传统诗教融入常规语文教学之中的心路历程,其中每一阶段都有关键的事件促使他采取下一步的行动。比如,读师范的时候,因为他个性比较腼腆,加上偶尔的口吃,就选择写诗、读诗,锻造诗歌创作才华;毕业分配,因为没有较好的人际资源利用,被安排到乡下教书,传统的考试促使语文课成为难以名状的"煎熬",而近似于"批斗会"式的教研课,促使他下决心南下寻找诗教生长的土壤;遇到名师赏识,有机会被聘用到某民办学校任教,担任校办编辑,促使他有机会开辟"诗歌小花"的栏目,接手文学社,进而成为正式的语文科任教师;申报市级科研课题促使诗教进入课堂。事件清晰,自然就能够吸引读者阅读案例的兴趣。

需要引起注意的是如果把关键事件提炼成小标题,一定要注意叙事性、情节性、冲突性、真实性与可读性,可以是事件里的主要矛盾,可以是实践中的标志性动作,还可以是关键细节,甚至是具有隐喻意义的自然风物。

(三)案例结构:井然有序

正文的结构是一个线性的精心打磨的反复思考过程,需要根据案例的主题、内容和性质精心合理的安排。一般而言有如下几种思路。

1. 横向平联:一维展开

所谓横向平联,指的是案例作者将子课题涉及的研究问题或研究内容构成要素运用平等、平行、并列的思维方式一维展开。需要注意的是这些要素组成小标题系统是同一层次的同质要素的并列,否则就会犯不在同一个范畴的逻辑错误。比如《语文教学与美术统整的实践探索》,该案例的小标题就是"语文教学教学中的'统光'""语文教学教学中的'亮调'""语文教学教学中的'放形'",这三者之间没有时间或事情先后程序以及语义的顺承与递进关系,自然构成平等、平行、并列的关系。

2. 纵向延伸:二维展开

所谓的纵向延伸,指的是案例作者对研究对象、研究内容,既有不同发展阶段时间上的考虑,也有不同逻辑过程上的衡量而安排的写作思路,从而揭示案例问题解决的进程及教育教学规律。从思维走向看主要有顺向思维与逆向思维两种安排方式;从问题解决逻辑看主要有"现状—原因—对策"三部曲,也有"成绩—问题—成因—对策"四部曲。比如江苏无锡辅仁高中的戴启江老师撰写的《与众各别,总借俊眼传深情——〈林黛玉进贾府〉一课两教》案例,正文的小标题确定为"音乐导入,促发学生有所思有所感""引出诗意点:'与众各别,借俊眼看美人'""识别诗意点'与众各别,借俊眼看人心'""分析诗意点:'与众各别,借俊眼看人情'""理解诗意点:'与众各别,借俊眼看自我'""圆融诗意点:写出自己的'与众各别'"。该案例既有教学程序时间的次序,也有"引出""识别""分析""理解""圆融"与"看美人""看人心""看人情""看自我""写自己"的认知逻辑次序,二者的结合就构成了二维展开结构。

3. 垂直升降:三维延伸

这是一种比较复杂的结构,案例正文撰写采取这种方式的不多见,对应的是复杂的案例问题。所谓的垂直升降,指的是案例作者在上述纵向、横向展开的基础上,进行的不同层次、不同程度的描述。有了纵横组成的论述面,再加上垂直展开,形成一个论述的立体网络结构,才能全面而完整地反映客观事物的本质特征,从而使研究论文的论述具有丰满感与立体感。主要的形式:程度由大到小,或由小到大;由简到繁,或由繁到简;由难到易,或由易到难;由部分到整体,或由整体到部分;由具体到概括,或由概括到具体。主要的层次分为:由浅层到深层,或由深层到浅层;由主到次,或由次到主;由本质到现象,或由现象到本质;由初级到高级,或由高级到初级;由上位到下位,或由下位到上位。

二、案例进一步讨论的撰写

案例正文撰写完毕,不代表案例研究就此可以打上句号。案例正文只是解决问题的几个特例,需要从特例里面厘析出案例普适性原则、策略。便于读者从这个特殊的案例读出可以多角度应用的理论,也可以一般性地考虑该"此"案例到"类"问题解决的启发和意义,甚至可以作出一些推理型、思辨性的结论。

(一)明确进一步讨论的基本内容

进一步讨论涵盖的内容主要包括如下:其一,通过该案例得到哪些观点和认识;其二,可以用哪些理论来解释或进一步支持课例研究汇总得到的结论;其三,研究中还有什么问题、今后可以怎样改进。比如笔者撰写的《单亲家庭孩子诗意教育的探索》案例,"进一步讨论"部分撰写的主题概括为"诗意德育单亲家庭孩子育人艺术":其一,提出对案例中爷爷奶奶、外公外婆、父母、老师对离异家庭孩子"哀其不幸"而"滥施"母爱之情问题的讨论;其二,借鉴社会学、心理学有关"同情理论"对这个社会问题进行理论解释,得出滥施同情的本质就是"德"是外在的、功利性的"得",因而造就的是受教育者顺从、示弱的人格;其三,前瞻实施诗意德育的基本策略,变"外铄"的规训为内心"诗意的生成"。

(二)把握进一步讨论的基本要求

撰写进一步讨论总的要求就是要有启发性:首先,要落实"问题性原则",能够引发读者反约而博,引起讨论,启发思考;其次,要落实"照应性原则",善于紧密结合案例内容,与案例背景描述与情景描述等相呼应,尤其与正文相关内容相联系;其次,行文做到简明扼要,精练完整,逻辑严谨,措施得当,表达准确,有条理性。凡归结为一个认识、肯定一种观点、否定一种意见,都要有事实、有根据,不能想当然,不能含糊其词,不能用"大概""可能""或许"等词语。

【请你优雅地下水】布置作业

同学们根据自己提出的问题进行系统研究,依照"诗意语文论"或某一教育教学原理,打造切合实际的语文教学或教育案例。篇幅在 9 000—15 000 字之间。针对提出的问题进行解答,要注意原创性、叙事性、真实性与可读性等要求。

第三章 诗意语文教学理论导引

第一节 指向言语实践的语文教学

2018年1月16日教育部发布了《普通高中语文课程标准(2017年版)》,对语文课程改革理念进行全新的建构,力图将指向"接受-理解"的语文教学转变为以实践为本体的语文核心素养的培养。这个出发点与立足点无疑是值得肯定的,但在表述语文实践性课程这一核心概念的时候,出现"语文实践"与"语言实践""言语实践"混同的现象。其中用到"语文实践"这一概念有 20 处之多,用到"语言实践"也有 4 处,用到"言语实践"相关的"言语"及"言语活动"有 6 处。"夫名,实谓也。知此之非此也,知此之不在此也,则不谓也。"(公孙龙《名实论》)任何观念或事物,只有以恰当的理解来命名该观念或事物,人们在实践中才能把握其本质,进而加以灵活运用。故孔子特别重视"正名",认为"名不正则言不顺,言不顺则事不成"(《论语·子路》)。本文尝试从形式逻辑和辩证逻辑两个维度对新课标出现的三个概念进行粗浅的探讨。

一、新课标语文课程实践的语用分析

在逻辑理性的视域下,任何概念的得来,都是主体基于对概念所命名事物本质认识的结果。语文课程实践是一个什么样的概念,该用什么样的名字命名?从概念分析的视角审视,目前新课标对该概念的认识主要遵从形式逻辑的规范,罗列相关语料,有如下几种观点:

(一)性质说

所谓的性质说,就是对语文课程特有的属性和本质属性的认识。从这种角度分

析,新课标作为纲领性的文件不大可能对语文课程实践这一概念进行系统而深入地界定与说明,但我们可以对新课标字里行间涉及相关概念的语料进行语用分析。在"课程性质与基本理念"板块论述课程性质的时候,新课标指出:

> 语文课程是一门学习祖国语言文字运用的综合性、实践性课程。工具性与人文性的统一,是语文课程的基本特点。语文课程应引导学生在真实的语言运用情境中,通过自主的语言实践活动,积累言语经验,把握祖国语言文字的特点和运用规律,加深对祖国语言文字的理解与热爱,培养运用祖国语言文字的能力;同时,发展思辨能力,提升思维品质,培育社会主义核心价值观,培养高尚的审美情趣,积累丰厚的文化底蕴,理解文化多样性。①

这个语篇,一共三句话。第一句总论语文课程的本质,语文课程具有综合性与实践性本质;第二句话,是对第一句话的诠释。但让人费解的是"工具性与人文性的统一,是语文课程的基本特点",到底指代的是什么?是语文课程的综合性,还是实践性呢?如果指代的是综合性,那就意味"工具性"与"人文性"是语文课程具备的两个重要的元素,通过综合作用统一起来。这势必导致语文教学成为"工具性+人文性"的组合,致使语文教学机械化、教条化。如果指的是实践性,那么"工具性"与"人文性"的统一需要借助语文教与学的实践活动,这也就意味着语文课程实践就是语文教学实践,这又与第三句话有矛盾之处。第三句话是对前两句话所指的语文课程性质认识的运用。其实本质在于说明发挥语文课程实践性的价值与功能,里面涉及到"语言运用""语言实践"和"言语经验"诸多概念。把"语文课程实践"窄化为"语言运用"或"语言实践",也就意味把涵盖汉语言文字、文学、文章、文化及文言文等内容的语文课程窄化为"语言的实践",势必导致语文教学指向"名家语言的模仿"或"揣摩作者的意图"。对语文课程实践性质缺乏界定当属于新课标研制的一大缺陷。

(二) 功能说

所谓功能说,指的是语文课程实践运用后产生的功效及发挥的作用。语文课程实践有什么作用,这需要看实践语文课程的主体借助什么观念,开展什么样的语文教学活动。新改版的课标有几大全新的变革,其中推出十八个任务群学习当属改革的创举,这些任务群里的教学建议,大多强调"以学生的语文实践为主线的设计'语文学习任务群'"②。在基本理念板块第3条、第4条与第6条均涉及"语文实践"的功能。第

---

① 中华人民共和国教育部制定.普通高中语文课程标准(2017年版)[S].北京:人民教育出版社,2018:4.
② 中华人民共和国教育部制定.普通高中语文课程标准(2017年版)[S].北京:人民教育出版社,2018:8.

3条指出"加强实践性,能够促进学生语文学习方式的转变",从而"积累言语经验,把握语文运用的规律,学会语文运用的方法,有效地提高语文能力,并在学习语言文字运用的过程中促进方法、习惯及情感、态度与价值观的综合发展"①;第4条指出语文实践有助于"开阔视野,在更宽广的选择空间发展各自的语文特长和个性"②;第6条指出语文实践有助于"提升思维品质——自觉分析和反思自己的语文实践活动经验"③。从这些功能看,语文课程实践的功能的发挥尽管涉及外在的学习方式变革、视野的开阔和内在的思维品质提升与个性发展,但其主体主要偏向学生,而对语文课程所涉及的教师主体、编辑主体有所忽视。语文课程的实践事实上窄化为学生主体的语文学习实践。

(三) 发生说

所谓发生说,指的是语文课程实践主体在什么条件下,进行什么活动而获得相应结果的概念分析。从新课标采用的三个概念看,并没有严格的发生学意味的概念分析,可以从发生说构成的要素去审视。首先,从发生的条件看,新课标在教学建议板块,强调语文课程实践需要创设学习情境,融合听说读写,打通语文学习和社会生活的联系;④而情境创设强调的是"真实情境",需要"形成有意义的互动学习环境"⑤。其次,从发生的行为看,语文课程实践的行为强调"具体、多样"⑥和"丰富多彩"⑦,主要有阅读与鉴赏、表达与交流、梳理与探究等。最后,从发生的结果看,新课标从核心素养到课程目标,乃至学业质量水平均指向"言语活动经验"。比如语文核心素养第一条"语言建构与表达"指出,通过主动的积累、梳理和整合,逐步掌握祖国语言文字特点及其运用规律,形成个体言语经验。⑧再比如学业质量水平第4条指出"能不断扩展自己的语文积累,自觉整理在学习中获得的语言材料和言语活动经验"⑨。基于以上的分析,我们不难发现,新课标诠释语文课程实践的条件涉及到教师主体,也涉及到学生

---

①② 中华人民共和国教育部制定.普通高中语文课程标准(2017年版)[S].北京:人民教育出版社,2018:3.
③ 中华人民共和国教育部制定.普通高中语文课程标准(2017年版)[S].北京:人民教育出版社,2018:6.
④ 中华人民共和国教育部制定.普通高中语文课程标准(2017年版)[S].北京:人民教育出版社,2018:42.
⑤ 中华人民共和国教育部制定.普通高中语文课程标准(2017年版)[S].北京:人民教育出版社,2018:43.
⑥ 中华人民共和国教育部制定.普通高中语文课程标准(2017年版)[S].北京:人民教育出版社,2018:47—48.
⑦ 中华人民共和国教育部制定.普通高中语文课程标准(2017年版)[S].北京:人民教育出版社,2018:41.
⑧ 中华人民共和国教育部制定.普通高中语文课程标准(2017年版)[S].北京:人民教育出版社,2018:4.
⑨ 中华人民共和国教育部制定.普通高中语文课程标准(2017年版)[S].北京:人民教育出版社,2018:37.

主体,还涉及到多元互动主体;而实践的行为主要偏向学生,最终的结果自然局限在学生个体的言语活动经验。这有助于促进单信道的灌输语文知识经验的教学转向为学生多元主动的语文学习,但语言实践、语文实践与言语经验、言语活动等概念的混同使用,势必也会造成语文教学内容不清,教学目的不明等困惑。

(四)关系说

所谓关系说,指的是以构成语文课程实践内在与外在要素关系为种差的概念分析。新课标特别注意语文课程实践与语文核心素养发展的关系,在"教材编写建议"板块指出"引导学生在语文实践活动中全面发展核心素养"①。这起到了正本清源的作用,肯定语文实践是学生语文素养发展的根本原因和主要路径。从课程理念到教学建议以及质量标准来看,新课标试图建立以语文实践为本体的课题体系,这个体系的价值取向立足的是优秀传统文化传承与发展、革命文化发扬与创新以及世界文化鉴纳与变通的宏阔视野,直指语文课程实践性本质属性,作用于学生语文核心素养的培育与提升,更指向他们的言语人生;其核心观念倡导的是从狭隘的、机械的"理解-接受"语文知识本位教学走向"生成-表达"的实践探索;其教学内容选择、组合、构架需要从"教课文""教语言"走向习得"言语经验",乃至"言语智慧";其实施路径、手段、方法需要从品味"语言"走向习得"言语"。② 因此,将新课标精神落实到实践领域,需要透彻地把握"语文实践"与"语言实践"以及与"言语活动""言语经验"相关概念——"言语实践"的辩证关系。

二、语文课程实践是什么实践

无论是性质说、功能说、发生说,还是关系说,对语文课程实践这一概念的认识方式,本质而言属于静态的形式逻辑,注重的是语文课程实践的构成要素及关系、基本结构、主要功能以及本质特点,不能充分反映概念所包含要素与要素的矛盾及其运动特性。构成语文课程实践的要素既离不开教师与学生双主体的作用,也离不开语文教学这一特殊情境,更离不开语言符号这一凭借;同时,语文课程实践所涉及的自然、社会、自我等因素均会产生综合而广泛的影响。因此,我们除了遵循形式逻辑的规范,还得遵循辩证逻辑的认识,考察语文课程实践之所以存在的统一根源或根本原因。

"本体论探究存在、现实的终极性质,表面上似乎看不出这与教育目的、课程设置

---

① 中华人民共和国教育部制定.普通高中语文课程标准(2017年版)[S].北京:人民教育出版社,2018:50.
② 陆华山.言语实践——语文教学的自赎与新生[J].江苏教育研究,2010(10):30.

和教育内容、教育方法有什么联系,但本体论却是各派认识论和价值论的立足点和出发点,并以此二者为中介,对教育的一系列基本理论和方法产生着十分深刻的影响。"①要探究语文课程实践该用何种概念命名,也需要回到本体论,从语文教育本体的层面予以诠释,因为语文教育本体是语文课程实践统一性的终极原因和实践的最高追求或终极关怀,是一切语文教学主体、任务群的学习内容、阅读与鉴赏等学习行为。"在者"所以为"在者"之"在",或一切"是者"所以为"是者"之"是"。② 从统一根源而言,语文课程设计与实施均建立在语文教学实践基础上,自然语文教学实践是语文课程实践的本体。

语文教学实践又是什么样的实践呢? 其本体又是什么呢? 从实践的内涵看,所谓的实践,在马克思看来,人类实践活动不是以观念的方式把握客体的活动,本质上是一种对象性的活动,主体以感性的形式把人的本质力量对象化为客观实在,从而创造出一个属人的世界。③ 对象化活动凭借的工具、活动内容及活动结果不同自然就会导致实践方式各异。如果实践主体凭借的工具是劳动器具,其实践的对象是物质世界,对象化的成果自然是物质财富,那么自然造就的"属人的世界"是"工具智慧",从而满足人们物质生活的需要;如果实践主体凭借的工具是精神实践工具,其实践的对象是人类社会世界,对象化成果造就的是精神财富,那么自然造就的"属人的世界"是"精神智慧",从而满足人们精神生活的需要。语文教学实践不是这样,它的实践主体既有教师主体,也有学生主体,其实践的对象就是语言文字符号形成的言语作品以及言语作品映射的言语人生,其实践目的在于学生主体在教师主体引导下实现观念化、编码化地认识自然世界、人类社会世界。因而,"对象化的客观实在"以及"属人的世界"自然指的是学生主体在教师主体引导下创造性运用语言文字符号去阅读与鉴赏、表达与交流、梳理与探究言语作品所蕴含的言语人生信息,从而塑造理想自我的活动。这种依托语言符号进行的实践,就叫做言语实践。

为什么不能称之为"语文实践"和"语言实践"? 任何概念的命名都是命名主体凭借自己的价值观念,对该概念所反映的客观现象及事实进行本质化认识的结果。语文课程实践也是语文教学主体对客观的语文教学条件、内容、凭借以及实践综合作用的结果。形式逻辑视域把语文课程实践或语文教学实践简化为语文实践,似乎没有什么

---

① 桑新民.呼唤新世纪的教育哲学——人类自身生产探秘[M].北京:教育科学出版社,1993:51.
② 郝文武.教育哲学[M].北京:人民教育出版社,2006:74.
③ 颜朝辉.社会科学理性的当代建构[M].北京:科学出版社,2013:182.

不妥。但从辩证逻辑的角度审视,该命名难以反映语文课程及语文教学的本质。所谓的本质,指的是语文教学现象之间必然、内在和稳定的联系,是语文的根本性质。语文实践这一命名既难以反映学生主体创造性运用语言文字符号的工具性本质,也难以反映语言文字符号字里行间的情感态度价值观等人文性本质内容,而且容易让人把语文教学实践误解为静态的、固化的活动,更难以顾及教学语境、内在矛盾的发展、变化。如果是改用"语言实践"又会造成什么样的结果呢?显然,这一概念的命名是根据语言的本质属性来厘定语文的本质属性。语文与语言不是同一概念,语言只是语文学科中的一个因素,或者说是一个重要的因素,其本质也许可以反映语文自身联系,但只能部分反映或局部反映语文的本质属性,从语文的个别属性直接推断语文教育这个系统的属性,其同一与差别难以统一,因此这种命名缺乏逻辑的必然性。

三、语文教学语境的言语实践概念分析

在语文教学实践的语境里,语文课程实践需要解决的矛盾主要体现在学生创造性运用语言文字符号的水平与人对自然、社会、自我发展及其关系的认识、理解、鉴赏。需要处理的内在矛盾体现在两个方面,即一方面语文教师的"教"与学生的"学"双方基于教学目的就言语作品展开的相互聆听、沟通、理解、会意的对话活动,双方言语表达的水平就决定了教学的效度;另一方面学生在教师指导下凭借语言文字符号对实践对象客体感知、认知、了解、理解以及表达的水平。因此,从教学语境角度看,言语实践是一种语境性的言意多重转换的活动;从师生双主体角度看,言语实践是一种主体间性的对话交流活动;从学生生成性本质看,言语实践是一种诗意生成性的综合活动。

(一)言语实践是一种语境性的言意多重转换活动

请看一个著名的案例:

"……今天早晨,当她正在梳洗时,她想要知道'水'的名称。当她想要知道什么东西的名称时,她就指着它并且拍拍我的手。我拼了'W—a—t—e—r'水,直到早饭以后我才把它当回事儿……我们走出去到了井房,我让海伦拿杯子接在水管喷口下,然后由我来压水。当凉水喷出来注满杯子时,我在海伦空着的那只手上拼写了'W—a—t—e—r'。这个词与凉水涌到她手上的感觉是如此紧密相连,看来使她大吃一惊。她失手跌落了杯子,站在那里呆若木鸡,脸上开始显出一种新的生气。她拼了好几次'Water'。然后她跌坐在地上问地板的名称,又指着问水

泵和井房棚架,突然她转过脸来问我的名字,我拼了'teacher'教师一词。在回家时她一路上都处在高度的兴奋状态中,并且学着她碰到的每样东西的名称,这样在短短的时间内她的词汇量增加到三十个。第二天早晨起床后她像个快乐的小仙女,轻快地一会儿走到这件东西旁,一会儿走到那件东西旁,问着每件东西的名称,并且高兴得连连吻我。……现在,每件东西都必须有一个名称。不管我们走到哪里,她都热切地问着她在家里还没学到的东西的名称。她焦急地教她的朋友们拼写,并且热心地把字母教给她所碰到的每一个人。一当她有了语词来取代她原先使用的信号和哑语手势,她马上就丢弃了后者,而新语词的获得则给她以新生般的喜悦。我们都注意到,她的脸一天天变得越来越富于表情了。"[①]

从海伦·凯勒学习语言的过程看,倘若没有言语实践,对于一个耳朵失聪,视力失明的残疾儿童,那该是多么困难的事情。她的言语实践简单概括离不开如下几个阶段:其一,语象的言语实践。即安妮·莎莉文老师在海伦·凯勒手上拼写"水"的"W—a—t—e—r"字母组合。所谓的语象,指的是语言符号的自在存在,它只是呈现自身,不表明任何与己有关的意义或事物。纯粹的语象实践只能是语言符号的机械摹写。其二,物象的言语实践。即安妮·莎莉文老师引导海伦·凯勒接触物质的、实体的"水"的活动。物象指的是具有表现、表达"意念"可能的一切纯自然景物、客观世界的存在物。其三,情象的言语实践。借助物象实践安妮·莎莉文老师再一次在海伦·凯勒手上拼写"W—a—t—e—r",物象"水"的凉与她内心感情之凉达到契合。所谓情象,指的是经过言语实践主体情感和意识加工的由一个或多个语象组成、具有某种意义的话语结构。这里说的情是情景、情节和情意的简化。其四,意象的言语实践。即海伦·凯勒脱离水龙头的语境,能够创造性运用水的符号表达内心水之概念。意象是"有意义的形象"和"有形象的意义"的统一,是在某个物象的基础上渗透言说主体心中之意的有机结合体。当然在语文教学的语境中,还存在文本语境、教师语境以及学生语境之区别。所谓文本语境,指的是文本作者借助语言文字符号表达信息的文本;所谓教师语境,指的是教师凭借自己的人生阅历、学术修养以及语文教学的价值观解读文本形成的教学性语境;所谓学生语境,指的是学生凭借自身的生活经验和知识背景

[①] 卡希尔.人论[M].甘阳,译.上海:上海译文出版社,1997:58.

与教师对话、与文本对话形成学习语文的语境。

(二) 言语实践是一种主体间性的对话交流活动

从语法角度来分析,"言语实践"这一概念构成属于偏正短语。"实践"为正,"言语"为偏。"实践"顾名思义就是有实际行为的活动,起修饰、限制作用的"言语"自然表明了"实践"的外延,即言语实践是交际者言语沟通、对话、交流的实际行为。如著名的庄子与惠子的"鱼论"。

> 庄子与惠子游于濠梁之上。
> 庄子曰:"鲦鱼出游从容,是鱼之乐也。"
> 惠子曰:"子非鱼,安知鱼之乐?"
> 庄子曰:"子非我,安知我不知鱼之乐?"
> 惠子曰:"我非子,固不知子矣;子固非鱼也,子之不知鱼之乐全矣!"
> 庄子曰:"请循其本。子曰'汝安知鱼乐'云者,既已知吾知之而问我。我知之濠上也。"

关于这一段公案,不同学科的专家从不同学科的视角予以对向度的解答。美学家朱光潜先生从人类"以己度人""推己及物""设身处地"的文化心理,探讨庄子"知鱼之乐"的原因,在于"物的形象是人的情趣的返照""人不但移情于物,还要吸收物的姿态于自我,还要不知不觉地模仿物的形象"。[①] 也有学者从逻辑学的视角审视,认为庄子是诡辩,关键在于二人均运用了假言推理。惠子的话是假言推理:只有鱼,才能知道鱼的快乐(大前提省略)。你不是鱼,所以,你不可能知道鱼的快乐。庄子的话也是假言推理:只有是我,才能知道我知道鱼的快乐。(大前提省略)你不是我,所以,你不可能知道我知道鱼的快乐。惠子最后的话是一个联言推理的合成式:不是自己,就不知道自己。(大前提省略)我不是你,你不是鱼,所以,我当然不知道你,你当然不知道鱼。[②] 从主体论的视角考察,这两人的论辩均属于主体间性"我与你"的言语实践活动。庄子与惠子是论辩的主体,他们的论辩其实没有谁是谁非的问题,这属于价值评价的范畴。在主体论范畴,二人的论辩之所以能够顺利展开,根本原因在于二人是朋友,有论辩的共同兴趣与习惯。之所以有分歧,就在于庄子不仅拥有论辩的主体,还拥

---

① 朱光潜.与美对话[M].北京:世界图书出版公司,2013:18—24.
② 张宗正.理论修辞学:宏观视野下的大修辞学[M].北京:中国社会科学出版社,2004:230.

有对话的主体——鱼儿。它不是庄子认知的对象,而是感知的主体,所以,庄子知鱼之乐,以此推之,鱼儿也知庄子之乐;另外,庄子没有把惠子当作自己论辩的对象、客体,不仅当作论辩的主体,更当作对话、感知的主体。所以回到话题本身,他认为惠子知"庄子心中之乐"。惠子的缺陷在于眼中只有庄子论辩的主体,在他眼中,鱼仅仅是庄子的对象,既没有鱼儿对话的主体,也没有庄子感知的主体,自然就不知"鱼儿之乐",也不知"庄子之乐"。在语文教学的语境,言语实践的主体不仅有教师、学生,还有文本对象、作者以及编者。他们的关系是对话、交流的主体间性关系。

(三) 言语实践是一种诗意生成性的综合活动

从言语实践的外部形态看,这是一种融听说读写思于一体的综合性活动;从内部形态看,无论是阅读,还是写作,它都是学习主体生活阅历、读写经验编码与解码,从而实现理解生活、塑造理想自我的综合性活动。由于生活是生成性,人的本质也是生成性的,言语实践不是一个静态的固化程序,而是学生与生活、与文本、与自我生命成长相遇未曾遇见的活动,是诗意生成的活动。如何变教师机械的"教"为学生创造性运用语言符号主动的"言语实践"? 例如诗人教师叶才生老师执教《生活的杯子》一课。他上课之初端出一杯透明玻璃杯装的茶。在日常的生活语境,茶杯的形状、颜色都是眼睛"观看"出来的,杯子的功能基本上思维定势化为"装水"或"盛茶"。叶老师将教室里的灯关掉,然后又开灯;放音乐,又暂停音乐。不做任何解释,黑板上板书"这个杯子有_____变化""杯子里还剩下_____"两个句式,让学生自己去观察、发现、表达。结果学生纷纷表达出"一杯灯光""一杯跳动的音符",甚至"一杯暖风习习""一杯旭日东升"[①]。杯子本属于日常生活的器具,装一杯水也是自然的常识。叶老师始终以言语实践为本体,让学生在自主观察、真切体验的过程中认识物象的杯子,感悟情象的杯子,进而建构意象的杯子,丁是一杯物质之水自然生成"一杯光""一杯音乐",然后生成情感的"一杯叹息"以及德性的"一杯阳光"。教师变静态的语言分析教学为动态的言语实践,学生就能够从超越一般认知学习中寻觅独特感受,从共同感受中寻觅表现共同感受的具体感受,自然而然生成诗意。在这个言语实践中,学生不仅体验、感悟乃至融通言语、语言所蕴涵的内在规则、人文精神,还能够变静止的语言符号为自我的生命。

---

① 冯铁山.启迪诗思　涵养诗情——叶才生老师《诗歌的杯子》课堂实录与评析[J].语文教学通讯,2004(34):50—51.

第二节　诗意语文的基本内涵与实施策略*

我国是一个诗的国度,历代教育家十分注意用挖掘中华民族文化的诗意元素教化学生或子弟。作为传承中华民族文明的学科,语文教学回归诗意,让学生从小经受诗意文化的熏陶,给他们心灵以诗意润泽,使之蕴蓄人生激情,坚定人文信念,不仅有利于发掘中华民族文化的深层意蕴和生命之根,张扬汉语的魅力,还有利于提高语文教学的效率,使学生的语文素养得到全面而和谐的发展。

一、诗意语文的基本内涵

所谓诗意语文,就是根据学生的自我觉解与建构的本能,将传统"诗教"与现代语文教育融成一体,充分尊重学生学习语文的主体地位,让学生在生生、师生多元互动的言语实践过程中涵养"诗情",发展"诗思",感悟"诗理",践履"诗行",积淀"诗语"的归真、求善、至美的活动。

首先,诗意语文的"归真",即语文教学尊重学生纯真的本性与回归语文教学的自然状态。它尊重学生天生就是"诗人"的本质,发挥他们感受语言的节奏、韵律的敏感性和亲近性等特性的教育功能,促使他们看待世界能够将现实与非现实、理智与情感、时间与空间都凝缩于自己的身心之中,将自己旺盛的生命力化作同情、感动、感恩,分赠给世界万物。它变语文教师成人化的单信道传输活动为倾听真实声音与表达心灵自然感动的言语实践活动。

其次,诗意语文的"求善",即将教育目的与终极关怀指向塑造学生的积极人格与语文素养和谐发展,促使中小学生在创造性运用语言符号进行言语实践的过程中保持对周围的世界充满旺盛的想象力,对现实保持一种新鲜活泼的感情体验;怀着诗意般的生活态度,养成纯正高雅的审美情趣、乐观向上的人生态度,对汉语产生深深的迷恋感情。它一方面立足学生语文素养发展的需要,挖掘教材、学生生活等课程资源中能够触发学生生命感动的关键处、精美处、深刻处、疑难处、知识内容丰厚处、手法巧妙处、意义隐含处等"有嚼头"的诗意元素,成为训练学生亲近母语、典雅汉语的言语实践点;另一方面在教学程序的设计上,教师将自身的生命感动以及人生的美丽风景采用

---

* 该部分内容发表在《教育理论与实践》2012年第4期.

合乎生活本质以及学习本质的方式,逐步展示,促使学生在人生道路上自主践履诗意化的行为法则。

最后,诗意语文的"至美",即语文教学基于美的语言,追求美的享受,臻于美的境界。在教学过程中,诗意语文以主体与客体、主体与主体之间的互动共生为基点,强调教与学是师生间主体指导性的审美化活动,即以语言典雅为根本性的维度,涵盖了历史上伦理化理想和理性化理想的合理成分,使真与善、伦理与理性在更高的层面上即真、善、美的真正统一中实现其价值,因而促使语文向一切生命体开放,使语文成为生机勃发的语文。其次,诗意语文建构以言语实践为本体的、有魅力的实践方式为施教的途径。其逻辑线索是遵循诗情激发、亲验活动、体验在先,领悟诗意、践履诗行在后的流程,让教师和学生进到"人与自然、人与社会、人于自我"圆融互摄的诗意之境,体验三者彼此之间生态关系的结构性变动,在自我言语实践中,自读自悟,自造自建发展语文素养。

二、实施诗意语文教学的基本策略

实施诗意语文教学的重点在于:"动之以诗情、启之以诗思、晓之以诗理、导之以诗行、积之以诗语"。

(一)立足诗情,复活感性,唤醒感动

所谓诗情,就是一种艺术化的审美情感。动之以情是开展语文教学的逻辑前提。诗意语文教学也不例外。其一,教师在制定语文教学目标、选择教学内容、实施教学过程的同时,注重加强师与生、生与生审美化的情感联系,使教师的情感信息、学生的情感信息以及语文教学材料、资源等物质形态所包含的情感信息能够相互作用,形成一定的张力,从而复活学生的感性认识。其二,教师把语文知识、语文思想以及语文学习方法寓于生动活泼的情境中,使语文教学成为一种富有磁性的活动,激发学生产生强烈的学习兴趣。其三,教师神态传达诗情。教师要感动学生,自己必须受到语文、生活中情景的感染,自己处于感动状态,教学时或哀怨、或赞美、或奔放,教师就是诗情的化身。其四,教学语言透出诗情。比如学习初一人教版教材"成长单元"时,老师用"同学们,像鸟儿在天空中划下痕迹,像风在海面上奏响乐曲,花开同样有声,人来到地球,她的成长如同鲜花盛开一样,也是有声音的,请仔细听听,你会听到花开的声音,你会感到成长的韵律"这样富有感染力的话语开头,必然能够感染学生。其五,教师努力建设诗意的班级文化。比如给学习小组以"蓝色精灵"、"快乐伙伴"等诗意命名,教室文化

布置在典雅和个性上下功夫,让教室的每一个角落都透出浓浓的诗意,让学生一走进课堂就能体验到诗的韵味与情致。

(二)立足诗思,回归图景,协同双脑

所谓诗思,就是诗性智慧的简称,它的特点是空间的自然、社会与自我的并行信息与时间的历史、现实与未来的串行信息交互融合,从而形成富有情节、富有形象的立体图景。其作用机理在于双脑的协同作用。所谓双脑协同,指的是将依靠语言为主的分析、判断和抽象概括中枢的左脑功能与依靠形象思维为主的直觉思维中枢右脑协同起来,达到立体、全面的思维的效果。例如讲授人教版小学六年级《草虫的村落》一文时,立足右脑,我们可以根据草丛里的村落、虫子们的音乐演奏、劳动生活等在场信息,将教材知识图景化,让学生透过在场的图景去想象、揣测"村民们"的情感、愿望、冲突等不在场的信息;立足左脑,我们可以让学生感受并学习作者细致观察、丰富想象的思维路向;而左右大脑协同就能促进学生的创造性思维发展,即依托有情节、有故事的种种图景,让学生在想象的同时进行反思"假如你是'虫子',你是草丛中的'歌手',你会怎样演奏乐曲呢?你理想的'村落'又是什么?"诸如此类的问题,其结果就是尊重中小学生天生就是"诗人"的特质,学会以大自然普通一员的身份,以欣赏、敬畏的心态诗意地审视周围的世界。

(三)立足诗理,多元对话,感悟人生

理者,实质规律之谓也。在自然曰"真",在社会曰"善"。所谓诗理就是用诗意的眼光审视社会、自然、自我而体验、反思以及把握真、善、美的本质。如何让学生感悟诗理,主要的策略在于借鉴对话理论,让学生和编者、作者、文本乃至自我进行多元互动对话,在对话中学习生活知识,揣摩生活道理,领悟生命意义。叶圣陶先生认为"语文的外延就是生活"。因此,语文教学尽管面临的现实是狭义的日常生活世界,但其价值在于导引人们走向崇高、走向诗意地栖居,这样就赋予语文教学感悟诗理的任务。其一,对话文本,心与境谐。让学生想象自己身处于文本中的情境之中。比如学习《春望》一诗时,教师让学生与作者杜甫对话:假设你现在也和杜甫一同站在颓废的城池边眺望春天,请根据你自己的生活,你会向他提什么问题?学生自然会这样发问"杜甫":"国破家亡了,山河还在吗?""杜甫"叹了口气,说:"在!"学生又问:"它在哪里呢?""它在草木的绿叶里藏着,在花的梦想里开着,在鸟的鸣叫声里亮着,在游子的心里漂着。""杜甫"说完,淡然一笑。其二,对话生活,触类旁通。教学《驯养》一文,教师先让学生认真品味课文重点句子的含义。狐狸说:"对我来说,你还只是一个小男孩,就像千万个小男孩一样。我不需要你。你也同样用不着我。对你来说,我也不过是一只狐狸,和其他千万只狐狸一样。但是,如果你驯养了我,我们就互相不可缺少了。对我来说,你就是世界上那个唯一的了;我对你来说,也是世界上唯一的了。"接着教师向学生提出"驯养容易吗,它需要什么"的问题。学生先后给出"驯养不容易,它需要耐心、仪式、责任、智慧"的答案。教师让学生把自己虚拟成作品中的人或狐狸,联系自己的生活,谈论驯养的作用与效应,学生最后达成的学习结论是"如果你驯养我,那我的生命就会充满阳光,你的脚步声就会像音乐一样,召唤我走出孤独的彷徨。如果你驯养我,那我的田园就会堆满希望!金黄色的麦子摇曳金色的梦想,我也会聆听风在麦穗间快乐的歌唱。"其三,对话自我,圆融互摄。比如,在处理苏教版教材第十一册《生命的林子》一课时,如果我们的教师把着力点放在自然、社会与自我的"林子"诗意的领悟与理解上,按照"设置情境,感受自然林子的物象(What)—诵读体味,体验课文林子的情象(How)—展开想象,领悟社会林子的意象(Why)—物我互化,创造自我的形象(Way)"的思路进行教学,学生获得的大自然、人类社会以及自身的诗意就会整个渗入"我"的生命里,学生就会明白"林子是迎接机遇与挑战的竞技场;林子是考量勇气与志气的检测站。学校是我生命的林子,在这生命的林子中,我将潜心苦学,奋发向上。我要成为学校的骄傲,成为未来的栋梁"。

(四)践履诗行,涵咏吟味,实践体验

所谓诗行,指的是按照主体化、生活化、审美化的原则,学生在语文的言语实践以及日常生活中去践履诗意。诗意的汉语是意象语言,意象是具体化的感觉和情思。意象语言除具有直觉性、表现性、超越性、偶然性等特点外,更主要的是它还有隐喻的意义,注重意会,讲究神韵、言外之意,侧重感受和体验。这就决定了我们的语文教学必须致力于语言的品味、意蕴的咀嚼和内在规则的体认,决定了学生语言的习得离不开实践的体验。而把课堂学到的诗意法则和学生的生活链接起来,就能够帮助学生组织人生经验、强化生活感受、梳理个人思想,成为一个诗意的栖居者。其一,教师可让学生时常给生活以诗意的命名。例如让学生给规训式的话语"新种草地,乱踩重罚"改成"小草睡觉,请勿打扰!"其二,教师给课堂内外的语文作业以诗意的空间。布置作业时有意识的开展积淀诗语训练且和自我成长进行组装和整合。比如作文,阅读《十万个为什么》,任选一个问题,仿照《问银河》、《问大海》等课文,采用童话或童谣的方式回答问题。习题的设置增加情境性和实践性,变外在的、强加的作业为自愿的、主动的作业。比如"请你找一棵喜欢的树,告诉自己的朋友:'看,这是我的树';抱抱它;闻闻它;

用手摸一摸树皮,让你脸颊轻轻地蹭一蹭;听一听它在风中的歌声;跟它比一比谁高、谁大？画一画'我的树',为它做张名片,然后把这个过程写成一首小诗"。其三,学校可开展系列活动。通过活动强化诗意法则的实际运用。这些活动可以是校内与校外的诗意的擂台赛、班级诗栏、新诗教画廊,还可以是各学科融合的综合性学习和各种社会实践活动。

(五) 立足诗语,讲究神韵,高扬个性

所谓诗语,与日常的现代汉语不同,它是具有丰富人文内涵、个性化的、典雅的现代汉语。汉语是诗意的语言,语文教师主要的职责就是让学生受到典雅汉语的熏陶,感受汉语的魅力。因此,语文教学的富有个性的任务其实就是不断地强化汉语的典雅性,使学生通过学习汉语的过程成为一个典雅的中国人。诗意语文从典雅汉语的角度去审视教材,建构教学程序,语文教学会变得富有神韵而且能够很好地张扬学生的个性。其策略主要体现在如下几个方面。其一,教师可通过语境转换去典雅汉语,即把散文化的语言材料变成诗化的材料。例如,学生学习《在大海中永生》一文时,教师对课文加以改造,写成诗,配成曲。学生很容易把邓小平当作自己的爷爷一样尊敬。"邓爷爷,/您像一棵大树,/庇护一株株幼苗。//邓爷爷,/您像一盏指路明灯,/照亮了中国人前进的方向。/邓爷爷,/您来自大海又回归大海,/大海就是母亲,/大海就是您深爱的人民,/您在大海中永生。"其二,通过自读自悟,涵咏吟味去典雅。"涵咏"指的是熟读精思,潜心体味;"吟味"指的是反复推敲、咀嚼。例如教授《爸爸的花儿落了》一文,教师抓住爸爸与英子交往的几个细节,比如父亲躺在病床上听到英子恳求去参加的毕业典礼时将身子转向了墙面,父亲督促英子不要逃学时左右寻找处罚的器具等等,然后教师向学生提出"爸爸的花儿落时的情景,你看到了什么？你听到什么？你想到什么？你期盼什么？爸爸的花落了之后呢?"等问题。学生的回答是:"爸爸花落的时候,他的眼里装满坚强。他渴望阳光,渴望飞翔。爸爸花落的时候,他的眼里充满希望。他在等待,等待花儿的又一次绽放。"其三,在"口头的言语实践"中典雅汉语,即做好加减法,根据语言的特点把课文的短句变长,或长句变短,甚至更换部分成分。比如"我爱花,我爱洋溢着青春活力的花/我爱花,我爱在苦难中成长的花/我爱花,我爱倔强的战斗的花"。其四,在"左联右引"中诗化。即联系文本内部之间的关系,联系不同文本之间的关系,联系文本与生活的关系去比较,使学生将语言诗化,同时加深对文章内涵的理解。比如学习《一个小村庄的故事》一文时,教师首先让学生联系小山村砍树前、砍树时、砍树后的情景,通过减词朗读的方法,充分体验课文的情境;然后提出"如果历史能够重写,故事可以重来,事情可能会怎样？如果你是一村之长,如果你是砍了树木当柴火烧的村民,如果你是看着父母砍伐树木的孩子,你会怎么样"等问题,让学生通过想象、想验的方式去诗化语言,学生自然发出"会有我,真诚的汗水；会有我,青春的花朵；会有我,智慧的劳动与书写将来的故事,建设美好的家园"等誓言。其五,通过教师的示范去诗化。教师是典雅汉语的代言人,因此,教师的一言一行均应成为学生学习的典范。再如,教学《拿来主义》这篇课文时,中山市的王彩阁老师的导语是这样设计的:"一百多年的中国近代史,留给我们的全都是沉重而又暗淡的记忆。从鸦片战争、中法战争到日本全面侵华战争；从旅顺大屠杀到南京大屠杀；从走私鸦片、贩卖华工到火烧圆明园；从猪仔、东亚病夫到华人与狗不得入内。无数中国人用生命写下的,除了屈辱,还是屈辱。翻开历史的画面,就如同翻开一座座沉重的大山。今天,就让我们一同走进那个中国失去话语权的年代,一同走进《拿来主义》。"这个导入,目的不仅仅是想渲染悲凉的气氛,调动学生的学习兴趣,更重要的是,它与文章的时代背景、与学生接下来对课文的理解,有非常紧密的联系。因为学生只有了解那段屈辱的历史,才能明白为什么中国会受到列强的欺凌。教师典雅的言说,伴随着低沉的音乐、沉重的画面,学生自然容易融通课文的社会语境、话语语境,更容易使自我的言说变得典雅而富有个性,这样就焕发汉语的诗意魅力、语文教学的诗意魅力。

第三节　诗意作文教学的基本内涵与实践策略

　　中小学教师常常感叹,现在学生作文的内容千篇一律,"假大空"现象比比皆是:写有关教师的文章,学生交上来的作文大都说老师像妈妈；写"妈妈的爱"时,竟有相当数量的学生提到:"有一天我生病了,发高烧,妈妈带我看病,所以我很爱妈妈"。甚至有些作文描写发高烧的度数达到了39摄氏度以上,还有学生竟写出四、五十摄氏度的体温,似乎高烧度数与母爱成正比。究其原因,张志公先生在二十世纪五十年代就认为"作文教学之所以成为语文教学工作中的一个'老大难',与对待作文这件事有些不大对头的看法有关系"。[①] 经过新课程改革的洗礼,无论是中学,还是小学,作文教学课程建设以及教学方法改革可称得上百花齐放,但规训式作文教学的观念没有本质的改变,作文教学效果难以尽如人意。

---

① 张定远.作文教学论集·序言[M].天津:新蕾出版社,1981:1—2.

所谓的"规训式作文教学",指的是中小学教师以自我为中心,在作文教学的时候把外在于学生存在的作文思想、方法、规则传授给他们,并强调无条件接收、记忆、模仿,以此达到作文训练的目的。"仁义礼智,非由外铄我也,我固有之也。"(《孟子·告子上》)孟子的这句话对改革"规训式"作文教学也有很好的启示作用。

"感人心者,莫先乎情",一篇优秀的作文之所以能打动人,感染人,说到底是因为作文者"情动而辞发"。因此,作文的本质含义应该是学生将自己的生命感动进行反思性合理表达。中小学作文教学自然也就是教师引导学生练习把自己亲身经历的事情,把自己看到、听到、想到、感受到的内心的感动,用自己的语言文字创造性表达出来的诗意生成活动。作文如何从规训外铄嬗变到诗意生成?诗意作文教学通过二十余年的实践做出了有价值的探索。

一、诗意作文教学的基本内涵

什么是诗意作文教学?首先必须明白诗与诗意的内涵。鲁迅在《中国小说史略》里认为,诗歌起于劳动和宗教。就劳动而言,原始先民一边劳动、一边唱歌,不仅可以忘却劳动的辛苦,还从单纯的劳动号子呼叫开始,自然表达自己的心意和感情,并偕有自然的韵调。从这可以看出,诗歌乃内在情志的自然表达,诗意就是从内心流出来的真挚情意。内心自然有感触、情思、愿望,放在心里叫"志",用语言表达就成为"诗"。因此,《毛诗序》对诗作出这样的鉴定——"在心为志,发言为诗。"这也就意味着,所谓的"诗",指的是作者在经受生活感动基础上,用合适的语言表达内心的情思、意旨。

诗的起源是生活,是劳动,但诗的表达却离不开内心的感动,内心的感动是作者对生活归真、求善、至美萃取的结果。受此启发,诗意作文自然也应该遵循这个规律。所谓的诗意作文就是让"丑小鸭"品味生活韵律后的真情倾诉,是"自在娇莺"翱翔思维翅膀后的恰恰啼唱,是学生对生活的自然歌唱,是言德同构的个性化表达,是积极人格的典雅语文的外现。而诗意作文教学则是教师以"关注心灵、传承文明、弘扬诗韵、典雅语言"为价值取向,以"个体+合作学习"为基本形式,引导学生经受生命的感动,学习个性化表达的言语实践活动。

规训式作文教学习惯把外在于学生存在的技法作为主要的教学内容,缺乏对学生心灵的关注。诗意作文教学倡导"关注心灵",目的在于让作文返璞归真——我手写我心,还在于让学生真正生活在丰富多彩的写作情境里,带着诗意的眼睛审视周围的世界,在诗情画意的生活里激发内心的感动。言为心声,文如其人,作文的水平其实就是做人的水平,二者是相辅相成的关系。语文核心素养把"文化传承与理解"视为主要指标,这也就意味作文教学自然需要落实立德树人的根本任务。诗意作文教学倡导"传承文明",目的在于用中华优秀文化哺育心灵,培育学生良善的做人德性,从而产生德言同构的效果。中华民族是"诗"的民族,诗作为一种作文的方式,不仅能够陶冶心灵,还能够触发内心的感动,更能够活跃思维。所谓"弘扬诗韵",指的是以诗作为一种召唤,更作为一种凭借,让学生凭借诗的名义,借助每一次作文给世界重新命名,从而使作文富有诗的魅力。另外,在网络化时代,学生的语言出现网络语、汉语拼音、英文字母杂糅的"火星文"现象,这种语言被称之为"语言癌",是语言粗俗化的结果。诗意作文教学回归"典雅语言"传统——用形象作词、用感情谱曲,让孩子的文章看起来是一幅幅多姿多彩、形象鲜明的画,读出来是一首首情真意切、感人肺腑的歌。

二、诗意作文教学的实践策略

(一)教学主体:准确定位,师生协同

在中小学作文教学过程中,教师与学生建构什么样的关系,就会形成什么样的教学范式。在规训式作文教学活动中,教师和学生是主客体二元对立的关系,因此,作文教学也就成为单向度传输作文技法、知识的活动。回到教学的原点,所谓教学,无非就是教师"教"与学生"学"。辩证处理好教师"教什么"与学生"学什么"以及教师"如何教"与学生"如何学"之关系,是作文的逻辑前提,也是作文焕发诗意魅力的关键。如果一味重视教师的"教",作文教学成为知识的灌输,教师固有思维的复制;抑或一味尊重学生自我的"学",作文成为自由散漫的涂鸦,这都是有失偏颇的。

教师在作文教学过程中应该充当什么角色?首先就要看教师从事哪些工作,具体开展什么样的活动。教师的教学无外乎就是授之以知、动之以情、启之以思、导之以行。从"授之以知"的行为看,教师需要研读语文教材里面的作文教学因素,确定作文训练的主题、划定作文教学内容,设计合乎学生需要的教学目标,这一切均需要发挥教师的主观能动性,对教材、对学生、对作文教学进行立体而透彻的研究,这就意味着教师首先就是作文教学的研究者。从"动之以情"的教学行为看,教师需要展现生活的图景,设计作文教学情境,进而营造出诱发学生内心感动的情感场。这一切有赖于教师丰富的人生阅历,有赖于教师人文情怀的修养,教师自然就成为学生生活感动的诱发者。从"启之以思"的角度看,教师需要活化思维,鼓励学生透过生活现象把握生活本质,并有创意而有个性的表达,因此,教师是学生作文的指导者。另外,从"导之以行"

的角度看,教师需要把作文和人生修养圆融起来,达到陶冶内在的善心、生发与人友好相处的善意以及变成处理人与自然、人与社会、人与自我关系的善行目的,同时,无论是句子、段落及篇章,还是语言表达,教师都是学生作文的示范者。

古希腊诗人阿奇劳哲斯(Archilochus)认为"狐狸知晓许多事情,而刺猬知晓一件大事情"。① 黑格尔认为"智慧的密涅瓦猫头鹰总是在黄昏起飞"。② 罗伯特·特拉弗斯(Travers)则指出,"教学是一种独具特色的表演艺术"。③ 这其实形象地说明,当教师是"狐狸"般的研究者的时候,学生就应该是出谷的新莺,尽管发出的啼唱有些许的稚嫩,但他们也会展开稚嫩的翅膀作为一个相遇者去相遇自然、社会、自我的诗意;当老师以"刺猬"般的诱发者身份去分享、触发学生生活感动以及解读生活密码的时候,学生也会成为自由翱翔天地的"大鹏鸟"式的探索者,做到高瞻远瞩而又俯瞰大地,在一往情深的作文旅途中,睿智地探索人与自然、社会、自我生态隐含的为人与为文密码;当教师是智慧的"猫头鹰",洞察学生作文的失误与错漏,并以智慧的指导者出现在学生面前,会把握自我与学生的关系,在发散自身光芒的同时,也会给予学生发散光芒的机会,学生自然会成为搏击作文长空的"大雁",寻找有创意的表达方式和德言同构的行为方式;当教师成为"云雀"般的示范者,自然会将自身的人生阅历化作优美的文字,导引学生去分享教师的感动与智慧,那么,学生也就成为自主翱翔蓝天的"实践者",文思纵横捭阖,激情汪洋恣肆,做到"六经注我"与"我注六经"。

(二) 情境创设:关注心灵,触发感动

人类生存的自然世界本是一种自在的存在,日月星辰、花草虫鱼和作文者本没有形成任何因果性、必然性的联系,为什么在智慧的作文者笔下,一滴水能够看见太阳,一棵树能够摇曳满城春风,一弯新月寄寓美好的、纯真的意象,甚至死了一千年的沙漠也能建构了梦想的天堂? 这是因为"物色之动,心亦摇焉"。人之心动,心到物边便是情,物来心上并化文,即心即物,即物即心,心物合一。作文是人的主观感受的个性表达,是内心情感的自然流露,是个人见解的智慧展现。诗意作文教学就是要引领学生获取人生独到感受、体验生命自在价值,品味人世至真情感,进而将人生感受、生命价值、世人情感转化为一种智慧、一种表达,最终丰富学生自我的精神世界。因此,其教学过程,是学生精神享受的过程,是为学生的精神生命铺垫底子的过程。营造"关注心

---

① 赵旭东.狐狸与刺猬[J].读书,1995(2).
② [斯洛文尼亚]斯拉沃热·齐泽克.视差之见[M].李广茂,译.杭州:浙江大学出版社,2014:130.
③ 韩雪屏.中国当代阅读理论与阅读教学[M].成都:四川教育出版社,1998:476.

灵,触发感动"的诗意情境也就成为中小学作文教学的前提。所谓诗意情境,就是教师在作文教学之初为了诱发学生的生命感动而创设的富有情感性、生成性、弥散性的教学图景。

营造诗意的情境主要目的在于:其一,营造诗意氛围,激活写作欲望。目的在于解决学生"脑子里一片空白"的问题。其二,引导细心观察,诗意感受生活。主要解决"写什么"的问题。教学的情境应该是点到为止、恰到好处,要留足够的空间让学生自由发挥。管建刚老师认为"五分钟解决指导。如果五分钟还没讲好,证明这个话题不适合学生"。[①] 情境创设是否合适,花多少时间是合理的?这应该因材施教,没有绝对的标准,但诱发学生的生命感动,让学生愿意写,自然的表达却是诗意情境创设的基本要求。

怎样达到这个目的?诗意情境营造策略主要体现在如下几个方面:

其一,创设直观性情境,即用看得见、摸得着、闻得到的身边的事物创设生活情境,激发学生作文兴趣。比如让学生写一个生活中的人物,中山纪中三鑫双语学校的张浩老师就把给自己家装修的工人老钟推介给学生,让学生对比装修前后的家居,然后对老钟进行模拟性的采访,自然激发学生的好奇心与写作的冲动。

其二,创设体验式情境。即在课堂上创设功能性的生活情境,让学生现场观察、发现情境里蕴含的科技原理和人生哲理。比如笔者曾在高中的作文课堂上模拟《拔萝卜》的童话,颇有情趣地引导学生从老爷爷、老奶奶、小孙女以及小耗子的主体去审视"拔萝卜"这一件事情,学生发表的观点个性而独特,改变了千篇一律的"人多力量大"的"公共话语"宣讲。

其三,创设画面式情境。即通过图片、录像或多媒体还原生活画面,唤醒已有的生活经验,进行联想性表达。比如想象类作文《魔指变变变》,笔者设计一个富有科幻性质的情节:彩虹森林发生地震,森林里的小动物们决定搬迁到美雅森林,通往目的地的唯一关卡有一头怪兽把守,他要求每一个动物用自己的手变换奇妙的手势才可以通行。于是,同学们或个体、或小组表演各种各样的手势,并进行解说。在变换手势的基础上巧妙引导学生观察生活中的手势以及其所蕴含的诗意。

其四,创设描述性情境。即教师用语言把有些不能在课堂展示的生活情境生动地模拟出来。

[①] 管建刚.让作文教学的魅力显现[J].小学语文教师,2011(3):12.

(三) 情怀陶冶：回归图景，复活感性

著名作家王安忆谈及自己创作小说的经验时，讲过这么一段话："写小说就是这样，一桩东西存在不存在，似乎就取决于是不是能够坐下来，拿起笔，在空白的笔记本上写下一行一行字，然后第二天，第三天，再接着上一日所写的，继续一行一行写下去，日以继日。要是有一点动摇和犹疑，一切将不复存在。终于坚持到底，使它从悬虚中显现，肯定，它存在了"。[①] 表面看来，她谈的是作文要有毅力的问题，毅力的形成与保持其实是情怀使然，也就是作者对作文有一种诗意情怀。所谓的诗意情怀，不是指知觉、感应、体验一类普通情怀，而是能够将自我感情移植到客观事物上，通过客观事物反观自己，即中国传统文化里倡导的"民胞物与"情怀，是一种艺术化审美情感的运用。具备这种诗意情怀，作文者受了世间的恩惠——家庭的温暖，亲朋的鼓励，社会的扶持，才会主动意识到世界万物和我们的生命产生了种种意义关系，从而用手中之笔去表达爱、发散爱，才会为成功欢乐而写作，为苦闷孤独而写作，为青山绿水蓝天丽日而写作；为流逝的岁月而写作，为新生的憧憬而写作。

诗意情怀的表达离不开诗意情感的品味与酝酿，主要内容和层次有：

其一，温饱类情感。酸、甜、苦、辣、热、冷、饿、渴、疼、痒、闷等，仅仅表达这个层面的情感，很难打动人，因为这类情感，类似于人的本能情感。

其二，安全与健康类情感。舒适感、安逸感、快活感、恐惧感、担心感、不安感等，比第一层次的情感有了烈度，容易同感。

其三，人尊与自尊类情感：自信感、自爱感、自豪感、尊佩感、友善感、思念感、自责感、孤独感、受骗感和受辱感等，烈度明显加强，让人容易共鸣。

其四，自我实现类情感：抱负感、使命感、成就感、超越感、失落感、受挫感、沉沦感等，烈度强烈，容易撼人灵魂，产生强烈的共鸣感。

怎么促使学生内心的情感自然流淌呢？基本原则在于让学生回归到生活图景中，发挥新感性的审美与理性判断的功能。主要策略有如下几个方面：

其一，赋——自述衷肠感人心。即采用书信、日记等内心独白的形式，以细腻的心理描写和直抒胸臆的抒情方式让"我"敞开心扉，倾吐自己的心声，抒写个人真切感受或体验，触动人心最柔软处而引发共鸣。

例如学生的作文《天上之母》。该文作者文字朴实无华，字里行间直接而自然地表

---

① 凌亮. 一个人的故乡[M]. 合肥：合肥工业大学出版社，2016：174.

达丧母之痛。"……晚上还有道场上的很多事等着我去做,这里只有我一个人披麻戴孝,但我不觉得孤独,因为我总觉得,她在看着我呢"。"昨天抬她进来的人,又再次抬起她,走进了火葬室,我站在门口,突然就哭得不可抑制,但我想我是为她的解脱而感到高兴吧"。这些文字无需技巧、无需艺术铺陈,感情直抒胸臆,自然力透纸背。

其二,比——借助意象巧载情。即不直接表达情感,而是借助某个意象,所要表达之情寄寓在这个意象上,借助此意象加以含蓄巧妙表达。

比如《让记忆之花盛放在泛黄的纸片上》,作者借助"院子里的紫藤花开了,散发着清悠安宁的香气"去比拟奶奶的独特丰姿,"紫藤花清悠的香气让她陶醉在与爷爷相识的点滴岁月里"串联奶奶的人生风景。花与人相映成趣,交相辉映。

其三,兴——融情于景情更浓。不直接表达情感,而是借助景物描写渲染烘托人物心情。比如《荒山种茶人》,文中荒山及绿意盎然的茶园等环境描写无不自然流露文章主人公"父亲"热爱家乡、耕耘希望的诗意情怀,也巧妙传达自己对父亲、对家乡的热爱之情。

其四,针砭时弊明爱憎。从社会现象入手,然后追根溯源,分析事物的本质原因,表明自己的喜怒哀乐。

(四)教学过程:三路协同,推进创造

关于作文教学过程,尽管基于不同的教育学、心理学理念,自然会产生不同的观点、模式,但其基本要素均离不开教师、学生、作文材料等要素。诗意作文教学基本言语实践的本体观,认为诗意作文教学过程指的是教师引领学生在言语实践活动中行旅、寻找、相遇人与自然、人与社会、人与自我的归真、求善、至美的思维体操活动。诗意作文教学环节设计自然也就是在言语实践中促使学生与文本、作者、同学以及生活进行对话。实施诗意语文教学流程设计重点在于:"授之以知、动之以情、启之以思、导之以诗"的"教路"和"体验物象、感受情象、形成意象、创意表达""学路"以及"归真、求善、至美、圆融"的"文路"的统一。

教学主要环节基本构成如下:第一环节,动情体验,构建一个诗意场;第二环节,启思探究,发现或建立诗意的视角,引出写作主题;第三环节,导行表达,围绕主题进行分步言语实践,展现人生的美丽风景与逐步形成诗意智慧;其中重点在于"归真:写好一个句子"—"求善:写好一个段落"—"至美:写好一个反思";第四环节,思维体操,典型案例展示与赏识,践行诗意化的行为法则,重点在于训练学生搞好作文形式与布局并连段成篇,即"圆融:创新篇章结构";第五环节,自主实践,在自主合作中写出个性与新意,进行反思性表达与审美观照,变欣赏诗意为立美诗意。针对不同的写作主题与内容,这些基本环节可以进行创造性的变换,比如"旅行——遇见美好"教学环节就可以演变为:其一,创设情境导入:熏陶诗意的情怀;其二,典雅语言训练:认识至美的旅行;其三,触发心灵感动:体会求善的旅行;其四,诗意思维训练:寻找归真的旅行;其五,典雅习作圆融:寻求最炫的表达。

需要指出的是,这些基本环节属于教学的"中点",即从起点出发,达成终点的连接点,是学生习作经验知、情、意与生活经验归真、求善、至美的融合点,是教师的教和学生学的结合点,是从一句话、到一段话,再到一篇文章的训练点。也就是说教学中点是整堂作文课教学任务的分解点,内蕴着"归真——自然的诗意""求善——社会的诗意""至美——自我的诗意"的认知规律和教学层次。

比如魏安娜老师依照此原理设计的"我的愿望"诗意作文教学,将中点划分为三点:其一,自然归真的愿望,借助几米的漫画,引出学生自然生活情境中产生的、满足喜怒哀乐情感需要的"愿望",比如饥饿了有食物吃;其二,社会求善的愿望,即引导学生体验社会生活中人与人之间相处需要的良善品质及社会规则;其三,自我至美的愿望,即让学生走在塑造理想自我的路上,去提升人生的境界,变个人狭小、自私的实然愿望为阔达、高境界的应然愿望。在确定这些中点的时候,需要以作文的起点与终点作为逻辑前提,所谓的起点指的是学生对每次作文教学内容或形式已经具备有关作文知识、技能的语文经验,以及对有关作文涉及生活的体验、认识水平以及态度等形成的生活经验。所谓的作文终点,指的是教师引导学生在作文教学过程中达成的教学目标,是诗意情怀陶冶的激情喷发,是创造智慧的才华展现。简言之,就是作文经验的丰富与生活经验的精粹。

(五)教学评价:讲究神韵,高扬个性

贾平凹说得好:"写作就像人呼气,慢慢地呼,呼得越长久越好,一有吭哧声就坏了。节奏控制好了,就能沉着,一沉就稳,把每一句每一字放在合宜的地位"。[①] 怎么才能够让学生自己的作文过程审题、立意、谋篇布局以及语言表达是"合宜"的呢? 这就需要发挥教学评价的功能。在传统规训式作文教学课堂,教师往往成为课堂的"舵手"——既控制了教学航船,也预设了教学的航道,学生只要坐在船上按照既定的航道航行就行,教学评价自然得不到应有的重视。

---

① 周明,王宗仁主编.2015年中国散文排行榜[M].南昌:百花洲文艺出版社,2016.01:75.

诗意作文教学强调"个性化表达",不仅是结构形式有个性,还在于有个性的思想、神韵的语言,这自然引起教学评价原则和旨归的革故鼎新。从评价维度和指标分析,诗意作文教学评价倡导"过程-结果"全程评价,即作文教学过程从起点到终点,每一教学中点,无论是写一句话,还是写一段话以及合成完整的一篇,都强调评价的诊断、导写功能。比如,慈溪市龙山镇龙山小学陆涯鸿借鉴诗意作文教学观念在"乡村拾趣"作文教学实践中设计了系列教学评价,有效地引领学生诗意生成:在"展示古诗意境,触发心灵感动"环节,教师出示相关古诗及图片后,要求学生写一句话,回答什么是"乡村之趣"。评价标准有三点——"内容:表现内容为乡村所见、所闻;技法:化用古诗句;抒情:巧妙表达感受"。在教师示范、评价标准的指引下,学生不难写出"乡村之趣是稚子巧傍桑阴学耕种的天真烂漫""乡村之趣是蝴蝶在花间翩迁起舞时的优美动人"等典雅语言。

在段落写作训练的环节,教师教学的目的在于引导学生把乡村见闻写具体并自然表达感受。首先师生按照"走在_____(地点),_____(看到的景物、听到的声音、触摸到的事物),我的思绪_____(回忆时间),_____(回忆事情)"的支架共同完成完整的段落写作。然后鼓励学生根据该支架进行创造性的变式练习,形成"未见其人,先闻其声"的支架:"'哈哈哈,哈哈哈'远处传来一阵阵爽朗的笑声。(可以自己调整句式)_____(探寻何处发出的声音)_____(看到乡村之景)_____(听闻乡村之事)_____(再听乡村之声)"。接着,鼓励学生创新表达,形成自己表达的个性风格。最后,师生共同讨论,形成写完整一段的评价要点:教师反馈,提供习作小秘钥:其一,内容:乡村风物、人物、景物突出"趣味",可以是一个场景,也可以是三个场景;其二,结构:在老师给出的支架上有自己的创新;其三,技法:用上三处神态描写,五处动作描写,二处语言描写;其四,抒情:写三处自己的内心感受。

从评价的方式审视,诗意作文教学审思规训式作文教学"个体作文抓耳挠腮"之窘境,在深入研究新课标倡导的"自主合作探究"学习的构成要素及其之间的逻辑关系、制度设计和支撑体系的基础上,创设"自主+合作"作文训练机制。反映作文评价板块,就是教师引导学生依据评价指标,根据不同的教学任务,或组织同伴之间互评,或小组集中评价,对每一个同学每一阶段的作文进行鉴定与借鉴。所谓的鉴定,指的是评判同学作文与评价指标的达成度;所谓的借鉴,就是学生个体能够向他人学习的要点。通常会采取"发现优点"的评价原则,让学生向他人学习自己欣赏的"作文点",吸纳为自己作文的"创新点"。比如"欣赏他人的句子",一方面写出欣赏的理由,另一方面根据自己的需要改写或创写成自己的句子。作文教学评价活动全程化,将作文教学质量控制贯穿教学的输入、输出和实施过程,有利于解决规训式作文评价模糊、学生看不到作文进步的问题。

第四节　德言同构:语文教学目的建构的实践逻辑

党的十九大报告再一次将"立德树人"列为教育的根本任务,并上升到教育方针的高度。新颁布的《普通高中语文课程标准(2017年版)》也将"立德树人"列为基本理念的第一条。这些文件显然是基于教育教学目的建构的历史传统、经验教训、人才规格等因素进行合乎规律的事实审视与合乎逻辑的价值判断而形成的认识,需要引起高度重视并得到切实地实施。但受"语文课上成政治课"等观念的影响,语文教学实践对"立德树人"抱有敬而远之的态度,泛化为"人文精神"教育,似乎羞于立德,也怯于树人。语文教学如何落实立德树人这一根本任务?以何进行立德树人?语文教学目的是一切语文教学行为的科学实践,只有科学认识语文教学目的,才有可能有效处理语文教学和立德树人的关系,进而转化为有效的语文教学行为。科学认识语文教学目的离不开历史事实与物质基础的客观审视,也离不开语文教学主体是否合目的性的价值判断,更离不开语文教学行为是否合乎语文教学本体、本质规律性的逻辑把握。

一、合目的性:立德树人是语文教学责任与信念的统一

语文教学需要合什么目的?为什么要强调立德树人?把立德树人作为教育根本任务以及怎样理解语文教学也要落实这一根本任务,往往让人误认为这是上层建筑意识的体现,缺乏学科的逻辑。其实不然,从合目的性看,语文教学目的建构是教学主体通过对语文教学行为所涉及的内外相关因素及其关系进行切合教学本质的认识,进而把这种认识变成合理教学行为的结果。在某种程度上,它不仅表征着语文教学本质认识的水平,也反映不同时代民族、国家对语文教学责任与信念的要求。语文教学主体涉及国家、社会、学生个体等多元因素,无论哪一种主体,均需要以价值合理性为动力,以工具合理性为行动准则,将语文教学的信念和责任互补交融结合起来。这就说明,语文教学的合目的性具有伦理的性质。马克斯·韦伯(Weber, M.)认为,所谓的责任合理性指的是工具合理性或形式合理性,指以能够计算和预测的后果为条件来实现目的的行为;而信念合理性指的是价值合理性或实质合理性、规范合理性,是指主观性行

动具有无条件的、排他的价值，而不顾后果如何、条件怎样都要完成的行动。

　　语文教学的责任是什么？语文教学与其他人文社会学科教学承担的责任有什么不同？《汉语大词典》对"责任"的解释有三：其一，使人担当起某种职务和职责；其二，分内应做之事；其三，没有做好分内应做的事，因而应当承担的过失。① 正如人的行为一样，语文教学要承担相应的职务和职责，做自己分内的事情并承担不良的后果，一方面取决于其存在与其行为或者社会角色的统一性，另一方面取决于其本质与其对自我行为及行为后果合理性评估。因此，确定语文教学的责任，需要明确语文教学的角色定位、语文教学的本质以及语文教学行为发生后所产生的功能或效应。从语文教学的角色定位来看，与自然学科凭借工具实践进行教与学的活动不同，也与人文生活学科凭借精神实践开展的教与学的活动殊异，语文学科是符号学科，其角色定位就应该是符号实践。从语文教学的本质来看，如果说自然学科教学具有工具性本质，人文学科具有精神实践的人文性本质，那么，语文教学就应该是符号实践衍生出来的符号性，或者说本质的圆融了自然学科工具性与人文学科人文性的符号生成性。从语文教学产生的功能或效应来看，尽管它也有文化的传承、社会发展的促进等外在功能，其内在功能仍在于促使学生创造性地运用语言文字符号实现人对人与自然、人与社会、人与自我及其彼此关系的实践——精神世界的掌握。人之所以成为人，就在于人能够创造性地运用语言符号学习一切陌生的东西而生成理想的自我。"只有语言才能使人成为人的生灵。"② 离开了语言，就根本谈不上人的发展。爱因斯坦说："要是没有语言，我们的智力就会同高等动物不相上下，头脑中保留的原始性和兽性就会达到难以想象的程度。"③ 语言和思维是人区别于动物的重要标志。语言符号的发展促进了动物向人的转变，也促进了人的发展，使人在短时间内发展语言、发展思维，传承文化，培养人格，提高人的审美能力和文化品位，掌握民族的行为方式，促使"生物人"的社会化。

　　人的社会化，其实是人的社会善化，或称之为道德化。教育历来的职责就是教人以善，"只有善的教育，才能真正教人为善和促进社会向善。只有善的教育，才是真正有价值的教育"④。语文教学根植的土壤是中华民族文化，而我们民族文化的特质是伦理至善，那么，教学信念自然就是培养"文质彬彬"的"君子"。什么是"文"，"古之所

---

① 现代汉语词典.北京：商务印书馆，2013：1207.
② 海德格尔.诗·语言·思[M].北京：文化艺术出版社，1991：189.
③ 爱因斯坦.爱因斯坦文集(第3卷)[M].许良英，译.北京：商务印书馆，2009：38.
④ 王本陆.教育崇善论[M].广州：广东教育出版社，2001：2.

谓文者,乃诗书礼乐之文,升降进退之容,弦歌雅颂之声"①(《温国文正司马公文集·答孔仲文司户书》)。文的内容尽管无所不包,但其根本的价值取向仍离不开"德"。比如,"诗三百,一言以蔽之,曰:'思无邪'"。(《论语·为政》)《诗经》经过孔子的整理加工以后,用一句话来概括它,就是"思想纯正"。再比如南朝萧统选编《昭明文选》,其标准就是"事出于沉思,义归于翰藻",其"义"指的是"褒贬是非"之"义"。即使在人文主义泛滥的今天,教材选文的标准一直没有脱离"务求其文质兼美"②。所谓"质",指的是"君子义以为质,礼以行之,逊以出之,信以成之。君子哉!"(《论语·卫灵公十五》)这里的"义",是指人内在的和坚定的道德品质。文与质的关系正如周朝的大夫单襄公所说:"夫敬,文之恭也;忠,文之实也;信,文之孚也;仁,文之爱也;义,文之制也;智,文之舆也;勇,文之帅也;教,文之施也;孝,文之本也;惠,文之慈也;让,文之材也。"(《国语·周语下》)

从实践哲学的视角看,语文教学经历了学科化到科学化、科学化到人文化以及科学与人文统一的过程。当科学主义观念成为语文教学信念基石的时候,语文教学就成为标准零件加工的工具实践活动,当人文主义取代科学主义成为语文教学的行动逻辑的时候,语文教学就沦为人文精神熏陶与培养的精神活动。从某种意义上而言,单一的工具性或人文性导致语文教学承担了太多的自然学科与人文社会学科的分外之事。语文教学的信念应该包括如下的内容:语文教学所指的信念与语文教学能指的信念;语文教学是什么的信念与语文教学应该是什么的信念。语文教学信念形成来自两个方面:第一,对自己行为内容的理解、坚信程度;第二,对教学对象以及教学对象接受该行为产生结果的了解。从语文教学行为内容的角度看,其内容尽管有政治、经济、文化等诸多要素构成,但其核心要素应该是"祖国的语言文字"。从这个意义来审视语文教学行为的结果,著名的特级教师于漪老师认为,从母语的立命意义上来阐释、来立论,教语文,不仅仅是教某一学科之事,而是培育一种对母语的血肉亲情。③ 正确把握语文教学行为的结果,就必须打破这种把语文的工具性与人文性视为二元对立的思维模式,走出二元对立的误区,将语文教学的信念定位为:基于民族文化传承的需要,让受教育者感受祖国语言文字的魅力,娴熟语言文字运用的能力,进而成为一个具有民族德性与气质的人。

---

① [宋]司马光著. 司马温公集编年笺注(第4卷)[M]. 成都:巴蜀书社,2009:547.
② 董菊初. 叶圣陶语文教育思想概论[M]. 北京:开明出版社,1998:370.
③ 于漪. 呐喊[M]. 南宁:广西教育出版社,2008.12:212.

二、合规律性：语文教学立德树人的本体论基础

从语文教学史的历史事实审视，古代语文教学是与文史哲圆融在一起的，"立德""立功""立言"是语文教学"三不朽"的教学任务，其中"立德"处于中枢地位，是认识处理人与自然、人与社会、人与自我关系的根本尺度，立德树人也就成为古代语文教学最为鲜明的文化特质与长期不变的责任。立德树人既是语文教学目的建构的信念，也是其长期应当坚守的责任，为什么会出现"语文课上成政治课"的现象并对该现象表示深深的忧虑呢？归因起来，一方面表明自1904年语文学科正式诞生以来，语文教学有了学科意识，需要重新思考语文教学目的建构的学科要求；另一方面也反映语文教学需要对语文教学内容与形式进行合乎规律的价值甄别、认定，以便为教学行为的后果负责。因此，教学目的合目的性建构需要以合规律性作基础和凭借。

语文教学如何保证合目的性同时做到合规律性？语文教学要合什么规律？所谓的规律，按照苏联学者 M·H·斯卡特金的论述："教育规律是按下述公式表述的：A 现象在 B 条件下得到 C 的结果。"①所谓语文教学目的合规律性，就是要不断认识和把握语文教学行为在什么样的条件下得到什么样的教学结果。在语文教学目的建构与解构的实践探索中，针对语文教学存在的问题，不同的专家对语文教学现象所涉及的教学主体、教学内容、教学手段、教学结果等要素必然、普遍、内在和稳定联系认识的根据与角度不同，对语文教学与语文学科本质的认识得出的结论自然不同。语文教学本质的问题是关于语文教学究竟是什么的问题，其本质是语文教学本体发展变化的结果，因此，探究语文教学的本质就必须探究语文教学的本体是什么？语文课上成政治课，不是立德树人的结果，而是语文教学本体不明，本质不清使然。

语文教学的本体是什么？如果说教育的本体是实践，语文教学的本体自然是语文教学的实践，而语文教学实践赖以生存的基础与凭借却是言语符号，与其他学科教学的本质区别自然也就是言语实践。所谓的言语实践，指的是学生在教师的引导下创造性运用语言符号认识、接受、创造文化的活动，是凭借言语，为了言语、在言语中的实践。作为本体的存在，语文教学，无论是听说读写能力的培养，还是隐含在该能力背后的思维能力、创造能力培养以及文化品位、良好情操的培育都离不开言语实践"是者"之"是"与"在者"之"在"。从语文教学对象、语文教学本质以及教学本体关系来看，学生是创造性运用符号学习语文教学内容从而塑造理想自我的人。学生的理想自我不

---

① 朱作仁.关于学科教学研究的两个理论问题[J].教育研究，1984(2).

是确定的定在,而是生成性的不确定存在。语文教学的根本价值与终极关怀就是让学生在言语实践的过程中,通过语言符号圆融历史、现实与未来不确定的存在,不断生成相对确定与理想的存在,当相对理想的存在实现以后,在言语实践中不断发展言语智慧,进而追求新的理想的、不确定的存在,学生就在确定与不确定的理想与自我塑造过程中发展语文素养,进而使自我理想与自我形象的塑造处于新新不已的境界。这就是语文教学目的立德树人的合规律性。

语文教学行为、教学内容以及教学结果等要素之间本质的关系就是语文的根本性质。从言语实践的本体看,语文的本质属性就不仅仅是工具性与人文性统一的问题,而是如何统一问题的思考。语文属性工具论者只片面强调语文教学的工具性功能,其实质就是关照了语言的工具性功能。语文不等于语言,这两个概念不是包含与包含于关系的概念,而是交叉的概念。我们不能将部分从属于语文的语言的本质属性等同于语文的本质属性,这在逻辑上犯了部分代替整体的毛病。这样做的结果只能是将语文教学视为单纯的语言知识传授与语言技术训练的活动,忽略语文表情达意、交流思想、传达人文精神的教学责任与信念。著名语文教育家刘国正先生也曾明确指出:"语言的运用与生活,与人的思想感情有不可分割的联系。因此,语文训练不是单纯的技术训练,语文教学不是单纯的技术教学。脱离了生活,脱离了人的思想情感,语文教学就如同断源求水,折木求花,是不会取得满意的效果的。"[①]正如刘先生所言,语文教学是同人的思想、情感、情操和个性联系在一起的,是基于言语实践本体进行语言文字表达训练与思想道德情操培育的结果。这其中自然生成语文的工具性抑或人文性,它们是固有的,不是外加的,不是叠加的。"固有的""不是外加的""不是叠加的"说明了语文的性质,也说明按照单一的语文工具性或者单一的人文性去建构语文教学目标,所采取的语文教学行为,其结果只能是单一的语言技术性训练或纯粹的人文精神熏陶。因此,语文教学立德树人的合规律性,还要合乎语文教学本质以及本质与本体关系的规律。

三、德言同构:语文教学立德树人合目的性与规律性的统一

从语文教学立德树人的合目的性而言,语文教学与其他的人文学科教学活动一样需要坚守德性培育的信念与履行德性培育的责任;从语文教学合规律性角度而言,需

---

① 刘征.刘征文集(第1卷)[M].北京:人民教育出版社,2000:321.

要依托言语实践进行语文工具性训练。这就涉及德性培育与语言训练的关系,辩证处理二者的关系,就决定语文教学的合目的性与和规律性的统一。"乃如之人兮,德音无良"(《邶风·日月》);"德音莫违,及尔同死"(《邶风·谷风》);"彼姜孟姜,德音不忘"(《郑风·有女同车》);"厌厌良人,秩秩德音"(《秦风·秩秩德音》);"公孙硕肤,德音不瑕"(《豳风·狼跋》);"我有嘉宾,德音孔昭"(《小雅·鹿鸣》);"乐只君子,德音不已;乐只君子,德音是茂"(《小雅·南山有台》)。在诗经里,据于省吾先生考证,这些"德音"应理解为"德言"①。而德言就是"神圣而庄严的话语"、"美好的言辞或是声名"的含义。德与言之间是什么关系呢?饶宗颐在《上博馆〈诗序〉综说》中指出,《周礼·大司乐》中云,"以乐德教国子:'中、和、祗、庸、孝、友。'以乐语教国子:'兴、道、讽、诵、言、语。'《太师》掌六律六同,以合阴阳之声。《教六诗》:曰风、曰赋、曰比、曰兴、曰雅、曰颂。以六德为之本,以六律为之音。"这说明乐言配乐德,好德需好言,语言和德性同构共生。

我国古代就有"道非文不著,文非道不生"(元·郝经《陵川集·原古录序》)。"道"就是指文章的思想内容,"文"就是指文章的语言表达形式。语文教学就沿用这个概念,并同时也进一步引申用"道"来包括思想道德教育,用"文"来包括语文基础知识教学和听说读写能力训练。马克思曾指出:"语言是思想的直接现实,语言是思想的外壳。"②"情动而言形,理发而文见。"(刘勰《文心雕龙》)"言",即辞、文、句、论、叙、告、体式、章法、结构等言语式样的总称。通俗一点说,"言",就是指静态的、共性的、符号性的"语言",更指那些动态性的、生成性的、个性化的"言语"。朱光潜:"我们不能把语文看成在外在后的'形式',用来'表现'在内在先的特别叫做'内容'的思想。'意内言外'和'意在言先'的说法绝对不能成立。"③维果茨基:"思想不是在词中表达出来,而是在词中实现出来。"④可见,言语形式和言语内容是同时成就的,语文学习的过程其实就是"言"与"德"兼得、相互融合的过程。在语文教学过程中,语文教师引导学生只有在言语实践中理解语言文字、篇章结构等表达形式,才会领会文章的思想内容;也只有依托言语实践,才会使文本所蕴含的思想内容化作学生德性修养的教养养料。在写作教学当中,学生表达的语言文字要做到语言准确、条理清楚,就得深入认识人与自然、与

---

① 方汉文.中国古代文论中的"德言"说[J].广东社会科学,2010(1).
② 中共中央马克思恩格斯列宁斯大林著作编译局编.马克思恩格斯全集(第三卷)[M].北京:人民出版社,2002:525.
③ 朱光潜著.我与文学及其他谈文学(增订本)[M].北京:中华书局,2012:227.
④ [俄]维果茨基著.思维与语言[M].李维,译.杭州:浙江教育出版社,1997:5.

社会、与自我及其彼此关系所蕴含的道德内涵。因此,依托言语实践进行的德言同构,不仅可以改变长期以来语言文字工具性训练两张皮的问题,更能够改变脱离课文的"贴标签"式的架空分析以及不顾思想道德内容孤立归纳写作特点的窠臼。

  回到语文内涵的原点上,语文是什么？翻翻中外名家的论著,定义仁者见仁、智者见智：语文是语言＋文字,抑或语言＋文章,抑或语言＋文学,抑或语言＋文化,抑或语言＋文明,其争论大致上都是围绕在"文字""文章""文学""文明"和"文化"之间的抉择或权衡的分配上。这种 A＋B 分解后再叠加的回答方式,无疑是语文构成的成分和要素,传递的是"语文教什么"或者"语文怎么教"的信息。从词源上而言,"语,论也","论,议也"；"文,错画也,象交文",文即贝壳上班驳的花纹。不妨再删繁就简,"语"即心声,"文"即色彩。"语文"应该是感性脾气的,是"有声有色"的影子,是"绘声绘色"的底片。站在感性语文层面之上,我赞同身处言语实践之中体验——语文是"日日春光斗日光,山城斜路杏花香"的争艳与欣喜；语文是那化作春泥更护花的点点落红,语文是"孤村落日残霞,轻烟老树寒鸦,一点飞鸿影下"的意境。就这样,学生在吟咏诗词歌赋、化古今中外名人语言为自己语言表达的过程中完成"从自然人变成文化人,由自在的人变成自为的人"的精神蜕变。而语文教学就是在言语实践中实现"语言文字表达训练和学生的德性培育同步进行"的活动,即语文教学"立言"的过程就是"立德"的过程；"立德"的活动也就是"立言"活动,它们在"立人"的信念与责任指引下所进行的言语实践获得中实现同构。

第四章 识字与词语诗意教学案例

第一节 小学语文低段"德言同构"识字教学案例研究[①]

一、主题与背景

汉字里包含着中国传统文化,小学生学习汉字能够起到锻炼语言表达、活跃思维和传承汉字文化的作用。识字教学是小学语文教学中的重点。我国从2001年启动基础课程改革,新课程改革更加注重学生语言文字运用的能力。2014年3月30日教育部研制印发《关于全面深化课程改革落实立德树人根本任务的意见》[②]把"立德树人"作为教育的根本任务。笔者认为小学语文在进行语文学科的教学以外,需要对学生加强德性培育。要让小学生在书本学习的同时能够联系生活,获得切己的情感体验。《普通高中语文课程标准(2017年版)》指出语文学科的核心素养包括:"语言建构与运用、思维提升与发展、审美鉴赏与创造、文化传承与理解"[③]这四个方面的内容。

小学语文识字教学方面,出现了看图识字、随文识字、儿歌识字等很多的识字方法。虽然现存很多识字方法,但并不意味着一种方法能解决全部的识字教学问题。小学语文教师在进行识字教学时候,有的时候需要运用一种识字教学方法,有时候需要综合运用多种识字方法。但是,无论如何开展识字教学都必须遵循着一定的规律。本研究将这种"规律"称为"言德同构"。汉字是重要的文化载体,学习汉字一方面以促进

---

① 该部分作者为殷威,改编自硕士论文《小学语文低段"言德同构"识字教学案例研究》。
② 中华人民共和国教育部. 教育部关于全面深化课程改革落实立德树人根本任务的意见[EB/OL]. [2014-04-08]. http://old.moe.gov.cn//publicfiles/business/htmlfiles/moe/s7054/201404/xxgk_167226.html.
③ 中华人民共和国教育部. 普通高中语文课程标准[S]. 北京师范大学出版社,2017:4.

小学生在识字学习的过程中语言能力的建构和思维能力的提高。另一方面,开展识字教学的过程也是师生传承汉字文化的过程。现在,"新课改"倡导对小学生进行情感、态度和价值观的培养过程,也就是德性培育的过程。

识字教学一直是小学语文教师研究的热点课题。在小学语文低段的识字教学过程中,小学语文教师更多的是以讲授为主,小学生的学习识字积极性没有被充分调动起来。这导致小学生被动地参与到课堂学习中,课堂学习注意力不集中。小学语文教师没有开展以言语实践为主线的识字教学,也就不能很好地对小学生进行德性的培育。只有小学语文教师通过语言和德性两个方面的培育,才能提高小学生学习汉字的积极性,从而更好地进行识字与写字的学习。

二、情境与描述

汉字是传承中华优秀文化的重要载体,具有音义结合的特点。汉字是外国人学习中国文化的一扇窗户。对于很多外国人来说,学习中华文化很多时候是从书写汉字开始的。认识汉字是书写汉字的第一步,识字教学在对外汉语教学中也是十分必要的。小学语文教师招聘考试的面试环节考察考生的识字教学的能力较少,更多地注重语文文本解读的能力。这种现实的因素导致部分高校在师范生培养方面也不太重视对大学生识字教学技能的培养,以致于部分新入职的小学语文老师在识字教学方面存在较多不足。不仅如此,从言德同构的视角去审视小学语文低段识字教学,当前小学语文低段识字教学中存在一些问题亟待解决。

(一)缺乏言语实践的意识,识字教学成为教师的"独角戏"

例1:案例分析——合肥市大店小学高级教师夏自兰执教的二年级上册《识字7》[1]

出示投影片:"亭子"

(1)图上画的是一座什么?

(亭子)亭子什么样?

(亭子上面有顶,有屋檐,下面有柱子)

(2)出示"亭"指名猜这是什么字,

你怎么猜出来的。

---

[1] 引自博客 http://blog.hfyhjy.com/xiazl/2013/07/18/苏教版二年级％EF％BC％88上％EF％BC％89《识字7》教学设计/

这就是象形字。指名读,注意纠正后鼻音。

在此案例中,我们可以看到夏老师在识字教学中根据教材中的图片进行了字形结合的教学。"亭"是个会意字,夏老师让学生将汉字"亭"和图片中的亭子联想记忆,小学生通过联想形成直观映像。让小学生初步了解了汉字文化,但是缺少小学生的言语实践,这样在识字教学的过程中也就缺少了德性培育的内容。小学生在体会汉字之美的过程中,小学语文教师也可以对其进行德性的培育。在"亭"字的教学过程中,夏老师没有将"亭"字通过组词、造句等形式让小学生产生切己的联系。夏老师忽视言语实践的本体,小学生没有得到语言表达的训练。夏老师在教学"亭"这个字的时候,更多是基础知识的传递,缺少小学生的言语实践活动,对"亭"这个字的理解只能停留在表面。

(二)注重识字的知识教学,忽略汉字及识字教学德性培育功能

例2:案例分析——深圳市宝安区新安街道上合小学张展瑜教师执教的一年级下册《识字7》[①]

1. 出示9个生字宝宝:

虚 骄 傲 淡 诚 实 赢 赞 招

带拼音,你们能叫出它们的名字吗?(先拼读再直呼)

2. 教师检查学习情况:指名认读。(相机正音)

3. 摘苹果的游戏。(不带拼音)

4. 指导记字。

过渡:小朋友们真厉害,这么快就记住了这9个生字宝宝的名字,

这几个生字宝宝的模样我们又该怎么来记呢?

出示:虚。想一想,你觉得它长得像谁?

(虎)哪里像?(都是虎字头)哪里不像?

在对子歌里有两个由虚字组成的词语,你能找出来吗?(虚心、虚伪)

在此识字教学案例中,小学语文教师教小学生字大多是像案例中1—4部分展示的那样,先对小学生进行汉字拼音的认读,然后再对汉字进行逐一的讲解。这是大多数小学语文教师常用的识字教学做法。有经验的小学语文老师和一般小学语文教师的识字教学的差距主要体现在对单个汉字的教学上面。一般小学语文老师教汉字更

---

① 张展瑜. 让识字过程充满乐趣——人教版一年级下册《识字7》(第一课时)教学设计及反思[J]. 教育科研论坛,2011(6):35—36.

多的是以自己单方面知识的传授为主,而经验丰富的小学语文教师传授时更多的重视小学生识字教学的参与度。案例中的张老师执教的内容是人教版一年级下册《识字7》第一课时的内容,张老师旨在让学生识字过程中充满乐趣,创设识字教学的生活情境。张老师想让小学生发挥想象,联系生活实际,更多地参与到识字教学中来。从教学设计来看,张老师提出的问题挺多,需要小学生主动发现问题很少。可以适当地增加小学生言语实践的环节,让小学生围绕某个字,联系生活体验谈一谈自己的感受。言语实践要有层次性,还要积极的德性的渗透。首先认识汉字"虚"是第一个层次。其次,第二个层次是需要让学生联系生活实际,"虚"是比较抽象的形声字,想到"虎"和"虚"有相同点。让陌生的汉字和生活中熟悉的汉字产生联系并且能够组词"虚心",这就锻炼了小学生的思维和语言表达的能力。最后,教师能够让小学生根据组词造句,小学生可能会说"我们应该虚心接受别人的意见",这就能很好地进行德性的培育。言德同构是一个重要的教学理念。小学语文教师在识字教学中可以综合运用多种识字方法,让学生在认识汉字的同时,增强语言表达能力、提高道德品质。

(三) 不重视汉字文化的挖掘与传承

小学语文教师在汉字文化传承的过程中发挥着巨大的作用。许多汉字是可以依据汉字的不同字形进行教学。小学语文教师开展这样的识字教学,一方面可以渗透汉字的文化,起到传承汉字文化的作用;另一方面,图形和汉字结合,提高小学生识字的兴趣。小学语文教师在讲解汉字的时候可以通过甲骨文、金文、篆文等字形的展示提高小学生的识字兴趣。对这些字形展示的同时最好能开展必要的言语实践,这样可以加深小学生对汉字的理解,提高小学生探索发现字形演变的乐趣,起到激发小学生识字兴趣的作用。

例3:案例分析——江西省吉水县醪桥小学江小兰教师执教的二年级上册《识字4》[①]

尺子:喂,寸!你看你这么短,一点用处都没有,连一本本子都量不出来!比起我来,可差远了!

寸:尺子哥哥,你比我长,可是量一块橡皮泥就不如我了;

量一块黑板泥又不如别人了。

师:听了尺子和寸的表演后,你们有什么想法?

---

① 江小兰,张玉秀.低年级字词教学策略刍议——人教版二年级语文上册《识字4》教学案例与反思[J].小学教学研究,2015(14):48—50.

生：尺有尺的长处，寸有寸的长处，就比如大象能用鼻子喷水，而土拨鼠不能，土拨鼠能钻地，而大象不能。

……

小学语文教师在识字教学中要借助具体的语境进行识字教学，这样利于小学生联系生活情境和自己的知识储备，更好地参与到识字教学的过程中去。在识字教学中进行言语实践的过程也是德性渗透的过程，有些汉字在具体的语境和词语的组合过程中，小学生通过联想的方法很容易记住汉字。案例中江老师执教的是二年级上册的《识字4》，由十二个成语组成，案例中的教学主要是对"寸"这个字的识字教学和"尺有所短、寸有所长"这两个成语的理解。通过讲故事的方法，让小学生比较容易接受，形象和生动的语言贴近学生的童真、童趣。寸没有尺长，不能量出本子。尺子虽然比寸长，但是量起橡皮来不如寸方便。尺寸都有自己的长处和短处。小学生在言语表达的过程中，既理解了"尺有所短、寸有所长"的意思，又能获得道德的教育。"寸"是一个指事字。小学阶段语文课本中出现的指事字并不多。江老师如果在教两个成语的过程中，对本课的生字"寸"进一步讲解就更好了。此外，在江老师整篇案例中识字教学的内容很丰富，却对"取"这个汉字的教学，只用板书"取长补短"简单带过了。"取"是个会意字，这个字的教学可以从"取"的篆文入手，左边是"耳"很好理解。右边的"又"字需要进一步解释。因为篆文"又"就是手的样子，可以讲解其本义"用手抓"的意思。

三、问题与讨论
（一）教师缺乏言德同构的意识

基于言德同构的小学语文低段识字教学需要遵循两点：第一是识字教学是以言语实践的本体观。部分小学语文教师不能重视学生在言语实践的过程中认识汉字，小学语文教师讲得比较多，小学生言语实践的机会也不多。从根本上来说是言语实践的本体观不明确，在识字教学目标设计中小学语文教师缺乏让小学生进行语言文字运用的意识，教学内容也没有言语实践的相关内容。第二是小学语文低段识字教学在言语实践中渗透德性。汉字是音义结合，一些汉字中就蕴含着深厚的汉字文化，小学语文教师可以利用这些汉字对学生进行汉字文化的理解，这样的识字教学就能对小学生进行德性的培育。

(二)传统的教师本位思想延续

我国自古就有"尊师重道"的传统,小学语文教师一般承担语文教学和德育的双重任务。无论是在语文教学还是班级管理,小学语文教师的地位都是不容替代的。小学教师本位的观点对小学语文教学有利有弊。有利的方面是教师为主导的小学语文课堂能够提高语文课堂教学的效率。但是,另一方面以师为本位的小学语文教学会让小学生丧失主动参与课堂的能力。小学语文教师用自己有限的生活体验去进行识字教学,不利于学生联系生活实际,活跃自身的思维。

(三)重视知识传递轻德性培育

刘芳认为,"在德性的养成中,德性以真、善、美为人格的构成要素,以知、情、意的全面发展为内涵,体现价值理性与工具理性的统一"。[①] 小学语文低段识字教学中如何对学生进行德性的培育呢?要对小学生进行德性培育,就要在识字教学过程中体现真、善、美。小学语文低段识字教学中不仅要注重汉字知识的传授,还要进行必要的德性培养。教书的过程也是育人的过程,小学阶段是人性格发展形成的关键时期,德性培育显得尤为重要。在现实的小学语文教学中,小学语文教师教学的任务比较重,更多的时候还兼任班主任的工作。有的小学语文教师在小学语文课堂上注重提高学生识字的效率,加强基础知识基本技能的培养,所以忽视了德性的培育。

四、诠释与案例

(一)研究对象的选取

本案例选取研究的课文是人教版二年级上册《识字6》,这篇识字课以对子歌的形式呈现给小学生,小学生从学习课文能感受到爱憎分明的情感,并能让学生懂得奉献社会。小学生在识字的过程中感悟"真、善、美"。小学语文教师也能够通过《识字6》的教学对小学生进行德性的培育。小学生对汉字进行言语实践的过程,也是德性养成的过程。为了方便开展研究,达到理想的研究效果,笔者选取了实习所在的宁波市蛟川中心学校207班的全体小学生为教学对象。经过一年级的学习,这个班的大多数学生在识字方面掌握的比较扎实。

(二)研究方法的运用

本案例主要采用文献研究法和个案研究的方法来开展研究。文献研究方法,案例

[①] 刘芳.论德性的养成[M].北京:中央编译出版社,2016:1.

主要选择东部地区的小学语文低段识字教学案例,并把研究的教学案例分为高级教师和一般教师两个类别。从这两个类别的识字教学案例进行案例的分析,发现两类识字教学在小学生是否进行言语实践,小学语文教师是否在识字教学中进行德育的渗透,是否能促进小学生德性的养成。

采用个案研究的方法,在言德同构理念指导下进行小学语文低段识字教学的构建,通过笔者亲身实践的案例,将一般识字教学案例和言德同构指导下的识字教学案例进行比较分析。并能够对两个识字教学案例进行剖析,从而阐明本案例的观点。

笔者将所研究的案例进行比较研究,吸取识字教学案例中的可取之处。在言德同构关照下,不断地进行课堂教学实践,并能够从教学目标、教学内容、教学过程和教学评价等方面提出基于言德同构的小学语文低段识字教学的策略。

(三)《识字6》常规教学案例

研究者按照传统的教学方法进行备课,注重小学生对汉字的掌握,加深小学生对汉字的字音和字形的把握,重视小学生对汉字的识记。在识字教学过程按照"教师课堂导入"、"读准字音,读通课文"、"认识汉字,指导书写"、"教师组词,学生抄写"步骤进行课文的教学。这堂课的教学结果比较一般。由于学生在上课之前都有预习,大部分汉字都能读得出来,但是对于具体汉字的笔画和字义的理解还有待提高。总的来说,学生的课堂参与度不高,学生的课堂反应差别比较大,平时成绩比较好的学生课堂参

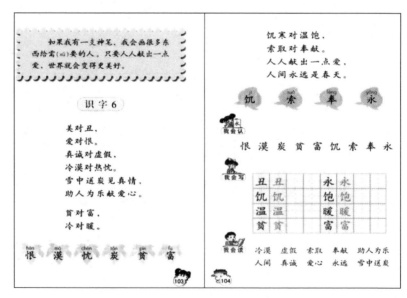

图 4-1

与度比较高。常规课的教学目的是通过语文老师对字形、笔画、课文的讲解,让小学生进一步深入理解汉字。汉字组词抄写是识字教学中最常用的教学手段之一。

第一环节,教师直接导入。

1. 师:亲爱的同学们,今天我们来学习《识字6》,请大家把书翻到103页。

(生按照老师的要求把书翻到103页)

2. 师:请大家把《识字6》课文上方的一小段话齐读一下。

生齐读("如果我有一支神笔,我会画很多东西给需要的人。只要人人献出一点爱,世界就会变得更美好。"[①])

导入是一节课的开始,在导入的时候引起小学生的注意力和兴趣至关重要。常规课的教学过程中,小学语文教师用到的导入方法比较单一,一般以复习导入为主。合理的导入方法能够调动小学生的学习积极性。导入开门见山,直接从教材中的内容出发,简单明了,但是很难调动学生学习的积极性。在小学语文课堂教学中,应该尽可能地采用激发小学生兴趣的导入方式。

第二环节,读准字音,读通课文。

1. 学生先读,然后教师示范朗读。

2. 师:这篇课文分成2个大部分,每个部分都有规律,你们发现了吗?

生:美与丑,爱与恨,真诚与虚假,冷漠对热忱都是反义词。

师:这位同学找到了规律,我们知道课文的第二部分也是这样的。

3. 老师让大家齐读课文,并重点讲解"雪中送炭见真情,助人为乐献爱心"[②]和"人人献出一点爱,人间永远是春天"[③]这两句话的意思。并分别请两位同学谈一谈自己的理解。

汉字的"音、形、义"是汉字教学基本要讲授的内容。小学语文教师对课文内容进行朗读,小学生认真地听,这样对小学生来说可以学习正确的汉字读法。我们知道课文分成两个部分,这两部分的课文内容是用"对对子"的模式展开的,让小学生自己发现课文的内容包含着多个反义词组,并能让小学生体会到这些反义词组都是为了"雪

[①②] 课程教材研究所,小学语文课程教材研究开发中心. 义务教育课程标准实验教科书 语文二年级上册[M].北京:人民教育出版社,2016:103.

[③] 课程教材研究所,小学语文课程教材研究开发中心. 义务教育课程标准实验教科书 语文二年级上册[M].北京:人民教育出版社,2016:104.

中送炭见真情,助人为乐献爱心"[1]和"人人献出一点爱,人间永远是春天"[2]两句话服务的,帮助小学生辨别美丑,在别人需要的时候奉献爱心。

第三环节,认识汉字,指导书写。

1. 师:《识字6》的课后生字相信大家都预习过了,是不是?

生齐生说"是"。

师:书上"我会认"的生字,相信大家都会读了。现在大家来重点看一下"我会写"的八个生字。

语文教师让学生仔细观察八个汉字,并请他们找出自己不理解和不会写的汉字。

2. 师:我想请一位同学和大家分享一下,自己不容易认识和读写的汉字。

生:不容易认识的字有"炭"和"索",不认识字有"暖"字。

师:我们注意一下,"炭"字是上下结构的字,上面是一个"山"字和下面一个"灰"字组成,"炭"字可以组成"煤炭"。太阳出来暖洋洋,暖字和太阳有关,所以是"日"字旁。

3. 师又将"丑"、"永"的笔顺,"饥"和"饱"相同的偏旁和意思讲了一下。

小学语文教师对课文讲解以后,对重点汉字"炭、索、暖"等字进行了重点讲解。课文中的有些字小学生经过课前预习是不需要教笔顺的。小学语文教师对汉字"炭"的部件进行解构,这样可以促进学生对汉字的理解。从言德同构的视角进行分析,小学语文教师在这一环节的教学过程中对小学生的汉字文化的讲解不够深入,缺乏对汉字字理的讲解。在这个教学环节中,小学语文教师要充分调动小学生的学习兴趣。在对于汉字文化讲解过程中,让小学生主动参与到言语实践中去。小学生通过言语实践,加深对汉字文化的理解。

第四环节,教师组词,学生抄写。

1. 学生拿出"生字卡片"组词。

语文教师再进一步讲解每个词注意的地方。并请学生根据字进行组词。

2. 语文教师在黑板上组词:(一个字组两词)

美丑,出丑　永远,永久

---

[1] 课程教材研究所,小学语文课程教材研究开发中心.义务教育课程标准实验教科书　语文二年级上册[M].北京:人民教育出版社,2016:103.

[2] 课程教材研究所,小学语文课程教材研究开发中心.义务教育课程标准实验教科书　语文二年级上册[M].北京:人民教育出版社,2016:104.

饥饿,饥荒　温饱,饱和

温和,体温　温暖,暖和

贫穷,贫困　富有,丰富

3. 语文教师请学生先把要讲的词语抄写在方格本中,根据了解学生不理解的词语,进一步进行讲解。

4. 师让大家齐读课文,点明主旨。

师让大家记住"人人献出一点爱,人间永远是春天"这句话。

小学语文低段的识字教学过程,小学生的词汇量掌握比较少。小学语文教师通过对要写的汉字进行组词,加深学生们对汉字的理解。《识字6》通过这些反义词的学习让小学生明辨是非美丑。但是在小学语文教学中单独依赖课本一板一眼地进行识字教学,没有让学生运用具体的生活体验去判断,这样的识字教学不能调动小学生的学习兴趣。小学生的言语表达能力没有得到提高,识字教学和生活经验相脱节,不利于小学生对汉字的深刻理解。小学语文教师逐一讲解汉字,表面上小学生学习到了汉字,实际上没有"授之以渔",小学生的思维能力没有得到充分提高。

(四)《识字6》言德同构的教学案例

《识字6》的常规教学案例对汉字的教学比较简单,总体环节设置的目的是让小学生夯实基础知识和基本技能。不仅有识字的教学,还有汉字的抄写巩固练习。在这常规课的教学过程中,小学生只是机械地进行识字。小学语文教师更多的是让小学生记住生字,但是小学生的语言表达能力没有得到充分地提升。小学语文教师的识字教学中也是初步地讲解了汉字,但是对于汉字文化的传承是薄弱的。课堂中没有汉字文化的传承,学习生字的兴趣不足,小学生的识字效率必然是低下的。根据常规课堂教学的不足,研究者根据言德同构理念指导下的识字教学,再次将《识字6》一课进行设计。在设计的过程中,首先是课堂的导入环节采取游戏导入的方法来激发小学生的学习识字的兴趣。教学中采用多种识字方法,注重在识字教学的过程中对汉字文化的渗透,增加小学生言语实践的次数。让小学生在言语实践中加深对汉字的理解,从而起到传承汉字文化,激发小学生学习兴趣的重要作用。研究者再次选择了宁波市蛟川中心学校207班的学生,在教室运用多媒体技术手段进行教学,同时邀请了同年级的老师观摩进行评课。具体的课堂教学内容如下:

第一环节,导入新课,激发兴趣。

师:同学们,你们知道什么是反义词吗?

生：知道。（学生齐声说）

师：请你来说一说，好吗？

生：反义词就是意思相反的两个词语。

师：那么老师说一个词语，你能说出意思相反的词语吗？

生：能。

师：我说"上"。

生：我说"下"。

师：我说"前"。

生：我说"后"。

师：我说"美"。

生：我说"丑"。

言语实践：

（1）什么是"美"？

当我看到_____时，我知道这就是美。

（2）什么是"丑"？

当我看到_____时，我知道这就是丑。

师：请同学们想一想，什么是"美"？什么是"丑"？

师：请同学们用"当我看到_____时，我知道这就是美。"联系生活说一说你的感受。

生1：当我看到美丽的自然风景时，我知道这就是美。

生2：当我看到排队买票，我知道这就是美。

生3：当我看到有的小朋友拾金不昧时，我知道这就是美。

师：请同学们再按照"当我看到_____时，我知道这就是丑。"来说一说。

生1：当我看到行人闯红灯时，我认为这就是丑。

生2：当我看到有的同学在校园内随手扔垃圾时，我认为这就是丑。

生3：当我看到有人随地吐痰时，我知道这就是丑。

小学语文教师通过做游戏的方式进行激趣导入，小学生课堂学习的积极性非常高。有些反义词是小学生之前学过的内容，通过做游戏的方式让小学生温故知新，强化已学知识，激发小学生的好奇心，顺利地从已学知识过渡到新知识的学习上来。在课堂导入的环节，小学语文教师巧妙地在复习反义词后让小学生进行言语实践，小学生在言语实践的过程也是德性培育的过程。小学生在自己言说过程中,准确地分清是非美丑。在言语实践的过程中,小学生的语言表达能力得到提升,明辨真善美。

第二环节,结合文本,初识字词。

师:今天我们来学习课文《识字6》,学习一下课文中的多组反义词。

现在请大家自由朗读课文两遍。同学们如果遇到不认识的字词,可以查字典,可以问同学,也可以问我。注意读准字音、读通句子。同学们开始吧!(生读书)

师:读好课文的同学可以端正地坐好,这样老师就知道你读完了。

(老师下去巡视)

师:老师发现,同学们读书读得很认真,有谁愿意再读给大家听一听呢?(课文共两节内容)

生:美对丑,爱对恨。……(读完课文的第一节)

生:贫对富,冷对暖。……(读完课文的第二节)

师:我们的"词娃娃"看到你们过来,你们会读吗?(PPT展示词语)

冷漠(mò)	真诚(chéng)	饥寒(jī)	奉献(fèng)	
人间(jiān)	索取(suǒ)	爱恨(hèn)	永远	温饱
贫富(pín)	虚假(xū)	助人为乐	雪中送炭(tàn)	

师:大家先不着急,同学们先自由地把这些词语读一遍。

师:大家读完了。PPT上共有三行词语,哪位同学愿意给同学们示范朗读第一行呢?(同学们踊跃举手,老师请一位学生进行朗读)

生:冷漠、真诚、饥寒、奉献。

师:这位同学读得字正腔圆。谁愿意读第二行的词语呢?

生:人间、索取、爱恨、永远、温饱。

师:你读得也很棒。

师:最后一行,请这位同学带着大家一起读一遍,好吗?

(学生们齐声说"好")

生:贫富、虚假、助人为乐、雪中送炭。

师:大家读得很好,现在老师加大难度了。老师把拼音去掉了,大家还能读得准

确吗?(将原来 PPT 中字词的注音去掉)

生:(学生们将词语一行一行齐读下去)

师:疑难的字词我们都已解决了,现在我们一起再把课文齐读一遍吧。

生齐读课文。

这一环节主要是让小学生对课文中的汉字有一个整体感知。小学生自读、小学生范读、去拼音读等多种方式对汉字进行读。通过读让小学生加深印象。读准字音,才能更好地认识和书写汉字。在这一个环节中,小学语文教师起到了很大的作用。众所周知,"音、形、义"的教学是汉字教学的基础,如果读音读得不准确,那么要想记住汉字就无从谈起。在正音的过程中,小学语文教师可以采用去拼音的方法来检测汉字认读情况。"书读百遍,其义自见。"(《三国志·魏志·王肃传》)小学生能通过不断地读书来加深对汉字的理解,培养语感。

第三环节,运用生字,言语实践。

师:我可以看到课本中"我会认"栏目中有"恨、漠、炭、贫、富、饥、索、奉、永"9 个生字,这些需要认识就可以了。当然大家能记住更好。

师:现在老师重点讲解几个汉字。大家来看一下 PPT。记住 PPT 上的字,同学们有什么好的方法吗?谁能和大家分享一下?

| 恨 | 饥 | 炭 | 奉 |
| 索 | 富 | 贫 | 漠 |

1. 字族识字——"恨"

生:我记住了"恨"这个字。因为左边是一个竖心旁,所以"恨"这个字和心情有关。

师:如果大家要给这个字换上一个偏旁,还可以变成哪些字啊?

言语实践:

艮+_____,可以组成一个(　　　)的字。

生:加上"足"字旁可以变成跟从的"跟"字。

师:还可以变成什么?

生1:加上"木"字旁可以变成树根的"根"字。

生2:加上"心"字底可以变成恳请的"恳"字。

生3:加上"土"字底可以变成一望无垠的"垠"字。

字族识字加深小学生对同类型字的理解和记忆。认识一个汉字的字根可以学习多个由这个字组成的汉字。这样汉字的学习就从一个字的学习到多个字的学习,进而达到触类旁通的效果。这样能够让小学生获得整体的汉字的感知。学一个字可以学习一类汉字。从"恨"字的学习扩展到"跟、根、恳"字的学习,让小学生有宽阔的视野去学习汉字,扩大了小学生的识字量和识字能力。在字族识字的过程中,有些汉字小学生虽然不会写,但是能够说出来,小学语文教师再进行示范书写,这样一来就可以锻炼学生的听读写的能力。

2. "饥"字的教学

师:饥的偏旁是"饣",右边的"几"。因为饥是肚子饿,所以与食物有关。

言语实践:

"饥"表示连食物都没有,那么作为"饥"这个字是不是太孤单了?让我们一起来帮他找找朋友吧。

师:想一想,我们还学过哪些"饣"的字呢?

生1:饥饿的"饿"和饺子的"饺"字。

生2:吃饭的"饭"字。

生3:还有"饱"字。

师:同学们学习的很好,汉字知识的学习就是需要这样不断地积累。同学们认识的字真多呀!

将饥饿的"饥"拟人化,让小学生在言语实践中获得德性的养成。"饥"这个字记起来很简单,左右结构的字。如果仅仅只教汉字,没有对小学生进行德性的培育,这样的识字教学就显得比较单薄。这时候需要小学语文教师对小学生进行必要的点拨,这样小学生在识字的过程中很自然地获得了德性的培养。小学语文教师在小学生德性培育的过程中起到了至关重要的位置。将"饥"这个字拟人化,更多的是让小学生受到德性的培育,从"太孤单"到"找朋友",让小学生用诗意的眼光去学习汉字,小学生在潜移默化中明白同学之间也需要互相关心和团结友爱。

3. *谜语识字——"炭"*

师:同学们,你还能记住哪个字?

生:"炭"字,山下有一堆灰。

师:这位同学讲得的很好,还有谁能更形象地记住这个"炭"字?

生:我用猜谜语的方法记住了这个字。"炭"字,山下有一只灰太狼。

师：你真棒！从你对"炭"字的认识可以发现你是一个很善于发现的孩子。大家给她掌声，鼓励她一下。

师：我们一起来看这个"炭"字。想象一下，在北风呼啸的冬天，屋外飘起了鹅毛大雪，我们住在没有暖空调的房子里，身体冻得瑟瑟发抖。这时候，你最需要的是什么？

生：炉子。

生：厚厚的棉袄。

生：温暖的房间。

师：如果这时候，有好心人送了我们一盆暖暖的、冒着热气的炭火，我们的心里的感觉会是怎么样的呢？请同学们用一个词语概括一下。

生1：暖和。

生2：幸福。

生3：温暖。

师：是的，我们此时的心里是暖洋洋的。

师：当你在需要帮助的时候，别人送来了炭火。我们可以用今天课文中出现的一个成语来概括？

生：雪中送炭。（展示生字卡片）

师：其实，每个人在生活中难免会遇到困难。只要你在别人最需要帮助的时候，帮助了别人，这都可以叫做"雪中送炭"。

言语实践：

师：生活中有很多雪中送炭的事例，请同学们快速地回忆一下，

请用下面的句式说说你心中的"雪中送炭"。

雪中送炭，是在_____的时候，送来了_____。

生1：雪中送炭是在考试不及格的时候，送来了一声安慰。

师：你说的真好！还有谁还能说一说呢？

生2：雪中送炭是你在需要帮助的时候，送来的及时帮助。

生3：雪中送炭是在汶川地震后，及时送来了帐篷。

师：同学们，我们知道炭火可以给我们带来"光明"和"温暖"。可是这炭火最终会变成什么呢？（语文教师用PPT展示"灰烬"的图片）

生：灰烬。

师：像炭火这样燃烧了自己，给别人带来了光明和温暖，帮助他人不求回报。我们可以把这种精神用一个什么词语进行概括呢？

生：奉献。（语文老师展示生字卡片）

小学语文识字教学中采用猜谜语的方式进行识字教学，这样能够激发小学生学习的乐趣，提高小学生识字学习的积极性。在对"炭"这个字进行教学的时候，对炭字编了一个儿歌开展识字教学，这样让小学生在儿歌的教学过程中认识生字。激发小学生的识字兴趣，让小学生更好地参与到识字教学的过程中去。从"炭"这个字的教学，让小学生理解"雪中送炭"这个词。小学语文教师对"炭"这个词进行教学后，让小学生理解"雪中送炭"这个词语显得很重要了。所以在这个时候，让小学生进行一个必要的言语实践，就可以加深小学生对汉字"炭"的理解，让小学生懂得当别人遇到困难的时候，要挺身而出帮助他人，这就能称得上是"雪中送炭"。这样在言语实践的过程中，小学生获得了德性的培育。

4. 字理识字——奉

师：刚刚大家都提到了"奉献"，"奉献"也是我们课文中出现的词语，我们来试试，用"奉献"造造句子吧。

生：人们奉献爱心，让贫困山区上不起学的孩子重新踏入校园。

生：当同学有困难时，我们应该奉献自己的爱心，帮助他们。

师：奉献让更多的人感受到温暖和关爱，我们也应该有奉献的精神。"奉献"有一个相反的词语是什么呀？

生：索取。（学生们齐声说）

师：是的，大家回答的很准确。

师：古时候有一段时间，"奉"字是这样写的" "。这是金文大篆的"奉"字。同学们，发挥你们丰富的想象力，"奉"的下面这个部分 像你们身上的什么呀？

生：像我们的两只手。

师：你们说的对。同学们的领悟能力很棒啊。伸出你们的小手，和老师一起做一下这样的动作。（老师按照 的样子，给大家用双手示范）

师：那"奉"字金文的上半部分表示茂盛的植物和农作物。双手恭敬地托着茂盛丰收的作物，这样表示恭敬和奉献。

师：那我就随机问一下，你们在日常的生活学习中有没有帮助过他人啊？

生：有。（学生们齐声说）

言语实践：

师：当_____的时候，你是怎样帮助他人的呢？

生1：当看到别人摔倒的时候，我将他扶起来。

生2：当看到同学有不会的数学题帮助他。

生3：当看到爷爷奶奶过马路，我会去主动搀扶他们。

师：你是一个很会关心别人、帮助别人的孩子。你做到了"尊老爱幼"。

师：当上美术课时，你的同桌没有带彩笔时，你应该怎么办？

生：将自己的彩笔借给她。

师：当别人遇到困难的时候，我们应该怎么样帮助他？

生：热忱。（语文教师展示生字卡片）

师：那你帮助了别人，会有什么样的感受？你帮助别人，别人开心吗？

生：帮助别人，别人开心，我也会很开心。

生：我觉得自己做了一件有意义的事情，心情会非常的愉悦。

师：当我们帮助需要帮助的人时，我们心情非常的快乐，就用我们今天要学习的这个词语来形容。

生：助人为乐。（语文教师展示生字卡片）

从金文的"奉"字入手，通过让小学生分析汉字的字理知识，联想到汉字中蕴含深刻的文化在里面，汉字中可以传承汉字文化。对金文"奉"的汉字进行解构，分析出汉字在造字之初所具有的文化特质。在渗透汉字字理的同时让小学生联系生活实际获得德性的培育。在小学语文教师教学的过程中将本课"热忱"、"助人为乐"的词语在识字教学过程中渗透其中。这样让识字教学"字不离词，词不离句，句不离篇"，这样的识字教学更能加深小学生对汉字的理解。

5. "富"字的教学

师：我们来一起看PPT，请大家猜一猜这幅图代表哪一个字？

生："富"字。

师：同学们，你们猜得真准确，你们能告诉我，这个图片的上部分代表什么呢？

生：上面这个部分，代表房子的"屋顶"。

师：有了房子才有家，那"富"字下面的部分代表什么呢？这个有点难度了。好，请你来给大家说一说。

生：代表"酒"。

师：在古代平常人家，酒也是很匮乏的。那么谁家有"酒"，也就说明这家的生活水平还是可以的。大家说这样的家庭过得怎么样呢？用一个词语概括。

生：富足。

生：富裕。

师：大家来看一下"富"这个字怎么写？我们在写"富"字的时候，有哪些地方需要注意的呢？

生："田"字的竖和"富"字第一笔的点都要写在竖中线上。

生：中间的横，要写得短一些。

师：说得好，这个字的组成部分比较多。为了方便大家记忆，老师编了一个顺口溜。"富家中一人一口田，富足阔绰无忧愁"。大家一起来读一下。

生：富家中一人一口田，富足阔绰无忧愁。

师：那么现在，伸出你们右手的食指，跟随着老师一起来写"富"字。

首先，小学语文教师呈现一个"富"字的图片。让小学生猜测一下，这幅图片是课文中的哪一个字。小学生根据自己的判断很容易辨别出这是一个"富"字。对照图片，结构汉字部件，小学语文教师讲解一下各个部件所代表的内容。这样小学生很容易理解"富"这个字。从"富"字下半部分的内容的分析，我们可以知道"富"字下半部分代表"酒"。当小学语文教师讲到"酒"在古代也是很匮乏的时候，学生们也很容易理解"富"字是上下结构的字。这样学生们在记忆汉字的时候，就能更清楚地记忆了。

6．"贫"字的教学

师：写好了"富"这个字，老师给你们猜一个字谜。

师：如果一个人家里一分钱都没有了，要用一个字来形容，这个字是哪个字？

生："贫"字。

（语文老师田字格中示范书写"贫"字）

师：写这个"贫"字，同学们觉得有哪些地方需要注意呢？

生：最后一笔写的是"点"，不能把这一笔写成"捺"。

师：还有什么地方需要大家注意的呢？

生："贫"字的上半部分是个"分"字，一撇和一捺不要连在一起。

师：伸出右手来，和老师一起来写这个字。

（老师一边说笔画顺序，一边书写笔画）

师：请大家拿出笔来，把老师教给大家的两个字各写两遍，注意写字的姿势。

身体坐正坐直，双脚放平。（老师让学生注意写字的姿势，并走到学生们中间看写字的情况）

师：大家觉得他这个"贫"字写得怎么样？谁能说一说？

（找一个同学的字，投影他写的字，请其他同学评价一下字写得怎么样）

生：字写超出了田字格了，书写不工整。

师：老师要表扬你，因为你可以如实地指出别人的问题和不足。

师：我觉得你是一个对人很真诚的孩子。

（师展示生字卡片"真诚"，并找一个写字较好的同学的"贫"字进行投影）

"贫"是上下结构的字，由"分"和"贝"这两个部分组成。学生们对"贫"这个字很容易就能辨别出来，小学语文教师在教学的过程中就不需要花费太多的时间来讲解如何认识这个字。小学语文教师应该把更多的时间集中在对"贫"这个汉字的书写上面，重点讲解"贫"的最后一笔是"点"而不是"捺"。如果小学语文教师这地方不进行讲解的话，那么这个细节很多学生在书写的时候很容易写错。

7. "漠"字的教学

（1）漠是左右结构的字，氵+莫=漠

（2）漠，氵代表水，莫是形旁，也是声旁，表示没有。整个字组合在一起的意思就是缺少水。所以沙漠，就可以知道沙漠里非常缺水。

师：同学们尝试着想一想，当人的心田没有美好的浇灌，人就会变得怎样啊？用"漠"字组词告诉我。

生：冷漠。（学生们齐声说）

言语实践：

师：那么同学们能否尝试用"冷漠"，造一个句子呢？

生1：小明同学待人非常冷漠，大家都不喜欢他。

生2：他是个冷漠无情的人。

生3：玲玲看见受伤的小猫趴在路边，冷漠地走开了。

"漠"这个字是典型的左右结构的字，但是小学生在实际写字的过程中容易把这个字写成上下结构的字。所以说一开始，就讲解"漠"字的结构是十分有必要的。小学语文教师通过对"漠"这个字进行组词,可以让小学生体会到"漠"这个字组成的词语的情感都是比较消极的。由"漠"这个字过渡到人的情感方面,这样能做到对小学生德性的培育。这样小学语文低段识字教学教的不仅仅是"漠"这个汉字,更重要的是对学生良好道德品性的培养。

五、进一步讨论

言德同构的小学语文低段识字教学目标的策略的提出主要从识字教学目标、识字教学内容、识字教学过程、识字教学评价这四个方面展开论述。

(一) 建构言德同构的识字教学目标

小学语文识字教学目标的设定是小学语文教师最容易忽视的地方。因为小学阶段的语文课堂教学更多的是随文识字,在课堂上识字的教学目标的设定容易被忽视。无论是随文识字还是集中识字,教学目标的设定,在小学语文识字教学的过程中都能发挥导向、激励的作用,因为教学目标的设定要在接下来的教学内容来落实的。其实基于"言德同构"的识字教学目标的设定,其中言语实践就对应了新课标"三维目标"中的"知识与能力"、"过程与方法"这两个维度。德性培育对应了"情感态度与价值观"这个维度。具体来说,首先我们知道新课标的"三维目标"是相互联系、相互渗透、密不可分的。同样"言语实践"和"德性培育"也是这样。之所以说"语言"和"德性"同构,就是强调二者是不可以分离的,是"你中有我,我中有你"的同构圆融的关系。

1. 知识与技能目标凸显语言运用

传统的识字教学更多的是以小学语文教师的集中讲解为主,辅之以随文识字。这样讲解汉字开展识字教学会让小学生失去学习汉字的乐趣。有的小学生会产生厌学的情绪,或是忙于完成老师的抄写字词的任务,或是作业拖沓到很晚才能完成。基于言德同构的小学语文低段识字教学关注到小学生的语言运用能力,小学语文教师采用言语实践的方式提高小学生的言语表达能力。让小学生在具体的语境中认识汉字,让小学生联系生活实际理解汉字的构成和意义,能够正确地使用汉字进行思想的交流。

2. 过程与方法强调小学生自我建构

"三维目标"之一过程与方法的目标是让小学生在识字教学的过程中,通过开展对汉字的言语实践来进行德性培育。传统的识字教学在锻炼学生言语表达能力的教学比较少,小学语文教师受限于繁重的教学任务,未能将汉字联系生活实际,让学生进一步地运用汉字进行组词造句,联系生活进行言语表达。所以在小学基本知识和基本技能的要求比较多。本案例研究的"言德同构"的理念就是在"双基"的基础之上,注意适时地对小学生进行德性的培育。小学生在学习汉字进行言语表达的过程,就是德性生成的过程。在这个过程中,小学生在心中也在建构一个完美的自我形象。

3. 情感态度价值观紧扣语文教材内容

情感态度和价值观也就是"言德同构"中的"德性培育",这是两个相同的部分。小学语文教师有识字教学的教学法、小学生有自主学习的方法、教材的编辑者也有自己的思路,基于言德同构的小学语文低段识字教学要体现"教路、学路、文路"的合一,三者共同统一于情感态度和价值观的层面。情感、态度、价值观和德性不是凭空产生的。语文教材就是他们的重要物质载体。无论如何都要从文本出发,具体到识字教学就是从汉字的本真出发,用汉字去演绎生活中的善意,并在这个过程获得美的感受。

(二) 分析言德同构的识字教学内容

小学语文教材识字教学有两种编排方式,一种是课文随文识字的编排,另一种是集中识字课文编排。前者小学语文教师在边教课文的时候边教学生认识生字,课文的最后也有编排相应的"我会认""我会写"的识字环节,可以依托课文内容开展丰富的识字教学。后者集中识字的课文短小精悍,多为儿歌、对对子、词组等形式,大多围绕一个主题编排识字内容。小学语文教材编写的形式绝大多数是以前者为主。因为学习汉字需要有具体的语境和情境,所以随文识字有利于小学生对汉字的理解和记忆。从小学生学习汉字的角度来讲,小学生学习后者的难度比较大,后者也是小学语文教师容易忽视的重要内容。本文以后者为重点研究对象,进行基于言德同构的个案研究。集中识字的课文篇目比较少,但是它进行识字教学研究最具有代表性。与随文识字相比,集中识字小学生学习的难度更大,课文中包含的重要词语、成语、名句恰恰是需要重点掌握的内容。

(三) 活化言德同构识字教学过程

基于"言德同构"理论思想的识字教学,可以让学生在看、说、思的过程中去认识汉字,理解汉字构形,从而达到运用汉字的目的。教学过程是言语实践和德性培育的过程,教学过程主要依托言语实践,培养学生对语言的敏感。

1. 研究教材编排方式,分清集中分散识字

小学阶段的语文识字教学过程主要以随文识字为主。小学低年级有单独的写字课和"语文学习园地"模块进行识字教学,中高年级以随文识字和学生自主学习为主。根据不同学段学情和小学生的情况,有针对性地进行识字教学。虽然不同学段的学生

学情不同,但是无论是随文识字还是集中识字都能培养学生的"语言"和"德性"。所以小学语文教师在备课的时候,随文识字的教学的课文除了"语言",还需要联系课文进行"德性"的培育。小学语文教材在编写的过程中,编者就十分注重教材对学生德性的渗透,几乎每篇课文都有生动有趣的插图。小学语文教材编者通过让小学生学习一个又一个小故事,让他们在学习课文的同时获得情感价值观的陶冶。

2. 小学语文识字教学与言语实践圆融互摄

《义务教育语文课程标准(2011年版)》指出:"语文课程是一门学习语言文字运用的综合性、实践性课程。"[①]在识字教学过程中,也要突出语文的实践性,而这种语言的实践性就是学生对汉字进行有针对性的言语实践。言语实践的过程就是学生主动地运用我国的语言和文字。小学生要在语言文字运用的过程中加深对汉字的理解。小学语文低段识字教学是一个"听、说、读、写"的综合性、实践性的教学过程。小学生要做到"听"和"读"并不难,但是让小学生"说"和"写"是一个比较难的过程,这样就需要小学语文教师运用适当的教学方法进行引导。"说"是"写"的前提,只有小学生能够"说"出来,才能更好地"写"出来。会"说",那么会"写"就是水到渠成的事情。小学生的言语实践要在具体的语境中进行,这样才能让小学生掌握汉字。因此,在对单独的汉字进行识字教学的时候,要学生通过"组词、造句、小练笔"的方式让学生联系生活实际,把单独的汉字活学活用,小学语文教师把汉字教"活"了。

3. 综合分析每课汉字,采用识字方法因字而异

小学语文教材编排的识字环节有很多的形式,要根据教材编写的特点进行教学的安排。在识字单元有按照字理识字的方法进行教学的"日、月、明",也可以用图片直观展示,让学生理解。小学语文教师在识字教学的过程中根据汉字的演变过程进行有意识的渗透汉字文化的知识,这样一来就可以引起学生学习的兴趣。这样小学语文教师在识字教学的过程中就不要禁锢于传统识字教学的"音、形、义"面面俱到的教学模式,毕竟小学生在课前预习的基础上基本上扫除了大部分的识字障碍。小学语文教师在运用字理识字方法的过程中,需要对汉字的教学有详有略,不需要面面俱到,每个字都分析字理。例如象形字的构造比较简单,小学生很容易掌握象形字的读音和笔画顺序。在汉字字理教学过程中应更多地渗透汉字字义有关的字理知识。象形字可以讲解汉字演变的过程和汉字字形结构,激发学生学习汉字的积极性,起到传承汉字文化

[①] 中华人民共和国教育部. 全日制义务教育语文课程标准(2011年版)[S]. 北京:人民教育出版社,2011:2.

的作用。

小学语文教材编写中有借鉴传统蒙学识字的方法,教材编写中选取了《三字经》中的内容,三字一句,合辙押韵,朗朗上口。或是采用"对韵歌"的形式编排小学语文教材。古代的识字教材编写遵循着"四字成句、音韵定位、字不重复"的特点。所以根据这个特点,小学语文教师在识字教学的过程中,应该掌握这些识字教学的规律开展识字教学。小学语文教材选编这类识字课文,让学生能继承传统文化,感受中华悠久的汉字文化。小学语文教师在讲授识字课文的过程中,可以拓展讲解一些传统文化的内容。

"随文识字"是当今识字教学的主要形式,识字教材的编写也是以随文识字为主,小学语文低年级识字教学又以单独的集中识字课进行辅助。在进行随文识字教学课程、教学设计和教材解读之前,先要把课文中要学的生字进行梳理,做到"随文正音、随文记形、随文解义"。以随文识字的方法进行识字教学,需要把汉字放在具体的语境中进行具体的教学,把握语文课堂教学的时机采用多样灵活的教学方式。"集中识字",大多没有具体的课文为依托,这就需要小学语文教师主动创造教学情境。

第二节 让静态的词语动起来——《燕子专列》词语教学[①]

一、主题与背景

小学低年级是孩子们学习一切科学文化基础知识的奠基阶段,也是他们学习祖国语言文字的关键阶段,小学语文教学自然就具有特殊性。这个特殊性一方面来自教育对象的特殊,另一方面来自祖国语言文字的特殊。从教育对象而言,小学低年级学生有着纯天然的灵性与质朴的美德,同时尚未接受严格的学校教育,是一块璞玉;从祖国的语言文字而言,汉语言文字符号具有生活的图景性,每一个静止的符号凝练了中华民族的文化精神。鲜活的教育对象与静止的生活图景,决定小学低年级语文教学特别需要老师们用心开启智慧之旅。课标对低段阅读教学要求第一条就是"喜欢阅读,感受阅读的乐趣"。如何让小学一年级学生爱上阅读呢?大教育家苏霍姆林斯基说:"学习语言,一定要让词语深入儿童的精神生活里,使词语在儿童的头脑和心灵里成为一种积极的力量,成为他们意识中带有深刻内涵的东西。"从这一句话里不难看出低年级

[①] 该部分作者为冯铁山,改编自田莉等老师执教的《天寒地冻里感受温情——〈燕子专列〉童诗课堂教学》。

语文教学的秘诀——重视词语教学,让每一个静止的词语动起来。词是能够独立运用的最小的语言单位,是语言的建筑材料。我们理解语言,学习语言,都是以词为单位的。理解词语是理解课文内容的基础,特别是低年级,它是培养学生阅读能力的起始阶段。词语动起来,就意味要像苏霍姆林斯基一样带领孩子们到"词的源泉"那儿去"旅行",让他们在观察世界美的同时,能够把创造性运用词语的快乐滋润到他们的心田;使一个词对孩子们而言,不仅仅是一个个抽象的符号,还是可以聆听的音乐、可以打量的彩虹、可以嗅闻的花朵、可以触摸的阳光,甚至是激发孩子们创造兴趣的魔方。

二、情境与描述

《燕子专列》是人教版小学三年级下册的一篇课文,讲述的是人和燕子相处的一个感人的故事。有一年春天,瑞士突遭恶劣天气,气温骤降,风雪不止。这时,从南方飞回北方的燕子经过瑞士,因找不到食物,饥寒交迫,面临死亡的危险。瑞士政府得知这一情况后,呼吁人们寻找冻僵的燕子,将它们送到车站,并用带有空调的列车将这些燕子送到了温暖的地方。由于该课文选材的视角和叙事手法比较独特,反映的主题具有普世价值,一线教师的教学,不管是名师,还是普通教师,关注的视角往往聚焦在瑞士的人们为保护燕子所表现出来的博大爱心,而对语文素养发展的基础——词语教学缺乏足够的重视,出现如下现象:

(一)词语积累凌乱,缺乏条理

语文核心素养的第一个维度是语言建构与运用,部编本教材语文园地也设计了字词句运用的栏目,这一切均在引导语文教师需要重视词语教学,尤其要重视词语的活学活用,学的如何取决于学生对词语的敏感度。但在实际教学过程中,教师往往受教材编写的识字与写字栏目的限制,缺乏词语教学课程资源开发与教学创新的意识,基本上都是依照课本的文路,引导学生积累、识记、摘抄词语。比如《燕子专列》教学,某小学教师上课之前先和学生聊一聊喜欢的小动物,有的学生喜欢小猫,有的喜欢小狗,教师聚焦的是哪一个同学回答声音最响亮,而不是趁机将小动物的词语进行整理。然后,就按照预定的程序播放歌曲《小燕子》,板书课题,出示本节课的教学目标与生字词——舒适、启程、疲劳、覆盖、陡峭、救护、饥寒交迫、濒临死亡、欧洲、瑞士、特殊、长途跋涉、气温骤降、车厢、致谢。看着这满版的词语,不难发现,这些词语是没有规律的排列,很难达到训练学生语感的目的。学生的学习主要集中在认识词语的读音、字形等方面,部分老师在字音、字形教学完成后,一般还会要学生准备一个好词好句摘抄本,将所学的词语誊写下来。显然,这些词语从文本具体的语境里剥离出来,摘抄到"好词好句"本子里,先不论小学生对什么是好词好句的标准难以判定,这种机械的识记与摘抄其实就是把活泼的词语静止化、刻板化,形同于渔夫把大海的鱼儿打捞出来,晒成鱼干。

(二)词语理解机械,缺乏感悟

在词语理解方面,一线教师比较注重词语字典意义的教学,通常的教学方法就是布置学生买好《新华字典》《现代汉语词典》这类型的工具书,还要求购买《词语一课一练》《教材全解》之类的"学辅书"。究其原因,这些资料大都把课文中的生词进行了准确的解释,学生翻开就能够应付关于所学词语意思的提问。比如某老师执教《燕子专列》,在引入新课后教师要求学生用课文的词语把握"燕子"的习性,经过多番的努力,学生找到了"迁徙"这个词语,教师一方面要求学生将这个词语记在词语积累本上,另一方面打开字典或词典以及"学辅书",把查出来解释再写在旁边。教师最后课件也会呈现"迁徙"这个词语的三个义项:1.迁移;搬家。2.变易,更改。3.为了觅食或繁殖周期性地从一地区或气候区迁移到另一地区或气候区。指导学生辨析改词的含义。从这个小片段的教学不难发现,词语意义理解的教学没有发挥学生词语敏感性,缺乏一个联系自己的生活进行解构、辨析、推理的思维过程。即使字典及学习辅助资料有关词语解释是正确的,但也只是该词语静态的概念意义,而不是学生可以琢磨、运用的语境意义。这种词语教学沦为一种机械的识记、背诵词语意义的教学,难以和学生的生命发生切己的联系。

(三)词语训练刻板,缺乏灵动

词语教学还存在训练过程教学步骤刻板,目标功利的现象。教师介绍完燕子的基本知识以后,接下来组织学生逐段学习课文,读到第二自然段的时候,教师先强调:这年春天,当地气温骤降,风雪不止,几乎所有昆虫都被冻死了,燕子经过长途跋涉,已经非常疲劳,又找不到食物。面对这样的情形,要求学生用两个词概括出来,学生很快就在该段落找到了"饥寒交迫、濒临死亡"这两个词语,然后教师要求学生根据课件呈现的"因为……所以……"造句,美其名"词不离句"。结果学生脑洞大开,有的学生造出的句子是"因为燕子长途跋涉,所以饥寒交迫",有的给出的答案就是"因为饥寒交迫,所以濒临死亡",如此等等。在词语教学中,注重词语表达运用的形式训练,相对忽略词语与句子表达的内在逻辑以及词语配合语境生成的语义,词语练习甚至沦为"看拼音写词语""修改病词错句"之类,目的不过于考试的时候取得理想的分数。

三、问题与讨论

词语教学如何跳出"单纯认读字音、识记字形、落实字典含义"圈子,使静态的文字符号动态化,让所学的词语在学生的心中活起来?这个问题涉及词语教学观念、方法和评价等要素。

(一)教学观念:词语教学应当做到什么

词语教学首先面对的问题就是教学目标定位认识不清,教学目标是对教学内容、教学行为等结果的预设。部分语文教师将词语教学结果定位为"词语理解",其教学行为自然就是遵循早已习惯的串讲词语意义的经验,习惯向学生灌输词语结构知识、词语字典的含义,教学结果追求的是学生认真听讲、课后反复抄写、牢牢记住。

(二)教学方法:词语教学如何动起来

语言是由一个个词语组成的,而词语又是对生活现象抽象化、概念化命名的结果。本质而言,它们反映的或者说隐藏的都是活着的生命与活泼的图景。部分语文教师缺乏词语的图景思维还原的能力,在进行词语教学时,采取的教学方法,往往局限在读写练习层面,缺乏"语用"意识,难以引导学生复原词语归真的生活与求善的德性,更缺乏词语之间的串联与应用演练,不能达成创造性运用词语、进而达成至美表达的目的。这种机械的认读、抄写,还容易促使学生处于一种被动学习状态,对词语教学产生抗拒心理,自然难以创造性运用词语进行日常习作或者交流、沟通。

(三)教学评价:词语教学教得怎么样

从教学测评与评价维度看,目前的词语教学评价主要体现在"抄写正确、解释到位"层面,具体体现在平时月考、期中期末考试以及小升初的考试题目设计方面,词语测评的价值取向偏重记忆词语字形、识别词义。从题型看,主要有听写、抄写词语、看拼音写词语、填空、照样子写词语、将词语补充完整、词语使用正确或错误的甄别等,较少涉及词语的运用。相当多的语文教师受考试制度束缚,考什么教什么,导致词语的教学流程主要是"读准字音、认清字形、理解词义、积累默写"。

四、诠释与案例

(一)研究对象的选取

本案例选取的研究的课文是人教版小学三年级下册的《燕子专列》,讲述的是和燕子有关的一个感人的故事。这篇课文词语丰富,可以根据"天气、燕子和人们寻找燕子"对这些词语进行分类。运用海德格尔的由此在到存在的思想,根据分类的词语,有条理地从关键词语出发,结合对话文本、对话文本人物以及对话学生自我的活动,在串词成句,化文为诗的语用过程中把握词语内在含义,理解词语隐藏的情意,甚至灵活运用这些词语写属于自己的课本诗。

（二）研究的主要方法

采取联合教研的方法,将在职研究生、全日制研究生与部分毕业的本科生组织到教研基地——中山纪念中学三鑫双语学校,和一线教师一道,共同研讨该校田莉老师所执教的这一堂探索、实验课。

（三）《燕子专列》词语教学案例

第一环节：谈话导入,初识燕子

田老师笑意盈盈地登上讲台,师生问礼之后,也没有顾及听课的老师,直接点开课件,引导学生回顾学过的课文《燕子》,课件呈现该课文精彩的句子：一身乌黑光亮的羽毛,一对俊俏轻快的翅膀,加上剪刀似的尾巴,凑成了活泼机灵的小燕子。学生集体朗读后,教师用亲切的语气告诉学生,会学习的同学,能够从课文里读出自己的故事,读出自己的才华,读出自己的创造,并要求大家尝试做一做小诗人,将课文的句子改写成诗歌。点名学生汇报,有的学生说："停在电线上,燕子是黑色的音符,演奏着温暖的曲子。"也有学生这样看待燕子"穿越冬天寒冷的包围,燕子用剪刀,一下一下,剪出绿绿的春天。""吱喳,吱喳,燕子向往着温暖,年年飞回南方的田野。"教师在学生汇报的基础上也呈现自己的表达：

PPT：《燕子》小诗

一身乌黑光亮的羽毛

一对俊俏轻快的翅膀

还有剪刀似的尾巴

飞翔时

你是蓝天跳动的音符

停歇时

你是田野里庄稼的卫士

你是春天的使者

更是人类的朋友

课件播放老师的预设,所有学生感觉很新奇,朗读的时候格外尽心。充分调动了学生关注燕子的积极性。当学生学习兴趣调动起来后,教师顺势板书课题并针对课题提出了这样的问题——"同学们,你们知道在日常生活中列车常常被用来干什么吗?"学生有的回答是"载人",有的回答是"载货"。教师借助学生的回答,巧妙地导入新课——"没错。我们一般见到的列车呢是以载人为主,也有载货的列车。但是呢,今天啊,老师要带你们去看一看一辆与众不同的列车:一辆专门送燕子的列车。"

第二环节:初读课文,感受天气

此环节是词语教学的主要板块,田老师的教学分为如下步骤:第一步,大声朗读,读准字音。激励学生自由且大声地朗读课文,要求不添字,不漏字,划出不熟悉、读不准的字词。第二步,集中识字,订正生字。遵循课文生字词出现的顺序,将"欧洲 ōu zhōu、瑞 ruì 士、启 qǐ 程、特殊 shū、麻烦 fan、气温骤 zhòu 降、风雪不止、长途跋 bá 涉 shè、濒 bīn 临死亡、呼呼 yù、贝蒂 dì、覆 fù 盖、皑 ái 皑白雪、车厢 xiāng、唧 jī 唧喳喳"排列在一起,进行集中识字,方法和其他老师的方法差不多,无非就是开火车、学生带读、点名检测等等。第三步,分类识字,帮助积累。与众不同的地方在于,田老师没有浅尝辄止,而是让学生结合这些词语的识记,再回到课文,按照"描写天气、燕子、瑞士人们行为"的分类分别找出相应的词语,经过同学自主和合作学习,最后黑板上形成三列词语,分别是:

天气:气温骤降　风雪不止　皑皑白雪　满天飞舞
燕子:长途跋涉　饥寒交迫　濒临死亡
行为:冒着严寒　顶着风雪　四处寻找

第四步,聚焦天气,联系生活。面对这些词语,教师首先组织学生学习有关天气的词语,要求学生根据有关天气的词语联系生活,想象画面。

师:瞧!老师这儿有一些"气温骤降、风雪不止、皑皑白雪、满天飞舞"的图片。回忆一下生活,你在哪里看到"风雪不止、皑皑白雪、满天飞舞"。

师:(示范,导思)。大地盖上厚厚的白棉被,一家人围着火炉,风雪在窗外敲门的时候,我看见了风雪不止。

生:大地盖上厚厚的白棉被,一家人围着火炉,风雪在窗外拼命敲门,动物一个劲儿地哆嗦着,我看见了风雪不止。

生：天空放弃了全部的白银,空投三天,飘,飘,飘,风在惊叫,候鸟被寒冷追赶,被饥饿威胁的时候,我看见了风雪不止。

生：天空太贪玩了,用雪白的涂改液,一层又一层,把大地全都涂上了白色,可怜的燕子在茫茫的雪地里,再也找不到晚餐,我看见了皑皑白雪。

生：整个树林都是金黄金黄的树叶,密密麻麻,一阵秋风吹来,黄叶刷拉刷拉,在空中上下随风飘落,我看见了黄蝴蝶满天飞舞。

生：雪疯狂地糟蹋着这个地方,风胡乱地吹,夹着雨,鹅毛满天飞扬,阻挡了燕子回家的路,我看见了满天飞舞。

第三环节：二读课文,聚焦燕子

此环节,田老师紧承上一环节的天气词语学习,提醒学生,假如你是燕子,遇到"气温骤降,风雪不止,皑皑白雪,满天飞舞"的天气,你又会有什么样的感受？引导学生走进燕子的窘境。随即课件呈现描写燕子窘境的词语"长途跋涉、饥寒交迫、濒临死亡"。田老师给出了两组言语实践的支架：第一组是"我是(　　)燕子,(　　)";第二组是"我通过(　　)这个词语,似乎看到燕子(　　),这是(　　)的燕子"。一方面要求学生将燕子的生活与行为图景化、具象化;另一方面要求学生个性化阅读,读出自己的真切感受与认识。

师：漫天飞舞的雪花带给我们的更多的是乐趣。可是这样的天气,特别是"气温骤降"的情况下带给燕子们的却是无情的灾难。(指名朗读第二自然段)

生：略

师：同学们,燕子目前的状况怎么样？

生：我是一只感觉特别寒冷的燕子,雪花不停地飘落,狂风卷集着小冰粒迎面扑来,好冷啊。

生：我是一只特别迷惘的燕子,这是到了哪里？我已经飞过无边的沙漠,飞过茫茫的大海,飞过奔腾的江河,飞过巍峨的高山,我又累又饿,身体慢慢的变冷,爸爸妈妈我好想睡觉……

生：我从"风雪不止"这个词语里,读出了燕子的凄凉,这是一只拼命挣扎的燕子。

生：我通过长途跋涉,似乎听到燕子跋过高山时欢快的叫声,似乎看到燕子涉过湍急河流的凶险,现在它们飞不动了,这是一群亟待救援的燕子。

师：在这种恶劣情况下燕子们饥寒交迫，拼命地挥动着僵硬的翅膀。它们想跑赢寒风，跑赢大雪，跑赢饥寒，跑赢死亡。可是，可是，他们依然被无情的大雪所笼罩，再也飞不动了，濒临死亡。

出示PPT：

这是刺骨寒风中瑟瑟发抖的燕子

这是蜷缩着用生命低鸣的燕子

这是风雪中苦苦挣扎不愿向死亡低头的燕子

这是奄奄一息悲伤不已的燕子

（齐声朗读）

第四环节：三读课文，导之诗行

田老师此环节的教学形同于小说的高潮部分，也是通过词语去触摸瑞士人们内在情意与品质，对学生进行为人德性培育的重点部分。教学分为如下几个步骤：第一步，点名学生范读第四自然段，引导全体同学思考——你似乎看见了贝蒂是怎样拯救燕子的，请用语言描绘出来；第二步，播放冰雪森林的音乐，陶冶学生诗意情怀。要求学生做到一边聆听音乐，一边闭目遐想——你似乎看见了贝蒂是怎样拯救燕子的？这段音乐有两段的转折与变化；第三步，根据老师给出的有关瑞士人们寻找燕子行为的词语和课本诗的言语实践支架，创造性运用词语写课本诗。

一般化的言语实践支架：

冒着严寒　顶着风雪　四处寻找

在_____，

在_____，

贝蒂和寒风一起奔跑，

冒着_____，

_____。

学生根据老师的支架，很快呈现如此的表达：

在皑皑白雪的山间岩缝里，

在昏黄的树洞上，
贝蒂和寒风一起奔跑，
她的目光搜索着燕子
红红的小手在风中颤抖
贝蒂追着风雪在漫山遍野地
跑着
墙角留下了她的叹息
悬崖留下了她的惊喜
燕子、燕子
她用温暖的心拥抱着燕子

为了促进学生有创意的表达，田老师对上面的支架进行变式化处理，形成多样化的表达的言语实践支架：

贝蒂和小伙伴出门了，
_____，
_____，
（白发苍苍的老人拄着拐杖出门了）
（流着鼻涕的小孩出门了）
（流浪汉听到了广播）
（超市的收银员飞速地……）

_____
_____

没有过多的限制，学生在自主研读课文关于寻找燕子行为的"冒着严寒，顶着风雪，四处寻找"这些关键词，赋予文本以主体、空间、行为等空间要素，早上、中午、黄昏、深夜等时间要素以及视觉、听觉、触觉等感官要素综合作用的立体化、具象化、情节化的感受与表达，学生接受的不只是观念上的"人与自然的关怀与爱"，而是亲验性、实践性、创造性的情感与语言文字建构运用的欢乐。

此环节，田老师要求学生将自己创作的课本诗进行小组分享，相互评点，最后以学生汇报的一首课本诗结课。

五、进一步讨论

（一）积累词语，利用课前演讲，培养学生的语感

　　词语的积累、背诵、内化、运用是学生的语文核心素养之语言建构与运用根本规律所在，对于词语的积累，如果只是局限在抄写、识记、背诵的层面，这些抽象的符号难以化成学生的血肉，需要语文教师改变观念，利用一切可以利用的时间，搭建词语运用的平台，比如课前演讲。语文教师有意识地要求学生本着"词不离句"的原则，将昨天学过的词语变成运用词语写话，进而构成完整的段落，并有组织、有计划、有顺序地让学生把自己词语运用的结构"演讲"出来，那么，学生说话、写话的水平就得到了很好的训练，词语也就有了鲜活的语境。如果你去小学一年级，听一听小朋友的课前演讲，小朋友的演讲往往童声童趣，你会被黄莺出谷般的童音感动，霎时沉浸其中。但有的班级只是在"演"上下功夫，将孩子训练成小大人模样，演讲词是课前背诵好的，身体语言也是模仿大人的姿势，显得装模装样，甚至装腔作势。听演讲的同学很难将注意力聚焦到语言文字本身，关注的往往是表情、动作。这点可以从小朋友的评价得到佐证。比如"这个同学动作夸张，我认为很有趣""同学演讲的时候，张三在做动作，我觉得他没有认真听"，诸如此类。如果根据一年级教学任务的重点在于"爱上阅读""写话"，我们是否可以给出就一个词语，让孩子串词成句，甚至串词成诗呢？比如"火烧云、魔法、变"，学生演讲可以是编故事，可以是写话或写诗。学生不难说出"是谁施的魔法，你看，天上的白白的云，一会儿变成天空飞驰的骏马，一会儿变成偷偷吃的小老鼠""如果可以/我愿意自己是一朵火烧云/妈妈生气的时候/我就变成温顺的小绵羊/匍匐在妈妈的脚边//如果可以/我愿意自己是一朵火烧云/拥有神奇的魔法/当你需要我的时候/可以变成你喜欢的样子/一条畅快的鱼/一只唱歌的鸟/甚至一缕温柔的风"。

（二）研读教材，巧设教学诗意点，促进读写结合

　　每一篇课文事实上都是作家为自己的写作目的而创作的文本，他们创作文本的时候并没有考虑教学的因素。教材研读不仅仅要把握作者的创作意旨，更要根据学生学习语文的需要把握教学内容。如何研读教材？我希望大家先把教师用书、教材全解与别人的教案放置一旁，先研读学生学习的两个起点：其一，学生的生活经验。任何学生来到教室都不是一张白纸，他们是历史人、现实人与未来人构成的立体人，他们有一定的观察天空白云朵朵、大地一草一木的经验，这就是学生在课堂、在自己的言语实践中能够讲出、写出老师没有教的词语的原因。从这个经验出发,执教《火烧云》诸如此类的课文,可以引导学生学习作者如何观察火烧云,获取有关火烧云词语,进而培养孩子们热爱自然、观察自然的情趣,进而陶冶热爱美、追求美的天性;其二,学生的语文经验。在学习《火烧云》课文的之前,他们有一定的朗读能力以及口语表达能力,欠缺的是不了解本文的语言表达方法,因此,从这个语文经验出发,本节课就可以引导学生通过朗读,让他们了解火烧云的绚丽多彩和美妙奇异,鼓励学生展开丰富的想象,用自己的语言,尤其学习作者大胆地使用排比、比喻等修辞手法,去描绘自己观察到的自然景象。基于两个起点的认识,不难确定本节课的教学重点——通过品味有魔力的语言文字,激发学生阅读的兴趣。在落实起点的基础上,老师们要善于删繁就简,确定教学的诗意点——引导学生提炼有针对性、条理性的词语,进行生动形象的介绍或写话。

(三) 聚焦语用,搭建言语实践台阶,促进语言表达

语文课程标准指出:"阅读是学生的个性化行为,不应以教师的分析来代替学生的阅读实践。"课标指明了阅读教学努力的方向,但没有告诉我们如何让学生读出自己、读出自己的个性。《火烧云》课文本是人教版四年级下册课文,本次部编版移到三年级下册,编辑的意图很明显,就是这篇课文适合激发学生的阅读兴趣。这也就意味我们的老师需要调整教学目标与教学内容以及教学形式。如果将四年级段落篇章的教学方法不加分析地运用到三年级,自然难以实现课标和编辑的意图,也不符合三年级学习的起点认识。我听到了三年级老师是这样执教《火烧云》的,简述如下:第一环节,引导学生划分段落,很快得出结论:"1—2;3—6;7"三个部分。第二环节,教师引导学生分析火烧云的特点,很快就板书出"颜色多、形状多以及变化快的"特点。第三环节,采取分男女角色朗读的方法去熟悉课文,着重探究火烧云周围景色的变化。第四环节,接下来的教学,教师基本上根据课文段落的顺序,引导同学认识课文里种种自然生活以及语文现象:一会儿讲授叠词,一会儿分析火烧云颜色等等。提出的问题基本上根据黑板上板书的"颜色多、形状多、变化快","请大家找一找,哪些地方写出了颜色多或哪些地方写出了变化快呢?""为什么表现很多颜色如葡萄灰、茄子紫用顿号而不用句号呢?"从这种提问的方式,不难看出,我们老师习惯用问题导引学生的学习行为,然后在书本寻求证据,属于典型的印证式教学。

如果我们聚焦"语用",设计适合三年级学生的言语实践,课堂会呈现什么样的生态呢? 比如,火烧云"形状多变",可以引导学生朗读,并找出作者看到的、想象的火烧云有什么样的形态。设计"火烧云像——"口头言语实践,学生就会结合课文脱口而出——"火烧云像一匹马"。当学生说出"一匹马"的时候,教师根据学生的诗意生成,导引学生研究这匹马的变化过程,提炼出"跪着→站起→变大→模糊"等关键词。接下来,让学生根据板书的关键词,再一次开展言语实践,让他们串词成句,说一说火烧云变化的过程。在此基础上,出示课件,布置书面的言语实践:火烧云还像……,为了帮助所有的学生均能进行自我的言语建构与运用,教师可以出示自己的示范——"火烧云像舞蹈的精灵,天空就是她的舞台"。需要引起注意的是教师的示范与言语实践的设计,要有一个"由扶到放"的过程,既要帮助学习有困难的学生感受祖国语言文字的魔力,初步完成读写任务,也要鼓励学生形成个性而又创意的表达。言语实践整合起来就变成这样:

火烧云像舞蹈的精灵,天空就是她的舞台;

火烧云像_____的烟火,天空就是她的幕布;

火烧云像_____的花朵,_____;

火烧云_____,_____。

我愿是一朵火烧云

冯铁山

如果可以

我愿意自己是一朵火烧云

妈妈生气的时候

我就变成温顺的小绵羊

匍匐在妈妈的脚边

什么也不说

抬起头

静静地注视妈妈的眼睛

如果可以

我愿意自己是一朵火烧云

拥有神奇的魔法

当你需要我的时候

可以变成你喜欢的样子
一条畅快的鱼
一只会婉转歌唱的鸟
甚至一缕温柔的风

如果可以
我愿意自己是一朵火烧云

总之,小学生是可爱的,老师口吐莲花,他们一定会鹦鹉学舌;小学生是纯洁的,老师敲响鼓点,他们一定会闻声起舞。正因为这样,他们如同窗外的一草一木,更需要合适的阳光抚慰和雨露滋润。切记,不要把他们教成了目光呆痴的"祥林嫂"与"兵马俑"。

第五章　文言文诗意教学案例

第一节　基于言语实践的小学文言文教学案例[①]

一、主题与背景

语文是一门实践性、操作性很强的课程,语文教学活动的本体就是言语实践活动,小学文言文教学亦如是。但是,当下的小学文言文教学由于种种原因,存在着"教学目标指向性不明确""惯行串讲,言语实践缺位""忽略学生视域融合"等问题。语文新课程标准颁布后,要求提高文言文教学质量,突显学生的主体地位,从而养成并提高学生的学习能力。《语文新课程标准》明确:"语文是实践性很强的课程,应着重培养学生的语文实践能力,而培养这种能力的主要途径也是语文实践。[②]"言语实践是语文实践中最主要的,主要是指学生在语文学习过程中的言语实践。言语实践活动应该成为新课程标准下小学语文文言文课堂教学的主旋律,在实践中使学生不断提高自己的语文素养,回归语文教学的本色。在小学文言文教学中通过言语实践活动,使学生在多元化、多角度的解读中学习语言,读懂语言,运用言语,最终内化为规范的言语能力。课堂中激活学生的言语体验,张扬学生的言语个性,增强学生的言语表达。简而言之,在新课程标准改革的大环境下,提高小学文言文教学质量需要以言语实践为本体,从"学"的角度来精心设计"教"。

[①] 该部分作者为徐蕾,改编自硕士论文《基于言语实践的小学文言文教学案例》。
[②] 全日制义务教育语文课程标准.中华人民共和国教育部制定[S].北京:北京师范大学出版社,2012.2.

二、情境与描述

（一）研究对象的选择

选择本课题的研究是基于小学文言文的教学数量和初中文言文教学数量存在着巨大的差距；另外，现今上至国家下至平民百姓，也都将"国学"推到了风口浪尖。在对现有的文献进行阅读分析之后，了解了当前对小学文言文教学研究的成果及其所达到的层面。不难看出，虽然专家和一线教师从思想上很重视文言文教学，从实际上也倾注了很多心血和研究，也有很多独到的、新颖的见解，但是，对于这些实践操作缺少理论性的指导和依据，总显得这种教学方法既可以用在文言文教学也可以运用到其他文体的教学，缺乏文言文教学的独特性和专业性。

第一，各地区的经济、文化、教育发展水平均存在一定的差异，且选择的样本必须具备教育科研的典型性、针对性。基于这些考虑，本案例选取宁波大市范围内小学教师文言文教学案例。

第二，对各地区的样本选择进行了分层处理，包括一线教师的教学案例和特级教师的教学案例，力求样本的全面有效。

第三，本案例选取《伯牙绝弦》一文为研究重点，其目的在于此篇文章被选入《警世通言》一书中，具有丰富的人文情怀，又有明显的言语实践训练点，以它为案例具有典型性。

第四，该案例选取的教学对象是宁波市孙文英小学602班的全体学生。经过小学前面五年的学习，这个班的学生在知识方面，大多数学生在基础部分的掌握比较牢固，在对词语的理解与运用能力方面，几乎所有的学生都能运用工具书、联系上下文等不同的途径去理解字词的意思，具备初步自学的能力。在阅读方面，大多数学生能够读懂文章的主要内容，把握文章的思想情感，只有极个别的学生无法做到边阅读边思考，造成读不懂文章的现象，缺乏深入剖析文章的能力。在文言文阅读方面，在五年级的时候，全体学生已经学习了《小古文100篇》上、下两册，所有学生能够对每篇小古文进行文白对译，大部分学生能够将100篇小古文进行背诵，可以说，具有扎实的文言文学习的基础。在习作方面，少数学生写的作文，言之无物，内容空洞，缺乏可读性，美感差；少数学生事无巨细，一一罗列，缺乏一个鲜明的中心；大部分学生能够针对一个主题，做到紧扣中心，细致描述，客观评析。总体情况来看，女生的学习自觉性非常强，学习效率也很高。而男生学习习惯相对较差，少数男生在学习能力方面比较薄弱。

(二) 研究方法的运用

该案例采取文献分析法与行动研究法相结合的方式进行。文献分析法从两方面着手,搜集的案例选取为沿海开放城市,在此区域内又以一线教师和特级教师为分割线,对教学过程的安排,意在透视语文教师秉承的文言文教学的本体理念是否为言语实践本体观。这样就能够从言语实践的本体关照下衡量教师的文言文教学设计行为。

行动研究法,观念支配行动,行动体现思想,通过对教学设计理论的研究来改变已有的教学观念,并且将新观念融入于教学过程中,采用教学案例的形式来表达所阐述的论点。笔者将有效整合所搜集到的教学案例,在言语实践的关照下,进行反复地实践,力求在教学目标的制定、教学内容的挖掘、教学过程的安排以及作业布置的选择这四方面提炼出一套基于言语实践的策略,力求对小学文言文教学提供实践性的帮助。

(三)《伯牙绝弦》常规教学案例

研究者按照传统的常规教学进行备课,本着让学生能够读通课文,读懂课文,理解课文,背诵课文的目的,进行了教学设计。在备课中,在一开始的导入环节设计了通过质疑让学生对文本产生兴趣;接着又按照传统惯例,出示停顿符号,让学生能够快速、准确地读通课文、读懂课文;在理解文本的环节,则是仅仅抓住了"知音"这个关键词,让学生从文本中找出能够体现他们知音关系的语句,进行一一品读;最后,顺理成章进行相应的句式练习。在实践环节中,研究者选择了宁波市孙文英小学602班的全体学生在教室中运用多媒体技术手段进行教学,邀请了三位同年级的老师试听,根据读文—释义—感悟—练习这四个环节逐一操作。教学结果可谓是不尽人意。通过这堂课的教学,全体学生能够根据停顿符号进行正确、流利地朗读,也能够根据停顿符号,结合已有的认知进行对白对译,这一点是比较顺当的。但是在感悟文本的环节,由于一开始就已经出示了"知音"这个关键词,所以,学生在感悟的时候就显得比较狭隘,仅仅只是停留在了"知音"这个点,对文本所体现出来的其他内涵,或者对文言文语言本身的感悟就几乎没有了,缺少了言语实践的过程,仅仅只是一个将概括的内涵具体化的过程而已,而未进行任何语用的提炼。而后提炼出来的"绝了结交知音的心境"也是在教师的不断引导下由学生勉强地回答出来的,没有达到真正将言语感悟的目的。最后的练习环节与上面的感悟抽离开来,为了练习而练习,没有将其与文本感悟圆融一体,并没有实现将言语真正内化的目的,另外,前后句的从属关系也没有特意与学生指明,概念比较模糊。这样看来,其实不难发现,学生在课堂上的收获是仅少甚微,文白的对译即使没有课堂的教学,学生也是能够驾轻就熟的,至于文本的感悟更多的是教

师强加于他的,而并不是学生由心而发的。具体的教学过程如下:

第一环节,直接导入

1. 师:今天我们来学习一篇文言文,一起读课题。

生齐读课题。

2. 师:读了题目后,你有什么想问的吗?

生质疑课题。

导入是任何一堂课教学的第一步,导入的作用极为关键,巧妙的导入可以紧扣学生的心弦激发学生学习的兴趣。巧妙的导入,不但有助于调动学生的积极性,激发学生的求知欲和学习兴趣,吸引学生的注意力,更可以帮助教师顺利地开展教学活动,从而有助于整堂课的教学达到事半功倍的效果。开门见山,直接导入,简单明了,节约时间。有意义的质疑可以激发思维的源泉,正所谓"多疑善问,增长才智"。因此提出问题,设置疑问也是一种比较常见有效的课堂导入方式。学生的好奇心和求知欲往往是通过"为什么"迸发出来的,"为什么"更是学生自主学习的激发点。根据学生的心理特点、班级的学情和所要教学的内容,提出一些有价值有意义的问题,或借助一定的契机设置悬念,引导学生积极主动地去思考。

第二环节,读通课文,读懂课文

1. 出示停顿符号。

伯牙/善/鼓琴,钟子期/善听。伯牙/鼓琴,志在/高山,钟子期曰:"善哉,峨峨兮/若/泰山!"志在/流水,钟子期曰:"善哉,洋洋兮/若/江河!"伯牙/所念,钟子期/必/得之。子期死,伯牙/谓/世再无知音,乃/破琴/绝弦,终身/不复鼓。

生根据停顿符号读通课文。

2. 把课文翻译成白话文。

生逐字逐句翻译文本。

众所周知,文言文与现代汉语之间还是存在一定的差异的,所以,学生在朗读的时候存在一定的难度。教师事先将文本的停顿给予学生,便于学生更为便捷地读通文本,从而进一步更快速地读懂文本,节约课堂的时间,更多地进行文本的感悟。但是,利弊共存,这样直接明了地将停顿和盘托出给学生,缺少了思维的过程,剥夺了多元化的个性解读。从言语实践的角度来看,学生仅仅只是停留在"读"的层面,而将更为重要的"理解"给薄弱了,甚至是忽略了。长期以往,学生的思维则会被禁锢,言语的发展也将会模式化、固定化、统一化。

第三环节,感悟文本

1. 何谓"知音"?

生参考词解,结合生活实际,解释"知音"。

2. 为何只将"子期"视为知音?

找出并理解文本中的相关语句,感悟伯牙与子期的深厚友谊。

3. 知音已死,破琴绝弦。俞伯牙仅仅只是"绝弦"吗?

再读文本,体会伯牙不仅仅只是"绝弦",而是绝了结交知音的心境。

伯牙寄情于曲,将他如山般高耸天地间的情操和如海般汹涌于世间的智慧,通过琴声展现。伯牙琴技登峰造极,恰又引得子期产生共鸣。他因得知音而大喜,道:"相如满天下,知音能几人!"从"知音"一词入手,贯穿文本的感悟,两者相互圆融,互增互长;结合生活实际,感悟文本内容,将文学作品与现实生活相联系,使情感更为质朴,而非遥不可及。

第四环节,拓展练习

1. 出示练习。

伯牙鼓琴,志在_____,钟子期曰:"善哉,_____兮若_____!"

生完成练习。

2. 讲评。

生修改练习。

叶圣陶曾说过:"教师对各种学科的教学,其最终目的在于达到使学生不用就同类的内容而再次教学,而学生能够达到自主地进行研究和探索,最后自己获得解决的办法的能力。"他明确告诉我们,任何学科的教学所要培养的是学生的自学能力,让学生自主地学会学习的重要性远远高于教师单向地传授知识。在学习完课文内容后,相应的练习能够帮助学生更好地理解文本,巩固文本。同时,对于学生的炼词造句能力也有所提升,让学生对祖国语言文化的深入了解起到了一定的作用。

三、问题与讨论

1. 小学文言文教学目标到底应该如何定位呢?

课程标准中没有对文言文的教学提出明确的要求,连"文言文"这三个字也只字未现,只是把它和古诗词合在一起,称为"古诗文"。这样,小学文言文的教学在很多人看来,就成了一个难以琢磨的"盲点",成了一块把握不定的"软肋"。

小学文言文教学目标到底应该如何定位呢？再次翻开新课程标准，我们看到的只是"诵读优秀诗文，注意通过语调、韵律、节奏等体味作品的内容和情感。背诵优秀诗文60篇（段）"。不过细细品味，我们不难发现，小学阶段的文言文只是与初中阶段文言文的合理过渡，让学生知道这种文体即可。也就是说，小学阶段的文言文教学是给学生"启蒙教育"的。所以说，积累语感是小学文言文教学的首要目标，其次则是借助注释及教师的点拨，理解大意，熟读成诵，积累语言，进而通过文言文教学，了解一下古代文化。这些即可定位为小学文言文教学的目标。

2. 小学文言文如何确定教学内容呢？

部分教师把小学文言文和初中文言文教学混为一谈，把小学生当做中学生教，任意拔高教学内容。在课堂中，不从学生实际和课程理念出发，操之过急，任意拔高，如过分地强调文言文中的语法、写作特点，过分地进行拓展等，使学生苦不堪言，从而导致学生在接触文言文的初始就失去了对它的好感，失去了学习的兴趣，因而扼杀了学生学习的积极性。反之，教师认识不够清楚，思想上不够重视，认为小学阶段的文言文教学只是一种调剂，只是读读背背而已，学生连最起码的朗读节奏都不知道，以文解文，浮光掠影，于是教学时带着学生走马观花，不痛不痒讲一点就草草了事。

3. 小学文言文应该采取什么样的教学形式呢？

文言文教学中，教师往往都是一个模式：读课文认识生字，再根据注释逐字逐句翻译。教法可谓呆板。实施新课程以来，一线教师在文言文教学方面有了很大的改进，过去那种"规范朗读—串讲字词—翻译全文—归纳用法—练习巩固"式的方法，已被很多教师摒弃，教师的教学设计多侧重朗读和会意。但也有个别教师扩大拓展，无限制地"挖掘课堂资源"，结果虽使课堂无比活跃，但内容偏离了，学生自然也没有收获。在新课程标准中，我们读出了语文是"工具性与人文性"的统一。因此，我们应该把两者结合起来，作为工具，让学生学到方法；侧重人文，则让学生懂得道理。教师应让学生抓住古文的韵味，品味其独特的魅力，从而使学生乐于接受。

四、诠释与案例

传统的文言文教学看似清晰明了，但在环节相扣方面总显得有些支离破碎，缺乏整体性与逻辑性，至于学生的言语实践能力提升方面更是显得薄弱，只是一味的接受，甚少模仿、内化、创新更是无从谈起。于是，根据言语实践观照的文言文教学宗旨，再次将《伯牙绝弦》一课进行设计、实践，具体如下：

第一环节，添加画面，导入课题。

1. 音乐导入：播放《高山流水》片段，听着这首古筝曲，你的脑海中浮现出了哪些画面？

2. 出示课题：关于这首乐曲的创作，有一个传说，这就是我们今天要学习的课文。

添加画面就是运用音乐、文字的展现，让学生通过想象，勾画出一幅幅契合的画面。这种方法比较适用于文本中有相关的音乐作品或画作，比如《伯牙绝弦》的导入就比较适合用这种方法。学生受阅读能力、知识面、人生体验的限制，对乐曲的理解往往是笼统的、模糊的，为缩短久远事物的空间距离，让学生通过典雅的语言表达出其中的画面，体味其蕴含的意味，既拉近了与文本的距离，又进行了言语实践，提升了理解能力，锻炼了"说"的能力，还为接下去的文本学习奠定了情感基调。

第二环节，找准基点，理顺文本。

师：谁能够把这篇文言文讲了个怎样的故事来给我们复述一下呢？

生：伯牙是个很能弹琴的人，钟子期是个很会听琴的人，他们是一对好朋友。每次伯牙弹的东西，钟子期都能听出他弹的是什么。子期死了之后，伯牙觉得这个世上再也没有知音了，于是就破琴绝弦，再也不弹琴了。

师：说的太棒了！谁能从课文中找出他复述的内容呢？

生1：伯牙是个很能弹琴的人，钟子期是个很会听琴的人，文中就是"伯牙善鼓琴，钟子期善听"。

师：哪个字或词看出"很能""很会"呢？

生1：善。

师：在现代文当中，"善"就是——

生："善于"的意思。

师：说的真好！很多文言文中的字义和我们的现代文是一样的。继续说下去。

生2：每次伯牙弹的东西，钟子期都能听出他弹的是什么，文中就是"伯牙所念，钟子期必得之"。

师：这里的"念"就是"谈的东西"的意思吗？

生2：这里的"念"是所想的意思。

师：那这里的"之"呢？

生2：这里的"之"也是所想的东西的意思。

师：那"伯牙所念，钟子期必得之"的这句话的意思就是——

生3：伯牙想到了什么，钟子期都能听出他的心思。

师：你又是从哪些语句当中读出"伯牙所念，钟子期必得之"？

生4：伯牙鼓琴，志在高山，钟子期曰："善哉，峨峨兮若泰山！"志在流水，钟子期曰："善哉，洋洋兮若江河！"

师：你能用白话文来说一说吗？

生4：伯牙弹琴，想到了高山，钟子期说："好啊，高高的像泰山！"想到了流水，钟子期说："好啊！广大的像江河！"

师：你是怎么知道这些文言文的意思的？

生4：我是根据课文下面的注解知道的，比如：鼓、志在高山、哉、峨峨、兮、洋洋。

师：你很会利用书本，这是个好的读书习惯。

生5：我是根据生活中的一些词知道的，比如"善良"的"善"就是"好"的意思。

师：太棒了！你能够联系生活实际来学习。其实，我们还有很多的学习途径，比如查找工具书等等的。

师：其实，我们不难发现，我们找到的这两句是对"伯牙所念，钟子期必得之"的——

生6：具体描写。

生7：举例描写。

师：总之一句话，它们之间的关系是——

生：总分关系，先分后总。

师：好！我们继续从文中找出和故事相对应的句子。

生8：子期死了之后，伯牙觉得这个世上再也没有知音了，于是就破琴绝弦，再也不弹琴了，文中就是"子期死，伯牙谓世再无知音，乃破琴绝弦，终身不复鼓"。

师：从解释中，我们知道，谓的意思就是——

生9：认为。

师：乃就是——

生10：于是。

师：复就是——

生11：再。

师：大家可真厉害，那么快就把文言文中的句子读懂了，那么，谁能够对应现代文的翻译，标出文言文的停顿呢？动手试试看。

生自己标完后,师生共同讨论,得出结果:伯牙/善/鼓琴,钟子期/善听。伯牙鼓琴,志在高山,钟子期曰:"善哉,峨峨兮/若/泰山!"志在流水,钟子期曰:"善哉,洋洋兮/若/江河!"伯牙/所念,钟子期/必得之。子期死,伯牙/谓/世/再无知音,乃/破琴/绝弦,终身/不复鼓。

师:好!让我们根据停顿再一起来读一读课文。

生齐读。

"书读百遍,其义自见",在文言文教学中,首先要求读通文本,找准基点,要求学生读断句。理顺文本就是将文言文译成通俗的白话文。这是学习文言文的一项比较重要的任务。小学教材对翻译的要求不高,只要学生能说出大体即可。在断句和翻译这两方面,其实不用刻意要求先后,可交织进行。小学文言文教学,教师切忌不厌其烦地仔细讲解,逐字逐句的分析,不仅破坏了文言文精美的文字和蕴含的深刻寓意,更让学生听得昏昏欲睡,影响学习兴趣,给他们背上学习文言文是一种痛苦的思想包袱,甚至产生畏难心理。

第三环节,补充画面,合理想象。

课堂实录:"伯牙所念,钟子期必得之"

师:你从哪些语句当中读出了"伯牙所念,钟子期必得之"?

生:伯牙鼓琴,志在高山,钟子期曰:"善哉,峨峨兮若泰山!"志在流水,钟子期曰:"善哉,洋洋兮若江河!"这里,伯牙念到高山,子期就想到了泰山;伯牙念到流水,子期就想到了江河,从中看出"伯牙所念,钟子期必得之"。

师:你可真会读书,不但找出了相关的句子,还说明了原因。那么,伯牙只念到高山、流水吗?

生1:清风。

生2:明月。

生3:树木。

生4:雪花。

生5:烟雾。

……

补充画面就是根据文本中已有的画面,调动学生的生活体验、情感体验,从而生化出同类的物象。这种方法比较使用于文本已提供相关的物象,并且还有其拓展的空间,比如《伯牙绝弦》中对"伯牙所念,钟子期必得之"的拓展就比较适合用这种方法。

儿童的世界是绚烂无比的,只要给点阳光,他们就灿烂,迸发出各种各样稀奇古怪的想法,这种让学生通过补白的方式最大限度地扩充文本的画面,通过言语实践,既培养了学生的想象能力,又使其加深了对文本的理解能力,不但利于背诵,训练其记忆力,还为接下来的拓展练习做好了准备。

第四环节,补充对话,提升素养。

课堂实录:写话训练

师:请大家模仿着课文的表达方式,能把"伯牙所念,钟子期必得之"写得更丰厚吗?

生:伯牙鼓琴,志在清风,钟子期曰:"善哉,徐徐兮若清风!"

师:这位同学的句子和课文中的句子比较一下,大家发现有什么不同吗?

生:课文中的是"高山""泰山",我们的都是"清风"。

师:为什么课文不都写"高山"呢?"高山""泰山"又是什么关系呢?

生:高山的范围要比泰山大。

师:是的,每句话的前后两个物体是从属关系的。请大家把自己写的话再改一下。

生1:伯牙鼓琴,志在清风,钟子期曰:"善哉,徐徐兮若微风!"

生2:伯牙鼓琴,志在明月,钟子期曰:"善哉,皎皎兮若玉盘!"

生3:伯牙鼓琴,志在树木,钟子期曰:"善哉,苍苍兮若松柏!"

生4:伯牙鼓琴,志在雪花,钟子期曰:"善哉,飘飘兮若残雪!"

生5:伯牙鼓琴,志在烟雾,钟子期曰:"善哉,袅袅兮若炊烟!"

……

师:果然是"伯牙所念,钟子期必得之"啊!

补充画面就是根据文本中已有的对话,让学生模仿着进行写话训练。这种方法比较适用于文本中已有比较明显的句型模式,且有其模仿的价值,比如《伯牙绝弦》中的写话训练就比较适合用这种方法。如何检验学生对所学知识点是否掌握,最直观的检测就是通过学生的表达,学生的表达可以是口头表达也可以是书面表达。这种让学生通过仿写的手段进行言语实践,既检测了学生的理解是否到位,又训练了学生的写作能力,品味并学习了文言文言简意赅的表达方式,对学生的书写能力也是有所提升的。

第五环节,补充动作,添加心理。

教学设计:情感升华

师：子期得病去世后，伯牙认为这世上再也没有知音了，再弹也没有意思了，于是就"破琴绝弦"。谁能上来演一演"伯牙破琴绝弦"这一画面呢？

请三位生表演。

师：我想采访一下这位"伯牙"，我看到你当时的表情很是痛苦，你能告诉我你当时的想法吗？

生1回答。

师：还有这位"伯牙"，我看到你摔得那么用力，能告诉我你在想什么吗？

生2回答。

师：这位"伯牙"，我看到你摔得很犹豫，想摔又舍不得摔，可以告诉我们是为什么吗？

生3回答。

师：是啊！伯牙当时虽是楚国著名的音乐家，从不缺少赞美，但是，真正能懂他的却只有子期一人，如今子期已死，他又要回到无人理解的日子，他无法忍受无人可诉的痛苦，所以选择了这种极端的方式。此时，伯牙"绝"的仅仅是"弦"吗？

生回答。

伯牙在断琴绝弦的同时更是断绝了自己的前程，断绝了自己的高超技艺，封闭了自己的心灵……

补充动作、添加心理就是根据文本中已有的动作，让学生进行演绎，进而感受人物当时的心境，体会人物的情感，最终明白文本所要表达的主旨。这种方法比较适用于有明显的动作描写，却没有直白的叙述人物的心理，但又能从中提炼出文章的中心，比如《伯牙绝弦》中的情感升华就比较适合用这种方法。文言文的理解对于学生来说已经很困难了，要让学生准确到位地理解人物的心境，更是难上加难了，采取这种演绎的方式，让学生身临其境，做主人公所做，想主人公所想，置身于那时那地那情，这样做，既给予了学生理解的时间、空间，又能够让学生在演绎中揣摩人物的内心，体会人物的情感。

五、问题与讨论

（一）化文言文教学知识目标为言语实践目标

教学目标在语文阅读教学的过程中发挥着导向、激励和诊断功能，贯穿于教学设计及教学过程的始终。新课标从"知识与技能""过程与方法""情感态度与价值观"这三个纬度来进行目标设定,三者相互联系密不可分。

1. 知识与技能目标凸显语用

传统教学模式大都是灌输式的,教师大都大量的讲解,学生则只可死记硬背,只是一味地在意知识的记忆,而忽略了学生语言的运用。而言语实践观指导下的教学模式则是关注到了语言运用的过程,只有这样,知识与技能才能在具体的语境中被学生理解、记忆与掌握,才能内化为程序性知识。

对于小学阶段的四篇文言文的常规教学目标虽然有"学会""认识"的要求,但缺乏达成目标的具体方法与步骤,缺乏操作性。根据以上精神,将四篇文言文的知识与技能目标做以下调整:

《杨氏之子》的知识与技能目标:会认"曰""禽"等3个生字;会写"梁""惠"等6个生字;能正确读写"家禽"等词语。《伯牙绝弦》的知识与技能目标:读准"弦""若""哉"等易混难读的字,把握朗读的停顿,注意"善""峨峨""洋洋""谓"等逻辑重音,读通课文。《学弈》的知识与技能目标:学会本课3个生字,能读通课文,做到正确、停顿得当,有节奏、抑扬顿挫,在反复的诵读中初步感悟文言文中特殊的语言现象(倒装),背诵课文。《两小儿辩日》的知识与技能目标:学会本课3个生字;掌握词语的古今异义,学习将古汉语的单音节词译为现代汉语双音节词。

2. 过程与方法遵循自主建构原则

过程与方法的目标是使学生通过言语实践从而形成言语能力。传统教学仅仅依靠教师的灌输是无法得到能力的提升的,只有学生在具体的言语实践过程中,遵循学习的规律,才能形成自主构建的过程。

对于小学阶段的四篇文言文的常规教学目标虽然有"理解""感知"的要求,但缺乏达成目标的具体方法与步骤,缺乏操作性。根据以上精神,将四篇文言文的知识与技能目标做以下调整:

《杨氏之子》的过程与方法目标:了解课文内容,能根据注释解释词句,继而正确、流利、有节奏地朗读至背诵课文;在一遍遍朗读里感受杨氏子精妙的言语应对,体悟"甚聪慧"。《伯牙绝弦》的过程与方法目标:借助课后及工具书的注解,结合课外资料,能用自己的话讲一讲这个故事,理解这篇文中词句的意思,读出自己的感悟。《学弈》的过程与方法目标:结合译文,理解语句意思;能用自己的话基本说出文言文的内容。《两小儿辩日》的过程与方法目标:能根据课后注释及查字典理解文章内容,反复诵读课文,力争达到"熟读成诵"。

3. 情感态度与价值观紧扣文本

学生情感态度与价值观目标不是脱离文本内容甚远、放之四海而皆准的大而空目标，必须以学生在文本解读或言语运用中能够产生的态度、情感、行为习惯或思想品质等为情感、价值观目标。事实上，学生只有充分调动起自己的感知经验，才能在语境中进行有效的言语实践活动，才能发挥教学资源的熏陶感染作用，学生的情感态度价值观才会在潜移默化中得以塑造和升华。很显然，学生情感目标的实现过程正是学生知识目标、能力目标的实现过程，体现了一个教学活动过程的三种功效。

对于小学阶段的四篇文言文的常规教学目标虽然有"培养""激发"的要求，但缺乏达成目标的具体方法与步骤，缺乏操作性。根据以上精神，将四篇文言文的知识与技能目标做以下调整：

《杨氏之子》的情感态度与价值观目标：让学生通过接触文言文，对文言文有一个初步的认识，激发阅读文言文的兴趣。《伯牙绝弦》的情感态度与价值观目标：通过朗读感悟、情景体验、演绎等多种方式感受"伯牙"和"钟子期"之间"高山流水"般的"知音"之情。《学弈》的情感态度与价值观目标：能从课文中领悟到做事要专心致志，不可三心二意的道理；学生能从课内学习延伸到课外积累，感悟文言之美，积累文言文名句，提高语文的综合素养。《两小儿辩日》的情感态度与价值观目标：在对课文内容充分理解的前提下，学习古人为了认识自然、探究宇宙，不断地质疑、善于动脑，最终获得真理的精神和孔子不自居权威，实事求是的态度及学无止境的道理。

除三维目标之外，学情是教学目标制定的依据和起点，在充分钻研学情的基础上，结合具体的教学资源，教学目标的制定需满足学生需要、遵循学生身心发展规律。学生的需求是激发兴趣、调动体验的源泉，遵循学生身心发展规律是发挥学生主体性、主动性的根本。学生学习兴趣、主动性和积极性被激发，学生自我背景知识与经验被调动，才能循序渐进跟随老师的启发起兴、生情、入思、自明、有悟，学生才能在教师创造的学习情境中基于自我体验，生发合理的、个性化的理解并为言语表达做好充分的基础准备。

小学文言文教学目标的设计应注意指出学习的过程与方法，有方向地启动学生学习与思考而不做最终结果的提示。这样学生既能知道学习的着力点，有依有据的进行自主学习，也能开阔思维，不受结果的局限，进行自我解读，做出自我阐述。最后，小学文言文教学的最终目标应落脚到言语表达，并提供可测量性条件，促使教学结果外显。

（二）统整言语实践的文言文教学内容

研究语文阅读教学内容的挖掘，首先要弄清教学内容的含义。从教的方面说，语文教学内容指教师在教的实践中呈现的种种材料及所传递的信息。[①] 当然，从学生学的方面说，语文教学内容是指学生身心参与的语文实践活动、学习中借助的种种材料及所生成的信息。

1. 统和多元整体效应

在教学内容的开发中强调主体效应的整合，是指把教师、学生、文本看成是重要的课程资源和教学资源，充分调动他们的主动精神，尊重各自不同的理解，真诚对话，实现多重资源的融合。教师在挖掘阅读教学内容时要从不同的主体角度综合考虑：首先，从学生主体看，他们阅读文本的过程是一个主动建构融合的过程，凭借个性化的生活阅历以自己的理解方式重构文本内容。因此，在阅读教学内容的挖掘中要注重对学生认知水平、生活背景、学习需求的合理把握，有依有据地引导学生向正确的方向进行建构，帮助学生掌握知识、学会技能，建构成合理正确的情感、态度和价值观。其次，从文本教学资源看，文本内容属于教材内容，是文本作者对自己的生活体验、生活感动的反思性表达。教材内容是教学内容形成的主要来源渠道，挖掘教材中的阅读教学内容应当做到妥帖合理，尊重作者的表达本意，不歪曲不误读。最后，从教师的角度看，教师既要协同学生及文本资源内容，也要充分发挥自己的主动性，建构自己对文本的理解。语文教师只有真正做到从不同主体的角度出发，理解学生主体和文本主体，发挥自己的创造力和自主性，才能挖掘并设计出既合规律性又合目的性的教学内容。

根据以上策略，从教材内容来看：《杨氏之子》编排于人教版小学语文五年级下册的第三组中。这是小学阶段第一篇文言文，选自《世说新语》。这是一部记载魏晋人物言谈轶事的笔记小说。这篇文言文主要讲了梁国一有户姓杨的人家，家中那个一个九岁的男孩风趣幽默、机智巧妙地应答孔君平的故事。故事情节极其简单，语言却风趣幽默，颇有趣味，尤其是"未闻孔雀是夫子家禽"这一句话充分显示出这个九岁孩子的聪明机智和超强的应对能力。《伯牙绝弦》编排于人教版小学语文六年级上册的第八组中。本课是一篇文言文，主要讲述了千古流传的高山流水遇知音的故事。也正是由于这个故事，为汉民族高尚的人与人之间的高尚的交流确立了标准，是华夏文化的瑰宝。古人云："士为知己者死。"伯牙绝弦所揭示的正是一种真知己的境界，这也正是它

[①] 王荣生.语文科课程论基础[M].上海：上海教育出版社：247.

千古流传至今的魅力所在。《学弈》编排于人教版小学语文六年级下册第一单元第一课。这是孟子的作品,通过弈秋教两个人学下围棋,由于学习态度不同,导致结果大不相同的故事,说明了学习必须专心致志,绝不可三心二意的道理。课文文辞凝练,含义深刻,是孟子的传世之篇。《两小儿辩日》同样编排于人教版小学语文六年级下册第一单元第一课。文章主要讲的是古时候两个小孩凭借自己的认识,一个认为太阳在早晨离人近,另一个认为太阳在中午离人近,为此,各执一词,争执不下,就连像孔子这样博学多才的人也无法作出判断。这个故事既渗透了要大胆质疑自然、主动认识自然、客观探求真理的科学态度;也说明了知识无穷,学无止境,要实事求是的真理;同时也赞扬了孔子虽博学多才但却谦虚谨慎的品质。

2. 审美化处理生活体验

言语实践阅读教学尊重学生在教师的引导下富有创造性的自主生成对文本的体验和理解,但这不是对学生放任自流,而是建立在充分调动其生活感知的基础上,促使学生自主理解文本中包含的生活知识、生命情感、生存技能。既能让学生因共鸣生发正确的情感体验方式,遵循语文教学的规律性,也能帮助学生在不知不觉中领会文本中的语文知识、掌握生活技能,感悟生命意义,实现语文教学的目的性。但教师对学生生活体验及文本生活知识的处理不是简单的还原学生现实生活场景或文本作者体验过的生活场景,而是使生活元素审美化,艺术化地处理和改造教材中的自然、社会、自我,把教学内容、实践活动、言语形式和谐地融合到一起,使学生在教师处理过的富含美趣、充满美意的情境中接受熏陶和生命情感的洗礼,从而诗意的建构其与自然、社会、自我的关系。

根据以上策略,《杨氏之子》在教学内容的选择方面,主要抓住的是杨氏子的语言,体会其语言幽默的同时深入体会其根源,是他的聪慧才智。在此基础上去感悟文本,熟识人物,内化言语,一切就显得水到渠成了。《伯牙绝弦》在教学内容的选择方面,则是要抓住能够体现其互为"知音"的语句,读懂文本;层层剖析,读懂人物;逐一解析,内化言语。《两小儿辩日》在教学内容的选择方面,除了让学生找出两小儿各自的观点,还要找出支撑其观点的依据,最为重要的是学习这种辩论的方式、方法,并运用到自己的学习生活当中。除此之外,还要学习孔子的人品,作为一个大学问家,谦虚、严谨,这是语文学习中真正的涵养修炼。

3. 静态内容动态实践化

语文教学是培养人的实践性活动,是学生创造性地运用语言符号发展言语能力的综合性活动,因此,小学文言文教学内容的处理也要遵循实践性原则,做到静态内容的动态化和实践化处理。所谓动态化和实践化处理是指教师根据教学目标挖掘课文中隐含语文学习价值的内容,并以学生的生活经验为基础,将阅读教学内容处理成便于学生在具体的语境中实践运用的程序性知识,通过学生的亲力亲为积淀知识的运用经验,真正从学以致用和变式迁移的角度掌握知识与技能。这样,学生在真切的生活体验中不仅收获了自主建构的语文知识与技能,掌握了历练言语能力的言语过程与方法,而且通过与文本、他人的对话,实现了视野的融合、情感的升华。

根据以上策略,《杨氏之子》在教学内容的选择方面,主要抓住的是杨氏子的语言,体会其语言幽默的同时深入体会其根源,是他的聪慧才智。在此基础上去感悟文本,熟识人物,内化言语,一切就显得水到渠成了。《两小儿辩日》在教学内容的选择方面,除了让学生找出两小儿各自的观点,还要找出支撑其观点的依据,最为重要的是学习这种辩论的方式、方法,并运用到自己的学习生活当中。除此之外,还要学习孔子的人品,作为一个大学问家,谦虚、严谨,这是语文学习中真正的涵养修炼。

言语实践的语文文言文教学设计要以学生原有生活知识、生命体验为依据和基础,以学生在言语实践活动中的自主理解为出发点。言语实践阅读教学内容的开发是一个复杂的系统工程,语文课程内容、教材内容、教学内容是语文教学内容开发系统中必不可少的要素,学生、教师、教学资源构成语文教学内容的主要来源。这诸多的系统要素,在教学内容的开发系统中需要关涉并整合。

(三) 多元整合言语实践小学文言文教学过程

基于"言语实践"的理论基础,让学生在不断的听、读、写、思当中去阅读文本,理解文本,内化文本,运用文本,笔者在长期的实践探索中总结出了一套比较行之有效的小学文言文教学的策略:增加画面,导入课文;找准基点,理顺文本;补充画面,合理想象;补充对话,提升素养;演绎故事,适时还原。其中,在"补充画面,合理想象"和"补充对话,提升素养"两个策略当中又可以交替的、有选择性的运用"抓空白,诠释精彩环节""移视角,编辑缤纷故事""设情节,建构崭新画面"这三个策略来铺陈展开。

1. 遵循学习规律,师生协同教学

传统的灌输式教学违背了学生学习的规律,使学生的学习处于被动接受的状态。新课标赋予教师以引导者的角色,但这种引导者的角色并不意味着"灌输—接受"的单向性,在教学过程中师生间的影响是交互的。这种交互影响不会随着情景、形式、内容的变化而动摇消除,而是表现出一种连续性和必然性。

首先,这种连续的、必然的交互影响性以对师生课堂双主体的认同为前提,呼吁二者的交融。倡导在教师的引导、促进下,最大限度的发挥学生的主体性和能动性,教师不越俎代庖,学生不信马由缰。

其次,这种连续的、必然的交互影响以对教师的指导认可为前提,呼吁促进学生的自主学习。使学生学习的能动性在教师的指点下得以保证和施展。

2. 尊重多元主体,三路统整合一

语文阅读教学是教师、学生、文本三方主体的多元对话过程,目的指向学生的视域融合,达成学生知、情、意、行综合提升的终极目标。多方主体的存在是语文阅读教学的客观事实,因此,语文教师在设计阅读教学程序时应当从学生、文本、教师三方维度进行综合考虑,做到教路、学路、文路的统整合一。教路是指教师维度的教学实施程序,其以教师好教为原则;学路是指学生维度的学习实施程序,其以学生易学为原则;文路是指文学作品的内容与形式构成法则,遵从文学结构层次的教学过程设计是指按照文学作品结构,即表层结构到深层结构再到超验层结构来设计教学程序,旨在遵从由形式入手把握文章深层意蕴。三路统一即指正确处理教师的教、学生的学和文章由浅层到深层的作品结构关系。

3. 践行言语实践,立体全面发展

新课标倡导语文的实践性,学生在实践的过程中把语句与自己的生命结合到一起,也是在实践的过程中,将自己独特的生命体会表达出来形成思想和语言。学生凭借一以贯之的听说读写练习,首先,大脑思维打破了传统单线性、静态性知识传输教学培养的平面化发展模式,在语文实践中学生的思维向立体化发展;其次,学生获得的不是单一的"死知识",收获的是知情意行的全面综合发展,语文素养得到综合全面提升。

根据以上策略,对小学阶段的四篇文言文教学过程作如下安排:

例1:在《杨氏之子》的导入阶段,设计了这样一个言语实践活动:图片上的这位小男孩姓杨,你会怎么称呼他?那么古人又会怎样称呼他呢?

在理顺文本阶段,设计了这样一系列言语实践活动:是的!文言文的语言相对于我们平时学的文章而言比较拗口难懂,但是,我们可以运用已有的知识,再借助课文注解和《词语手册》的帮助,自己试着把文章读懂。课文讲了一个怎样的故事?来给我们复述一下。我们已经知道了故事的大致内容,也知道了几个关键字词的意思,现在,你能够根据现代汉语的停顿来给文言文也划分一下停顿符号吗?

在品读文本阶段,设计了这样一系列言语实践活动:

抓空白,诠释精彩环节:他为什么用孔雀来应答孔君平的话语呢?

移视角,编辑缤纷故事:是啊!我们从中体会到了杨氏子的语言机智幽默。他们家还会有哪些姓氏的访客呢?

设情节,建构崭新画面:好!今天,这些访客来了,杨氏子会怎样应答呢?大家动手来写一写!在还原文本阶段,设计了这样一个言语实践活动:请大家来演一演杨氏子和这些访客。

例2:在《学弈》的理顺文本阶段,设计了这样一系列言语实践活动:文章当中有很多的"之",读懂了这些"之"的意思能够帮助我们更好地读懂课文。完成练习一。借助课文注解和《词语手册》的帮助,自己试着把文章读懂。课文讲了一个怎样的故事?来给我们复述一下。我们已经知道了故事的大致内容,也知道了几个关键字词的意思,现在,你能够根据现代汉语的停顿来给文言文也划分一下停顿符号吗?

在品读文本阶段,设计了这样一系列言语实践活动:

抓空白,诠释精彩环节:他们俩是怎样学习的呢?

移视角,编辑缤纷故事:能把他们两个人的学习情况用自己的话说一说吗?把课文里的一句话形象化、具体化。

设情节,建构崭新画面:面对他们两个截然不同的学习态度,他们的老师又会怎样说呢?

在还原文本阶段,设计了这样一个言语实践活动:请三位同学上来演一演。

例3:在《两小儿辩日》的导入阶段,设计了这样一个言语实践活动:出示太阳的图片。这是什么?要求只能用一个字。那么"辩日"的意思就是——

在理顺文本阶段,设计了这样一系列言语实践活动:借助课文注解和《词语手册》的帮助,自己试着把文章读懂。课文讲了一个怎样的故事?来给我们复述一下。我们已经知道了故事的大致内容,也知道了几个关键字词的意思,现在,你能够根据现代汉语的停顿来给文言文也划分一下停顿符号吗?

在品读文本阶段,设计了这样一系列言语实践活动:

抓空白,诠释精彩环节:两小儿各自的观点是怎样的?他们的理由又是什么?

移视角,编辑缤纷故事:听到两小儿如此精彩的辩论,大学问家孔子真不能决吗?他是怎么想的?

设情节,建构崭新画面:如果当时你在场,你会怎样和他们辩论?试着用文言文。

在还原文本阶段,设计了这样一个言语实践活动:请四位同学上来演一演。

言语实践文言文教学过程是语文阅读教与学的实施过程,具体指语文教师有目的、有计划、有组织的指导学生遵循言语实践机制师生协同掌握知识、技能,发展情感、态度和价值观的过程。在这个过程中不仅遵循教师的教路,而且关注学生的学路和文本结构的文路,主张教路、学路、文路的统一。

(四)生活化言语实践小学文言文教学练习

练习布置是课文学习的重要组成部分,它在制定教学目标、设计教学问题、选择教学方法、检测课堂教学效果方面起着重要作用,是对所学课文知识内容的巩固、消化、吸收。练习布置揭示了课文的重点和难点,体现了语文训练的独特性、阶段性,也充分体现了整套教材的连续性。充分发挥练习的作用,有助于培养学生听说读写能力,提高语文教学质量,提升学生的语文素养。

1. 关注不同层次学生的学习需求

苏霍姆林斯基指出:要特别重视对作业个别化的处理。作为教师如果不能给个别学生布置一些个性化的作业,那只能说明他对每一个学生的认知、可能性和能力没有进行过分析[①]。所以教师在练习设计的布置时,必须要根据本堂课先前设定的教学目标,满足所有学生的所要达到的最低标准,同时也要关注到不同层次学生间的个体差异,使不同层次的学生的主体性都得到体现,使练习有一定阶梯性,给每个层次的学生都能够学有所得、学有所获,让每个层次的学生都能在原有的认知水平上有所提升。

新课程理念下的练习要求形式丰富多彩。但在传统思想的指导下,语文练习的内容大多是机械抄写,重复套用;方式简单枯燥,偏重课文内容,脱离实际生活及社会状态。而一成不变的事物容易让人产生厌倦感,阻碍学生内在潜能的发挥,小学生更是喜欢新鲜的东西。所以教师布置的练习形式要丰富多彩,就是说要集书面练习和口头练习于一体;集个人独立完成的练习和小组合作完成的练习于一体;集亲自实践的练习和大胆想象的练习于一体。

根据以上策略,《学弈》的练习设计为:

练习一:写出加点的"之"在句子中的意思。

1. 弈秋,通国之(　　)善弈者也。

2. 一人虽听之(　　),一心以为有鸿鹄将至,思援弓缴而射之(　　)。

---

① 苏霍姆林斯基.给教师的100条建议[M].上海:华东师范大学出版社,139.

3. 虽与之（　　）俱学，弗若之矣。

4. 惟弈秋之（　　）为听。

练习二：《学弈》记叙了两个人跟弈秋学下棋，一个_____，一个_____，告诉我们_____的道理。

《两小儿辩日》的练习设计为：

《两小儿辩日》中，两个小儿为一天中太阳大小的变化情况进行辩论，一个从_____角度出发，一个从_____角度出发，因而得出相反的结论，表现了他们_____的可贵精神。吾以为："_____。"

2. 练习设计践行言语实践，来源于文本还原于生活

叶圣陶先生说过："学习是学生自己的事，不能调动学生的积极性，不让他们自己学习，是无论如何也学不好的。[①]"教师在布置练习时，要充分激发学生学习的源动力。众所周知，兴趣才是学生学习的初衷，它能激发学生求知的欲望，迸发学生思维的火花，延续学生学习的持久性，还能在很大程度上调动学生学习的积极性。具有趣味性的练习，不但可以把学生的学习兴趣激发出来，而且可以充分调动学习积极性，这样才能使学生不把练习当作负担或任务来完成，而是把练习当作一件自觉自愿的事来看待。

人教版小学语文课本上所选编的内容虽然丰富、经典，但涵盖的知识面毕竟有限。日常生活中的书刊、影视、展览、旅行等都给我们提供了学习语文的机会。教师要努力遵循启发诱导性原则，结合生活实际理解课文中的教学点，继而将所汲取的知识点运用到生活实际中，发展学生的思维能力、想象力和创造力，提高学生语文素养。

根据以上策略，《杨氏之子》的练习设计为：

访者姓柳，杨氏子应声答曰："_____。"访者姓黄，杨氏子应声答曰："_____。"访者姓白，杨氏子应声答曰："_____。"访者

[①] 姜协武,文君.以学生为本的语文学习新模式探讨[J].备教导航.2004.03：101.

姓金,杨氏子应声答曰:"＿＿＿＿＿＿＿＿＿。"访者姓＿＿＿＿＿,杨氏子应声答曰:"＿＿＿＿＿＿＿＿＿。"

《伯牙绝弦》的练习设计为:

志在清风,钟子期曰:"＿＿＿＿＿＿＿＿＿。"志在明月,钟子期曰:"＿＿＿＿＿＿＿＿＿。"志在树木,钟子期曰:"＿＿＿＿＿＿＿＿＿。"志在雪花,钟子期曰:"＿＿＿＿＿＿＿＿＿。"志在＿＿＿＿＿＿,钟子期曰:"＿＿＿＿＿＿＿＿＿。"

言语实践练习布置是语文文言文教学的巩固过程,具体指语文教师有目的、有计划、有组织的指导学生遵循言语实践机制,师生协同巩固知识、技能,发展情感、态度和价值观的过程。在这个过程中更多的是关注学生的学路和文本结构的文路,主张学与练的统一。精心设计适合学生的练习,不仅能够让学生巩固课堂教学所要掌握的知识和技能,还可以进一步激发学习的兴趣,开发学生的智力,拓展课外的知识面,培养学生独立分析问题和解决问题的能力,最终提高课堂教学的实效性,促进学生个性的发展。

第二节　基于言语实践的《小石潭记》教学个案研究[①]

一、主题与背景

纵观五千年的华夏文明,文言文是先人留给我们的珍贵财富。它们都经历了千百年时间的考验,是大浪淘沙后留下的金子。将这些宝贵的财富传承下去,是我们每一个语文老师的神圣职责和光荣使命。二十多年来,有关语文课程的改革一直在如火如荼地进行着,但与阅读和写作教学改革相比,文言文的教学改革却显得相对冷清。几年前,钱梦龙先生曾感叹过"文言文的教学是语文教学改革的一个死角",哪怕在新课程改革红红火火的年代,文言文教学这块土壤上仍是一片荒凉的景象。

反思这么多年来初中的文言文教学,我们会发现:教师在教学过程中完全处于主导地位,不少教师依据教参"满堂灌",使得学生在教学中处于被动地位,学生的主体地

---

① 该部分作者为沈锦程,改编自硕士论文《基于言语实践的初中文言文教学个案研究——以苏教版初中语文〈小石潭记〉为例》。

位得不到落实,创造性更是难以发挥。在教学方法上传统的"字字落实,句句清楚"更让学生觉得文言文教学枯燥乏味。师生独特的言语实践体验与教学过程无法圆融,最终文言文教学被简单粗暴的理解成了背诵、记忆文言知识的过程。可以说教师呕心沥血,学生殚精竭虑,可教学效果却不甚理想,学生对文言文的学习兴趣不高,热情不足。一些同学甚至对文言文学习出现了抵触情绪。

在语文新课程标准颁布后,针对文言文教学改革的呼声也越来越高,要求改进教学方法,提高文言文教学质量,突显学生在学习中的主体地位,从而培养学生的自主学习能力。《语文课程标准》指出:"语文是实践性很强的课程,应着重培养学生的语文实践能力,而培养这种能力的主要途径也是语文实践。"语文实践,主要是指言语实践。语文实践,更多的指的是学生在语文学习中的言语实践。言语实践活动应该成为新课程背景下语文课堂的主旋律,使学生在实践中感悟、创造,在实践中不断提高自己的语文素养。只有重视言语实践的语文,才能真正的回归语文的本色。在文言文教学中通过言语实践活动,使学生在课堂中的主体地位得到真正的落实,学生在多元化的实践中读懂语言,习得言语,言说生活,最终内化为规范的言语能力。言语实践在初中文言文教学中的运用,对培养学生的言语能力和以言语为核心的综合素养,可以产生强化、巩固的效果。初中文言文教学的课堂中,应重视对学生言语实践能力的培养,激活学生在古文学习中的言语体验,张扬其言语个性,并在学生习得文言知识的同时,也有意识的增强其表达与交际能力,使其批判的继承中国传统经典文化遗产,做到取其精华,去其糟粕,帮助学生在初中的关键时期为自身语言水平的提升和自我人生的确立打下坚实的基础,找到正确的奋斗方向。可以说在新课程改革的大背景下,从培养学生的言语实践能力入手,是提高文言文教学质量的一种及时而有效的途径。

二、情境与描述

(一)研究方法的选择和说明

教学案例分析不仅让教师依托案例丰富实践性知识,而且在教学研究互动中提高教师解决实际问题的能力,在分析案例的过程中打通理论与实践的渠道。案例是对现实生活中某一具体现象进行的客观描述。教学案例是具体的、典型的、有意义的教学现象。它是发生在课堂里的真实故事,是对教学实践中遇到困难的真实记录。通过分析教学案例,找出课堂中的教学规律或者教学思想,对具体的教学事件进行描述、总结和分析,进而寻求解决问题或者改进工作的方法,能够形成新的研究课题。

《小石潭记》是苏教版初中语文八年级上册第四单元的第一课,本单元教学的课文都是历来传诵的名家名篇,很能代表中国山水文学情景交融的特点。该文还是柳宗元"永州八记"中的第四篇,在他篇数不多的山水游记中,这是一篇很有代表性的作品。全文不足二百字,却清晰地记叙了作者出游、游览、返回的全过程,观察入微,描摹细致,写出了小石潭及其周围幽深冷寂的景色和气氛,形似写景,实则写心。作者在写景中传达出贬居生活中孤寂悲凉的心境,是一篇情景交融的佳作,以它作为教学案例具有典型性。

(二)《小石潭记》常规教学案例

1. **导入新课**

(屏幕展示课题)

师:唐代有一位著名作家,他曾经被贬到湖南的永州做司马。在此期间,写下了一组著名的山水游记,合称《永州八记》。上学期我们曾学过他写的《黔之驴》,这位作家是谁?

生:柳宗元。

师:今天我们一起来学习他的《永州八记》之一的《小石潭记》。

2. **作者介绍**

师:说起柳宗元,他是最早认真写游记的作家,被誉为"游记之祖"。(出示图片,简介作者及背景)

柳宗元,字子厚,唐代河东人,人称柳河东,著名的文学家、思想家。主张"以文明道"。与韩愈并称"韩柳",是"唐宋八大家"之一。曾参与王叔文集团的政治革新活动,失败后,被贬为永州司马。他在政治上不得志,心情抑郁,所以就以游山玩水,欣赏大自然风光来排遣内心的愁闷。他在永州发现了许多风景佳丽的地方,记下了其中的八处名胜,成为我国古典文学散文史上颇有名的《永州八记》。(学生自读介绍,了解作者情况)

3. **读准字音,疏通文意**

师:能与这样一位重量级人物同游是我们的荣幸,那想要登上我们的旅游专列也不是那么容易的事。俗话说"欲先通其文,必先知其意",任何文章我们要欣赏它,品味它,都必须建立在读懂文章的基础上,首先给大家两分钟时间温习课文,借助工具书,读准字音,读懂文句,不懂的地方老师来点拨。

师:下面我就来考考大家:智勇大通关!我们以抢答的方式进行。(学生回答)

(1) 字音关(屏显)

篁竹　清冽　卷石　为坻　为堪　怡然　翕忽　寂寥

参差披拂　俶而远逝　悄怆幽邃

师：第一个词语读 huáng zhú，翕忽 xī hū，请同学们纠正后每个读三遍,牢记在心！

(2) 解词关(屏显)

a. 水尤清冽；b. 全石以为底；c. 为坻，为屿；d. 潭中鱼可百许头；

e. 怡然不动；f. 其岸势犬牙差互；g. 以其境过清；h. 隶而从者。

师：第6句中,"其"解释为"那","势"解释为"形状",请同学们课后把它们背出来。

(3) 全文翻译关(屏显)

师：同学们大体上翻译的很好,请同学们将自己不懂的按照老师的讲解记在书上,课后好好巩固。

师：恭喜大家拿到旅游专列的车票,那就让我们齐读课文开启快乐之旅！

学生齐读课文。

评点：以上教师从作者介绍、时代背景、词语解释、句子翻译、文章结构主题思想等方面一一"教"给学生,学生是被动接受,对知识完全死记硬背。这种教法面面俱到,费时费力,最容易把学生讲得兴味索然,昏昏欲睡。有人形象地总结此种教法为"字字落实,句句清楚"。长期以来,受文言文考试主要考词义和翻译的影响,"八字真经"更被一些老师视为"圣经",以致误以为文言文就该这样教,舍此别无他途。

4. 与柳宗元同游

师：请同学们自由诵读课文,感知课文内容并思考：

(屏显)作者是怎样发现小石潭的？课文介绍了小石潭的哪些景物？分别有什么特点？

生1："从小丘西行百二十步,隔篁竹,闻水声…下见小潭"

师：你书读的很认真,未见其景先闻其声,闻其声亦知其美,作者隔着竹林,听到水声,犹如玉佩玉环撞击发出的悦耳之声,"伐竹取道,下见小潭",至此小石潭的全部面目才呈现在我们眼前,这就是"移步换景"的写法。那么作者写了小潭的哪些景物？

生1：石、水、树、鱼

生2：篁竹

师：大家很细心,找的很完整,它们各有什么特点？

生1：水清。

师：你从哪儿看出，结合具体的语句说。

生1："水尤清冽"直接写水的清澈。

生2："潭中鱼可百许头……怡然不动"也说明水的清澈，看似写鱼，实则写水。

生2：石——奇形怪状。我从"为坻……为岩"中看出。

生3：树——茂盛。"青树翠蔓……参差披拂"可以看出树的茂盛，衬托小石潭的秀美。

生4："四面竹树环合"也可以看出树长得很茂盛。

生5：鱼——嬉戏。我从"俶尔远逝……似与游者相乐"看出的。

5. 体悟作者情感

师：柳宗元在小石潭上有怎样的感受呢？

生1：凄凉悲伤

生2：柳宗元感到幽深冷寂，孤凄悲凉，从"凄神寒骨，悄怆幽邃"中可知。

师：为什么他会有这样的感受？我们联系写作背景来看。

（屏显）介绍时代背景：唐永贞元年（805年），柳宗元与刘禹锡等一起参加了以王叔文为首的革新集团，从事政治、经济、军事等各方面的革新。他认为官吏是人民的仆役，并非人民是官吏的仆役。由于遭到以刘贞亮为代表的宦官势力和以韦皋为代表的官僚势力的反对，革新集团失败了。三十多岁的柳宗元随即被贬为永州司马，所以就以游山玩水、欣赏大自然风光来排遣内心的愁闷。他在永州发现了许多风景佳丽的地方，记了其中八处名胜，成为我国古典文学散文史上颇有名的《永州八记》。《小石潭记》是《永州八记》中的第四篇。作者寓情于景，抒发谪居生活的清寂苦闷、抑郁忧伤之情。他所写的游记散文，往往借景抒情，以寄托自己政治上不得志的悲愤。

师：作者一开始就感到孤独、悲凉吗？

生4：开始发现小潭，作者感到快乐。从"心乐之""似与游者相乐"中看出。

师：文章前面写"心乐之"，后面又写"悄怆幽邃"，一乐一忧似难相容，该如何理解？

生5：他原本希望借游山玩水来排遣心中的愁绪，可是看到幽深孤寂的环境后触景生情，内心就感到悲凉孤独。

师：你真是柳宗元的知音人，"触景生情"用的太棒了！柳宗元参与改革，失败被贬，心中愤懑难平，因而凄苦是他感情的主调，而寄情山水正是为了摆脱这种抑郁的心情;但这种欢乐毕竟是暂时的,一经凄清环境的触发,忧伤悲凉的心情又会流露出来。所以文中写潭中气氛:幽深冷寂的特点,实际上是作者孤凄悲凉心境的反映,这种写法我们称之为借景抒情、寓情于景。

师:在人生旅途中,困难挫折不可避免,但我们要以乐观豁达的心态来面对。到这里,我们今天的行程即将结束,感谢大家和我一起游览了小石潭。

6. 作业

请学习文章寓情于景的写法,写一篇家乡的游记,宣传你的家乡。

评点:以上的教学片段中,师生更多的是进行机械式的问答,更多的是知识性的陈述,在以上的文言文教学中,语文教学的言语本体、言语实践本体理念仍被忽视,导致语文课标中明确要求的"综合性"、"实践性"落成空话,教学设计中表现出来的问题,如重视理解、忽视应用;重视灌输、忽视探究;重视显性,忽视隐性的行为表现都指向了教师言语实践本体观念的淡薄。注重知识灌输、情感缕析的知识、义理本体观念在一定程度上还仍支配着部分教师的教学行为,致使语文课程的实践性落空,学生学习语文的兴趣低下,学生的语文能力得不到有效提升。

三、问题与讨论

(一)文言文清除应试教育观念的影响?

言语实践本体观念强调以生为本,在言语实践活动的依托下,引导学生自主生发理解,进行言语表达,逐步提高学生的理解、表达能力。但在应试教育中,知识及技能的考查仍占主体地位,因此对知识灌输及技能的训练还是应试教育下的教学主旋律。初中语文教师在制定教学目标时响应新课程标准倡导的三维目标设计要求,但在选择教学评价时却只注重从知识与技能维度进行考察,一方面体现了教师在教学设计中不能顾全目标要求,教学技能受到挑战。最重要的一方面还是体现在对应试教育的过度趋从。社会需要完整的人,学生理应接受培养语文能力、审美情趣和熏陶道德情感的语文教育,来适应现实的生活和自我发展的需要。满足社会及学生发展的需要是教育存在的意义,但是在过度竞争及巨大的升学压力下,素质教育推行艰难,应试教育传统的余热未减,其影响根深蒂固。深究其因,体现了当前教育的极大功利性,一味满足眼前的应试选拔,满足升学竞争,却忽视了更为长远和重要的个性培养和人格塑造。

(二)文言文教学如何从知识传授的窠臼挣脱出来?

在言语实践活动中,凭借与他人的交流,学生原有的生活体验得以丰富,语文素养得以提高,良好的人格得以塑成。可以说,言语实践本体观念彰显了新课程标准所提出的语文课程综合性、实践性等学科性质特点,重视知识、能力及情感体验在语文实践中的综合实现。但在教学文言文的过程中,大多数教师从作者介绍、时代背景、词语解释、句子翻译、文章结构主题思想等方面一一"教"给学生,学生是被动接受,对知识完全死记硬背。在知识传授上也是言语知识不足,陈述性知识过多,叙述性知识泛滥。教师不能正确处理知识教学与语文能力训练的关系,对知识的讲授只是照本宣科,或者是在概念的文字表达中找到关键词,重点讲解,加深理解,而学生掌握的却是似懂非懂,并不理解,只是通过死记硬背来完成教师的任务。课堂中由于欠缺知识内化为能力的机制,学生被动接受知识,学习效率十分低下,这样的知识学习自然对提高学生的口头和书面语言的表达能力起不了多大作用。长期以往,会减弱学生对于文言文学习的兴趣,教学质量也得不到提高。

(三) 文言文训练变"翻译"为"演绎"?

在言语实践本体观的指导下,语文教师需要有意识地开展恰当的语文实践活动,以活动为契机培养学生学习语文的兴趣及自信心,协助学生在理解的程度上升跃,达到应用的层次,使学生学会正确、合理地运用语言文字进行表达,养成灵活的言意转换能力,达到"不待教师教,自主通文"的效果。然而,传统的文言文训练目标上主要关注学生的理解和巩固所学知识,忽视学生掌握相应的技能训练;训练内容上重知识轻能力、重结果轻过程、重"翻译"轻"演绎";训练缺乏选择性以及强调机械的重复或死记硬背。文言文训练"言语本体""言语实践本体"的缺位,其结果自然就是语文课标中明确要求的"综合性""实践性"落成空话,学生的语文文言文语用能力无法真正提高。

综上所述,从导致当前文言文教学言语实践缺位、失当的深层原因看,言语实践本体观念倡导以生为本,以提升学生的语文能力、培养学生深厚的语文素养为本,这是对语文教育过度追求功利性的拨正,是对忽视学生主体地位、视学生为接受知识的容器的纠反。

四、诠释与研究

(一) 陶冶诗情[①]:诵《江雪》诗营造氛围,导入新课

师:中国特级语文教师韩军说:没有文言文,我们找不到回家的路。同学们,你如

[①] 陶冶诗情、启迪诗思、感悟诗理以及积淀诗语等均取自导师冯铁山教授诗意语文教学思想。参阅:冯铁山.诗意语文的基本内涵与实施策略[J].教育理论与实践,2012(5).

何理解这句话?

生:因为在1919年之前,中国的书面著作是文言文写成的,是我们的大传统、根传统,而1919年之后才是白话文写成的,是我们的小传统、枝传统。

师:请同学们集体诵读柳宗元的诗歌《江雪》,谈谈自己喜欢的诗句。

屏显1:

江雪

唐·柳宗元

千山鸟飞绝,

万径人踪灭。

孤舟蓑笠翁,

独钓寒江雪。

生:"千山""万径"都是夸张的手法。诗人用飞鸟远遁、行人绝迹的景象渲染出一个荒寒寂寞的境界,虽未直接用"雪"字,但已经让人见到铺天盖地的大雪,凛冽逼人的寒气。

生:我喜欢"孤舟蓑笠翁,独钓寒江雪":一叶扁舟,渔翁身穿蓑笠独自在寒冷的江雪中垂钓孤傲而不惧严寒。

生:作者借描写山水景物,借歌咏隐居在山水之间的渔翁,来寄托自己清高而孤傲的情感,抒发自己在政治上失意的郁闷苦恼。

师:今天我们就来学习柳宗元的《小石潭记》,它和《江雪》一样都写于作者因拥护王叔文的改革,被贬为永州司马,谪居永州时期。

陶冶诗情,所谓诗情,就是一种艺术化的审美情感。动之以情是开展语文教学的逻辑前提。以同是柳宗元写的《江雪》导入,既营造了诗情,奠定了作者寄情山水的感情基调。同时也是利用学习迁移原理,引导学生联系、比较新旧知识,迅速地进入新课中去。而《小石潭记》常规教学案例中的导入,形式呆板,内容单一,没有营造出与课文主体相关的氛围,很难激发同学们的情感,让他们迅速投入到新的学习情境中去。

(二)启迪诗思,演汉字之密码,返回汉语图景的故乡

师:没有文言文,我们找不到回家的路。原因之一就是,母语汉语,就是我们的故乡。每个汉字就是一幅图画,成语与古诗最大程度保留了汉字的本义。请大家为下面文言文实词寻找故乡。用含加点字的成语与诗句解释文言文中带加点字的实词。

屏显2:

从小丘西行百二十步（　　　　）　　闻水声（　　　　）

如鸣佩环（　　　　）　　　　　　皆若空游无所依（　　　　）

佁然不动（　　　）　以其境过清（　　　）　不可久居乃记之而去（　　　）

生：从小丘西行百二十步（按辔徐行、倍道而行）

闻水声（闻鸡起舞、举世闻名、充耳不闻）

如鸣佩环（如花似玉、如虎添翼）

皆若空游无所依（若无其事、若隐若现、若有若无）

佁然不动（道貌岸然、毛骨悚然）

以其境过清（不以人废言、母以子贵）

不可久居乃记之而去（拂袖而去、挥之即去）

师：从偏旁部首与语境探究带加点字的实词

屏显3：

为坻，为屿，为嵁，为岩（　　）　悄怆幽邃（　　　）

生：据"屿"的汉字构造，它是一个形声字，从山，与声，它的意思与"山"有关，再联系上下文，水中的"山"，此处"屿"解释为小岛。

生："邃"从穴，遂声。"穴"是汉字部首之一。从"穴"的字多与洞穴有关。再联系上下文"邃"应该是深的意思。

师：以班上学生名字为例，补充两个常见部首的含义。

屏显4：

（1）页　例字：颇、顾、颂、顶、烦、领

班上同学：王颖轩、陈颖晴

（2）灬　例字：烈、蒸、然、煎、热

班上同学：褚成照

师：语文课代表读原句，全班翻译一句。教师在重点句，易错句点拨。

所谓诗思，是诗性智慧的简称，它的特点是跨越时空而串行信息交互圆融，形成富有情节、富有形象的立体图景。在以上的片段课堂实录中，用成语来演绎字词，是因为成语最大程度的保留了汉字的本义，让同学们通过成语完成时空的穿越，更好地理解文言实词。而通过部首含义的图景来解说文言字词，是将字词知识图景化，让学生透过图景去想象，再结合上下文揣测字词含义。让学生在成语与文言文所含词本义与部首本义中，返回母语图景之乡。而常规教学案例中字词解释、句子翻译等都是老师

"教"给学生,学生是被动接受,对知识完全死记硬背,费时费力,学生听得往往会索然无味。

(三)感悟诗理:绎小石潭的意象,揣摩诗人心灵的颤动

师:请同学们齐读课文,然后进行言语实践。

屏显5:

从那(　　　　)中,我看到了一个(　　　　)的小石潭。(找景物,说特点)

生:从那"青树翠蔓,蒙络摇缀,参差披拂",我看到了一个树木青葱的小石潭。

生:从那"潭中鱼可百许头,皆若空游无所依。日光下澈,影布石上,佁然不动;俶尔远逝,往来翕忽。似与游者相乐",我看到了一个群鱼戏水的小石潭。

生:从那"潭中鱼可百许头,皆若空游无所依。日光下澈,影布石上,佁然不动",我看到了一个水清见底的小石潭。

生:从那"为坻,为屿,为嵁,为岩",我看到了一个怪石嶙峋的小石潭。

生:从那"潭西南而望,斗折蛇行,明灭可见",我看到了一个源头曲折的小石潭。

生:从那"其岸势犬牙差互,不可知其源",我看到了一个岸势崎岖的小石潭。

生:从那"四面竹树环合,寂寥无人,凄神寒骨,悄怆幽邃",我看到了一个环境凄清的小石潭。

生:从那"青树翠蔓,蒙络摇缀,参差披拂",我看到了一个树木青葱的小石潭。

师:古诗文是非常精炼的,展示的物象只是冰山一角,其他部分就像国画中的留白,需要我们在留白处想象,参与完成。文言文背后是一个立体的人,是微妙的心灵颤动。可谓是滴水藏海,滴水映心。请同学们诵读老师示范演绎的课本诗,体会作者具体语境下的心情。

屏显6:示例一

向西走

寻找那吟诗作赋的丝丝灵感

寻找那放松惬意的那片蓝天

寻找那世间尚存的短暂清净

突然间

隔着竹林耳旁传来阵阵水流的清脆欢快

我迫不及待的想一睹小溪的风采

它是否如镜子般平静无暇?

是否如绸缎般涓涓细流？

是否如母亲般造福两岸？

生：作者被贬心中愤懑，所以寄情山水，此时他被涓涓流水所吸引，充满了好奇之心。

屏显7：示例二

极目远眺

远山与绿水意浓如画

低头惊察

碧潭与天空互相辉映

走近石潭

你看，那鱼儿们时而凝然不动

好像一片片树叶在水中飘荡

时而俶而远逝

好像一颗颗流星在天空划过

阳光下，波光粼粼

潭底的乱影让人眼花缭乱

大自然的鬼斧神工真让人无尽赞叹

生：作者沉醉在小石潭的美景之中，心中是快乐的，暂时忘却了被贬的忧愁。

所谓诗理就是用诗意的眼光审视社会、自然、自我而体验、反思以及把握真、善、美的本质。用现代汉语演绎诗理，让学生与作者、文本进行多元互动对话，从而揣摩文本意蕴，领悟作者情感。上面的片段实录中，教师示范演绎课本诗，这个过程发挥了教师的组织、引导作用。在这个富有个性和积极思维的学习活动中，师生共同感悟诗理，演绎小石潭的意象，揣摩作者的心灵。而《小石潭记》的常规教学案例中，由于欠缺知识内化的机制，学生更多的是在被动接受小石潭的意象，而不是演绎。这样的知识学习会减弱学生对于文言文学习的兴趣，不利于学生文言阅读能力的提高。

（四）积淀诗语：演绎物人合一的意境，提升阅读体验

师：同学们齐读"坐潭上，四面竹树环合，寂寥无人，凄神寒骨，悄怆幽邃。以其境过清，不可久居，乃记之而去。"

师：这一段你体会到了作者怎样的心境？

生：悲凉、忧伤、凄楚。

师：整篇文章作者的心情是由乐转忧的,作者被贬,悲凉是他心中的主调,所以作者寄情山水获得了暂时的快乐,可一经凄清环境触发便又悲伤忧凉起来。

师：我们第二次来齐读课文,通过言语实践来体会作者复杂的心情。

屏显8：这是一个(　　　　)的小石潭,从这小石潭里,我读到了诗人(　　　　)。

生：这是一个(世外桃源般)的小石潭,从这小石潭里,我读到了诗人(超凡脱俗,寄情山水)。

生：这是一个(水清鱼活)的小石潭,从这小石潭里,我读到了诗人(内心的宁静愉悦)。

生：这是一个(令人毛骨悚然)的小石潭,从这小石潭里,我读到了诗人(愤懑难平,忧伤悲凉)。

生：这是一个(凄神寒骨)的小石潭,从这小石潭里,我读到了诗人(寂寞清幽,郁郁落落)。

师：接下来请同学们仿造上面老师写的两个课本诗的范例,以课本诗的形式演绎文章的第四节,课后和同学们分享。

生：这封闭的竹林

勾起了我无限的烦思

这凄清的环境

真人万般的忧愁

为什么满腹经纶却无处施展

为什么胸怀大志却无人知晓

我不愿再想更多四面而来的烦恼

离开这里

去寻找世外桃源般的宁静与安乐

……

师：在文言文的山水篇目里,我们看到中国传统文人千古一梦：达则兼济天下,穷则独善其身,几多山水尽留梦。

师：课后作业：创作一首课本诗,不少于14行。

屏显9(题目参考)：

(1) 那潭那人　　　　(2) 赏鱼

(3) 一寄情山水的人　　(4) 再记小石潭

(5) 一个忧愁的梦　　(6) 忧愁的柳宗元

(7) 神人柳宗元　　　(8) 世外的人

(9) 到小石潭看鱼　　(10) 小石潭梦忆

……

诗语是以意象为主要表达单位的典雅语言。汉语是诗意的语言,语文教师主要的职责就是让学生受到典雅汉语的熏陶,感受汉语的魅力,因此,语文教学的富有个性的任务其实就是不断地强化汉语的典雅性,使学生通过学习汉语的过程成为一个典雅的中国人。本教学片段用学生开展演绎课本诗的言语实践活动来进行写作训练,让学生更深刻的理解文本的同时,更重要的是让他们在典雅的汉语海洋里游来游去,进行扎实而有效的语言训练,积淀诗语。而在常规教学案例中忽视了文言文教学的言语本体、言语实践本体理念,文言文缺乏"实践性",学生的语文能力无法真正提高。

五、进一步的讨论

(一) 符合汉语学习言形意圆融会通的规律

根据叶圣陶老先生对语文的定义,口头语言和书面语言连在一起说就叫语文。显然,这里的口头与书面语言并不是约定俗成的语言文字和语法规则,而是指言语作品,更具体的说来是汉语言语作品。历史悠久的汉语言承载着中华文明,推动着文化发展,自身具有的美学特点不容忽视,由汉语撰写而成的言语作品表现出其自身特有的和谐之美。中学生在进行语文学习时对这种和谐之美的体悟、经验、内化、沉淀的过程也正是语文素养和语文能力自然形成的过程。

(二) 在言语实践中感受汉语的圆融之美

马克思名言:"人类随时随地都能用内在固有的尺度来衡量对象。"人类在创造任何事物时都会不由自主的将主体对象渗透到客体之中,对语言的建构也不例外。中庸、和谐是汉民族的审美价值追求,凡事都讲究整齐、对称、规则之美,其背后是讲求全息之感的感性图景思维,这种图景思维具有典型的形象性、全景性、整体性。例如,我国的民族语言汉语言是由表意性极强、具有象征性、讲求均称性的方块文字构成。汉字是世界上年代久远、独具一格的文字符号系统,其历经数千年的发展变化,最初是借简易的结绳、契刻、图画造字,后来发明了象形、指事、会意、假借等造字方式,到今天逐渐形成了以形声为主的文字体系。可以说,一字一世界,尤其是早期象形字多是对实物的直接描绘,随着汉字的发展,复杂的描画性汉字越来越抽象、简洁、实用,尽管如此,汉字仍具有很强的表意性、图景性和象征性。汉民族的这种"内蕴形式"决定了古老的汉民族语言历经年岁的淘洗后富有中庸和谐之美。无论外在的言辞、形式还是内在的意蕴都圆融在一起,贴切得恰到好处。所以汉语最典型的美之特色就是言形意的圆融会通,彼此配合表现出美的张力。汉语形式美主要体现在其音乐韵律之美和整齐和谐之美。从音乐韵律之美看,汉语的音位体系协调整齐,简单对称,包含元音和辅音两大语音类,而元音具有极强的音乐性,所以汉语几乎字字悦耳动听。从整齐和谐之美看,汉语无论字句形式还是韵律形式都讲求形式齐整,这在古诗文中表现的最为突出。然而追求形式美的同时作者必然会进行字斟句酌的思考,既要形式恰当,又要意蕴贴切,由此,在追求形式之美时又何尝不是追求言辞之美。

(三) 符合课标语文教学生活化要求

语文学科与生活紧密联系,语文教学本就是从生活中来、通过生活、回归生活的活动,对生活的关注与尊重是语文教学必须遵守的规律。尽管中学语文教学大纲随着课改在不断革新,但对生活的关注与尊重却一以贯之,并且越来越突出。1956年的教学大纲在教学内容版块中有民间口头文学一块,虽带有阶级斗争的印痕,但它贴近人民生活,反映人民大众的思想感情,与大众生活息息相关。自此,各中学语文教学大纲都不同程度的提出了教学要联系生活实际、学生实际的实施建议。2011年的语文新课程标准明确强调语文与生活的结合,语文教学要密切关注社会生活的发展需求,拓宽语文学习的领域,形成满足不同地区、学校、学生语文需求的语文课程。

就语文阅读教学而言,言语实践是教师引导学生深入言语作品,使言语内容与学生生活体验相融合,通过促发学生自主思考、情感共振,来帮助学生完善体验、积淀语感,最终实现理解生活、塑造自我的言意互转活动。言语实践语文阅读教学设计以学生自主理解后的言语表达为价值取向,然而学生的自主理解并非是单纯的自读自悟,而是需要在教师的点拨之下调动原有的、个性化的生活体验去迎合、体悟作者的思想情感。所以学生独特的生活阅历和大众的生活体验是进行言语实践阅读教学设计的基础,这与中学语文大纲、课标的精神是一致的,不同的是中学语文教学大纲、课程标准是规定性的准则,而言语实践视域下的阅读教学设计将其落实到具体的操作之中。

(四) 符合学生学习语文的规律

学生语文能力及素养的养成是通过学生在语文学习过程中的自我意义建构实现的,言语实践视域下的初中语文阅读教学设计只有符合学生自我建构的规律,符合学生学习语文的规律,才会具有存在的可能性,才能展现出其存在的合理性,才能被运用到语文课堂教学中,展现其可行性。李海林将这种"学得"与"习得"相结合的方式化名为"习学"。儿童言语培养、言语能力提升经历了一个习得、学得和习学结合的过程,在这个过程中学得注重语法规范的掌握,习得注重言语运用,以后者更为重要,强调学生主体在积淀、内化层面上的实践运用。

初中生的母语学习绝非儿童早期的自然习得过程,奠基在小学段的基础之上,初中语文阅读教学对学生据言识意、据言迁移创新的能力提出更高的要求,学生言语能力、阅读品味、语文素养的进一步提升依靠的是学生"学得"基础上的"习得",即"习学"结合。言语实践阅读教学设计的典型特点即是依托言语实践活动进行,学生在教师的布境、示范、促悟的基础上把学得的言语规范、言语形式与自我生活体验相勾连,从而赋予言语形式以生命的鲜活、如同己出的切适,并通过运用得以向内在的言语能力转化,将这种原本外在的言语规范与自我融合为一,达到驾驭自如的言语效果,这与以生为本的言语生成于习学是根本一致的。

(五) 符合汉语学习的"学知用"相辅相成规律

语文相比较其他学科,与生活的联系几乎是无处不在。新课程标准中着重强调语文课程的实践性,提出要使学生能够初步学会使用祖国语言文字实现沟通交流的要求。语文是学知用相依相递,来自于生活,又回归到生活,为生活服务,为生活所用的学科。语文知识、技能技巧是教师、专家总结出的精华或规律,一方面方便学生识记、掌握,但另一方面,斩断了与生活的血脉联系,与学生拉开了距离,变得生硬枯燥。这样,教师就需要引导学生把失去了生气的知识、技能带入学生的生活进行血与肉的还原,让干瘪的知识丰满、充满生气,来激发学生学习的兴趣、协同学生构建认知结构、提升言语能力。学生在学与知的基础上进行运用,在运用的过程中把内在的情感与外在的知识、技能交织在一起,相染相进,共同提升,才能达成语文素养的真正提高,语文学习才能真正回归生活,为生活所谋。言语实践阅读教学设计注重生成,尊重学生的自主理解,而学生的自主理解建立在文本、教师对学生生活体验的唤醒和迁移基础上,所以说,学生的自主理解并非是凭空生出来的理解,而是在已有生活基础上的理解。在言语实践阅读教学的过程中,教师发挥的正是布境、唤情的作用,唤醒学生的生活体验,帮助学生进行情景迁移,并以言语表达为价值指引,借助言语实践活动进行知的运用、情的抒发和意的收获。让学生在"用"中建构起更高的理解力;在"用"中熏陶自我情感;在"用"中建立的规律是相通、一致的。从这个角度讲,言语实践阅读教学设计遵循了初中语文阅读教学的视域融合规律,具有实施的切实可行性。

(六) 符合文言文阅读教学自读自悟规律

所谓"自读自悟",冯铁山教授将其视为"对旧的阅读教学耗散性讲析模式的改革模式,是通过多种形式的自读,充分发挥学生自主学习积极性,使学生全身心体会文章的内涵,从而达到培养语感、积淀文化素养、熏陶人文精神、培养创造力等目的的语文阅读教学基本理论和操作的基本程序"。① 学生的主体自主性体现在对活动的参与性上,这种活动既包括外在具体可感的实践活动,也包括内在暗涌的心理活动。语文阅读教学领域中学生参与的语文实践活动是读与悟的合一。"自读"是通过各种形式的读来亲历文本情景,听从文本不同层次的召唤,调动、迁移已有的生活体验,使言语材料中蕴含的情感内蕴与学生建立各种联系,而中学生正值情感充沛、懵懂的青春期,敏于察觉和体验,所以自读的语文实践对他们而言更容易捕捉到言语作品中的呼唤声,打开蕴藏在作品深层的波澜壮阔景象,由之染情、悟理,而调试、改变,达于"自悟"的境地。言语实践语文阅读教学设计强调学生理解的自主生发,其实施依托于言语实践活动,通过教师的引导协助,学生自主回溯历时的生活之境去叩响心灵的大门。语文阅读教学的言语实践活动起于学生读的活动,经过思想的际遇,达于悟。这正是言语实践语文阅读教学设计引导学生自主生发理解的具体展开过程,可以说言语实践语文阅读教学设计就是通过自读的言语实践活动,使学生得以通往言语作品中蕴藏的深厚情感,在共鸣或震荡中实现自主理解,达于自悟。所以说言语实践语文阅读教学设计与尊重学生体验的自读自悟阅读教学规律是契合的,并将其真正的落实到课堂教学中,为初中语文阅读教学带来理想的变化。

第三节 寻找语文缺失的一角:古诗词教学*

一、主题与背景

张志公先生曾说:"不大对头的看法,造就不大对头的做法。"当下教学中重视知识本位,忽视知识蕴含的情感,使教学缺乏人性的基础。情感熏陶注重"应当"境界的宏大叙事,忽视学生纯真心灵世界的"合乎"。即便是极具灵性诗意的古诗词教学,也常

---

① 冯铁山.以"生"为本 诵读通文——"自读自悟"阅读教学模式的实践[J].当代教育科学,2003(13).
* 该部分作者为杨琦晖。已发表在《语文知识》2016年10月上19期(总第329期),被人大复印资料全文转载。

常无视图景思维,而运用抽象思维简单粗暴地教学。

"读读、品品、议议、背背、默默"是较常见的教学样式,教师的提问、分享更多地替代了学生的言语实践,遑论通过教学实现学生意义的生成。"文路——教路——学路"割裂现象严重,阅读理论"解码——编码——再解码"的路径人为地缩短,原本美丽的诗词在支离破碎、浮光掠影的教学中黯然失色。学生没了"曲径通幽"的经历与体验,也无怪乎学生对古诗词产生不了好感。由于教材中的诗词与检测的挂钩更多的是名句填空,因而在部分教师的意识中只要识记住,会书写,考试不扣分就好了。当古诗词仅仅沦为一张考卷上几道检测学生文学积累的默写题时,不能不说是语文教育的极大悲哀,是语文教育者的极大罪过。美丽的诗词理当让学生通过触摸、亲近,产生自我独到的理解及个性表达,而非充当膜拜者、记忆者。

二、情境与描述

以晏殊《蝶恋花》一课为例(一次曾经失败的优质课赛课),据评委反映,选择这一课题参赛的几名选手效果都不好。

为什么没有上好呢?我曾经一直很困惑,因为备课前搜索网络资源,其他教师类似的教法,同台竞技的一位教师也采用了相同的课堂流程。悲剧总让人刻骨铭心,我们再来回顾当年的课堂。

(一) 导入课文环节

教师准备好背景音乐,营造气氛,导入课题。蝴蝶飞舞花丛,是很常见的生活现象,然而独具慧眼的晏殊却将它定为词牌名。从此后,蝴蝶开始频繁地穿梭于文学的诗意空间,寻找着一朵朵可供栖息的心灵之花。今天我们共同走近《蝶恋花》命名者晏殊,感受《蝶恋花》不同寻常的魅力。

(二) 初步感知环节

教师首先安排朗读全词的活动,其间让学生思考这首词抒发了怎样的情感。当学生脱口而出回答"愁"后,教师追问是什么使主人公愁。学生回答"离别苦"。教师再问跟谁离别,是对亲人还是对爱人,学生稍加思考,回答"爱人"者居多。教师追问从哪里可以看出来,生答"燕子双飞去是夫妻恩爱的象征"。这时教师抓住时机,让全体女生再把这首词带着愁绪诵读一遍。

(三) 深入揣摩环节

教师引导学生关注"离别苦"。引用李子仪《姑溪词题跋》中评价晏殊词作的话"语尽而意不尽，意尽而情不尽"，据此让学生思考词人是如何来渲染这一情绪的。在学生陈述相关认识后，与杜安世（晏殊同时代或稍后的词人）的作品加以比较学习，因为两首词内容、构思和语句都极其相似。

为使讨论更有针对性，还安排了分组讨论，将词分为四部分，让每组选定一名发言人分享成果。在学生各抒己见后，教师查漏补缺，特别是对有明显表现技法的语句加以小结、强调，交代两词艺术成就高下之差相当鲜明。菊愁、兰泣、高悬的明月不解风情，拟人手法的灵活运用，让景说话；或烘托或反衬了人物的心理，让情自然流露；登楼远眺，思念的孤寂携上高楼，营造高远意境；尾句以无可奈何的怅问作结，给人情悠悠、恨悠悠之感。讲述过程中不忘板书：拟人、烘托、反衬。

（四）情感强化环节

晏殊性情细腻，在他其他作品中也表露过类似的失落与伤感，教师出示《浣溪纱·一曲新词酒一杯》《蝶恋花·帘幕风轻双语燕》，并请一名学生朗读，其他同学在倾听中感悟。然后请学生再次自由朗读全词。为了让学生对全词有更好的理解，教师分享自己读这首《蝶恋花》的心得文字。

（五）课堂收束环节

以炎樱的话点出蝶恋花是一种天生的爱恋。蝶恋上了花，然而花却无法回应蝶的情意，也就铸就了一个有情（板书），一个无意（板书）凄婉的《蝶恋花》。以此为词牌名的作品一般抒发缠绵悱恻的情意或心中愁思。告知学生以《蝶恋花》为词牌名的词作还有不少，比较有名的是苏轼、柳永的作品。建议课后可以找来，细细品读。

三、问题与讨论

接受了诗意语文倡导者冯铁山教授的"洗脑"后，再来审视当年的课，发现确实是一堂很差劲的课。这是一堂没有言语实践、没有德性培育、没有诗韵诗味的课。笼统地说，就是学生学习了之后，根本没有"入心"。

（一）教学目标模糊

整堂课到底要让学生在知识能力、过程方法、情感态度、价值观上达成什么具体目标，很难在课堂上感知到。

（二）教学主体单一

教学的主动权牢牢抓在教师的手中，教师纯粹按照预设的教学方案推进课堂，牵着学生的鼻子走，只注重自我的教，不见学生的学。

(三)教学内容杂乱

刚开始明了"离别苦"的整体情绪基调,之后又把大量时间花在表达技法的运用上(主要是对比鉴赏),然后又推介晏殊其他作品和他人的《蝶恋花》,没有核心的抓手。

(四)教学手段机械

以简单对话、诵读为主,虽有小组合作,但由于是比较剖析,过于理性,很难冲击学生的内心。教师的分享文字更是一厢情愿,无视学生心理,有赛课常见的作秀迹象。

(五)教学流程粗糙

教学实践主要践行了"整体——局部——拓展"的模式,没有很好地引领学生"走近文本,走进文本,跳出文本",使文本难以在学生内心激起波澜。

四、诠释与研究

诗意语文论要求教师在教学过程中能看得见文本生活的慢镜头,善于营造情感场,设置诗意情境,复活学生的新感觉。教学设计能由"归真(自然的诗意)、求善(社会的诗意)、至美(自我的诗意)"三个维度来观照,来达成。力争"有点、有我、有物、有境",具体说来,就是教师有明确的情感熏陶诗意点,让学生做生活的体验者,巧借情感触发的承载物,在立体的情境里触发情感。能用图景思维使文字"活起来",使物物相融、物我相融、情理相融。善于在文本中寻找教学中的诗意点,语言、结构、手法等文本形式能构成诗意点,关键处、精美处、深刻处、疑难处等文本内容也能构成诗意点,作者在作品中表达得富有诗意的思想感情、走向等也是诗意点的源头。具体操作过程中可遵循"引入诗意点,揭示诗意点,延伸诗意点,圆融诗意点,反思诗意点"为基本流程。

本着这样的理论,笔者试着对《蝶恋花》一课进行了改良。首先重新审视文本的价值,这是一首用典雅简洁的诗语抒发"离别苦"的词作。因此"离别苦"可以成为该词的诗意点。课堂流程可以处理为以下几个环节。

(一)引入诗意点

教师先问学生平常看到过蝴蝶飞舞花丛吗?有没有想过蝴蝶为什么要飞舞花丛呢?在学生做一定猜测后,教师用较为典雅的语言营造语义场,"蝴蝶不仅翻飞在当下,也飞舞在古代,那时的文人用了一个饱含情愫的词——恋,来串联起和花的联系"。然后教师配上一幅名叫"蝶恋花"的图,请学生发挥想象,调动文学细胞,试着完成这样的言语实践:( )的蝴蝶( )恋着( )的花。为了打开学生的思路,教师先做一定示范,如(主动的)蝴蝶(暗)恋着(娇羞)的花,(美丽的)蝴蝶(热)恋着(怒放)的花。如果学生还不是很有感觉,教师可进一步情境创设,作家张爱玲的好友炎樱对于蝶恋花现象,有着诗意的解读:"每一只蝴蝶都是一朵花的精魂,回来寻找前生的自己"。按照这样的理解,我们还可以补全哪些信息。在学生交流后,教师也提供自己的构思,如(痴情的)蝴蝶(苦)恋着(不败)的花。经过这样的言语实践后,教师再叙说独具慧眼的晏殊地将这诗意的场景浓缩为三个字"蝶恋花",并把它创造性带入词牌名的行列。从此后,蝴蝶开始频繁地穿梭于文学的诗意空间,寻找着一朵朵可供栖息的心灵之花。有了这样的解说后,教师可再考考学生的阅读积累,了解他们对以蝶恋花为词牌名的词作的接触程度,诸如毛泽东、苏轼、柳永的作品等等。词言情,"蝶恋花"词一般抒发怎样的感情?学生在原有学习成果的基础上,不难得出一般抒发缠绵悱恻的情意或心中愁思。

此环节意在凸显诗意语文一重内涵:归真,归于自然的生活,归于自然的本性,归于教学的自然状态。蝶恋花是蝶和花两种意象所共筑的温情关系、诗意状态。如此动人的场景,理当让学生对接生活经验,让他们真实地表达自我认知。一个简单的扩写言语实践,使"蝶恋花"三个字不会再是冷冰冰的、抽象的,而是活生生的、具象的。不仅是生活的,更是文学的,文化的。设计背后的理据是诗意语文关于"语象同构,缘语生象,据象观语"的理论。

(二) 揭示诗意点

这一环节,主要采用以读促学。初读有声,字音准,整体感知,把握内容。"槛"是多音字,此处跟《阿房宫赋》"直栏横槛"同音同义。有了之前对于"蝶恋花"词牌名的感性认识,再来审视特定文本中的情感。通过诵读应该很容易找出"离别苦"这一情感基调。此处安排言语实践。柳永与情人离别,"执手相看泪眼,竟无语凝噎"。徐志摩与康桥离别,"挥一挥衣袖,不带走一片云彩"。那么晏殊呢?学生可据词人的行为"独上高楼,望尽天涯路"。

至于离别对象呢?从"双飞燕""彩笺",聪明的学生或许也能获取"心上人"的信息。

此环节抓住"离别苦"这一情感熏陶诗意点。词言情,词人通过创作最终的意图是抒发自我独特的情感。把握住情感也就抓住了文本的灵魂所在。设计的理据是诗意语文倡导营造诗意情感场,滋润学生的心田,即教学活动紧紧围绕一个诗意点,开枝散叶,层层推进。

(三) 延伸诗意点

再读有情,节奏明,评读理解,把握情感。这首词运用了大量意象来表现情感。因此诵读时宜留心意象间的停顿。如"槛菊""泣兰""双飞燕""明月""西风""碧树""天涯路"等。此处的言语实践为"我从（   ）意象里,读出了词人（   ）。"学生稍动脑筋可以填出类似的答案,譬如我从双飞燕意象里,读出了词人的孤独;我从明月意象里,读出了词人的失眠;我从泣兰意象里,读出了词人的悲伤等等。

三读有疑,意义清,专题探究,扎实训练。此阶段安排的言语实践为"画出词中你最喜欢的语句",仿写或改写这个句子。这样的训练让学生能细细品读每个字词句,识别其中的用语之巧。之后教师拿出杜安世《端正好》:"槛菊愁烟沾秋露。天微冷,双燕辞去。月明空照别离苦。透素光,穿朱户。夜来西风凋寒树。凭栏望,迢迢长路。花笺写就此情绪。特寄传,知何处?"类似的措辞,相同的情感,在比较中可以更好地辨识用怎样的连接词能够更妥切地表达"离别苦"。

四读有形,韵味足,学习方法,整体回顾。此环节是全词教学的收束阶段,设计"古词今绎",要求以神驭文(明确主题),以点及面(增添意象),以情着意(情景交融)。配乐续写:人生自是有情痴,此恨不关风与月。好一首《蝶恋花》!它道尽了痴情人儿的苦恼与挣扎……教师在学生作品充分交流后,呈现自我作品:见菊觉愁,见兰感泣。燕子双飞,温暖缠绵,此时看来也是那么刺眼,那么感伤。月光斜照,倍增惆怅。西风凛冽,绿叶离枝,一地憔悴。既觉孤苦,何不登楼?可是望尽了远方,望尽了时光,都没能望到心中的那个牵挂。信儿或许能消融我这份已经浓得化不开的思念,可是谁又能告诉我,这信能寄向何方? 爱,总让人黯然神伤。

诗意语文主张"缘情同构,缘语生情,依情品语",诗词典雅语言主要依托的是意象,意象是在某个物象基础上渗透言说主体心中之意的有机结合体,是有意义的形象和有形象的意义的统一。聚焦意象本身的内蕴及意象间的关联,运用图景思维再现意境,能更为真切地导引学生入境,触摸到词人那份郁结于心的离别苦的情感。

(四) 圆融诗意点

言语实践:蝴蝶恋着心仪的花,但终归有一刻会选择离开花,飞舞别处。生离死别是行走于世间的常态,苦涩的滋味时常弥漫于各自的心田。从某种意义上来说,离别的苦又何尝不是一种幸福,因为(   )。

(设计理由:此部分侧重体现诗意语文二重内涵:求善。培植与生俱来的善心,生发内外互补的善意,成就人己互惠的善行。文本学习的价值是多维度的,一种忧伤的情绪背后裹挟的却是人类可贵的真情、人性,教学中宜穿越文字的表层,感知、传递这份美好。)

言语实践:回忆过去,立足当下,畅想未来,可根据示范选择生活中的意象,有画面,有情思,体味"离别苦"。例如"匆匆那年,我与天真无邪的童年作别,红领巾不舍地远去,傲娇的模样清晰可辨",举目当下……放眼未来……

此活动力图彰显诗意语文三重内涵:至美。根据诗意语文理论,美在沟通实然与应然的境界,美在对自己真正接纳、欣赏,美在行为的自我规范,美在自我的独到理解及个性表达。德言同构,教学的终点是德性培养。通过这样的训练能使学生对于"离别苦"的情思和表达有切己的思考和呈现。

(五)反思诗意点

结合课堂所学,对柳永的《雨霖铃》进行自我赏析。同是抒写"离别苦",柳永与晏殊在表现方式上有何异同,整理出一篇小短文。

迁移训练,能让学生分析判断并运用。教师可根据反馈信息进行点评,达成教学目标。诗意语文对于言语实践能力的倚重是课内外一体的,是螺旋式上升的。

五、进一步的讨论

同课异构的巨大差异,在于前者缺乏科学理论的指导,属于教师个体随意发挥的课型,教学行为背后的动机更大程度是通过教学,让学生知道有这么一首词的存在,一种所谓经典的存在。而后者是基于冯铁山教授"诗意语文"理论指导的,印证式的教学设计,整个设计尽最大可能体现"诗意语文"的价值追求与操作要领,使诗词教学散发诗意。

1. 从语文本质论来看,时下《高中语文课程标准》认为是人文性与工具性的统一。语文本质到底是什么?语文学界为此一直争论不定,冯铁山教授认为人文性、工具性的概念过于笼统,人文性很多学科都有渗透,工具性一说也有失偏颇。他认为语文的本质非工具,非人文,而是言语实践。言语实践是一种情境性活动(语象、物象、情象、意象、语境),又是一种过程性活动(自然——社会——个人),还是一种综合性活动。具体到阅读教学,不仅仅是课文内容的理解,还应基于语用,重点指向言语实践活动。按照这样的认识,修改后的设计着意凸显了言语实践的比重,几乎每个环节都有言语实践。当然,训练量和质的掌控就显得尤为重要。否则学生会因雷同训练、超量训练产生"审美疲劳",甚至腻烦。

2. 从语文本体论来看,在目前主流声音基本导向学生主体的背景下,诗意语文倡导师生同是主体,两者关系是主体间性。教学活动既不能上演教师的满堂灌、满堂问,不经任何教艺包装的简单传输知识技能、情感态度价值观,也不能一味迁就学生的所谓"主体",任其在课堂上不重成效的讨论、言说。双主体的课堂教学,特别需要关注学生的学习起点,在"帮助学会"上做文章,通过发挥教师的指导性与示范性作用,促成师生的共同成长。指导考验的是教师的能力,示范考验的是教师的魄力。在修改后的设计中可以很好看到,让学生训练的点,教师本人应该有一定的引领能力,也就是提供所谓的"参考答案"。但是,迥异于预设型的单一问答,由于训练点的开放性,师生在整个教学情境中是共生共长的,绝不是以教师的话语霸权扼杀学生的言语智慧,人为牵引学生到预设的答案。

3. 从语文价值论来看,修改前的课例教师更多还是不放心学生的检测结果,因而将诗词教学很大程度挂钩试卷上的诗词鉴赏,更注重表现手法的提炼,提供给学生更多抽象的术语,诸如烘托、反衬、拟人,也就无怪乎学生对这样的经典词作产生不了好感,课后留不下太多的印记。实践表明,为考而教,这种急功近利式的教学,常常将文本囫囵吞枣,捡了芝麻丢了西瓜,使学生难以借助文本感知特质的魅力。修改后的课例,摒弃了一切教学行为仅仅为了考试、教学的起点和终点都是分数的狭隘的实用价值观。价值取向定位在不仅培养学生严密的逻辑批判智慧,丰富的科学知识,还应培养良好的人文素养以及诗意情怀,促使他们用诗意的眼光看待世界。因而呈现的就有体现"归真""求善""至美"诗意内涵的教学环节,设法回归文字本身,让学生体会到创造性运用语言文字符号创造文化,塑造理想自我的快乐,帮助学生建构个性化的价值体系和情感态度。

4. 从语文方法论上来看,宜严格区分实践和训练。修改后方案较之前在教法上更为灵活,采用了动之以诗情(体验情感与态度)、晓之以诗理(讲解价值观)、启之以诗思(领悟过程与方法)、导之以诗行(实际运用)。诗意语文理念下的言语实践不是一个抽象空洞的问题回答,而是教师基于学情,精心铺设了思维阶梯的或仿写或续写或改写的活动。因而学生更有抓手,更能借助教师的教,达成自我的学。某种意义上说,是帮扶式的实践,而非之前指令式的训练。言语的习得更大程度靠模仿,是站在巨人肩膀上的再创造,语文课堂这样的教学方式是妥切的。由于言语能力是长期训练的结果,因而教师可以考虑开设专题的典雅语言训练(增添细节,变换角度,使用修辞,锤炼词语,调配句式等),灵活运用多种刺激(图片、文字、音乐、视频等),引导学生看社会的慢镜头。日常可多摘抄、赏析、仿写、创造、评价典雅语句,以此提升典雅语言的敏感度和生发力。

对比的要义在于觉察出不同,有理想抱负有职业操守的教师不会甘于平庸,不会甘于低效教学。穷则思变,冯铁山教授整合多年的诗意德育经验和语文教学实践心得,系统化梳理的诗意语文为一线教师提供了一种新的思维模式,是目前语文学界新生的一种可贵的学说。他认为语文教学是以汉语言文字、文章、文学、文化以及汉族独有的文言文学为载体的中华民族文化精神传承与创造的言语实践活动。而言语实践不是一个静态的固化程序,而是学生与生活、与文本、与自我生命成长相遇未曾遇见的活动,是诗意生成的活动。在生生、师生多元互动的言语实践中涵养诗情,发展诗思,感悟诗理,践履诗行,积淀诗语。

任何理论的产生是智慧的凝结,任何理论的发展是实践的修正。当下语文界口号很多,某某语文经常进入各类期刊、各种讲座。冯教授创生的诗意语文,会不会在众多语文口号中湮没呢。从唯物辩证法来看,任何学说都有其可取的一面,但也不可避免存在它的欠缺处,譬如从课例看诗词教学适用,那么是不是所有语文课型都适用这一理念运作呢?不过,可以肯定的是诗意语文不是拉大旗作虎皮的口号。它既有学理的依托,又有实践的检验,既舞蹈云端,又贴地行走。诗意语文,或许能在新一轮课程改革中发挥更大的能量,让语文教学更为本真地接近语文的本质,接近教学的本质,从而使语文教学不至于流于空转,使语文学科不至于饱受非议。

第六章 作文诗意教学案例

第一节 小学习作教学诗意情境创设的案例①

一、主题与背景

《语文课程标准》指出:"写作是运用语言文字进行表达和交流的重要方式,是认识世界、认识自我、进行创造性表达的过程。写作教学应贴近学生实际,让学生易于动笔,乐于表达,应引导学生关注现实,热爱生活,表达真情实感。"刘勰在《文心雕龙》中说:"夫缀文者,情动而辞发;观文者,披文以入情。"冯铁山教授认为,作文教学应激活学生言语图景,在自然诗意、社会诗意和内心诗意的圆融互摄中,走向归真、求善、至美的言语表达。

写作教学的理想状态应该是学生在教师的指导下创造性地运用语言文字符号再现真实生活、表达真情实感,体验言语创造的终极幸福。学生的写作过程是由内而外,即先有对客观现实的感发而产生的内在情态,表达出自己的真情实感。而教师的作文指导由外而内,通过情境创设,激发学生的思考力、想象力、审美力和创造力。在当前很多小学作文指导课中,情境创设环节还只是结论式的、直线式的方法指导,缺乏过程性的、非线性的感悟自得,其背后指向是对学生心灵的束缚,思维的禁锢,这与《语文课程标准》"逐步培养学生创造性习作的能力,提倡多角度的、有创意的习作"的要求是相背离的。

笔者试图从诗意语文的视角,用案例研究的方法,围绕诗意情境,重新审视和明晰

---

① 该部分作者为冯小松,改编自硕士论文《小学记实习作教学诗意情境创设的案例研究》

情境创设在小学习作教学中的现状、原因和对策。

二、情境与描述

在当前的小学习作指导课中,部分教师缺乏本体论、主体论和价值论思维,情境创设环节出现了虚无化、机械化、知识化、形式化等倾向问题,主要表现为两个方面:

1. 不运用情境创设

在小学的课堂上,语文教师大部分都能做到对课本讲解的连贯性和整体性,也会通过情境创设帮助学生理解文本内容。但也有部分教师对作文教学缺乏适切的写作理论指导,更多凭着经验和感觉在教作文,一般不会经常在习作教学中创设情境,指导学生写好作文。叶圣陶先生指出:"语文老师教学生作文,要是老师自己经常动笔,或者作跟同学相同的题目,或者另外写些什么,就更能有效地帮助学生,加快学生进步。"传统作文教学中,有的教师存在"写作不需要教"的理念,是因为大部分教师本身就没有较高的写作实践能力。所以,要想提高小学习作教学的质量,教师必须具备情境创设的相关写作指导知识,建议学校也可以定期组织教师观摩学习或强化小学习作教学指导培训。

2. 不重视情境创设

受应试教育的影响,上作文课时,教师将作文题目在黑板上一写,说明要求,简单指导或不加指导,就让学生用两节课的时间写完,作文教学的整个过程就算结束了。这是传统作文教学的弊端体现。其实这样做没有从内容建构入手,激发学习者的写作动机,没有建构以提高学生的心理素质、文化科学素质和思想品德素质为核心的作文教学体系。而诗意情境创设,正可以打破这个作文教学的坚冰,解决学生写作缺乏真情实感和写作兴趣的问题,部分老师却没有重视。传统作文教学让学生脱离了学习的社会文化背景,这种教学方法不是在教育学生,而是在扼杀了学生的创造性和主观能动性,影响了学生身心素质的健康发展。

在小学习作教学中,由于教师不能提供实际情境所具有的生动性、丰富性和兴趣性,因而将使学生对作文知识的意义建构带来困难。在建构主义教学观的指引下,学生要想完成对所学作文知识的意义建构,即达到对该作文知识所反映事物的性质、规律以及该事物与其他事物之间联系的深刻理解,最好的办法是让学生得到教师引导或学生自己发掘的"特定情境"中去感受、去体验相关经验,而不仅仅是上课认真聆听教师讲解关于怎样写作文和如何写作文的介绍。创设诗意情境重视展现生活的情境,使学生感到新奇有趣，写作情绪会倍增。也有些老师在习作教学中运用了情境创设，但是没有能够将"情境"和"表达"融合起来使用，为情境而创设情境，情境和教学是两张皮，没有充分发挥情境的作用。

针对上述现状问题，笔者认为小学习作教学要重视诗意情境的创设，在学生生活和诗意表达之间架设一座桥梁，在走向圆融互摄的情境共生中，促进学生的自我表达。

三、问题与讨论

1. 什么是情境？什么是诗意情境？

厘清情境的内涵和外延，准确把握情境在作文教学中的定位，分析小学作文教学过程中情境创设存在的问题。就当前小学作文教学的情境创设现状进行分析，并分析问题的成因。

2. 为什么要在小学习作教学中创设诗意情境？诗意情境有哪些类型？创设诗意情境要注意什么？

分析小学作文教学中诗意情境创设的原则，为教师进行教学实施提供依据。分析作文教学中诗意情境创设的目标和任务，并就诗意教学情境类型提出选择策略。

3. 如何在小学习作教学中创设诗意情境？

什么是诗意？诗意就是诗一般的情意，是经历生命感动后反思性表达的情意，强调的是生命感动，反思性表达，而并非只指人们常态下诗情画意中的唯美意境。分析诗意作文视域下的小学作文教学情境创设的实施策略，让学生得到教师引导或学生自己发掘的"特定情境"中去感受、去体验相关经验，而不仅仅是上课认真聆听教师讲解关于怎样写作文和如何写作文的介绍。诗意作文致力于诗性思维的开发培养，展开学生、教师、习作内容三主体间的充分对话，充分言语实践，指向言语生活、激活言语图景，提升学生的生活体验，发挥作文的育人价值。

四、诠释与案例

诗意情境创设，指教师根据作文教学的目标、内容和学生特点，充分利用作文教育资源，运用一定的手段，创设圆融性、互摄性和体验性的情境，引导学生观察、感受、联想、想象，为写作积累习作素材和情感体验。诗意情境体现以下几个特点：

1. 情感教育融入其中

诗意情境的情感教育体现在情感教育的目的性、多样性和移情性上。情感教育的目的性体现在育人以情为纽带,将"育人以德""育人以智""育人以美"结合起来。多样性体现在把儿童带入特点的情境中,比如:自然情境、社会情境、童真情境、表演情境中,从而激发情感,渗透情感教育,符合小学生的认知规律和情感活动规律。

2. 审美教育贯穿始终

审美教育总是借助一定的美的对象,特别是美的艺术对象对人施加影响的。诗意情境是一种具有审美特征的作文教学资源,重视培养学生的审美情趣和审美能力,在学生观察情境,触发想象和情思的活动中,激起了写作热情,这是由于情境美的审美价值的存在。

3. 突出观察认知能力

发展儿童的认知能力是指通过儿童的观察过程,发展观察、思维、审美、情感、记忆及认识世界的能力。所以教师要在学生观察之前精心考虑,周密设计,从多角度、有重点地创设诗意情境,引导学生观察,把学生的具体形象思维与抽象逻辑思维结合。还要根据观察对象的不同特点和学生的年龄特点及知识水平的差异,提出观察目标,让学生带着问题去观察,学生明确了观察的目的,观察时注意力更加集中,可以做到有的放矢,去粗取精,透过现象看到本质。

4. 培养创造想象能力

小学生的创造性想象能力是通过创造性想象活动来表现的。在诗意情境创设过程中,教师一般扮演了指导者的形象,在教师的指导下,充分发挥学生的主观能动性。这种创造性想象能力要以观察为基础,为学生展开求异思维的兴趣,扩展创造性思维的想象空间,会激起儿童展开求异思维的兴趣,培养想象的流畅性和独创性。有时候这种创造性想象能力可以激发学生爱说爱讲的最佳心理状态。

5. 训练口语表达能力

在习作教学中,创设诗意情境的基本任务之一就是发展学生的语言。在教学中,更需要教师以具有启发性、可知性、主导性的语言来对儿童的认知活动起一定的指向作用,提高儿童的感知效应,从而让学生按照一定的观察顺序,边听边看,边看边想,使观察活动与思维活动结合进行,促使儿童更快更有效地进入特定的写作情境中。

(附:案例分析)

下面以苏教版小学语文六年级上册《习作3》为例,具体阐述通过微课创设诗意情境,以此改进习作教学设计,重点分析对学生写作的指导和促进作用。

1. 创设诗意情境,指向习作素材的搜集。

目前小学作文教学基本套路是老师牵着学生的鼻子在走,无论是作文前的指导还是作文后的评改,老师一肩挑,步履维艰,但是收效甚微。造成这个局面有两个主要原因:一是习作训练的空间非常窄,只是局限在作文课内,没有适度向课外延伸;二是教师没有充分激发学生的积极性和主动性,全程参与写作的全过程。我们完全可以借鉴翻转课堂的教学理念,充分利用微课的优势,在课前创设诗意情境,指导学生进行前置学习,先学后教,为习作打下坚实的基础。

苏教版小学语文六年级上册《习作3》要求学生写自己喜欢的一种美味。对于儿童而言,美味是他们的最爱,应该说这个写作题材他们有话可说。但是这些美食经历已是过去式,拿起笔写美食成了写回忆录,效果会大打折扣。如何激发学生的写作兴趣,让美食萦绕他们脑际,成了我设计作文教学考虑的首要问题。学生要带着思考、体验和准备走进作文课堂,这才是写作教学应追求的理想境界。为此,我制作了一个微课,引导学生在写作前进行前置学习,做好写作前的热身和准备。这个微课的主要内容包括:从风靡中国的美食纪录片《舌尖上的中国》中截取的影视片段,精美的美味图片,如北京烤鸭、松鼠桂鱼、过桥米线等,美食的谜语,两个学习任务单:(1)查一查。查找有关美食的历史由来、营养价值和药用价值等。(2)拍一拍。和美食合影,拍段尝美食或做美食的视频。这个微课放在网上,学生可以在家观看。生动形象的微课激活了学生的美食体验,他们明白了美食既可以是正餐大菜,也可以是风味小吃,还可以是家常小菜,他们发现美食就在身边。他们用手机记录下美食的图片和视频,又为写美食搜集了第一手的写作材料。

微课的介入和支持,让前置学习变得可感和可操作,节约了宝贵的作文教学时间,为写作方法的学习和交流打下了坚实的基础。如果受条件限制,基于微课的前置学习也可以放在校内课上来进行。

2. 创设诗意情境,指向写作方法的习得。

《习作3》作文课前的微课帮助学生解决了"审题"和"选材"的问题,这样在写作指导课上,我可以集中时间和学生一起探讨如何写好美味的写作方法。本次习作的重点和难点是如何突出美味的色、香、味、形,在作文指导课中,我结合教材范文《鸭血粉丝汤》,采用事先制作好的两个微课,突出重点,化解难点,引导学生在看、思、议、写、评的过程中,学会从多角度用文字向别人介绍自己喜欢的美食。

说美食,写美食,三四年级学生也可以写,那么对于六年级学生而言,写美食应该要体现小学高段学生的习作要求,要从多角度丰富美食的内涵。因此,我在作文指导课中设计的第一个微课,目标是理清范文的写作思路,指导学生学会编写作文提纲。学生围绕主问题"作者为什么喜欢鸭血粉丝汤?"阅读范文,在讨论交流的基础上,我相机出示微课《学写提纲》,引导学生观看讨论,发现小作者围绕中心"喜欢鸭血粉丝汤",主要写了四个部分:看相、做法、品尝、别名。在交流的基础上,相机讲授编写提纲的两个方法——围绕中心选材和题目要有个性。接着出示写作任务一:模仿微课中的范文提纲,来编写自己本次习作的提纲。有了微课的指导,学生明白了编写提纲的要领,他们有模仿,有创新。一个学生的提纲是这样写的——题目:"冬瓜排骨汤",中心:喜欢,共5段,分别从简介、做美食、赏美食、尝美食、有营养来写,不仅做到了围绕中心选材,而且丰富了美食的内涵,体现了小学高段作文的特点,这样的教学效果与微课是密不可分的。

列好提纲,接下来的教学重点就是讨论写好美味的写作方法。我出示了第二个微课"片段赏析",以案说法,不讲空洞的写作技巧,而是结合精彩范文,引导学生阅读发现,从中悟出写好美味的诀窍。这个微课主要由两个精彩片段和一个写作任务组成,首先出示第一则精彩片段《炒鸡蛋》,引导学生品词析句,发现小作者是用什么写作方法来突出美味的特点,小组合作讨论,总结出了两个写好美味的写作方法——"调动多种感官"和"写出独特体验"。我趁热打铁,出示写作任务二:对照自己写的提纲,选择最能表现美味特点的一小节来写。学生写好片段后,我立即组织学生互评作文,评价标准就是本次作文的写作要求和写作方法。在学生互评、师生共评的基础上,我让学生继续观看微课,研读优秀习作《麻婆豆腐》,取长补短,总结归纳了小作者独特的写作方法——巧用修辞手法。课后布置作业,借鉴总结的写法,借鉴优美词句,继续修改完善,把这篇文字写完整,写丰富。

作文讲评课也可以使用微课,教师可以在通读学生作文草稿的基础上,找出学生作文的闪光点,找出学生作文的共性或个性问题,然后制作成作文讲评课微课,引导学生学习别人作文的优点,思考如何修改作文存在的问题,从而获得启示,把自己的作文修改得更上一层楼。

3. 创设诗意情境,指向学习方式的转变。

一直以来,小学作文教学的时间和空间都局限在作文课有限的时间内,而微课的开发和应用则有望改变这种僵化固定的教学方式,有选择性地把写作任务向课前和课后延伸,努力转变"教师教、学生写"的被动局面,让学生成为作文的主体。

作文微课放在网络上,可谓"永不落幕"的作文公开课,学生可以在家中看,可以结合自己的学情快进、后退、暂停或反复看。这种新技术促进了学习方式的转变,可以帮助学生弥补记忆遗忘带来的学习困境,可以开展自主学习,弥补知识缺陷,提高作文水平。

更为可贵的是,微课这种浓缩的讲解压缩了教师许多无谓的讲解,把更多的时间还给学生,学生有时间围绕问题开展学习探究。比如,在《习作3》作文指导课中,我运用了四个微课,课前一个,课中两个,课后一个,作用各不相同,学生可以凭借微课自主学习、小组合作学习,全体学生参与作文教学全过程,而不是少数尖子生在唱独角戏。事实证明,教师真正把学习的主动权交给学生,能够激发学生的学习热情。在我执教的《习作3》作文指导课上,微课和学生唱主角,教师让学和助学,学生思得安静,议得热烈,说得流畅,写得生动,这得益于微课的支持,转变了教学方式,提高了学习效果。

利用微课的支持,我正在努力逐步构建基于翻转课堂理念下的小学作文模式:"先学、再写、后评、再改"。这样的作文教学流程,重要的技术支持是微课和网络,重要的教学理念是先学后教,以学定教,先写后评。

4. 创设诗意情境,指向习作内容的优化。

开发微课应用于小学作文教学,目的是为了弥补作文教材的先天不足,构建作文微型课程,提高作文教学的有效性,提高教师作文资源开发的水平,让学生爱写作,会写作。

作文微课可以基于教材开发,如《从〈云雀的心愿〉学写童话》《读课文,学写开头》等,也可以独立开发,如"写好提示语""写好心理活动"等。可以围绕一个主题开发,如"如何写出人物的特点""如何把事情写具体"等,也可以围绕一个作文题目开发,如"写好自己喜欢的美味""写好一次活动"等。

单独的作文微课可以发挥一定作用,但是作用有限。如果围绕一个专题开发多个作文微课,再把这些微课按照一定的逻辑顺序组成体系化微课程,就能最大限度地发挥微课程的指导作用。比如,在苏教版小学语文六年级上册《习作3》作文教学中,我设计了4个微课,组成了作文微课程,应用于不同的作文教学阶段,环环相扣,取得了不错的教学效果。

开发作文微课,创设诗意情境,应用于小学习作教学,是一个有益的尝试。在实践中还会遇到很多技术问题和实践问题,只要我们从实际出发,实事求是,开拓创新,就一定最大程度地发挥诗意情境创设对习作教学的指导和促进作用。

五、进一步讨论的问题

在当前的小学习作教学实践中,教学情境的创设越来越受到教师的重视,同时也出现了一些偏差,一些教师在情境创设的过程中迷失了教学的基本方向,陷入了情境创设的误区。笔者针对小学习作教学情境创设的问题,提出"诗意情境创设"的概念,从教师主体角度出发,从方法论入手,具体阐释诗意情境创设的四个策略:

1. 尊重儿童天性,通过游戏促体验。

游戏体验策略,即借助游戏活动的趣味性、创造性和生成性,精心创设一个个富有情趣的情境,让学生尽情参与其中,在游戏中学习写作文。

游戏是儿童心理和生理的本能需要,喜爱游戏是儿童的天性。儿童可以在游戏中摆脱种种束缚,激发无限的想象力和创造力,从而真正体验到生命的乐趣。明代哲学家王阳明说"大抵童子之情,乐嬉游而惮拘检,如草木之始萌芽,舒畅之则条达,摧挠之则衰痿。今教童子,必使其趋向鼓舞,中心喜悦,则其进自不能已。"

在"一只手的感觉"作文教学中,游戏体验策略有三个步骤:(1)积极创设游戏活动,诱发学生直接体验。课上让学生通过两个游戏活动,亲身体验如果只有一只手,生活会有多么不方便,学生有了这样的切身感受,为后面的写作奠定了良好的情感基础。教师在活动的过程中适时地提醒学生记下活动的每一个环节,包括细节,便于学生在写作时有话可说;(2)引导学生说话,诱发学生间接体验。教师在游戏结束后,分层次地指导学生将"看到的、听到的、感受到的、想到的"说出来;(3)注重对体验的内容进行升华和再反思。鼓励学生结合自己的切身经历自由表达,但也绝不是任由学生胡乱表达。既然是写作,就肯定有一定的规范,教给学生一定的写作规则,然后指导学生在多种条件下进行变式练习,语言表达力求做到文从字顺,富有真情实感。

游戏情境正顺应了儿童的身心特点,以儿童的实际需要和经验建构教学内容,使儿童真正成为课堂的主人,使写作教学活动真正成为以兴趣、爱好等本能活动为支撑点的主动活动,它不但有助于小学生写作能力的提高,还有助于其情、知、意、行的和谐发展。

2. 激发儿童想象,通过绘画促创造。

画写融合策略,即借助绘画作品直观、形象、吸引力强的特点,激发儿童的想象力和创造力,并恰当运用绘画知识来指导学生作文,以提高作文教学的效果。画写融合的形式有日记画、剪贴画、人物画、连环画、漫画、简笔画等。

绘画是造型艺术,文学是语言艺术,两者各有其特点和规律,但同属艺术范畴,本质都是反映和表现生活。所谓"诗中有画,画中有诗",就是这两种艺术性能相互渗透、相互影响的形象概括。心理学家的实验证明绘画是儿童最乐于表现思想的形式。我们可以遵循儿童认知发展的这一规律,将绘画和写作融为一体,激发儿童的写作兴趣和自信。

如特级教师贾志敏指导《救救青蛙》时,贴画了"天热、一元钱、青蛙"这三个图文相关的事物,引出事情的起因——天热我要一元钱买冷饮;经过——发现青蛙,买青蛙放掉;结果——没吃到冷饮,但受到妈妈夸奖。学生理清层次,活跃思维,有序表达,较好地实现记事的目的。

画写融合的形式有利于给原本枯燥的习作过程注入无限情趣,而且与"看图作文"相比,增添了更多的画面空间、想象空间,画面不再是单一的、静止的,而是延展的、活动的。而这些延展的、活动的图画,有利于引领学生走进故事情境,让学生在鲜活的情境之中感受,进而表达;同时,画写融合所提供的丰富的、多元的习作材料,也很好地解决了学生习作时"无米之炊"的烦恼。

3. 顺应儿童心理,通过故事促想象。

故事接龙策略,即顺应学生爱听、爱看、爱讲、爱编故事的心理特点,设计一个较有个性的主人公,以他的生活为线索,让学生用"接龙"的形式创编系列故事。

故事内容具有童真童趣、想象丰富等特点。孩子都爱听故事,他们在老师、父母的故事中长大。大量的阅读让孩子们积累了丰富的故事结构和故事原型,丰富的生活世界、精神世界是故事的源泉,儿童期特有的丰富的情感力、大胆的想象力、敏锐的感受力是他们创编故事的"工具",所以人们称儿童是天生的故事家。

故事接龙策略可以按"创设情境、互助合作、评价点拨、编写故事"的教学步骤进行。比如"评价点拨"环节,在学生讲述与评说中,教师可以适当点评,进行写法指导。如"老师不在的两分钟"故事接龙时,学生容易平铺直叙,没有重点,教师可引导他们用"有的……有的……有的……"句式来描写重点场面以及人物的语言、行动、神态等,使内容既条理清晰,又充实生动。

故事接龙不仅仅是创编故事,也是学生精神成长的写真,更是学生精神世界的游历。把握这个基点,便能创生出更多更新的故事作文,让孩子在乐此不疲的故事接龙中感受到生活的热度和作文的快乐。

4. 丰富儿童体验,通过表演学表达。

编演剧本策略,即教师创设情境,赋予学生编剧身份,指导学生自编、自演课本剧,在"演员"或"导演"的磋商、讨论、修改剧本过程中,明了人物动作、语言、神态等描写的意义及方法。

在小学阶段开展自编、自导、自演课本剧,让学生自己动脑去想、动手去写、动口去讲、动情去演,可以使学生在活动中直接接触语文材料,在语言实践中掌握运用语言的规律,为作文教学开辟一方新天地。

编演剧本大致可分以下几个基本步骤:激发兴趣、巧选题材、指导编写、自主排练、上台表演、及时评点、落笔成文。教师应把握契机,趁热打铁,引导每位学生写一篇文章,把他们各自独特的丰富体验表述出来。演员可写"扮演……形象的体会",观众可写"为表演活动而……的我"等。通过写作,让学生再一次对先前的感受细细品味一番,体验也就更加深刻而明朗了。

编演课本剧引领作文教学走向互动、走向整合、走向生活,变课堂为舞台,大大提高了学生习作表达的兴趣和能力。

总之,习作教学中的诗意情境创设的出发点和归宿点应该是为学生的写作服务。情境创设是一项复杂的艺术化的创造过程,需要我们在教学实践中不断总结和提高。

第二节 从心出发,焕发习作教学的诗意魅力
——六年级《感受阳光》诗意习作教学实录与评点[①]

"夫缀文者情动而辞发"(刘勰《文心雕龙·知音》)。从写作规律来看,任何写作者是先对客观现实有所感发而生成内在情志,然后才借助语言文字把这种情志表达出来。小学生习作也应该遵循这个规律,先练习用视觉、听觉等多感觉器官感受客观世界,触发内心的感动,然后才学会把自己看到的、听到的、想到的内容、亲身经历生命感动,用恰当的文字表达出来。但习作教学的现实是:广大小学语文教师习惯秉承"指导在先,写作在后"的教学观念,对学生进行外在的习作技法、习作知识、习作结构的机械灌输,导致学生"望文生畏"。《义务教育语文课程标准》在"实施建议"部分也指出,对学生进行习作指导应该立足学生的写作实践。这也意味着,习作教学要从心出发,变外在的规训为诗意的生成。受湖南省国培项目的邀请,笔者近日登上小学语文教学讲台,为国培学员执教了一堂未曾打磨的、原生态的习作指导课——"感受阳光"。特

[①] 作者:冯铁山、王凯琪、谷淑雨。原文刊发在《新作文》,2018年第9期。

就此问题进行初步探讨,以求教于方家。

一、调动多元的感觉,触发内心的感动

(一)交流思考,探讨"聪明"

师:听老师介绍,六(1)班的同学都是聪明的孩子,大家知道什么是聪明吗?咱们班的同学谁最聪明?请你说。

生:我认为李铭恩同学最聪明。

师:为什么?讲理由。

生:因为他写作文可以写出别人写不出的东西。

师:也就是说李同学用他的眼睛看到了别人看不到的地方。

生:我觉得肖扬最聪明。因为他能够把感情写得很细腻,经常受到老师表扬。

师:除了写作文聪明之外,还有没有别的方面也很聪明,你发现了?请你说。

生:我们班上有一些同学在课堂上面能够回答老师的问题,回答的内容是我们想不到的。

生:我们班上有些同学,可以通过别人的表情,揣摩出他到底是开心还是不开心,如果不开心的话,就会和他一起玩,然后安慰他。

师:这位同学太了不起了,我们应该为他鼓掌。(生鼓掌)他不仅仅是用眼睛看到别人开心还是不开心,还会用心去感受。六(1)班同学聪明果然名不虚传。为什么聪明呀?因为我们都有一双——(停顿)智慧的眼睛,看到别人看不到的风景;还有一双——善听耳朵,听到别人听不出的声音;还有灵敏的鼻子,闻出别人闻不出的气味;最重要的是还有一颗善于聆听自然、聆听社会、聆听自我感动的心。

[评点] 冯老师的导入环节别出心裁、新颖有趣。"咱们班谁最聪明"作为课前谈话的话题,看似漫不经心,实则匠心独运。一方面营造了轻松活泼的学习气氛,触发学生用心去感受同学的"聪明之处";另一方面巧妙渗透写作应调动五官,强调心的感受。作文写得好是因为要运用善于观察的眼睛、善于聆听的耳朵、善于嗅闻的鼻子,还有善感的心。"感受阳光"何尝不是这样呢?这为下面的教学环节做好了铺垫。

(二)聚焦画面,感受阳光

师:同学们,今天我们就带着自己最锐利的眼睛,最聪慧的耳朵,最善于嗅闻的鼻子,还有善感的心,走进我们的课堂,一同来感受——

生:阳光。(板书"感受阳光")

师：请看这幅画(PPT播放"晚霞"的画面)，你感受到了什么样的阳光？请你说。

生：我感受到，黄昏时，一抹艳丽的烟霞辐照宽广的大海，这是舍不得落下的阳光。

师：真是聪明的同学，不仅用眼睛看出阳光的色彩——艳丽，看出了形状——烟霞；还用心察觉出时间——黄昏以及不忍离去的感情。(转头看其他同学)哦，你也很聪明是吧？(生站)

生：我感受到了一抹喜悦的、充实的阳光，因为这幅画里的渔民们他们打鱼归来，渔船满载着夕阳，也满载他们的收获。这夕阳里，还有一股海腥味。(鼓掌)

师：这位同学，他不仅用眼睛看到，还用鼻子闻，甚至还用耳朵听，似乎听到了渔民打鱼回来爽朗的笑声。

【评点】一幅图画，各抒己见，个性高扬。正因为有了前面环节铺垫，这一环节学生自然调动五官，用心感受，课堂上诗意的生成渐渐开放。学生不仅能够看到的画面的色彩，还能闻到海腥味以及感受到渔民收获的喜悦。

二、品味自然的阳光，生成归真的诗意

(一) 眼睛感受森林的阳光

师：现在我们来到了森林里，怎么把森林的阳光写好呢？老师给个句子，你能够按照老师给出的句式，再来感受一下阳光吗？

PPT出示：
森林里有_____的阳光，她让我看到_____。

生：森林里有神奇的阳光，她让我看到了小树的成长。

生：森林里有金灿灿的阳光，她让整个森林都显得有勃勃生机。

生：在森林里，有温暖的阳光，她让我看到了妈妈的笑脸。

师：妈妈笑什么呢？

生：妈妈看到森林的树苗一天天长大，她开心地笑了。

生：阳光妈妈笑森林里的小动物特别灵活。

师：森林里的阳光像妈妈，她把爱，轻轻地、轻轻地撒下；哪里有阳光，哪里就有妈妈的微笑！你看，这就是一首很好的诗。

【评点】冯老师善于捕捉学生内心感受阳光的信息,利用评价机制,巧妙地给学生的感受作补充、作拓展,这样就生成了一首小诗。语言十分俏皮可爱,富有画面感,无形之中在告诉学生:每一个人都是诗人,写作不难,从而消解习作的恐惧心理。

(二) 多感觉品味小河的阳光

师:我们换一个地方,看看小河里有什么样的阳光,她又让我们感受到了什么?请大家按照老师的句式,快速作答。

PPT:小河里有_____阳光,她_____;

　　　小河里_____,她像_____;

生:小河里有香甜的阳光,她让我听到了鱼儿们的跃动,她让我嗅到了妈妈做糖醋鱼的味道!(鼓掌)

师:你用鼻子闻到了小河的阳光,这阳光里不仅有鱼儿的欢乐,还有家庭的温馨。

生:小河里有金灿灿的阳光,她让我听到了小河优美的歌声。

师:小河的歌一定是一首非常有节奏的歌,就像同学们吹奏的葫芦丝一样动听。

生:小河里有柔和的阳光,阳光就像母亲一样,小河的浪花一会儿欢快地歌唱,一会儿悄悄地呢喃,似乎在和阳光妈妈对话。

师:小河似乎在唱:妈妈,您真好;又似乎在说,妈妈:您辛苦了。对吗?

生:小河里有和煦的阳光,像慈祥的母亲一样抚慰着鱼儿进入甜美的梦乡。

师:和煦的阳光像慈祥的母亲,哼着摇篮曲,多么美妙的比喻啊,多么美丽的母亲啊。

【评点】该环节,冯老师有明确的教学点:其一,调动学生多感觉感受阳光;其二,把感受的阳光通过比喻等修辞表达出来。"感人心者,莫先乎情。"冯老师深谙其道,善于捕捉学生言语实践的信息,用真情诱发学生的内心感动,并灵活组织学生的语言,巧妙引出教学点,一步步促使孩子的语言诗化。

(三) 多角度表达自然的阳光

师:同学们,老师再给大家一幅沙漠的画面,如果为这三幅画分别写一句话,组合起来,读一读,看看有什么变化?你又会有什么感觉?动动笔吧。

PPT 出示:森林里的阳光_____,像_____。

　　　　光芒四射、朝晖满地、炫目耀眼……

小河里的阳光_____,像_____。

明媚和煦、明丽灿烂、暖洋洋的……

沙漠上的阳光_____,像_____。

酷热难耐、万丈光芒、火辣辣……

(学生写话,教师巡阅)

师:写好的同学在小组里互相交流一下,你欣赏谁写的阳光,就在上面画一个五角星,然后小组长挑选五角星最多作品的来汇报。

生:我欣赏程敏同学写的句子"森林里有炫目耀眼的阳光,她像杂技演员在树枝上舞蹈",因为她把阳光写活了。

生:我欣赏"小河里有明媚和煦的阳光,像慈祥的母亲,哼着动人的摇篮曲,哄着我们进入梦乡"。(师生鼓掌)

师:和煦的阳光像慈祥的母亲哼着摇篮曲,多么美妙的阳光啊!多么美妙的母亲啊!你们这一组推选出来了吗?

生:我们组张娜写的阳光特别优美,而王晓红的笔调特别活泼。

师:一个是优美,一个是活泼,那么两个同学都汇报一下吧。

生:小河里的阳光明媚和煦,河水好像穿上了一件暖和又漂亮的礼服。

生:小河里的阳光晶莹明亮,像一群调皮的小精灵在小河玩耍;沙漠上的阳光光芒万丈,把沙漠照得像金子一样闪闪发亮。(师生情不自禁再次鼓掌)

师:我们的同学不仅眼睛看到阳光颜色、形态,耳朵还听到阳光的声音,甚至自己也想加入到阳光的世界里,句子越写越有味道,现在把大家写的句子组合一下,大家读一读。

生(齐读,PPT出示):森林里有光芒四射的阳光,像杂技演员在树枝上舞蹈,让我感受清晨森林的活力;小河里的阳光明媚和煦,像歌手演奏一首轻快的交响乐,让我听到滔滔江水东流去的决心;沙漠上有骄阳似火的阳光,犹如一盏探照灯将沙漠照得格外明亮,让我看到大地的广袤开阔。

师:同学们,文章的开头很重要,好文章的开头,可以叫做"凤头"。把刚才写的一句话当作作文的开头,或者把三句话组合起来,都很漂亮。

【评点】冯老师的习作教学善于搭建思维支架,从探究"森林里的阳光"起步,进而感受小河、沙漠的阳光,然后巧妙结合起来,形成排比,组"句"成"段",生成"凤头"一样的开头。学生不仅学会了运用多感觉感受阳光,还不知不觉地习得开头的方法。另外,冯老师尊重学生的学习地位,发挥学生自主互助的学习效能。不仅调动学生自主感受阳光的积极性,还采取小组合作学习的形式,让小组成员之间相互传阅,点评,分享,选出最优秀的作品展示。这样既节省了时间,又可以让更多的同学欣赏到优秀作品,便于全体同学学习、模仿、借鉴。

三、品味生活的阳光,生成求善的诗意
(一)感受亲情的阳光

师:谁告诉我,晚上的阳光在哪里?下雨天,阳光在哪里?(声音低缓)你是用鼻子告诉我?还是用眼睛告诉我?还是用耳朵告诉我?还是用心告诉我?(PPT呈现两幅图画,一幅爸爸背着女儿去上学,一幅爸爸下雨天给儿子撑伞。)

生:爸爸的伞很小,为了不让儿子淋湿,他把整把伞都撑给了儿子,自己淋得像落汤鸡一样,阳光就在爸爸撑着的雨伞里。

生:我感受到这是无私的阳光,因为爸爸用无私的爱,把伞撑给了儿子,而自己甘愿被雨淋。

生:爸爸的背上有阳光,因为爸爸背着女儿去上学,也背上了快乐。

生:女儿和儿子的嘴巴里有阳光,他们一定会对爸爸说学校快乐的事情,一定会说谢谢爸爸的话语。

师:阳光真是一个多面手,会在不同的时间、不同的地点,或者在不同的时间、同一个地点展现出不同的风姿。只要大家用诗意的眼睛去看,用聪慧的耳朵去听,用灵敏的心去感受,奶奶做的布娃娃里有阳光,爷爷讲的故事里有阳光,妈妈做的香喷喷饭菜里有阳光,老师和我们做的游戏里有阳光,啊,你会发现生活处处有阳光。

【评点】首先,冯老师为学生设计了一个思考点,通过晚上、下雨天哪里能感受阳光等认知冲突自然转换视角,引导学生由感受自然阳光过渡到品味生活阳光。其次,此环节是层层深入的,学生一开始就捕捉到了图画中最明显的"阳光"——伞,在老师的点拨下,领会到了"背上背""口里说""心里藏"等阳光,触发学生内心的感动,也打开了学生思维的翅膀,切合诗意语文教学的思想——既品味自然归真的诗意,也品味社会求善的诗意。

(二)借鉴课文的阳光

师:同学们,三年级学过一篇《棉鞋里的阳光》课文,请大家说说看。

PPT呈现：在_____有阳光,阳光温暖了_____,还温暖了_____,这是_____的阳光,是_____。

生：在妈妈给奶奶的被子里有阳光,阳光温暖了奶奶的身子,也温暖了奶奶的目光,那是爱的阳光,是妈妈对奶奶的爱。

生：在小峰晒奶奶的棉鞋里有阳光,阳光温暖了奶奶的脚,还温暖了奶奶的心,这是孝顺的阳光,是小峰对奶奶的孝顺。

师：不仅课文里有阳光,我们学过的很多美妙的诗词里,诗人和我们一样,也在采撷着阳光。

PPT呈现古诗及配套图片。

生：当李白登上桃花潭上的小船,正要离岸时,汪伦在岸上送来的歌声就是阳光。

生：孟郊妈妈给儿子缝补衣的一针一线也是阳光,是母亲对儿子牵挂的阳光。

【点评】引导学生回顾以前学过的课文、背过的诗词,体味其中所蕴含的情感,不仅丰富了阳光的人文内涵,更激活了学生习作的内驱力。

(三) 拍摄生活的阳光

师：课文的作者,古诗词的诗人用自己的眼睛做相机,拍摄了亲情、友情的阳光,闭上眼睛,同学们是否在不经意间捕捉到生活中的阳光呢?

PPT：寻找生活中印象最深的阳光。

　　学步儿童；难题犯难；救灾画面

　　言语实践：_____,阳光是_____。

生：当第一次来到学校,老师满面笑容,那笑十分灿烂,这是我感受的阳光。

生：我也想说说印象中最深的阳光。当我还是孩童的时候,学着坐公交车来学校,阳光是爸爸、妈妈鼓励的话语、关爱的神情。

生：当我被难题阻碍,焦头烂额时,阳光是老师为我讲解时呼在脸上那暖暖的香香的热气。

生：我印象最深刻的阳光是我犯错误时老师向我投来了一抹微笑,那笑容代表着宽容,代表着鼓励我不要再犯错误。

师：老师微笑的时候,表情怎么样?周围的环境怎么样?同学们要善于发现别人发现不了的阳光,写出别人感受不到的感受。

生：我印象最深的阳光是繁华的上海外滩,鳞次栉比的高楼上反射出耀眼的光芒,我感受到大国崛起的自豪,也懂得了自己将来的使命。

师：你这个阳光很有气魄！我想你将来一定会为我们中华民族崛起做出巨大的贡献！同学们，这位同学所写的阳光与众不同。但是怎么把自己找到的阳光写得活灵活现呢？老师的要求是做摄影师。

出示PPT：做摄影师（老师读），看得见生活的慢镜头（学生读）。

出示PPT：（出示范文，师生对话讲解镜头）

  印象最深的阳光是奶奶菜园里忙碌的身影（全景镜头）。

  奶奶会在春天，把蔬菜种子撒进菜园的土里，把它们埋好。左手提一只水桶，右手拿一只勺子，一株一株浇水（连续镜头）。几天后，种子就会发芽，翠绿的嫩芽也会慢慢地舒展开来，随风摇摆（连续镜头）。每到这个时候，奶奶都会仔细地察看着每一株菜（全景镜头）。阳光丝丝缕缕地照在奶奶的头上，脸上，肩上（近景镜头）。奶奶佝着背，手一刻也不会停歇，一会儿给蔬菜捉虫子，一会儿又清除杂草（连续镜头）。有时也会喃喃自语："除草要除根，根没有除干净，又要长起来的。"（特写镜头）脸上常常冒出一颗又一颗汗珠，晶莹剔透，一滴一滴地掉进蔬菜叶子里（大特写镜头）。奶奶种的菜种类可多了：有青嫩嫩的白菜，有脆生生的萝卜，有红得发亮的辣椒，还有绿油油的黄瓜，多得真是让人数不胜数！（全景镜头）

师：请同学们拿出预学稿，按照老师的示例，同桌之间研讨一下自己昨天晚上完成的习作《挥手之间的阳光》，识别写到了哪些镜头？如果没有，请修改、补充、完善。

（学生再次研讨，教师巡视，然后学生汇报）

生：我这篇作文，主要描写了老师的动作和自己的特写镜头。我脸红发烫，缓缓无力地举起打招呼的右手，嘴角哆嗦着想说些什么，却又实在不知怎么组织语言。

师：他特写了自己的脸红发烫、嘴角哆嗦的镜头，这个镜头事实上反映了内心里的忐忑不安。

生：走廊上，刘老师捧着一本书，缓缓向教室走来，同学们都走上前去跟刘老师打个招呼。

师：同学们都走上去跟刘老师打招呼，这写的是整体情况，叫做全景镜头。

生（继续）：渐渐地，走廊就我一个人了，豆大的汗珠子在我额头上滚动。

师：她说到了豆大的汗珠，这是什么镜头？这就叫特写镜头。

生：我原来的作文是这样写的："第二天早上，在学校走廊，老远就看见语文老师走过来，我很矛盾，不知道该不该打招呼。老师越来越近，她看到我的时候笑了笑。于是，我也尴尬地举起了手，无声地打了'招呼'。学习了老师的示范，我和同桌一起修改了一下：老师已经快到我面前了，今天老师穿着一套藏青色的西服裙，阳光从教学楼屋顶投射过来，显得格外神采奕奕。脚步声越来越响，仿佛在催促我赶紧做出决定：打招呼，还是不打招呼。我已经嗅到她身上熟悉的香水味了，脸红发烫，嘴角哆嗦着想说些什么，却又实在不知怎么组织语言。这一刻，我终于做出选择了，缓缓地、无力地举起打招呼的右手。老师停下脚步，笑意慢慢浮到脸上。'老师，那天对不起！'我轻轻地，像蚊子那样小声地的说。'没关系，你这几天作业写得不错。'老师笑了，我也笑了。"

生：老师，我修改的时候，还加上了心理描写，是以自己的心理描写作为镜头。"怎么办，她越来越近了，到底要不要打招呼？我心里嘀咕着，越来越忐忑不安。这时我脑子里有两个声音炸开了花，有一个声音说：你应该和老师打招呼，这是最基本的礼貌。而另一个声音说：你快跑，这是骂过你的人，万一又批评你一顿，看你的脸往哪搁。"

师：这位同学加上了心理描写，事实上呢，告诉大家的第二个习作的秘密，请读一读老师送大家的第二把钥匙——

PPT 呈现：听得见内心的声音，写出真情实感。

【点评】此环节主要是让学生感受"与众不同"和"印象深刻"的阳光。这里的教学不再是老师的示范，而是放开手脚，让孩子们自己的去发现，自己去体会。在此环节，冯老师采用了一种新奇的教学策略——做摄影师，拍下感动的画面，品味生活的阳光。把习作与摄影结合起来，用眼睛做摄影机，拍下全景，进行扫视，也不忘记录特写镜头，再加上从听觉、视觉、嗅觉三方面来表达感受，学生不仅看得见生活的慢镜头，还听得见内心的感动。

四、创新独特的结构，表达至美的诗意
（一）回归自我，总结思路

师：这篇文章就写完了吗？没有，我们还要加上一个结尾。老师的结尾是这样的"每当我品尝奶奶做的菜肴时，就会想起年迈的她在阳光下挥锄、播种、耕耘的身影，想起她脸上那来不及拭去的汗水。"我们一起读一读，预备起。

生(齐读):我感受到的不仅仅是美味的菜肴,更是奶奶勤劳的双手为我撑起的一片爱的天空。

师:把开头、结尾,再加上中间看得见的慢镜头和内心感动的声音合起来,就是一篇完整的文章。回顾一下,理一理文章的思路,我们学到了什么呢?

PPT展示学习要点:

$$
篇章\begin{cases} 观看自然"阳光"——修辞手法 \\ \Downarrow \\ 感悟生活"阳光"——用镜头具体描写 \\ \Downarrow \\ 体会自我"阳光"——真情流露 \end{cases}
$$

图 6-1

师:首先,大家注意:开头,观看自然的"阳光",要用上修辞手法开头。感悟生活的"阳光",一定要用镜头,也就是——(生:做摄影师)做摄影师,看得见生活的——(生:慢镜头)慢镜头。接着体会"阳光"背后的感动,叫做"做心灵的(生:美容师)美容师,听得见内心的感动"。

师:请同学们注意写自然的"阳光",到生活的"阳光",有一个"脖子",这个"脖子"叫什么?

生:过渡。

师:我们把自然的"阳光"叫脑袋,过渡叫"脖子"。脖子太长了好不好?

生:不好,那叫长颈鹿!

生(齐读):自然界中的各种阳光如此独特,生活中的一些阳光也让我们印象深刻,我脑海中记忆最深的便是奶奶菜园里忙碌的身影。

【评点】一堂两课时的课,学生很容易忘记前面学过的内容,冯老师及时总结,对学过的内容进行梳理,起到了启迪思维的作用。为了帮助学生理解,冯老师教学特别注意用生活化的事物形象化习作教学的名词术语,除了上一个环节的做摄影师,这里还把作文的过渡叫做"脖子",生动有趣,耐人寻味。

(二) 巧妙变化,鼓励创新

师(缓缓道来):请看——4秒钟;闭上眼睛,想一想——开头,要注意写自然的"阳光",用上修辞手法;过渡,要注意总结所写的自然的"阳光",巧妙地写出印象深刻中的生活"阳光";正文,要用两种手段:其一,做摄影师,看得见生活的慢镜头;其二,做心灵的美容师,听得见内心的感动。文章写完了,还要有一个结尾,可以把"阳光"的内涵揭示出来;也可以是你获得的总的感受。好了,把眼睛睁开。

PPT 呈现结构:

开头:我感受的是(地点或者时间)的阳光。

正文:(拍摄阳光的镜头)_____,

_____,

_____(写出内心的感受)_____。

结尾:这是_____的阳光。(告诉读者你感受的阳光)

图 6-2

师:这样的结构还可以怎么变呢?如果同学们机械模仿,50 个孩子都这样写的话,会产生什么样的结果呢?老师看第一篇习作可能会开心,第二篇也许还会微笑,第三篇就开始皱眉了,第四篇呢?恨不得一巴掌拍死你。

生:大笑。

师:我们要怎么写才不让老师拍死呢?我们要像孙悟空一样变变变。

PPT:出示"变变变"环节

1. 一种阳光⇨一个镜头⇨一种声音
2. 二种阳光⇨二个镜头⇨二种声音
3. 三种阳光⇨三个镜头⇨三种声音

……

图 6-3

【评点】"变变变"的环节同样使课堂的教学结构和深度更进一步。老师先引导学生把握一般的习作结构,给全体学生搭建了思维的支架;为了防止千篇一律,特地设计了变变变,学生可以增加自己对阳光的思考和创作,在自己的习作中渗透诗思——即智慧的创造。

(三)深化感受,融洽关系

师:同学们,下面送大家一首小诗,请带着诗意的眼睛去看、用聪慧的耳朵去听、用自己敏感的心去感受,诗意就在我们的生活里,就在老师的一言一行中。

生:(齐读)

清晨

迈着轻快的脚步走进校园
春风拂面的微笑
那是一缕散发和善的阳光

课堂
带着鼓励的眼神登上讲台
笑语盈盈的指导
那是一缕洋溢慈爱的阳光

课间
踩着欢乐的节拍融入操场
中规中矩的示范
那是一缕演绎认真的阳光

还有
成功时,您那挥舞的教鞭
分明就是前进的号角
犯错时,您那智慧的点睛
俨然就是导航的灯塔
失败时,您那温柔的抚摸
轻轻弹去我们的胆怯和沮丧

老师啊,您就是孩子心中的阳光

师:最后一句,我们再深情地朗读一遍!

生(齐读):老师啊,您就是孩子心中的阳光。

师(微笑):要播撒阳光首先要打开我们的心扉,感受阳光,记录阳光。请以"感受阳光"为题,写一篇文章。谢谢同学们!今天的课上到这里!(鼓掌声)

【评点】冯老师自己"下水"演绎"阳光",不仅给孩子提供学习、借鉴的模板,还能够在朗读中使学生体会诗中的真情和阳光的独特。

五、案例评析

从习作教学目标看,冯老师的教学目标定位于每一个学生在识阳光、品阳光、寻阳光的过程中,感受自然归真的诗意、社会求善的诗意以及表达自我至美的诗意。在此基础上,通过写好一句话,到写好一段话以及一篇文章的言语实践中学会传递、分享"阳光"。习作目标做到了立体圆融,也就是促进学生语言表达和德性培育同构共生,水乳交融。

从习作教学主体看,冯老师特别尊重学生习作主体地位,辩证处理好师生角色定位以及主体间性的关系。教师作为指导者、组织者、评价者,冯老师善于触发学生的内心感动,也善于捕捉学生生成的信息,根据学生学习进程搭建思维的支架,然后放手让学生去破除支架;学生作为探索者、合作者、实践者,冯老师以"个体+合作学习"为基本形式,以"班上谁最聪明"导入,巧妙引导学生用自己的眼睛去看,用耳朵去听,用鼻子去闻,从听觉、嗅觉、视觉三种感官去探索自然、社会和自我的关系,发现习作写好开头、正文、结尾的秘诀——做摄影师,拍下感动的镜头,自然流露内心的声音。注重每一环节学习结果的评价,引导学生习他人之长,补自己之短;看得见进步,也辨得清差距。

从习作情境创设看,冯老师在课堂中创设了晴天的阳光、雨天的阳光、黑夜的阳光、森林的阳光、河水的阳光、爸爸为孩子撑伞、爸爸背我上学等时间与空间不同情境,尤其是奶奶在菜园里辛勤耕耘、学生在走廊相遇老师的典型情境。这些情境巧妙融合了学生习作的"知、情、意、行"与生活的"真、善、美"等元素,从而形成一种诗意"场"。学生身临其境,自然生发生命的感动,由感动引发出德性的善以及自我追求的美。

从教师诗意情怀看,整堂课的氛围让人感觉轻松有趣,冯老师一直保持微笑,语速不快也不慢,说到重要的地方会加重语气。在整个教学环节中,最让人印象深刻的还是冯老师的教学语言。冯老师说出的每一句话都投入了激情,或高昂,或深沉,或欢喜,或悲痛,或严肃,或可爱,或幽默,尤其是学生汇报的语言贫乏的时候,他会组织学生的话语,既给学生做了示范,又开启了下一环节的教学,让人觉得特别自然和亲切。老师身上有阳光,学生身上也有阳光,这堂课就散发了浓浓的诗意。

第三节　小学诗意习作专题课程开发与实践
——以"如何写清一件事"为例[①]

一、课程缘起：外铄知识的习作教学难以触发学生的内心感动

（一）问题的提出

指导学生如何写清一件事情是小学中、高段习作教学一个重要内容，而小学常见的习作教学形态是这样的：教师板书课题"如何写清一件事"后，第一步，采取课件呈现、学生朗读的方式，认识并理解"写事记叙文"的概念；第二步，采取师生问答的方式，理清写事记叙文的基本结构，并总结出一个习作公式，即"事件发生（要素清楚明白）＋事件发展（情节生动曲折）＋事件结局（主旨含蓄启迪）"；第三步，写事记叙文方法指导，逐条讲解"如何明确中心""理清事情的前因后果""记叙文的顺序要有条理"等习作知识，教师每讲一个知识点均会引用学生学习过的课文片段作为例文，以印证掌握这些知识的作用；第四步，在介绍记叙文大量习作知识的基础上，教师重点演练"倒叙"的写作手法。整堂课，从学生的视角看，学生学习的主要活动体现在"听、读、看"三个方面。所谓"听"，就是听教师讲习作知识；所谓"读"，就是朗读课件呈现的有关记叙文知识的文字；所谓"看"，不外乎看老师引用学过的课文片段例子。

（二）习作教学的逻辑前提

上述的习作教学案例其实不是个别现象，它反映了一个习作教学颇为典型的"观念"问题。小学语文教师习惯把外在于学生心灵存在的习作知识与技法当作课程目标、课程内容，忽略了作文的本质与作文教学的规律。受此影响，学生动笔的时候，首先需要想到的是教师所教的写一件事的习作知识，其次需要构思一个中心思想，甚至列出全文的基本结构。当这些习作知识作用学生大脑的时候，也就意味他们根本不知道要写一件什么事情，以及把握这件事情和"我"的关系。这就自然导致"咬笔杆""说套话""不想写""写不好"等现象的发生。张志公先生认为造成这种现象的原因是"观念不对头"[②]。"春秋代序，阴阳惨舒，物色之动，心亦摇焉。"[③]"夫缀文者情动而辞发，

[①] 该部分作者为冯铁山，原文发表在《西华师范大学学报》（哲学社科版）2021年第1期。
[②] 张定远主编.中国现当代名家作文论[M].郑州：文心出版社，2000：300.
[③] [南朝梁]刘勰.文心雕龙[M].长春：吉林出版集团有限责任公司，119，134.

观文者披文以入情。"①无论从自然之物化作抒情的寄托之物,还是情感倾泻成客观的文字,人之心动,心到物边便是情,物来心上并化文。也就是说,学生写作的起点不是接受教师的知识灌输,而是内心的"情动"。只有学生内心真正有所感动,感动到"想哭""想笑",甚至"疼痛",他们才会愿意表达。

(三) 诗意习作教学的基本内涵

诗意习作教学倡导以"诱发学生内心感动"为前提,以"个体＋合作学习"为基本形式,教师引导学生在言语实践活动中相遇归真、求善、至美的诗意,从而自然表达内心感受。学生有表达的欲望,自然记得起经历的事情,也能够写清楚一件事,语文老师的责任就是唤醒学生亲身所经历事情的感受与并设计好基于"言语实践"为本体的教学目标、内容、教学程序与教学评价。基于以上理由,本文结合诗意习作课题实践,探索围绕"如何写清一件事"这一核心课程目标开发,供小学语文教师实践参考。

二、课程目标:变单一的知识目标为综合的语文素养目标

(一) 单一的习作知识训练难以促进学生语文素养和谐发展

课程目标是课程研制者和执行者从事课程开发与教学活动最关键的"准则"。② 习作教学课程目标本是语文教师基于学生学习习作结果或效果的预设,也是研制该门课程的出发点和课程实施效果评价的依据。作为一种预设,事实上是习作课程开发者对习作及习作教学价值判断的结果。价值判断既是主观的,也是客观的。从主观的角度审视,课程目标构想是语文教师主动适应时代发展以及满足学习者习作学习需要的行为;从客观的角度而言,习作课程目标构想也是需要基于习作教学历史、现实的课程事实进行合理审视的结果。然而,语文教师长期以来习惯把习作知识经验传授作为激发学生习作动力的刺激物,反复灌输习作技法与习作知识,尽管也能产生促使学生"条件反射"习作的作用,但需要指出的是,这种视习作知识、技法为本体的教学方法,其实质是"前喻文化"的产物。所谓的"前喻文化",就是晚辈向长辈学习的文化类型③。目前学生的生活世界已经发展到以乔布斯"苹果"为代表的创新时代,他们可以从很多途径掌握习作知识、写作技法,这种以灌输习作知识经验为主要手段、让学生

---

① [南朝梁]刘勰. 文心雕龙[M]. 长春:吉林出版集团有限责任公司,119,134.
② R. W. Tyler. Basic Principles of Curriculum and Instruction [M]. Chicago:The University of Chicago Press,1969:62.
③ 张人杰主编. 国外教育社会学基本文选[M]. 上海:华东师范大学出版社,1989:9.

顺着教师搭设好的楼梯去感受世界、认识世界的教学方式越来越受到质疑与批判。从建构主义哲学视野审视,学生习作活动并不是个体获得越来越多外部知识经验的过程,而是用心对话自然、对话社会以及对话自我的活动,在这个活动过程中感悟、习得有关生活、有关人生哲理以及有关认识与创造事物的程序,即建构新的"认知图式"。

(二)学生"为文"的习作素养和"为人"的核心素养二者不可偏废

任何目标的构成均是基于学生学习实际的起点与理想终点的思考的结果,而诗意习作倡导言语实践习作本体观念,涵养诗意情怀,有计划、有步骤地建立全方位、多层次的习作教学与训练体系,引导学生创造性地运用语言文字表达自己内心的感动,在表达的活动中达成"言德同构",即学生"为文"习作素养和"为人"的核心素养圆融互摄。基于此认识,诗意习作课程目标建构从起点而言,既要落实学生"习作经验起点",也要落实"生活经验起点"。所谓的"习作经验起点",指的是学生对习作要求已具备的语文素养及习作水平;所谓的"生活经验起点",指的是感受生活的意识与能力。而要达成的课程目标就是语文经验的丰富与生活经验的精粹,它与语文核心素养联系起来就形成了"三维立体融合"的课程目标体系:其一,习作素养目标,指学生习作所包含的文体知识、写作能力等基础性内容,全体学生应该掌握的,属于静态的知识能力体系;其二,社会参与目标,指学生对习作教学内容所包含的思想品德、人文素养的解读、识别与培育,这是因材施教、因地制宜的活性的情感态度价值观体系;其三,自主发展目标,指学生融会贯通学习语文习作知识、训练习作技能、涵养思想品德后进行语言习得与运用的言语实践活动的效度与水平,这是个体性、言语表达的实践性目标。

(三)诗意习作课程目标建构"感受、认知和表达"立体融合的体系

就"如何写清一件事"来说,首先要让学生感受生活中有"一件事",理解什么是"写清"以及如何"写清"。感受一件事情离不开社会参与素养,认识写清一件事离不开习作知识与能力的参与,而写清一件事需要合适的言语实践。因此,基于小学中高段学生需要判断,学生在1—4年级接受了大量的记叙文阅读训练,基本习得了记叙一件事情的基本知识与能力,也有一定的生活经验,但仍存在"感受模糊、写得笼统、表达缺个性"等问题,这就意味此阶段的习作教学需要在"感受、认知和表达"等方面下功夫。课程总体目标需要落实如下几个方面的要求:其一,听得见内心的声音,善于捕捉一件事情的内心感受(总目标1);其二,看得见生活的慢镜头,把一件事情写完整、写具体、写出色(总目标2);其三,让习作语言与结构摇曳多姿(总目标3)。具体到课堂教学则要根据学生学习情况以及学校层次特点等因素,对总目标进行合理的选择、组合、改造

(具体见表 6-1)。

表 6-1 诗意习作课程目标体系一览表

课程目标	课堂教学目标
总目标1	学生能够分辨一件事的人物与事情。
	关注到生活中发生真实事情的细枝末节,从中体悟感动。
	学会从自己或陌生人、朋友、家人经历的一件事情里体会到做人做事的美好品质、经验或教训。
总目标2	掌握记叙文基本知识,把一件事情写完整。
	采取点面结合、关注细节的手法,把一件事写具体。
	结合自己的写作目的,巧妙运用倒叙、插叙和抑扬、对比等手法,把一件事情写得有出色。
总目标3	训练记叙和描写的语言表达。
	创新一件事情习作的结构。
	养成根据评价指标修改自己和同伴习作的习惯。
	积累语言表达的"金句"和写作技法、构思的"金点子"。

三、课程内容:系统规划纵向衔接与横向贯通的训练序列

(一)"生活经验"与"习作经验"是习作课程内容建构的逻辑起点

在课程目标的指引下,习作课程的内容构成也需要从"生活经验""习作经验"两个核心要素出发。学生生活的世界是由自然、社会、自我构成的,他们与这三者的关系是习作课程建设必须重视的问题。在习作教学的视域里,学生通过习作,不仅要真实地表现相遇的世界,还要通过习作去与世界发生联系,发现世界之迷魅,吸取有益的营养塑造理想的自我。因此,习作课程内容不应该只是由如何构思中心、如何运用记叙描写手法、如何谋篇布局等陈述性知识构成,还应该将带着诗意审视世界的生活体验与表达感受纳入范畴之内。诗意习作教学是以一种符合人性基础的以善统真、以美促善的"诗"般的方式去教学,强调"以生活之真顺自然之性,以教师之善养学生之德,以课堂之美怡学生之情,以科学之理明学生之心"。简言之,就是诗意习作教学是归真、求善、至美的活动。

(二)"人与自然、社会、自我"三重诗意的领悟与表达是习作课程建构的重要内容

真实是习作的起点,也是习作焕发生命活力、或者说诗意魅力的关键。所谓的"归

真",指的是从自然的生活出发,教师在自然状态下引导学生遵循自然的本性去观察生活、记录生活,即所谓的"人与自然诗意"。回归到习作经验维度,"归真"即是要求学生写好每一句话,记录真实,书写自然。即引导学生在写作过程中运用由面到点或由点及面的思路开拓,通过平行式、对比式和重复式蒙太奇镜头推演以及立体融合式镜头呈现,真实、细腻而又生动地呈现我们所要描述所记叙的事情。这样才可以保证学生所写事件、叙述过程、聚焦的细节、流露的感情与环境烘托真实。人是未确定的存在,借助习作,人与自然、社会、自我相遇,往往会寄予善的愿望。与其说习作是学生运用语言文字的活动,不如说是在习作过程中修养德性的活动。所谓的"求善",指的是在"归真"的基础上培植学生与生俱来的善心、生发内外互化的善意、成就人己互惠的善行。如果说写作中的"归真"是做人要真诚自然,那么"求善"便对我们在为人处世方面提出了更高的要求。诗意习作与"德性"培育丝丝入扣,不仅能打开学生生活的视窗,还为学生的思想道德培育、诗意情怀陶冶等方面奠定坚实基础。一次习作教学,不仅需要在文章形式、内容等方面成就美感,而且还需要促使学生在塑造理想自我有所收获,即"人与社会的诗意"。所谓的"至美",指的是通过习作帮助学生沟通实然和应然的境界,借助语言文字学会规范自我的行为,真心接纳与自己相遇的世界,从而合理表达出独到理解,逐步形成表达的风格。也就是说习作教学也不再是简单的文字语言运用技巧的教学,俨然升华为教师和学生共同学习如何做人,如何提升自我,如何回报社会的教育过程,即塑造理想的自我,收获"人与自我的诗意"。

(三)课程内容体系建构应着眼于"归真、求善、至美"的纵向衔接与横向贯通

基于以上的思考,小学高段学生习作"写清一件事"的课程内容由如下几个层面构成。在归真板块,生活经验提升层面的课程内容可以从自我到班级、家庭生活去设计;习作经验提升层面课程内容主要从如何把一件事情写完整、写具体、写得有个性的写作手法、技能方面设计。在求善板块,生活经验提升层面的课程内容建构,首先要结合年级学生特点学会自然表达情感,然后学会挖掘所写事情里蕴含的思想内涵或人物思想品质,最后还要能学会对事情发表看法与做出恰当的评价;此板块的习作经验的内容需要考虑"平凡小事里面蕴含的善心""特殊事情里面显示的善意"以及"矛盾冲突事情里面隐藏的内外转化的善行"。在至美板块,生活经验提升的课程内容主要是引导学生以"我"出发写一件事,到写以"我与他或她、它"相处多件事情;习作经验提升的课程内容需要引领学生学会从写好"一句话"到"一段话",再到"一篇文章"的"多种形式"与"个性表达语言"技法与能力(具体见表6-2)。需要指出的是,该内容体系,既是从中段到高段的纵向衔接的、发展性训练序列，也可以视为每一次习作横向贯通"归真、求善、至美"要素的、立体融合的训练指标。作为每一次习作训练，需要教师根据学生存在的生活经验与习作经验的起点，去明确训练的针对性，从而提炼出教学点，把握切入点以及学生的发展点。

表6-2 诗意习作课程内容体系一览表

	指标	初级	中级	高级
归真	生活经验	我的第一次	班级发生的事情	家庭趣事
	习作经验	运用叙事，把一件事情写完整	运用叙事和描写，把一件事情写具体	运用插叙、倒叙，写出事情的变化以及运用抑扬、对比等手法，写出事情的波澜
求善	生活经验	结合写事，自然表达情感	结合写事，挖掘事情蕴含的思想内涵或人物思想品质	结合写事，自然发表对事情的感受、评价
	习作经验	平凡小事里面蕴含的善心	特殊事情里面显示的善意	矛盾冲突事情里面隐藏的内外转化的善行
至美	生活经验	写以"我"为主人公的一件或几件事情	写以"他或她、它"为主人公的事情	写以"我与他或她、它"相互关系发生的瞬间或习惯性产生的事情
	习作经验	一句话"多种形式"写作训练	一段话"多种形式"写作训练	一篇文章"多种形式""个性语言表达"的写作训练

四、课程实施：变刻板的教师讲授为多向度的诗意生成

（一）习作课程实施需要准确定位师生角色

传统习作教学注重习作知识、经验的传授，课堂教学实施基本上呈现"灌输——接受"的、单线性的教学活动状态，学生地位得不到尊重。他们按照教师传输的有关主题立意、中心提炼、组材布局去写作，处于内心无意识的机械写作，导致习作成为挠头的事情。小学生的习作教学本应该成为师生、生生间双向、交互对话的活动，而且这种交互作用和影响又不是一次性的或间断的，而是一个链状、循环的连续过程。在这个过程中。学生的心智之门呈现向自然、社会与自我打开的状态，而不是被外在于心灵存在的习作知识、经验遮蔽。这就需要改变语文教师在习作教学的过程中"满堂灌"、唱"独角戏"的做法，正确认识习作教学实施过程中的基本要素并辨证处理这些要素之间的关系。所谓的习作教学过程，指的是教师引领学生相遇人与自然、人与社会、人与自

我的世界，探索这些世界蕴含的归真、求善、至美等元素，并把这些内容表达出来的习作活动。其构成要素不外乎教师、学生和习作活动。在习作教学过程中，既需要明确教师在习作教学指导充当什么角色与从事哪些活动；也需要明确学生作为学习者又充当什么角色与从事什么活动。师生角色的模糊以及活动的错位也是导致习作教学质量不高的主要原因。在传统习作教学中，教师是作为"司令员、教导员"角色存在的，学生是"接受者、应答者"的存在；而习作活动主要是教师的教导、训导与学生的记忆、被动写作。

诗意习作认为，教师是研究者、导引者和示范者的角色。例如中山市雍景园小学的冯思佩老师在执教部编版四年级下册第六单元《我学会了》这一课的时候。作为研究者，她在常规的"写谁？写什么？怎么写？"教材研读基础上，重点聚焦教材里的三个问题：其一，你是怎样一步步学会做这件事的？其二，学习过程中遇到哪些困难，你是怎样克服的？其三，有过哪些有趣的经历？心情有哪些变化？根据诗意习作"归真、求善、至美"的分析框架，将前面两个问题视为归真，需要引导学生看得见自己做这件事情由不会到会的慢镜头；第三个问题的"心情有哪些变化"视为"求善，听得见做事情的内心声音"；"有过哪些有趣的经历？"视为"至美，写出个性的、独特感受"。在此基础上研读学生的生活经验与习作经验起点：其一，生活经验是"做一件事，学会一样本领"；其二，语文经验是"运用时间序列词写清楚做一件事情的顺序"。从而确定习作训练的主题，设计合乎学生成长与习作表达需要的终点，即教学目标。作为导引者，她首先设置一个栽花和制作蛋糕的情境，触发学生的内心感动，激发学生内在的写作冲动，导引出学生自己体验、回想做一件事情的过程；进而采取"取景框"的方式，让学生做到拟题与开头"眼中有数"；然后扮演摄影师"摄取"做事情的全过程慢镜头，鼓励学生用上表顺序的词，按顺序进行描述；最后要求学生运用耳朵听、用眼睛看、用鼻子闻、用嘴巴尝、用手触摸等方式写出属于自己的内心声音与独特感受。作为示范者，形同于游泳教练员，教师不仅做好研究者与导引者的角色，还要敢于"下水"，与学生一道写作，为学生言语表达的示范，句子、段落及篇章构思示范。在起始阶段，冯老师设置做草莓蛋糕的情境后就示范习作的开头："冬天把旧叶子揉掉了，新的故事长出了绿芽。阳光柔和的四月，我带着愉悦的心情走在干净的街道上，目光被水果店货架上一排排闪着金色光芒的草莓深深吸引住了。"这些包含教师智慧的语言，自然激发了学生写好一件事的兴趣，也巧妙渗透了语言表达的"美"。学生在习作教学中充当什么角色？有哪些活动呢？教师作为研究者，这就意味学生是相遇者，相遇自然、社会、自我的诗意；教师作为导引者,学生就是体验者与探索者,体验人与自然、社会、自我生态里的精彩,也体验其中的无奈,更在体验中探索隐含的为人与为文密码;教师作为示范者,也就意味学生是实践者的存在,他们需要自主走在言语实践的路上去寻找有创意的表达方式和德言同构的行为方式。

(二) 诗意习作教学是诗意生成的言语实践活动

常规的习作教学过程从审题、立意到谋篇布局都是教师掌控教与学、规训习作知识技法的教学活动,教师成为课堂的主宰,学生成为知识的接受者、范文的模仿者,导致他们习作"抄、套、编、背"的做法大行其道。追根溯源,正如苏霍姆林斯基所言,儿童在学习中遇到困难的原因之一,就是知识在他们那里常常变成了不能活动的"货物",积累知识好像就是为了"储备",而不能"进入周转",知识没有加以运用[①]。这也就充分解读了传统习作教学存在的弊端:小学习作教学基本上都是由外铄引发内生,由内生回应外铄,致使作文的文意、文脉与文思训练均成为"定在"的复制、模仿和些许的改造。从师生角色定位可以看出,诗意习作教学实施的过程,其实就是从起点出发而展开的师生与生生主体间性的对话交流活动;是学生习作经验知情意与生活经验归真、求善、至美的言意多重转换活动;是从一句话、到一段话,再到一篇文章教师的教和学生的学诗意生成的活动。这个活动依托且借助语言文字符号、触摸言语信息、生成诗意情怀与言语智慧,因而是言语实践活动。

例如,笔者指导本科生朱奕洁实习执教部编版六年级上册第八单元《有你,真好》一课的时候,将课堂还给学生,设计以学习单为依托的一句话到一段话,进而成篇的言语实践。在"归真:发现美好"的环节,设计了"老师,是你教给我丰富的知识,是你( ),是你(   ),有你的日子真好!"这样的言语实践,促使学生生成内心的感动,自然确定写作的对象与内容;在"求善:寻找美好"的环节,先组织学生回顾经典课文《我的伯父鲁迅先生》所写的事情及记叙事情经过的思路,然后设计了写段的言语实践,即其一,对象+理由1+事情1(   );其二,事情2+场景+理由2(   );其三,事情3+场景2+理由3(   )。在"至美:表达美好",设计了三个层次的言语实践支架:第一层次,"您像(   ),(   )"。教师引导并给出示范——"每个深夜,当大家都熟睡时,老师的办公室却点亮着一盏明灯,认真批改着同学们的作业。老师就像蜡烛一般燃烧了自己,照亮了我们"。在教师的影响下,学生经过自我的言语实践,纷纷

---

① [苏]B. A. 苏霍姆林斯基著;杜殿坤编译.给教师的建议(上)[M].北京:教育科学出版社,1980:21.

表达出这样的感受"老师像园丁一样灌溉我们,哺育着我""老师像船帆一样引领我们,不断前行"。第二层次,"庆幸有你,才能（   ）"。学生自然表达出这样语出衷肠的感受:"庆幸有你,我才能从一发言就脸红的状态走出来,变成落落大方。"第三个层次,"感谢你,（   ）;有你,真好!"三个层次的言语实践目的在于引导学生学习多样化的表达,同时也在于引导学生通过一件事以及一次习作获得德性的培养与思想的启迪。因此,从课程论的视角审视,回归习作言语实践的本体,小学习作教学自然也就从既定的知识、技能、技法的经验框架超脱出来,那也就意味着学生的习作是语言符号创造的欢歌,而不是愁眉不展的哀叹。

(三) 诗意习作课程实施要注意处理宏观、中观与微观三重关系

诗意习作"如何写清一件事"专题课程在实施层面分为宏观、中观与微观。从宏观层面看,以四年级为起点,课程实施主要落实初级课程目标与课程内容;五年级为衔接,课程实施主要落实中级目标与课程内容;六年级为落实,课程实施主要落实高级课程目标与内容。从中观看,指的是一个学期的习作训练,一共六个学期,每一学期有"归真、求善与至美"三个层次以及生活经验与习作经验六个训练点,可以一个训练点一次习作课,也可以组合起来训练,构成三到九节训练课,学生基础较差的班级也可以把本课程用于整个学期,训练时间、内容相应加倍,训练方式与方法可以适当做些调整。

微观方面的实施指的是每一节习作课的教学,比如《难忘的第一次》教学实施过程主要分为如下环节:其一,导入,激活记忆,确定内容;其二,归真,还原生活的慢镜头,训练组材;其三,求善,流露真情,表现德性;其四,至美,初悟收获,返归自我;其五,总结,概括写作要点,拓展自我实践。在"导入"环节,可以创设真实和虚拟的情境,让学生体验并找寻童年经历的难忘的一件事,并按照"第一次,我_____"这样的句式进行口头的言语实践,分享彼此难忘的一件事;在"归真"环节,教师可以让学生学做摄影师,用眼睛去拍摄、还原事情发生的环境、过程的种种"镜头",在此基础上,列出"时间、地点、过程"等关键词,让学生想象、习得运用系列动词、表示时间的序数词等方法;在"求善"环节,教师让学生从事件里出来,课件呈现"当我_____的时候,我感到_____"句式,让学生通过扮演事件里的人物或事件旁观者说一说内心体验到的感受。除此以外,更重要的是教师要发挥示范者功能,主动呈现"笼统、缺乏内心感动"等毛病的"下水文",结合课件呈现的评价标准,师生一道合作修改到位;在"至美"环节,教师放手让学生进行"言语实践,圆融成篇",并在成篇的基础上,着力于"第一次"的感悟,采取的策略是以"诗"言志,即引领学生揣摩教师出示的"一句话点睛",写出属于自己且感受独到的结尾句。

五、课程评价:基于积极语用的过程化评价

(一)习作课程评价需要做到"学-教-评"一致性

无论什么教学,"教师的教、学生的学以及对学习的评价应具有目标的一致性"①。从评价视角审视,小学习作课程建设与教学实施尚需努力,存在如下几个方面的问题:其一,习作评价的价值指向偏重"为文",忽略"为人"。教师重视的往往是"习作经验"而忽视"生活经验",重视习作知识、技巧的评价,相对忽视习作者为人核心素养的评价。其二,习作评价标准模糊。无论是打分制,还是等级制,教师的习作评价主观随意,甚至根据自己的喜好以及对学生平时表现来评价学生的作品。其三,习作评价过程缺失。教师习作评价注重学生习作作品成品评价,缺乏分步达标的过程调控意识,没有把习作评价贯穿到学生写作的全过程,尤其没有引导学生根据评价指标分析、交流、修改、达标。其四,习作评价用语华而不实。在评价用语上,尽管"中心不突出""结构不合理"这样的"公共话语"不多见了,但出现了"老师喜欢你的语言""这篇文章值得大家学习"诸如此类缺乏具体指导与评析的话语。

(二)诗意习作课程评价重视"做人"与"作文"关系的协调

如何进行习作教学课程评价呢?一篇好的习作离不开习作者为人品质的作用,或者说人的品质决定了作文的品质。历代教育家、思想家均重视"做人"与"作文"关系的协调。比如孟子提出"颂其诗,读其书"就可以"知其人"②的观点,韩愈认为"仁义之人,其言蔼如也"③,叶圣陶先生也反复强调作文"要紧的在乎做人",反复强调"作文与做人的统一"④。诗意习作教学秉承优秀传统作文"文如其人""人品就是文品"等理念,提炼出"德言同构"的原则,探索基于学生"生活经验"与"习作经验"相统一的习作教学及习作学习"结果性"与"过程性"相协调的评价方式,尊重学生习作的主体地位,坚持做到"他者评价"与"自我评价"、"定性分析"与"定量分析"、"步骤评价"与"总体评价"结合起来。具体到"写清一件事"的习作专题课程层面,课程评价做好如下几件事

---

① 崔允漷,雷浩.教学评一致性三因素理论模型的构建[J].华东师范大学学报(教育科学版),2015(4):15—22.
② 孟子著.东篱子解译.孟子全鉴(第2版)[M].北京:中国纺织出版社,2014:208.
③ [清]姚鼐纂集;胡士明,李祚唐标校.古文辞类纂[M].上海:上海古籍出版社,2016:364.
④ 叶圣陶.叶圣陶散文乙集[M].北京:生活·读书·新知三联书店,1984:639.

情：其一，建立"轮写轮评"的合作学习小组，小组成员在教师或小组长组织下，按照一定的次序写好作文，并开展习作评价。即第一个同学完成习作后，第二个同学根据教师提供的该次习作评价指标先评价同学的作文，再开始自己的习作。一方面诊断他人的不足，另一方面汲取成功经验。其二，发挥班级微信群与公众号的交流评价功能，开展设"金句擂台赛"等平台，将学生"轮写轮评"过程中精彩的句子提炼出来，在班级群乃至家长群里予以公布，获得好评的称之"金句"，并让习作者在常规的语文课上进行课前演讲，讲述"金句"习得之理由。其三，开展学生个人"作品赏析会"。一个学期、学年，乃至三年课程结束，引导对学生的作品结集，研制诸如"事件归真""品质求善""表达至美"维度以及"事件品类""人物素描""情感流露""用词特色""连续动作"指标等构成的评价量表，对每一个同学的作品进行赏析、评价。

一节课的习作教学评价，事实上就是对教育目标的分步达标，起到过程调控、检测的作用，目的在于让学生看得见自己的进步与差距，采取的评价方式应该根据教学环节实施过程性的、自主＋合作式的评价。比如《我学会了》一课的教学目标为：其一，习作素养目标，学生在自主体验的基础下，能运用表时间顺序的词语，运用主要动词及修辞，清楚、形象、具体地写一次学习本领的经历。其二，自主发展目标，学生在理解主题、巧妙选材、拓宽思路的言语实践中，初步学习综合运用"心理描写、动作描写"等表达方式，把从不会到会的过程写清楚、写具体且自然流露自己的真情实感。其三，社会参与目标，学生通过一件事情的习作，能够领悟要学会一项本领必须刻苦练习的道理，并采取合适的方式表达出来。从习作素养、自主发展以及社会参与三个维度设计教学目标，体现了学生核心素养的培养要求，表现在评价上，有助于教师和学生清晰的处理"做人"与"作文"的关系。具体设计如下：其一，在"授之以知，体验物象"的环节，该环节需要落实目标一，教师播放了做草莓蛋糕的短片，让学生初悟"顺序"，然后搭建言语实践支架，学生自主写段，给出的评价指标为"1.用上3—5个表示时间顺序的词语，把做事情的过程写清楚；2.在描述做事情过程的时候，用上至少5个动词，动词运用准确恰当，尽量不重复；3.语句通顺，能够自然地连句成段。"其二，在"动之以情，感受情象"的环节，该环节主要目的在于落实目标三，教师结合学生的习作指导学生结合评价要点进行查漏补缺。评价的指标为"1.用3—5个关键词，写出你学本领时遇到的困难，要求真实，不能胡编乱造；写出他人对你的帮助和鼓励，在习作中加入2—3处语言描写；3.写出自己真实的感受，运用3—5个表示情感的词语，写清楚你学本领过程的心情及道德品质的变化。"其三，在"巧妙布局，圆融成篇"的环节，目的在于落实教学目标二,该板块的评价分为两个维度。第一个维度属于"常规的评价",主要的指标有"错别字一个扣1分,病句一句扣2分,帮助别人修改该分数得到同组组员的认可记到自己的习作加分上;书写根据规范、工整、美观的程度分别计1—5分";第二个维度属于"本次作文的发展评价",主要的指标有前面环节的评价要素加上"把开头、中间部分和结尾串联起来构成一篇完整的文章;作文的结构有自己的创意变化;语言表达有金句"等内容。就这样将教学目标一以贯之到过程性评价当中,学生依照评价指标的指引,发挥群集的力量,互帮互学,最终人人达标。对教师而言,该种探索削减了小学语文习作教学长期处于"黑暗中摸索"的盲目与模糊状态,一定程度上还减轻了教师批改作文的压力。

(三) 诗意习作教学评价注重"形象化"与"数字化"手段相结合

小学生不同于中学生的思维,其思维是具体形象思维和抽象逻辑思维交错发展的[①]。这就决定诗意习作教学评价要做到"形象化"与"数字化"相结合,发挥评价的积极语用功能,促使他们看得见进步,也分辨出差距。具体到"写好一件事"的教学评价,诗意习作教学倡导全过程、分步骤、可操作、能达标的评价方式。比如《写身边熟悉人的一件事》,教师可在如下几个方面下功夫:其一,把选择一件事比作夜空里的星星,让学生根据内心的感受,找到属于自己的那一颗,这样做的好处就是学生习作是从激发内心感动以及表达需要出发,同时也巧妙地学会了如何开头;其二,把写清事情的过程比作一树红花竞相开放的过程,要求学生做到巧炼动词,写清事情发展的过程,在叙事过程中有适当的环境描写且写出独自发现的细节;其三,把自然流露的情感比作绿叶,一方面鼓励学生灵活运用课文所学表示情感的词语,另一方面学会捕捉所写事情的意义及其人物的品质,同时学会自然流露自己的感情;第四,把圆融成篇比作有创意的树,评价的要点文章结构个性化的语言出发。其目的在于让教师教学、学生个体和集体自评、他评均有依据,既看到差距,更看到进步(具体见表6-3)。

表6-3 诗意习作教学评价体系一览表

评价维度	评价象征物	评价依据	评价结果
选择一件事	树顶上的小星星	事情有具体的人物	1颗星
		事情介绍能够抓印象最深刻、内心最感动的地方写	2颗星
		写清人物的外貌并加上典型的事件	3颗星

[①] 林崇德,申继亮等主编.学思维活动课程教师用书(小学版)[M].北京:外语教学与研究出版社,2012:20.

续 表

评价维度	评价象征物	评价依据	评价结果
写清事情的过程	树上的红花	巧炼动词,运用3—5个动词写清事情发展的过程	1朵花
		运用6—8个动词叙事且有1—2处适当的环境描写	2朵花
		在做好前面两个要点的基础上,细节描写有2处且生动	3朵花
自然流露的情感	树上的绿叶	事情叙事过程中能够用上3—5个表示情感的词语修饰有关的动词	1片叶
		表现所写事情的意义与显现人物的品质2处	2片叶
		自然流露情感与表达评价	3片叶
圆融成篇	一棵完整的树	巧妙地把一节课合成完整的1篇文章	1棵树
		文章结构有独到的创意,显得有个性	2棵树
		写出有特色、典雅的"金句"	N棵树

德国诗人、剧作家、思想家歌德有言"一个人只要能把一件事说得很清楚,他也就能把许多事都说得清楚了"[①]。对于小学生而言,所谓的说清楚一件事情,就是在教师引导下练习把自己亲身经历的、内心颇有感受的事情,用自己的语言文字有条理地表达出来的言语实践活动。从"如何写清一件事"的微观视角去探索诗意习作专题课程的建设,有助于小学语文教师从课程目标到课程评价审视外铄习作知识的观念与行为,回归习作及习作教学应有的"激发内情,生成诗意"的魅力:一方面,让学生生活在丰富多彩的诗意情境里,带着诗意的眼睛审视周围的世界;另一方面,变机械模仿的习作为学生的自我行旅与相遇,促使他们在习作过程中相遇人与自然、人与社会、人与自我归真、求善、至美的诗意,从而到达"为人"与"为文"的统一。

---

① [德]爱克曼辑录,朱光潜译.歌德谈话录[M].合肥:安徽教育出版社,2006:3.

第七章　阅读诗意教学案例

第一节　从结果印证嬗变到过程体验
——六年级语文《穷人》微体教学的价值取向案例分析①

一、主题与背景

小学六年级是一个尴尬的年级,学生到了六年级本应像农夫耕耘了一个夏季迎来了丰收的秋天,拥有丰收的喜悦,眉宇之间散发学有所获、学有所成的欢乐气象,然而,受升中考的影响,语文教师勒紧了课改的缰绳,把学生从信马奔腾的境地拉回到传统的教学境遇,学生呆若木鸡地接受机械的语文知识应试训练。每每进入六年级的教室,无需深入教室观察,只要台前一站,扫视台下学生,你会发现,六年级的学生少有生龙活虎的模样,基本上处于鲁迅先生描写的"眼珠间或一轮,还可以表示她是一个活物"状态,有时候,眼珠甚至"轮"都不"轮",那就只能用"兵马俑"或"木乃伊"来形容。有识之士会借鉴佐藤学"学习共同体"思想,建构融"独学-对学-群学"于一体的小组合作"微共体",但在实际操作过程中,出现了如下现象:其一,合作学习的内容局限在文本信息的筛选与识别,缺乏语言的建构与表达;其二,合作学习形式,尽管有成员的分工,但这些分工主要落实在信息的检索方面,而没有上升为思维发展与提升的训练;其三,合作学习功能的发挥主要体现在学习结果的展示与印证,缺乏过程的体验。

从心理学的维度看,这种教学遵循的仍是巴甫洛夫条件反射原理,或者说是教师主导的"满堂灌"让位于学生机械的"展示"。任何教学都基于一定的价值判断,无论传

---

① 该部分作者为冯铁山。

统语文教学,还是时下兴起的"微共体"学习,从价值取向方面审视,均不约而同偏向于语文知识的"传授——接受"与"结果——验证",它所关注的主要是文本已有信息,而非学生作为完整人、立体人存在的全面发展。这就导致语文教学的目标建构、内容设计以及程序关注的是静态的结果而不是动态的过程。因此,变结果印证教学为过程体验教学,这是搞好微共体教学的前提。

马克思主义认为,"正是在改造对象世界中,人才真正地证明自己是类存在物。这种生产是人的能动的类生活。通过这种生产,自然界才表现为他的作品和他的现实。因此,劳动的对象是人的类生活的对象化:人不仅像在意识中那样理智地复现自己,而且能动地、现实地复现自己,从而在他所创造的世界中直观自身。"同样的道理,六年级的语文微共体学习也不例外。语文教学在尊重学生自主学习的权利,让他们有机会自主独学、合作展示的同时,还必须根据各自承担的任务去进行切实的实践,而语文教学的本体是言语实践活动,因此,只有回归到言语实践的过程中,学生才会在自我、生生、师生多元的微共体合作中发现、接受文本明示的信息以及隐藏字里行间的缄默人文情怀,才会在对话文本、对话作者、对话生活的过程中相遇自己、相遇意义,从而塑造理想的自我。

二、案例正文

(一) 基于过程体验的导学稿设计

回到《穷人》一课的教学,从教材研读的角度看,这是俄国著名作家列夫·托尔斯泰写的一个短篇小说。课文记叙了一个寒风呼啸的夜晚,桑娜与渔夫主动收养已故邻居西蒙的两个孤儿的故事,真实地反映了沙俄专制制度下渔民的悲惨生活,赞美了桑娜和渔夫宁可自己吃苦也要帮助别人的美好品质。本课思想内容有两个重点:一是表现沙俄时代穷人的穷困和悲惨;二是赞颂穷人富有同情、热心助人的美德。课文的诗意点——教学点应聚焦"穷人"之"穷"和穷人之"富"。另外,本文通过环境、人物心理、对话描写,刻画了栩栩如生的人物形象也是教学必须考虑的教学要点。

基于教材分析以及六年级学生的特质,我们的导学稿设计自然也要呼应以言语实践为本体的过程体验教学价值取向。导学稿由如下几个板块组成:

第一,"一锤定音"。 即导学稿罗列难字难词,让学生给带下划线的字注音,扫清文字障碍。

第二,"排列组合"。 让学生筛选全文有特色的词语并按照"环境描写""心理描写"进行分类,然后给这些词语"添枝加叶"——给这些词语加一个形容词,让它变得更加生动。比如"(　　)的波涛、(　　)的狂风、(　　)的小屋、(　　)的海风"等等。目的在于调动学生对词语的全面感觉。为后面的环境描写与心理描写教学点服务。

第三,"含英咀华"。 要求学生划出文中最喜欢的语句或句段,反复研读、思考,然后仿写或者改写这个句子,要求不少于两句,并写出欣赏原句及改写句子的理由。其目的在于培养学生"审美鉴赏与批评"的能力,同时兼顾"语文建构与表达"语文核心素养。

第四,"内容梳理"。 让学生按课文内容填空,然后从结构布局角度分析,初步把握本文的写作方法——铺垫。

这样的导学稿设计尽管只有四道题目,但考虑题与题之间训练的梯度与逻辑关系,价值取向不再是局限于结果验证,而是走向以言语实践为本体的过程体验。至于导学稿的处理与运用,首先,让学生个体独立完成;然后,字词句部分同伴交换订正;最后,课文内容梳理交给小组讨论。

(二)基于过程体验的教学环节安排

在正式的上课环节,主要的教学环节如下。

1. 歌曲感染,动情导入

首先播放歌曲《世界很小是个家》导入课题,然后让学生根据"接受我的关怀,期待你的笑容,人字的结构就是相互支撑……"歌词品味课题的含义,接着,让1组A区和3组B区的同学讲解课前导学稿字词"排列组合"的内容,在此基础上,教师引导学生进行第一次言语实践——"穷人,他们_____,是_____的人"。学生根据自己筛选的词语,自然对穷人之"穷"会有具体而立体的感受。在此环节,教师播放一首与课文相关的歌曲目的在于为课文的教学奠定一个感情基调,结合导学稿"排列组合"的词语进行言语实践一方面可以唤醒学生头脑中的知识储备,另一方面让学生对自己整理的词语有生命的感知,对穷人的形象也有初步的感知。

2. 整体感知,概括内容

首先,教师引导学生根据小说三要素,用"(　　)环境——(　　)人物——(　　)情节"的句式一句话概括全文内容,因为教师搭建了思维的支架,学生自然不难概括出来——课文记叙了一个寒风呼啸的夜晚,桑娜与渔夫主动收养已故邻居西蒙两个孤儿的故事。然后,让2组B区的同学上台展示导学稿"内容梳理"板块,在生生多元互动,即台上与台下同学相互质疑、讨论的基础上总结出本文的三幅画面:狂风暴雨、等待丈夫——探望西蒙、抱回孩子——丈夫归来、收养孩子。接下来,教师在学生展示与互动的基础上,随机引导六年级学生学会现代文阅读信息筛选的方法——抓主要的陈述对象桑娜,去探究她在全文里所做的事情,并用简洁的词语概括所做的事情。在此基础上,再一次链接本课的诗意点——穷人之"穷"体现在哪些方面?课件可以按照这样的句式搭建思维的框架——"穷人之穷,穷在没有鞋子穿。寒冬腊月,当北风把大地吹得冰冷冰冷时,穷人的脚会变得很黑很脏,会患上疼痛难忍的冻疮。这是穿着之穷。穷人之穷,穷在( )。( )。这是( )之穷。"因为有教师的示范,又有基本句式的支架,学生在自我的言语实践中,自然不难归纳出,《穷人》这篇课文既写出了环境之穷,也写出了人物吃穿住行各个方面的"穷",也就是穷人"穿得差""住得差""吃得差""疾病""劳动条件差"。将形象的画面与理性的归纳结合起来进行言语实践,这样一方面把小说三要素落到实处,另一方面培养学生的概括能力,让学生掌握了文章的写作思路,并进一步熟悉课文的内容。

3. 含英咀华,再读有悟

本环节主要是为了赏析人物,而人物的赏析离不开具体的语言鉴赏。在此环节,仍要发挥学生微共体的合作功能,挑选3组A区与5组B区的同学上台展示,主要展示导学稿"含英咀华"板块。学生展示的时候可作如下的分工,第一个同学读原文,要求读准节奏,读出感情并汇报自己这样朗读的理由,接着带领全班同学朗读,这样全体同学都对这个句子有了一定的感知;第二个同学分析该句子的主要内容,讲清楚该句子的疑难点与精彩处,并总体介绍句子所采用的写作方法,进而介绍这个句子的功能与效用;第三个同学结合课前板书,介绍规范的表达思路;第四个同学汇报对课文原句的改写或创写。比如,"古老的钟发哑地敲了十下,十一下……始终不见丈夫回来。桑娜沉思:丈夫不顾惜身体,冒着寒冷和风暴出去打鱼,她自己也从早到晚地干活,还只能勉强填饱肚子"一句。第一个同学朗读的时候,会把自己当成桑娜,读出寒冷暴风夜的等候晚归丈夫的胆颤心惊,读出夜深时间漫长感。第二个同学会像"小老师"一样讲清楚本句的疑难和精彩点:"古老"说明钟的破旧;"发哑"是拟人手法的运用,既写出了钟声迟钝、不够响亮的特点,也巧妙暗示穷人的神情困窘的状态;"敲了十下,十一下"就是那时间过去了十点、十一点,表明夜已经很深了;"……"省略号表明钟声递增的次数,可能是十二下,继而又是一下、两下、三下,一方面让人感觉等人时间特别漫长,另一方面也写出了桑娜内心的焦急,那钟声不断地敲击着她的心弦,让她自然产生种种画面的想象和联想。第三个同学在前面同学展示的基础上进行规范的表达:这个句子总体而言运用了环境描写与心理描写的手法,写出了桑娜在寒冷暴风夜等候晚归丈夫的内心焦灼以及牵挂丈夫的款款深情,更表明穷人不怕艰苦、勤奋工作的优秀品质,同时也表明穷人劳而无获、生活困穷的无奈感。第四个同学汇报仿写或改写:夏天的蝉儿在歪脖子的杨树上发出单调乏味的聒聒声。我想起小学上学的快乐时光,那时我可以在操场的沙坑里建筑理想的城堡,还可以自由地在公园里荡秋千,也可以把一条毛毛虫放在女同学的文具盒里。在两组同学汇报展示的同时,针对桑娜与渔夫的形象还可以进行台上台下的质疑、讨论、补充,这样就围绕具体的语句,对人物形象进行立体而全面的鉴赏与评价,学生对人物品质的认识不再是贴标签的结果印证,而是有一个对话文本、对话作者、对话自己的过程体现,既读懂了原文,也读出了自己,读写交融相得益彰。

4. 巧妙检测,读懂内涵

本文有一个难点,那就是列夫·托尔斯泰通过桑娜和渔夫的故事仅仅是为了展示沙俄统治时期民不聊生的惨状吗?美国著名作家海明威曾说过这样一句话,"贫穷的人往往富于仁慈"。也就是说物质生活贫穷并不代表精神生活的贫瘠。那么要怎么调动学生自主学习的积极性,同时发挥微共体合作的效能呢?六年级语文除了要培养学生的语文核心素养,同时也要兼顾到中考的需要。因此,有必要借鉴升中考阅读题的形式,让学生个体和微共体一起围绕文本这一难点进行中考阅读式的言语实践训练。教师可以用PPT展示试题:《穷人》一文形象地表现了桑娜和渔夫一家人困窘的生活情况,他们真的穷得一无所有吗?请细读全文,用简洁的语言归纳、概括他们的"富有"(3分)。当然,这个环节的教学,即使只是让微共体的同学进行展示,也应该有过程体验学习的意识,而不是让全体学生简单地接受"小老师们"呈现的结果。这需要加强从读题到解题以及验题的指导:第一步,读题:《穷人》一文的写作意图是什么?该题考试命题的知识点、能力点是什么?第二步,解题:明确解题的基本思路,比如引导学生列举课文桑娜与渔夫贫穷现象背后的"富有"品质,接下来对列举的现象进行分类,在"吃穿住行"分类的基础上,引导学生归纳出穷人之"富"表现在:其一,爱家:桑娜的家虽穷,却"温暖而舒适""地扫得干干净净""食具在隔板上闪闪发亮"。渔夫也"不顾惜身体,冒着寒冷和风暴出去打鱼"。其二,爱邻居:桑娜尽管自己心惊肉跳地担心着出海打鱼的丈夫,但还是想着邻居。其三,爱亲人:桑娜在家里补着破帆,心里担忧的却是自己丈夫的安全,"听着波涛的轰鸣和狂风的怒吼,感到心惊肉跳"。夜深人静,桑娜提着马灯走出门去,"她想看看灯塔上的灯是不是亮着,丈夫的小船能不能望见"。西蒙临死的时候,还拿自己的衣服盖在孩子们的身上,还用旧头巾包住他们的小脚,等等。"列举—分类—归纳—概括—表达"就成为学生人人必须掌握的答题思路。第三步,答题:分清答题常见的误区,比如分类不清、表达缺乏逻辑,落实规范答题。第四,验题:小组商量后提交准确而规范的答题结果,并根据分值确定答题的得分及评分的依据。总之,从中心问题"课文是否只写了穷人的'穷'?"出发,让学生自由阅读,在文章中找寻能够体现桑娜、渔夫和西蒙美好品质的语句,并充分发挥微共体的合作性与主动性,走进人物心灵,揣摩人物的复杂心境,探寻人物的心路历程,既感受到关键词语的生命力,读懂了文本内涵,也得到升中考阅读能力训练。

三、基本结论

现代认知心理学认为,有效学习最重要的条件就是学习者在课堂上能够进行主动加工活动。"主动"从何而来?"主动"首先反映在心理学上是"自主"。学生要能够自主地学习又取决于他们在语文课堂上所处的地位及担负的责任,即在一定条件下,学生个体及团体对自己的语文学习具有支配和控制的权力与能力。在当今的微共体教学中,语文教师均意识到让位给学生,让学生组成小组合作学习共同体,有机会研讨,也有权利登台展示,但研讨与展示不能只是结果的印证,而应该有思维的发展与提升。倘若语文教学,哪怕是毕业班的语文教学均能把这个作为重要的价值取向,教学的效果应该有不同的面貌。总之,小组合作的微共体学习,不是张三李四毫无章法的你说、我说,课堂的高效取决于合理的教学目标定位和合适的教学程序安排。以上四点作为汇报与展示的四个步骤也未尝不可。

第二节 提高小学生自主阅读能力的"七彩阅读微课"[①]

一、问题与背景

随着新课程改革地不断深入,课程改革中的核心理念践行过程中,对小学生的阅

---

① 该部分作者为王璐,改编自其硕士论文《指向自主阅读能力的小学语文第二学段微课案例研究》。

读也提出了更高要求：《语文课程标准》中明确规定,小学六年间阅读量不得少于150万字。越来越多的教育人士认识到：阅读是基础,阅读是能力,阅读也是一种素养,阅读可以开阔学生视野,培养学生思维,提高学生的美学修养。同时,教师和家长也认为只注重一本教科书是封闭的教学,牺牲的是个性、是创造、是自学的能力,是对学习语文兴趣的扼杀。于是课余时间的阅读就成为了提高学生阅读素养的重要组成部分。自主阅读,是指学生在课外的各种独立的阅读活动。它是课外语文活动中最重要、最普遍、最经常的形式,是课堂阅读的继续与扩展,是阅读能力训练必不可少的组成部分。

但是目前,对于阅读的目的,很多时候还是基于知识和功利的角度来进行阅读,因为这些读物是考试所要求的,每次都被要求分析字、词、句,要进行概括章节要义或是分析文章主旨。所以导致学生在阅读的时候,往往缺乏了审美的视角,缺失了文学本身的灵魂和最初阅读的心灵的触动。

随着社会科学技术的不断发展,我们已经迈进了一个微时代：微博、微信、微小说、微童话、微电影……这些"微产物"已经越来越成为我们生活中不可缺少的部分,给我们的学习、生活带来诸多便利。在这样的"微时代"背景下,"微课"应运而生。微课,是一种以微型视频为载体,针对某一个知识点或者某一教学环节而设计制作的,能够支持线上与线下多种学习方式的课程资源,具有学习时间短、学习内容少而易理解、资源容量小而宜传播等特点。

二、情境与描述

首先对某一学校的三年级各班的阅读情况进行了问卷调查,调查人数共计210人,收回问卷210份。我们发现,绝大部分学生平均每天只能保证10分钟左右的七彩阅读时间,学习日内坚持课外阅读20分钟的仅占27%,双休日内坚持课外阅读20分钟的也仅占39%；每天坚持课外阅读1小时的更少,学习日内仅占12.5%,双休日也仅占20%；而没有自觉阅读习惯,需要家长监督的竟然高达84.2%,读书时无人指导更是占92.1%。调查结果表明以下几点：

第一,学生进行阅读的内驱力不够。学生课外阅读时间、阅读书目偏少,这样的阅读条件下想要完成"小学六年间阅读量不得少于150万字"的课标要求,简直是天方夜谭。此外,学生进行"七彩阅读"的自觉性较差,这也表明学生进行课外阅读的内驱力不够。没有学习兴趣的学习是索然无味的,学生就像完成任务一样,老师布置了作业,家长监督之下,才会勉强去完成"七彩阅读"作业。

第二,课外进行的阅读缺乏指导,阅读效果较差。由于大部分的阅读时间还是在校外,而家长对于如何指导学生进行课外阅读其实是一头雾水,这就直接导致了学生的课外阅读成了"放养"状态。由于缺乏有效地课外阅读,本班学生的语言表达能力受到了影响,不能流畅地表达自己的观点、看法,词汇量少,语言平淡。而家长和教师在对待阅读的时候,往往更多地对孩子提出各种各样的要求。

作为语文教师的我们,看到这样的现状,心痛着,思考着。为了帮助家长和孩子把好课外阅读的方向,我们决定从微课入手,以微课为平台,利用微课进行"七彩阅读"教学,提高学生自主阅读素养进行研究。

三、问题与讨论

1. 如何提升学生对于阅读的兴趣,提高学生阅读素养,并引导学生进行有效的阅读?

2. 根据中段学生的心理特征和阅读力,如何确定"七彩阅读微课"的制作内容?

3. 如何有效利用"七彩阅读微课",应当采取哪些有效策略,才能真正提高学生自主课外阅读能力?

四、诠释与案例

(一)核心概念界定

1. 七彩阅读:是我校根据孩子的年龄段需要和语文课程的需求,学校设计了《七彩阅读提升语文学习力手册》,以此手册为载体开展进行的课外阅读课程。该手册编写时以小学生的年龄段为经、以新的阅读核心价值和理念为纬,从数万种小学生能够阅读的各类图书中精选30本基础阅读书目和70种推荐阅读书目,设计了"红橙黄绿青蓝紫"七个阅读等级。我校的七彩阅读每天分为:"晨诵,午读,晚阅"三个时段,晨诵20分钟,午读30分钟,晚阅20—30分钟。每周一节"七彩阅读课",课型多样,可以是阅读指导课、读物推荐课、阅读欣赏课、读书汇报课等,在培养学生阅读兴趣的同时,开展有效阅读方法的指导。最后利用七彩阅读过关,来达到评价检测的目的。

2. 七彩阅读微课:是指一种以"七彩阅读"课程为内容,以微课为手段在阅读指导课上和课后开展的,能够帮助学生自主进行课内外阅读的指导课。**微课**是基于学科的核心知识点设计而成的,以短小性教学视频为核心的、具有明确教学环节的结构化和微型化在线教学课件。微课具有时间短,内容精彩,可以暂停、快进、快退、重复等功能,这就让微课的学习时间多样化、自由化。**七彩阅读微课**就是利用微课的这些优点把教师制作好的七彩阅读微课上传到七彩阅读云学堂里,使得这些微课既可以在阅读课上播放共同学习,也可以让学生在课后按照自己的节奏进行学习。从而有效地解决了课内统一学习时间内学困生学不好,学优生学不饱的困境,达到弥补个体差异、查漏补缺的目的。

3. 自主阅读能力:**自主阅读**是指学生根据自己的兴趣、爱好,能自主选择自己想要阅读的书目并自觉完成阅读的行为。在这里必须要说明的是,这种自主阅读是学生自发的,自愿的阅读行为,旨在培养学生自己选择书目阅读的内驱力。**自主阅读能力**是一种学生能自觉进行阅读,与文本进行对话,在阅读中形成独特感受的能力。这种能力最重要的就是要有认识文本、感受文本的能力,能与文本、作者进行对话,对文本有自己的解读和认识。听、说、读、写、思是语文教学中的几个核心素养关键词,而阅读就是最好的能培养这几种能力的载体。

(二)正面案例分析

针对学生自主阅读能力较弱的现状,我制定了以下措施,开展"七彩阅读微课"系列活动,提高学生自主阅读兴趣和阅读素养,改善学生阅读氛围。

1. 问卷调查,了解学生阅读实情

根据对本学段学生阅读情况的调查表(见下图),从中可以看出中段学生阅读的现状不容乐观,持久阅读时间少,学生自主阅读还处于低段时期的特点,依赖父母,靠父母陪伴下才能会阅读。如何让学生从低段读百字书籍自然过渡到读有厚度的书籍,急

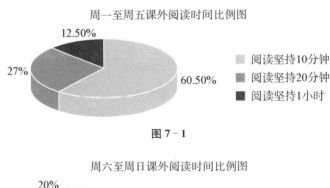

图 7-1

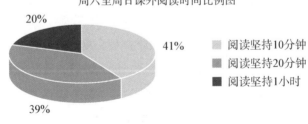

图 7-2

需有效的方法策略来吸引学生的课外阅读兴趣。三年级开始开设信息技术课,学生更系统地接触到网络,这个新事物对学生吸引较大。据不完全统计,本段学生家庭拥有电脑率为90%左右。这些都是我们开展七彩阅读微课的有利硬件保证。

根据调查结果,分析可知: ①小学生阅读兴趣有待进一步提高。有60%的学生每天用于课外阅读的时间在十分钟以下,表明了学生对阅读有一定的兴趣,但阅读时间普遍较少。②小学生阅读书籍资料缺乏。从问卷调查中可以看出,小学生最喜欢的一本书大多是《卡通连环画》、《武打小说》等。又通过访谈调查了解到学生家庭中订阅报纸、杂志的很少,家中藏书有一、两本,最多也只有三、四本。可见,家长重视孩子的物质生活,而忽视了孩子的精神文化生活。③小学生的阅读习惯必须加强培养。家庭与学校受应试教育的影响,只重视孩子几门主课成绩的提高,忽视孩子的业余生活,也不引导孩子阅读课外书,拓宽知识面。④小学生的阅读方法和能力亟待提高,需要教师的指导。对我班的部分学生进行了访谈,有些人认为好看的书就看看,不好看的就随便翻翻,甚至束之高阁。⑤小学生的阅读媒介在发生革命性的变化,由原先的纸质文本在逐渐向电脑、手机、平板等电子媒介转变,也更能提高学生的兴趣。

2. 研读教材,确定微课制作内容

"七彩阅读微课"的重要环节就是录制微课,那么确定课程制作内容和教学设计就显得十分关键。根据人教版语文课本对每个单元的主题教学内容,结合我校《七彩阅读手册》对本年段学生课外阅读的要求篇目,确定了三年级上册的微课学习内容。

表7-1 三年级上册七彩阅读书目

项目	内容	作者/编者/绘者
基础书目	《柳树间的风》	(英国)肯尼思·格雷厄姆/著
	《时代广场的蟋蟀》	(美国)赛尔登/著
	《生命的故事》	(英国)维吉尼亚·李·伯顿著/绘
	《爱丽丝漫游奇境记》	(英国)刘易斯·卡诺尔/著
	《丁丁历险记》	(比利时)埃尔热/编绘
	《父与子》	(德国)卜劳恩/绘,洪佩琪/编
推荐书目	《我是白痴》	王淑芬/著
	《最美的科普·四季时钟系列》	(德国)雅各布/著
	《林汉达历史故事集》	林汉达/著

续　表

项目	内容	作者/编者/绘者
	《戴小桥全传》	梅子涵/著
	《让孩子着迷的77×2个经典科学游戏》	(日本)后藤道夫/著
	《图说中国节》	大乔/编

以上所有阅读书目的指导策略和设计文稿在实际课堂中可以参考学习,针对不同类型的课,我们制定了不同的指导策略,有导读引领式、故事宣讲式、童话表演式、知识延伸式、合作赏析式、启发情感式、悬疑探究式。

表7-2　三年级上册微课制作细表

单元主题	微课一	微课二	微课指导策略
第一单元:丰富多彩的儿童生活	《爱丽丝漫游奇境记(一)》	《爱丽丝漫游奇境记(二)》	导读引领式
第二单元:名人故事	《林汉达历史故事集》之《张良拜师》	《林汉达历史故事集》之《卧薪尝胆》	故事宣讲式
第三单元:秋天	《柳树间的风——柳林间的窃窃私语》	《柳树间的风——幽深的野林》	童话表演式
第四单元:细心观察	《最美的科普·四季时钟系列》之《草地时钟》	《最美的科普·四季时钟系列》之《花的时钟》	知识延伸式
第五单元:中华传统文化	《图说中国节(一)》	《图说中国节(二)》	合作赏析式
第六单元:壮丽的祖国山河	《生命的故事——臭氧空洞》	《生命的故事——水污染》	启发情感式
第七单元:思想方法	《丁丁历险记》之《丁丁在美洲》	《丁丁历险记》之《神秘的流星》	悬疑探究式
第八单元:爱的奉献	《父与子(一)》	《父与子(二)》	拓展创作式

比如《爱丽丝漫游奇境记》,采用的是导读引领式,制定了提纲,录制两节微课让孩子们在一个神奇的童话世界中遨游,并有一份阅读过关题用来检测孩子对于整体故事中一些情节的了解。

《爱丽丝漫游奇境》阅读题

1.《爱丽丝漫游奇境》作者是谁?(　A　)

A 卡罗尔　　　　B 叶圣陶　　　　C 安徒生

2. 爱丽丝为什么会去追兔子？（ C ）

A 她不想睡着　　B 她听到兔子说话　　C 她看到兔子拿出一块怀表

3. 爱丽丝和小动物们怎样把衣服弄干？（ B ）

A 晒干　　　　　B 奔跑　　　　　C 讲故事

4. 奔跑比赛后爱丽丝的奖品是什么？（ C ）

A 糖果　　　　　B 奖杯　　　　　C 别针

5. 兔子的仆人是谁？（ B ）

A 爱丽丝　　　　B 比尔　　　　　C 帕特

6. 公爵夫人的柴郡猫会（ A ）？

A 会笑　　　　　B 会哭　　　　　C 会皱眉

7. 眼泪池塘是怎么形成的？（ C ）

A 小动物们哭的　B 天然的　　　　C 爱丽丝哭的

8. 三月兔和帽匠把睡鼠放到哪里去了？（ A ）

A 茶壶里　　　　B 桌子上　　　　C 房间里

9. 那把小金钥匙打开的门通往哪里？（ C ）

A 伯爵夫人的家　B 三月兔的家　　C 王后的花园

10. 疯狂的茶会上有哪些人？（可多选）（ ABDE ）

A 爱丽丝　　　　B 三月兔　　　　C 柴郡猫　　　D 帽匠　　　E 睡鼠

3. 反复实践，提炼微课操作流程

本案例研究是以教师制作的七彩阅读微课为载体的，因而教师要先根据上面确定的制作微课的内容和策略，提早制作好系列微课集，上传到七彩云学堂中。根据微课的内容不同，选择校内或校外聆听微课。校内利用学校七彩阅读课程中的1+1阅读课，学生共享微课资源，课后学生根据需要还可以反复播放此微课。校外利用每天阅读时间(我校七彩阅读课程要求学生每天做到"阅读半小时")，可自主观看学习微课。通过微课的导读，激发学生阅读整本书的兴趣。两周后进行阅读检测，通过完成自主阅读的书籍5—10题的相关问题回答，答对8题即可顺利过关，在《七彩阅读提升语文学习力手册》书目后盖上过关印章。反之再次进行深度阅读，再接受第二次检测。基本操作流程如下：

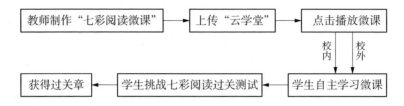

4. 展示成果，保持课外阅读兴趣

（1）开展"读书自荐会"。根据学生课外阅读的书籍，让学生选择自己喜欢的一本书，利用班队课、午间休闲课（阅读课、讲坛课），进行自主推荐好书，同时提出相应的问题，让同读过这本书的同学来谈自己的感受，这样把个体阅读变成一个群体阅读，得到分享交流中，激发学生更浓厚的课外阅读兴趣。而且可以把这本书放到班级图书柜中，吸引更多的学生来阅读此书，达到好书共享目的。

（2）创办"图书漂流角"。在班级中建立"图书漂流角"，让每一个孩子把最喜欢的一本书放入"图书漂流角"，书中放上一张自己制作的"图书漂流卡"，写出这本书的上榜理由和对下一个读者的期望，让孩子在书的海洋里尽情邀游。

（3）进行"读书笔记展"。让每个孩子把以"七彩阅读微课"为载体而进行的七彩阅读过程中的一些感想和收集的好词佳句端正地摘抄在读书卡中，并根据书籍的内容和自己的喜好来设计这张展示阅读收获、彰显个性的读书记录卡。每学期末进行展示，评选出"读书笔记小达人"，并授予奖牌，以激发学生的自主阅读内驱力。

五、建议进一步讨论的问题

"七彩阅读"的系列活动，体现了"微课"形式在激发学生兴趣，在提升学生阅读能力产生积极的作用，但是阅读的素养应该不仅仅体现在"我已经看了多少书""我积累了多少好词好句"等等……"为了阅读而阅读"，这明显的还是具有一定功利性的特征，学生就像要完成任务一样，可能一定程度上违背了文学阅读本身的初衷。记得米勒曾经说过："要想正确阅读文学，必须成为一个孩子"。所以我们在反思如何根据学生的

增加基本操作流程示意图如下：

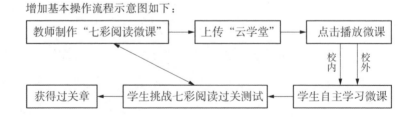

反馈和感受来重新设计"七彩阅读"系列活动。

第一,教师首先应对"七彩阅读微课"进行分析、设计、开发和实施,再根据对学生的评价重新对四个环节进行修改,只有将教师制作的七彩阅读微课与学生自主学习的效果和反馈联系起来,在不断的尝试和反复的实践中,才能够提炼出教学设计和微课制作的经验。这才是体现了"反复实践,提炼微课操作流程"。

第二,通过测试的方式确实能够督促孩子认真阅读,并记住整个故事的情节和有关细节。但是我们也发现这使得学生阅读侧重于记忆陈述性的知识,而忽视了对故事本身的感受和体验。文学应该是属于审美活动,其创造和欣赏都首先是一种心灵感知和情感体验活动。所以艺术的传达并不能以清晰明了逻辑论证的方式,而更多以意象的描述性存在样态呈现,所以,借助形式再生成、思考才能进入艺术评析的阶段。所以应在注重学生体验的方面下功夫,为学生营造阅读的环境,让他们没有压力地自由阅读,引导他们能在阅读的过程中能够融入自己的思考。

第三,什·克洛夫斯基说过:"感受过程本身就是审美本身。"当然,阅读当时心灵的触动和感想应该及时地记录下来。事先发给学生的读书卡,要鼓励每个孩子把"七彩阅读"过程中的一些感想和收集的好词佳句端正地摘抄在读书卡中。在学习之后,将自己的思考融入生活,并以文字、图画等方式呈现出来,写一些观后感或是随笔,并根据书籍的内容和自己的喜好来设计这张展示阅读收获、彰显个性的读书记录卡。

第四,关于学生的阅读素养,不仅仅停留在最基本的听、说、读、写、思,更重要地是让他们体验和经历的过程。儿童是天生的诗人,他们的"诗"勃发着瑰丽的想象。但是他们的想象之门,也很容易被关闭,需要教师小心翼翼地看护。儿童的想象世界本是一片广袤的草原,教师要千方百计地守护牧养想象的草原,让儿童的想象,一如羊羔,自由奔走,自由生长。而事实上,教师常常一不小心就成了侵蚀、破坏草原的罪魁祸首。很多时候,教师往往打着"想象合理"的旗号,好心办坏事,扼杀了学生灵动的想象。这时候,营造一个合适的氛围,运用多种媒体帮助学生感悟、体验阅读,从而享受阅读。比如在《爱丽丝漫游奇境》中,可以通过播放影片让学生身临其境,多种感官进行体验。当艺术插上翅膀以后,能让学生的想象也展开翅膀,自由地飞翔。逐渐进入审美的境界,而在此期间,我们可以采取"头脑风暴"的形式,在这个过程中,适时地进行引导,让学生一段时间进行交流。

"头脑风暴"在一段时间内让学生的大脑毫无拘束地就某一个主题进行密集的想象和思考。这种脑力活动最有价值的地方在于能够激发学生持续不断的创造意念,鼓励儿童大胆地将个人的意见和想法清楚明确地表述出来。**第一条原则：想象无错**。教师要告诉学生，"头脑风暴"的过程中，任何人的发言，都是无错的，哪怕觉得很荒谬，也不要轻易评论。实践证明，学生在安全宽松的心理氛围中，最容易产生奇思妙想。**第二条原则：延迟评价**。"头脑风暴"的核心，是鼓励参与者任意想象、自由畅谈，提出的想法越多越好。因此，"头脑风暴"的过程中，要允许参与者大胆表达，教师要延迟评价。**第三条原则：激发灵感**。"头脑风暴"的过程中，为了追求最大数量的灵感，任何一种构想都可被接纳，并鼓励利用别人的灵感加以想象、延伸、扩展、改变、重新组合等等，以激发更多更新的灵感。通常的做法是，教师要引导孩子们先独立进行思考，不要一开始就进入"头脑风暴"状态。开始时，在纸片上用尽可能多的词语记下一闪念的灵感，哪怕用一些简单的符号都可以。不需担心书写潦草，不要担心语法错误。不断重复以上原则进行智力激励法的练习，可以使学生渐渐养成弹性思维方式，从而培养其阅读的能力和表达的能力。思维的大门一旦开启了，那么儿童无论在阅读还是习作过程中，就会有更多持续的创意。

第五，定期开展专题"读书自荐会"。根据学生课外阅读的书籍，让每一个孩子或者几个孩子合作交流，制作一份汇报材料，并都有机会进行展示。让这样把个体阅读变成一个群体阅读，在分享交流中，激发学生更浓厚的课外阅读兴趣。将这些"读书自荐会"的汇报材料都整理成册，而且可以将这些材料放到班级图书柜中，吸引更多的学生来阅读，达到好书共享目的。自荐会的形式可以多种多样，除了以PPT、手抄报、绘画等形式汇报以外，还可以角色扮演等形式。

总之，要激发学生的阅读兴趣，提高学生自主阅读的能力和素养，是需要多方面的因素综合作用的。七彩阅读微课的形式是丰富多样的，能够促进孩子们对阅读的兴趣。但是更多地要还给孩子们自由想象的天空，让理解和思考贯穿阅读的整个过程，单纯为了阅读而阅读，这也将影响他对于阅读、写作、学习和做人的认识。还给孩子一个"七彩"的世界，这也是他们本身"多彩"的世界。

第三节　说明文《苏州园林》诗意教学[①]

一、主题与背景

说明文是中小学语文教学的重要内容，却一直不受重视。虽然有学者一再强调说

[①] 本文作者为黄峥。

明文对学生的重要作用,教师要重视说明文教学,但是说明文教学被边缘化已成为不争的事实。在公开课研究课的课堂上,说明文基本算是"弃儿",大家都是能躲就躲,避之唯恐不及。究其原因,说明文在现行教材中的数量少是一方面,通过对人教版、苏教版七至九年级语文教材进行调查,两种教材一共编辑说明文17篇,只占课文总量的10%。如何进行说明文的教学,也是一大困难,魏本亚老师对初中60个课例、高中60个课例进行分析,又发现了一个基本教学程式:先读读课文,再理一下课文线索,研究几个说明方法,再谈谈课文的情感价值。这似乎就是说明文的教学范式。他选取初中的《中国石拱桥》《苏州园林》《看云识天气》3篇课文进行调查,每篇课文搜集教师的20个教学实录或教学设计,筛选教师的教学关注点。调查结果如下,对说明文字词教学和说明方法的关注(比喻说明、下定义说明、列数字、图表说明),各有20人,占到了100%;对说明顺序的关注,有6人,占到30%;对说明文内容理解,有16人,占到80%;可见在说明文的课堂上,教师关注的基本上都是工具性的知识,少有人文性的体现,更不用说在教授说明文时还对学生进行情感的把握。因此,研究说明文教学,开拓说明文教学的新境界,是非常迫切的事情。

二、情境与描述

本文选取常州市新北区孝都中学某老师试教《苏州园林》的课堂实录,该篇说明文的实录具有典型性,从中可以看到当下普遍存在的说明文教学的范式。

本堂课的教学目标如下:

1. 知道文本是怎样围绕特征分层介绍苏州园林的。
2. 知道本文的结构及说明顺序。
3. 理解说明文语言的准确性。
4. 培养学生的审美情趣,形成发现美、鉴赏美的能力,并能把学到的知识指导生活。

(一)导入课文环节

首先教师出示作者简介:"他,苏州人,作家,教育家,社会活动家,优秀的语言艺术家,代表作有长篇小说《倪焕之》等,他对苏州园林的亭台轩榭、花草树木、重岩叠嶂、盘曲嶙峋的藤萝是魂牵梦绕……"提问学生这个人是谁,学生立刻回答:叶圣陶,从而导出课题《苏州园林》与作者叶圣陶。

教师准备好古典的背景音乐,营造气氛,再用精美的苏州园林的图片导入新课,使学生在美妙的视听刺激下对文本产生一种"我要读"的激情。

（二）初步感知环节

在这一环节，学生快速阅读课文，完成预习要求：

1. 形成对文本结构安排及说明顺序的初步感知。

2. 初步感知说明对象的特征。

（三）深入揣摩环节

这一环节，教师要求大声读课文，领略苏州园林的美景。你读过课文后，说说在叶导的指点下看到了哪些美景？学生读过课文后班级交流。学生一边说，教师一边写在黑板上，中间写上一个字"美"，左边写"假山和池沼、花草树木、层次"，右边写"角落也注意画意、门窗很美、颜色很和谐"。随后，教师引导学生看课文第二小节，让学生找找自己发现找到的美景和这一小节的哪些句子是吻合的？由此可以看出第二小节与其他段落是什么关系？很快有学生发现这段文字是后面段落的总纲，是总说后分说的关系。

（四）强化审美环节

理清文章的说明结构后，教师请同学们小组合作，以自己喜欢的某一段落为蓝本，带领我们欣赏园林的美。

学生各抒己见，有小组选择选择假山和池沼这一段（假山或者池沼好像有魔力，以他们为中心，可以配很多元素，组成很多美景。以假山为中心，我可以配上竹子、花草，这时鸟也来了，虫也来了，很有生机；我以池沼为中心，可以配上曲曲折折的桥梁，水里种上莲花，养着金鱼。周围布置上亭子、花草树木……），有小组带领大家欣赏园子里的花窗和廊子（别小看了他们，有了他们，景致就深了。你看，透过这个花窗，你会看到对面若隐若现的美景，让你有曲径通幽的感觉），还有小组欣赏镜子（园子不大，因为有它，园子的美景就翻番了）。在学生介绍完自己欣赏的景致之后，教师示意学生看看叶圣陶这个导游是怎么带领大家游览的，教师介绍：我们在导游的引领下，我们看到了许多美景。作者的导游方式也很特别，不是领我们走进具体的园林，而是先总说园林的共同点，再分别从建筑、假山、池沼、花草树木、近景远景的层次等方面一一介绍的。那么作为优秀的语言艺术家，你觉得他导游的语言和他的语言艺术家的称号相称吗？我们可以仰视，也可以俯视他；可以赞美也可以批评他。请从课文中找点例子出来评价一下本文语言。学生很快找到了一处，认为珠光宝气好像与本文的色彩不协调。教师将这个问题抛给学生进行讨论，有同学附和，有同学反对，一番论辩，发现：原来在花草树木以及建筑的淡雅颜色的映衬下,藤萝花特别的引人注目,语言特别形象生动。还有学生发现第七段语言特别生动。首先动词恰当,"蔓延"突出了爬山虎生长的特点,"栽上""几丛"书带草,"补上""几杆"竹子,数量不多,恰到好处。其次,我从这几个词语发现,在设计一个工程的时候,设计者往往先从大的方面考虑,然后才考虑细节。园林的设计者考虑问题是多么的细致呀。再次,作者介绍的时候也是先总说后分说,条理清楚。还有学生找到了第二段,首先从"务必"到"无论"说起,然后说到游览者的感受,先总说印象,后用游览者的感受证明,有理有据。

(五)即学即用环节

教师请学生为老师做导游,介绍学校校园的美,有学生介绍教学楼杉树林很幽静,藤萝花很幽香。有学生介绍:艺术楼边的池沼里有莲花。夏天来临,走在池边,欣赏那一朵朵睡莲,别有风味。教师提问:你觉得你们校园有苏州园林的特色吗?学生回答"有的,我们学校的建筑有不对称美,校园的花草树木也能互相映衬……"

教师提出最后一个问题,那么你对学校的布置还有什么建议呢?比如颜色的处理等等?由于时间估计不足,这个问题还未进行讨论就已下课,教师将这个问题留作课后作业,从而结束了整堂课。

三、问题与讨论

在学习了冯铁山教授诗意语文的理论之后,发现这是一堂没有言语实践、没有德性培育、没有诗韵诗味的课。笼统地说,就是学生学习了之后,根本没有"入心"。虽说这是一篇说明文,说理的部分更强一些,也确实很难上出新意,更别说像上现代文、古诗词那样上得精彩,但无论哪一种文体,都不该忘记语文是工具性人文性统一的学科,对学生应该有诗意的培育。从这个课例可以看出来对说明文的教学,还有很多问题。

(一)教学目标缺少独特性与人文性

本文教学的目标主要是说明文字词教学和说明方法的关注以及对说明顺序的关注,这些目标都和《苏州园林》这篇说明文的语言特质无关。这些方法放之四海而皆准,哪篇说明文都可以这样教,它不能让我们欣赏到《苏州园林》这个独一无二的文本的语言。此外,对说明方法、说明顺序等的关注都是语文工具性这一特征下的目标,在教学中,仅有这些目标是不够的。

(二)教学主体难见学生

教学的主动权牢牢抓在教师的手中,教师纯粹按照预设的教学方案推进课堂,整堂课很少见到学生的感悟,真正地理解课文,学生的发言也是经过教师预设的,这样的教学很难走进学生的内心。

(三) 教学内容只限文本

教学围绕文本而教,我们只看到了教师是教教材,而不是用教材教。教师的每一环节都围绕文本内容展开,看不到拓展,看不到更多的内容。

(四) 教学方式单一

整节课主要采用的就是教师讲授或者教师提问、学生回答这两种方式,即使有小组讨论的环节,也是形式主义,没有真正地开展合作性学习,教师的课堂评价也极为单薄,难见有效反馈。

(五) 教学结果难见成效

最后,课堂草草了结,学生究竟学到了什么,有了哪些提升,教师并不清楚,也难以测评。

四、诠释与研究

诗意语文论要求教师在教学过程中能看得见文本生活的慢镜头,善于营造情感场,设置诗意情境,复活学生的新感觉。说明文不是无情物,只是读者没有悟到情思处。叶圣陶采取的是总分的表达方式,先说苏州园林是"标本",再说标本的特点,再从亭台楼榭、花草树逐一道来。叶老择其大端,精准说明,就如跟朋友聊天,娓娓动听。关注了作者的思维表达方式,也就关注了说明文的"道"。

同样是写说明文,叶圣陶与茅以升就有很大的不同:叶圣陶是小说家,他的说明文具有很浓的文学气息;茅以升是科学家,他的说明文具有很浓的科普色彩。

本着这样的理解,笔者试着对《苏州园林》一课进行了改良。首先重新审视文本的价值,课堂流程可以处理为以下几个环节。

(一) 情境导入

苏州的园林,以典雅淡朴著称,自古就有"江南园林甲天下,苏州园林冠江南"之说。苏州城内曾有大小园林二百余处,至今保存尚好的仍有69处。苏州园林是浓缩的自然景观,给人以"不出城郭而获山水之趣,自居闹市而有林泉之致"的享受。联合国教科文组织遗产委员会评价苏州园林:"中国园林是世界造园之母,苏州园林是中国园林的杰出代表。"苏州园林既然有如此之高的地位和影响,那就让我们以一个游览者的身份,用鉴赏家的眼光,了解苏州园林的特点,体味其中的诗情画意。课件出示四大名园沧浪亭、狮子林、拙政园、留园,分别代表了宋、元、明、清四个朝代不同的园林风格。教师用较为典雅的语言导入课文,提前将学生引入到江南情趣中。

(二)营造情感场,眷恋情感美

"夫缀文者情动而辞发,观文者披文以入情。""人禀七情,应物斯感,感物吟志,莫非自然。"刘勰把情感看作文艺创作中最主要的因素,文艺是情感的表现。任何文本都是客观事物的反映,作者反映客观事物,必然经受了生命的感动,借助具体的物象来寄托自己的真情实感。说明文也不例外,除了客观的说明方法,说明顺序等,更可以挖掘说明文中带情感的内容。叶圣陶先生从小生长在苏州,对故乡以及故乡的园林一往情深。作者称赞园林的设计者和匠师们"生平多阅历,胸中有丘壑",作者又何尝不是如此呢?叶圣陶曾经填了一阕《洞仙歌》:"园林佳辑,已多年珍玩。拙政诸园寄深眷。想童时常与窗侣嬉游,踪迹遍山径楼廊汀岸。"字里行间渗透了他对家乡名园的深切眷念之情。

可以感受作者在娓娓而谈之中所蕴含的恋乡情思,从而受到这种崇高纯真的情感美的熏陶。教师介绍这篇文章原题为《拙政诸园寄深眷》,"寄"是"寄托"的意思,"眷"是"眷恋",教师提问学生有没有体到这种"深切怀念"的感情。文章中并没有一句动感情的话,问学生是从哪儿体会到这种感情的。请学生进入文本并试着完成这样的言语实践:从(　　　　)中,我看到了叶先生(　　　　)的情感,因为(　　　　)。为了打开学生的思路,教师先做一定的示范,如从(我觉得苏州园林是我国各地园林的标本)这句话中,我看到了叶先生(对故乡的园林深深的自豪感和眷恋感),因为(这里的标本是样本、典范的意思,可以看出作者对苏州园林的看重,在他心上地位之高。)

此外,"游览者来到这里,没有一个不心里想着口头说着'如在画图中'的。"这句中的"没有一个""务必使游览者无论站在哪个点上,眼前总是一幅完美的图画。"中的"务必""完美"这些绝对化的用词,都是学生可以发掘的点,"开花的时候,满眼的珠光宝气,使游览者感到无限的繁华和欢悦,可是没法说出来。"等等这些语句中融入作者的内心情感。文章对苏州园林的水阁亭榭、假山荷池、曲径回廊,所以能写得这样娴熟真切,主要原因在于作者与园林之间已经达到了一种美学意义上的物我交融。这样一来,说明文也有了情感的寄托,不再那么的单调枯燥。

(三)点读有疑,贯一的结构美与图画美

教师让学生重点阅读第二节,完成以下任务:

苏州园林的设计者和匠师们为了使苏州园林成为一幅完美的图画,他们讲究(亭台轩榭的布局），讲究（假山池沼的配合），讲究（花草树木的映衬），讲究（近景远景的层次）。从四个"讲究"的整体美到三个细部的局部美，苏州园林从整体到局部皆为一幅完美图画啊。

也就是说他们在亭台轩榭、假山池沼、花草树木、近景远景的布置上是精心布局、巧妙安排，因此才使园林具有了图画美。教师组织小组进行合作学习，苏州园林的设计者和匠师们是如何把这四个讲究体现在苏州园林里的，你能把他找出来吗？

教师出示小组合作时需要注意的要点：

1. 任选一个方面鉴赏苏州园林具有图画美的原因。

2. 交流汇报时不能简单地复述课文，一定要有自己的总结和发现，要让同学们产生"如在画中游"的感受。

3. 认真研读课文，画出关键词句，可以进行圈点批注。有疑问可互相质疑。

讨论结束后，请小组代表进行总结。例如鉴赏："池沼里养着金鱼或各色鲤鱼，夏秋季节荷花或睡莲开放。游览者看'鱼戏莲叶间'，又是入画的一景。"这里是讲究假山池沼的配合部分，这里引用了《汉乐府·江南》中的"江南可采莲，莲叶何田田，鱼戏莲叶间。"这句。古诗文的引用，可以使文章显得诗意典雅，但这里的引用应该不仅限于此。这句诗写出了鱼戏莲叶的"戏"字，一会儿东，一会儿西，忽然又往南，转眼又去北了，正如清人陈祚明所说的"写鱼飘忽"，一派活泼热闹的场面。鱼戏莲叶的活泼热闹，苏州园林的生机盎然。

再如，在游览的过程中，在那些本以为单调的地方、那些容易忽略的墙角地方，不经意间看到一簇花草、几丛竹子、几棵芭蕉，"茅舍小桥流水边，安居落户自怡然"，这种意外感觉，又带惊喜。句中的"栽""蔓延""补"等词语应当特别地体会。匠师匠心独用，游客会心而识。行步看看竹子，"身负盛名常守节，胸怀虚谷暗浮烟"，遥想隐士的气节。推窗望望芭蕉，"流光容易把人抛，红了樱桃，绿了芭蕉"，感慨时光的流逝……仿佛让我们看到园林的主人，守着一片净土，胸中吞吐的许是天下的风云，但生活得却是如此的宁静安逸，潇洒自在。

言语实践：教师出示刚学过的一首元曲《天净沙·秋思》，带领学生一起读一遍进行回顾，问学生这首元曲在写作上最大的特点是什么？这样一字一传神，一词一境界的作品，用来描绘我们的苏州园林再合适不过了，苏州园林的建造讲的也是意境。现在，带领学生走进这意境中来吟诗作赋吧！

（屏显）

请选用下列词语,完成《天净沙·苏州园林》

亭台　轩榭　假山　池沼　蔷薇

翠竹　枯藤　荷花　芭蕉　睡莲

古树　小桥　流水　落霞　绿草

游廊　木香　灰瓦　白墙　游鱼　……

（设计理由：引导学生感受《苏州园林》写作时严谨的结构,《苏州园林》的篇章特点非常明了。叶圣陶先生采用的是总分结构。让学生感受第二节总写的特点。第二节便是《苏州园林》的结构和审美的枢纽。在品鉴文字的过程中,既感受到说明文文字的准确,也欣赏到它独特的美,学生在进行言语实践加以演绎的过程中,形成自己表达典雅语言的能力。进行诗词创作的过程是对所学知识的圆融统一。）

(四) 文化传承,自然和谐

叶圣陶把自己对苏州园林的认识一步一步地介绍给读者,读者逐渐了解了园林整体之美,也感受到了园林局部细节的美——角落栽种的自出心裁、门窗雕镂的别具匠心,还有颜色的古朴自然。

苏州园林和北京的园林如颐和园有极大的不同。教师出示图片让学生直观地感受南北园林的差异。苏州园林少用彩绘,而北京的园林多用彩绘,那是皇家气派规模宏大、气势磅礴,主要是明、清两代遗留下来的园林,多属于帝王宫苑,采取中轴对称形式,彰显帝王至高无上的权力,要的就是富丽堂皇的感觉。

苏州园林的设计讲究"白本非色,而色自生；池水无色,而色最丰。色中求色,不如无色中求色"。正因懂得了这个道理,才能在无色中求得花开时节的满园春色。苏州园林大多是私家园林,追求的是居家的宁静闲适,自然不需要颜色的亮丽逼眼。或者说苏州园林的设计要的就是与自然的融合妥帖。正如叶圣陶写的：这些颜色与草木的绿色配合,引起人们安静闲适的感觉。而到花开时节,却更显得各种花明艳照眼。叶圣陶还写道：假山的堆叠,可以说是一项艺术而不仅是技术。而……全在乎设计者和匠师们生平多阅历,胸中有丘壑,才能使游览者攀登的时候忘却苏州城市,只觉得身在山间。这就是苏州园林的设计者追求的境界。

苏州园林的设计要让你身处城市却如在山间呢？这里教师适时引入中国传统观念中"天人合一"的理念,讲究的是自然与人的和谐。而且园林的第一个主人往往是辞官的文人,或归隐的雅士,受道家文化的影响,宅子自然也就随自己的想法而建了。当学生真正弄明白了这些以后,叶圣陶的文章也就看懂了,以后有幸去游览苏州园林,所感受的自然也就不同了。

（五）圆融合一，体会诗意

"我是画家，我将用最美丽的颜色，把苏州园林画进心海；我是诗人，我将用最美丽的诗行，留住假山与池塘的诗意……"在课堂的最后，教师指导学生表达出自己诗意的体验，融合到自己的生活中，引导学生感受美、发现美、浸润美，将语言文字的感受、训练与审美活动相结合。最后，延伸知识点：

你想更了解作者叶圣陶吗？请读《叶圣陶童话选》。

你想更了解苏州这座城市吗？请读余秋雨《白发苏州》。

你想更了解园林知识吗？请读陈从周《园日涉以成趣》。

五、进一步讨论的问题

前后两个课例的不同设计，源于在设计理念上的不同，前者属于教师个体随意发挥的课型，很难看出教师在课中所体现的当下课改所体现出的理念。而后者是基于冯铁山教授"诗意语文"理论指导的，整个设计尽最大可能体现"诗意语文"的价值追求与操作要领，将美学的理念融入到说明文的教学中，教出这篇课文的独特性。

（一）说明文体系的"破"与"立"

当下说明文的知识体系还很不完善，"说明对象、说明特征、说明顺序、说明方法、说明语言"说明文的"五大要素"虽然清楚，但是并不足以引领教师走进说明文文本深处，去破解每一个独立的说明文文本的特质。语文教学"不知道教什么"的问题，在说明文这种文体上体现得更为集中，更为尖锐。教师没有解读说明文的工具，就只好在教学中做搬运工，每篇说明文都拿说明顺序、说明方法等内容去套。尤其是教授说明文的说明方法时，老师的教法常常是给出模板，让学生去学习，这个模板为：指出说明方法，分析说明效果，概说对象特征。比如：这句（段）话采用了下定义的说明方法，简明科学地说明了；这句（段）话采用了举例子的说明方法，具体真切地说明了……因为教师泛泛地讲说明方法和模板本身死板的原因，学生乱套"具体、形象、生动"等词语的，很少结合文字具体分析。这样教说明方法，还是低层次的教，属于"搬运知识"一类。这个现象启示我们：如果永远限于"说明对象、说明特征、说明顺序、说明方法、说明语言"这个体系内，不勇敢打破常规，努力去开发说明文的教学内容，说明文课堂的尴尬会一直存在。改良后的课堂教学不止局限于对说明文几大体系的机械教学，而是另辟蹊径，借助这些体系来发现说明文之美。

(二)言语实践与演绎

对于大部分一线教师而言,解读说明文这种文体还缺乏抓手。教师基于学情,精心铺设了思维阶梯的言语实践和演绎,因而学生更有抓手,更能借助教师的教,达成自我的学。教师与学生共同成为主体的课堂教学,特别需要关注学生的学习起点,通过发挥教师的指导性与示范性作用,促成师生的共同成长。指导考验的是教师的能力,示范考验的是教师的魄力。在修改后的设计中可以看出,让学生训练的点,教师本人应该有一定的引领能力。但是,迥异于预设型的单一问答,由于言语实践训练点的开放性,师生在整个教学情境中是共生共长的,绝不是以教师的话语霸权扼杀学生的言语智慧,人为牵引学生到预设的答案。从某种意义上说,是帮扶式的实践,而非之前指令式的训练。言语的习得更大程度靠模仿,是站在巨人肩膀上的再创造。由于言语能力是长期训练的结果,因而教师可以考虑开设专题的典雅语言训练(增添细节、变换角度、使用修辞、锤炼词语、调配句式等),灵活运用多种刺激(图片、文字、音乐、视频等),引导学生看社会的慢镜头。日常可多摘抄、赏析、仿写、创造、评价典雅语句,以此提升典雅语言的敏感度和生发力,言语实践不是一个静态的固化程序,而是诗意生成的活动。从改良后的课例可以看出来,加重了言语实践的比重,培养学生与生活、与文本、与自我生命成长相遇相知。

(三)教学中的文化传承与发展

冯铁山教授认为语文教学是以汉语言文字、文章、文学、文化以及汉族独有的文言文学为载体的中华民族文化精神传承与创造的言语实践活动。在语文教学中尤其不能无视课文中出现的文化部分的内容,在修改后的设计中我们可以看到,南北园林建筑差异正是体现了中国文化的缤纷多彩,同时也有江南独特的隐仕之士的文化。体会中华文化的博大精深、源远流长,继承中华优秀传统文化,理解并认同中华文化,形成热爱中华文化的感情,提高道德修养,增强文化自信,这种文化素养,就是在一节课再一节课的累加之中,培养起来的。

第四节 基于"言语实践"的说明文《琥珀》教学[1]

一、主题与背景

语文阅读教学是语文教学的极其重要的组成部分,是提高学生语文能力、培养学

---

[1] 本文作者为裘淑惠。改编自其硕士论文《基于"言语实践"的小学说明文教学案例研究——以〈琥珀〉为例》。

生语文素养的重要途径。说明文具有促进学生全面发展的作用,记叙文、议论文无法替代它在语文素养养成方面产生的作用。但长期以来,说明文教学成为师生心目中鸡肋一般的存在,食之无味弃之可惜。除了在选材上,文本无法达到与时俱进,更重要的是在教学方面,为教而教,缺乏新意。

说明文以说明的表达方式来解说事物、阐述事理,在语文教材中占有十分重要的地位,其语言精练、准确,介绍事物清晰明了,事理说明明白晓畅,是语文人文性与工具性相统一的重要体现,具有重要的教学价值,同我们生产工作联系密切。如果能正确把握说明文教学,不仅可以向学生传授科学知识,还能使学生增长见识,受到科学思想的启迪。说明文教学用它独特的语言呈现科学事实与精神的素养。学好说明文,可以提高学生描述事实、说明事理的语言素养。课堂上,教师通过创设情境、平等交流,用形式多样的言语实践活动把学生的注意力紧紧地吸引住,使学生处在轻松、愉快的学习气氛中。

说明能力在社会各个领域发挥重要作用。言语实践作为语文教学的本体,它为寻找符合语文教学规律的教学方法、教学途径指明了方向。在新课程理念的指导下,将言语实践和小学说明文教学相结合,使学生把握言语规律,提升言语表达能力,获得一定的语文素养。使说明文教学回归教学的常态,注重语文学科的工具性和人文性,打好学生的语文阅读基础。本研究试图在厘析说明文阅读教学现状的基础上创设说明文教学和言语实践的关系,以此为说明文阅读教学提供一个可参考可借鉴的教学模式。

二、情境与描述

《琥珀》是一篇科普性的说明文。作者由一块稀世珍宝琥珀,展开大胆合理的想象,采用生动传神的语言,推测并再现了这块少见的琥珀的形成过程。文章布局严谨,语言细腻形象,逻辑推理严密,真实与想象相结合,使文章具有神奇色彩。教学时,一方面引导学生体会真实情景描写的简洁翔实,了解说明文的语言特点,另一方面引导学生深切感受想象中的故事情节描写的生动传神,细致巧妙。

本节课分为四个环节,分别是导入、检查预习、整体感知和思考反馈。

第一环节为图片导入,教师选取了一张琥珀的图片,一下子把学生的兴趣激发了起来,然后教师用一句话引入课文:大家想知道这么美的琥珀是怎么形成的吗？那么就让我们走进课文。

这一环节采用图片的方式直观的展现了琥珀,激发了学生兴趣,但是没有打开学生的语言表达的思维,学生除了惊叹图片的美丽以外就没有了更深层次的挖掘,有点遗憾。

第二环节以知识点的掌握为主,这是寻常语文课的基本模式。教师检查预习情况,字、词以及内容的知识点检查为主,以获取学生自主学习的成果为主。

一、初读课文,检查预习。
1)指名读课文,了解主要内容。
课文主要讲了这块奇异的琥珀形成和发现的过程。
2)字词检查。
PPT展示:
(1)读准字音：脂(zhī)　渗(shèn)　拭(shì)　澎湃(péng pài)
(2)注意字形：辣　湃　拭　黏
(3)多音字：黏　(nián)黏稠(zhān)黏贴
(4)理解：拂拭——掸掉或擦掉。
松脂——针叶树的树干上流出的胶状液体,是制造松香和松节油的原料。
指名读——开火车读——齐读
二、结合预习,讨论课文的叙述顺序。
1)叙述顺序。
故事发生的时间(第1自然段)。
琥珀的形成过程(第2—12自然段)。
①松脂球的形成;②化石的形成。
琥珀的发现过程(第13—17自然段)。
这块琥珀的科学价值(第18自然段)。

在第二环节用了将近10分钟的时间,了解课文内容、字词,对于难读的字词进行检测,最后是梳理课文的顺序,其实也是在理解课文内容。虽然字词很重要的,但对于六年级的学生需不需要花费这么多的时间去讲解大部分学生已经会了的知识呢？一堂课40分钟,如果花上这么多的时间去梳理基础知识有点浪费。完全可以把这部分放到作业讲解。

第三环节是整体感知课文,是本课最重要的部分。在这一环节,教师主要安排了三个部分:

1. 学习琥珀的发现部分,让同学们自读课文1—19自然段,同时提问:琥珀是怎样被发现的?渔民为什么说这块琥珀是很少见的?说明了什么?这时同学们说琥珀是渔民带着儿子在沙滩上经过时,儿子踩着了琥珀并把它挖了出来。渔民认出这是一块琥珀,并说是一块很少见的琥珀。然后教师进行小结,一块琥珀同时裹着两只虫子是很少见的。说明这块琥珀是不可多得的,有着不同寻常的价值。在讲解这一部分内容的同时,学习说明文语言的科学严谨性,提问:"约摸"是什么意思?为什么一万年前要用上"约摸"这个词?

2. 学习琥珀的科学价值部分,学生读课文20自然段。提问:这块琥珀有着怎样的科研价值?学生相互讨论后汇报:从那块琥珀,可以推测发生在一万年以前的故事的详细情形,并且可以知道,在远古的时代,世界上早已有那样的苍蝇和蜘蛛了。在学生汇报后理解词语"推测"。通过理解推测导入琥珀形成部分的学习。

3. 学习琥珀的形成部分,教师首先让同学们明白:一个事物的形成都是有条件的,琥珀也不例外。已经知道琥珀是松脂球的化石,要想知道琥珀的形成就必须知道松脂球的形成过程。在讲解中让同学们理解松脂球形成必须的四个条件:a.松树林。b.夏天——松树才分泌松脂。c.凑巧——蜘蛛和苍蝇在一起。d.松脂不断往下滴。讲解的同时板书。在学生理解松脂球的形成后再讲解松脂球是怎样形成化石的。化石的形成同样也需要四个条件:a.时间漫长。b.陆沉水漫。c.松树腐烂。d.泥沙淹埋。再讲清楚松脂球形成化石以后这篇课文也就接近尾声。

这一环节是本课最重要的核心部分,以讲授课本知识为主,这样的课堂更像科学课,缺少语文味。学生不断地在搜索信息,最终知道的仅仅是琥珀的形成、价值以及它的发现,缺少言语实践的语文教学陷入了"不伦不类"的尴尬境地。学生的语文素养无法得到提高。

最后一个环节是搜索信息后的思考反馈,总结整篇课文。这一环节主要是教师的总结。

教师总结：这块琥珀给科学家们提供了研究的依据。既然在一万年前形成的琥珀里已经有苍蝇和蜘蛛，那么苍蝇和蜘蛛的存在一定有一万年以上了。这是这块琥珀在科学研究上的价值。

三、问题与讨论

综上所述，整堂课的设计环节较为清晰，呈直线性展开，课堂教学主要围绕两个方面，一是文本内容，二是说明文文体知识。教学内容看似充实饱满，但深究会发现"干货"很少，缺少"这一篇"说明文独特的个性。而在讲解说明方法、说明顺序、说明文语言等文体知识时，如戴帽穿靴方式的教法更有种捉襟见肘的尴尬。就如胡培新老师所说，把文体知识作为教学目标，把每篇说明文肢解为相同的几个要素，失去了每篇说明文特有的个性。[1] 而如此教学之后，我们会发现学生并未走进说明文文本深处，也并不能很好的理解说明文文本的特质。比如理解说明文语言的科学严谨性时，教师问"约摸"这个词能不能去掉，学生马上回答道不能，这体现了说明文语言的科学严谨，去掉就变成一定了。教师马上肯定了这个回答。回顾这个回答，可以说是解答题满分，但是这个回答套到任何一个词似乎都可以，所以就没有什么深层次的知识干货。如果是生病吃药，药单上写着吃"约摸"两粒，那么到底是多少呢，就变得非常含糊不清。所以如此回答没有针对性也没有很好的让学生感知这个词。

再说到教学方法，整堂课基本以教师提问学生回答的"一问一答"固定模式展开，教师是整堂课的主宰者，学生只是依照着教师的指挥棒前行，没有自己独立的思考，更缺乏学生个性化的表达。一堂课下来，学生只是在文本中简单地搜索信息，也许获得了一些知识，但这种获得更像科学课的学习，没有了语文味，无法提高学生的语文素养。课堂是师生交流的最精彩的舞台，是教师展现自我的地方，更是学生获取新知、提高水平、提升能力的主阵地，从某种意义上说，课堂效率的高低在很大程度上决定了学生获取知识的多少，决定了他们成绩的高低。而低层次的教并无多大实际意义，如果课堂只是"旧知识"的搬运，那么看似活跃的气氛其实只是营造了一种假象。泛泛地教不如有选择的聚焦式的捶打，这样学生才能学到具体的东西。而这就需要教师认真地钻研教材，找到属于这一篇的独特魅力。

---

[1] 胡培兴.说明文教学：尴尬与突出[J].人大复印.初中语文教与学，2013(4)：3

四、诠释与研究

本堂课的教学设计是我校刘董建老师在宁波大学冯铁山教授的指导下,以言语实践为本体观设计的教学过程,本着归真、求善、至美的原则,教学目标如下:

  1. 朗读课文,通过联系上下文的方法,了解琥珀的特点和形成过程。
  2. 抓住"推测"一词,通过补充练习、批注交流、换词比较等方法,感受科普文科学准确、生动形象的语言特点。
  3. 体会作者写作的特点,能够运用这样的方法进行片段作文。

本堂课一共分为三个环节:欣赏琥珀之美、发现虫之美和体悟人之美。

第一环节为欣赏琥珀之美,由《诗经》入手解释"王"字旁,然后出示图片更直观的感受琥珀之美,进行第一次的言语实践,调动学生的积极性,以学生的经验性陈述入手,进一步表达自己的独特感受。

这一环节设计了四个部分,每一部分设计一道言语实践题,第一部分以"投我以木瓜,报之以琼琚;投我以桃李,报之以琼瑶。"入手,诗意盎然,导入带学生进入美的意境。接下来,教师出示了一张琥珀的图片,让学生直观的看到美的事物。学生的兴趣又一次被激发,调动了他们想要表达的欲望,学生试着完成第二次的言语实践:

  我发现这是一块_____的琥珀,它_____。

为了打开学生的思路,教师先做了示范:我发现这是一块(美丽的)琥珀,它(颜色很漂亮)。然后学生借助图片组织语言,开展言语实践活动。此环节旨在让学生在原有学习成果的基础上,对接生活经验,让他们真实地表达自我认知。接下去进入文本的学习,初读有声,字音准,整体感知,把握内容。通过自由读课文的方式入文,此处又一言语实践:

  这是一块_____的琥珀,我知道_____。

带着这样的要求进入课文学习,有目的性有指向性。学生从文本中找到了很多有用的信息,经由这个言语实践表达出来。这样每个学生或多或少都能从课文中搜索到信息,对文本有了初步的感知。然后再读有情,意义清,专题探究,扎实训练。此阶段通过两个词语的辨析来加强"推测"这个词语的理解。安排的言语

实践为:

练习:小明今天没来上学,我们(猜测)他可能生病。

警察仔细观察了现场,发现桌上的水杯还是热的,(推测)嫌犯才刚刚离开。

这样的训练让学生更好的理解"推测"个词,识别说明文语言的用语之巧。

说明文教学要培养学生的科学态度,首先要激发学生对科学的兴趣,那么就需要研究课堂上的激趣策略。说明文教学上出情趣,情趣的背后是教师对学生年龄特点和心理特点的研究,更是教师对教材情趣点的创造性开掘。这一环节以《诗经》中的语句导入,让枯燥的说明文富有诗意,然后以"王"字旁作为切入点,配之以图片,引出"琥珀"这一说明对象。然后以"我发现这是一块＿＿＿的琥珀,它＿＿＿。"进行第一次言语实践,让学生对"琥珀"这一对象有初步认识,然后以"这是一块＿＿＿的琥珀,我知道它＿＿＿。"进行第二次言语实践,第一次有针对性的阅读文本,快速搜索文本信息。这样学生就对"琥珀"这个东西在课文的阅读之下有了一定的认识,抓住要点,了解了说明文对象的性质。然后抓住文章的关键词"推测",通过第三次言语实践,让学生对说明文的语言的准确性,这比生硬的说教印象更深刻,理解更为透彻。

第二环节由发现琥珀之美过渡到发现虫之美,进一步学习感知课文。具体过程如下:

师:推测了琥珀形成过程,你是否也有一些疑问呢?

生:为什么成千上万的虫子从大松树过去,唯独苍蝇和蜘蛛被困在里面呢?

师:对啊,这究竟是怎样的两只小虫呢?我们以文中对两只小虫的描写为依据,来推测它们的个性吧。

读书要求:默读课文,用横线和波浪线分别画出描写苍蝇和蜘蛛的句子,并挑选一两处进行批注,这究竟是怎样的苍蝇和蜘蛛。

生1:这是一只爱美的苍蝇,因为她只关注自己美丽的绿翅膀,抖一抖,舔一舔,全然不知道危险正在慢慢靠近她自己。

生2:这是一只淘气的苍蝇,因为她悠闲地在松树林里飞来飞去,沉醉在炎日里的树荫下,只顾着玩乐。

生3:这是一只贪婪的蜘蛛,成百上千的苍蝇经过,他却不放弃眼前这一只,即使如此炎热,他心里也只是记挂这这只肥美的苍蝇,他一定也被饿坏了,所以一直耐着性子不愿离开。

……

师：就是这样根据已有的线索来猜测我们的内容就叫做推测。

这一部分从欣赏"琥珀之美"到发现"虫之美"，让学生进行第四次言语实践，对苍蝇和蜘蛛进行推测。学生发挥自己的想象力，对苍蝇和蜘蛛的行为有自己的情感体验，说明文不仅仅是语言的生动，还可以是情节的生动，让学生有浓厚的兴趣。

最后一个环节自然过渡到体悟人之美，作为一堂语文课，我们最终还是应该落到情感态度价值观。第二环节中出现的"推测"一词是本文的一个重点，说明文语言的严谨科学性也可从中感受，为了更好的领悟这个词，设计了如下的言语实践：

教师选择了两次言语实践，首先出示一张图片，图中为一个母亲，并提供给学生一组短语：一把雨伞、一个书包，半边肩膀湿了。让学生根据这些词汇进行推测，以"进门之前"为题写一段文字。教师强调推测中的时间，学生根据仅有的线索，基本可以推测事情的发展，更能够从每一个动人的字眼里推测人物的品质。

第二次是出示学生比较熟悉的诗歌《游子吟》，学生探讨从哪里推测感受母爱，以此寻找身边这样类似的动人细节进行推测，抓住细节进行作文。

作为说明文教学的最后环节，该设计从"琥珀"的形成原因看到了"虫"的自私进而让学生感受到母爱的伟大，由"推测"这个关键词进行第五次言语实践，让学生自己得出母爱的伟大。贯穿整堂课的言语实践，不仅让学生了解了琥珀的形成原因、过程以及价值，还从琥珀身上获得了为人的启示，获得了一定的语文素养，最终达到德性与技能的统一。

五、进一步讨论的问题
（一）以言语实践为本体，凸显说明文教学本质

《语文课程标准》中明确指出："语文是最重要的交际工具，是人类文化的重要组成部分，工具性与人文性的统一，是语文课程的基本特点。"由此我们发现，"工具性"和"人文性"是语文的两大属性。有学者认为，"工具性"是基础，"人文性"是核心。应该说，"工具性"和"人文性"两者是相辅相成，不可机械割裂。两者统一才能彰显语文本

质。如果说"人文性"是那巍峨挺拔的山峰,而"工具性"就是登上那山峰的一级一级的阶梯;"人文性"是那广袤无垠的大海,而"工具性"就是抵达那光辉彼岸的船。我们不能机械地脱离一方去谈另一方,因为没有脱离"人文性"而单独"工具性",也没有脱离了"工具性"的抽象的"人文性","工具性"与"人文性"总是联系在一起的,是不可分的。语文教学的意义自然也就是在这二者的统一中寻找。那么在说明文教学的课堂上如何有效地落实"人文性""工具性"的统一,创造性的运用语言符号进行言意转换,就需要以言语实践为本体,在阅读教学中把语文训练与人文精神的熏陶结合在一起,致力于全面提高学生的语文素养。比如王崧舟老师执教《只有一个地球》课末引导学生通过语言文字去生发想象。他通过自己声情并茂的朗读让学生进入环境破坏地球伤痕累累的情境中,然后点击课件出示:地球一天的变化。从向"母亲"诉说的角度切入,引导学生进行言语实践:

地球!我亲爱的母亲:_____

你的孩子:_____

结果,那些语言文字背后所承载的思想被化成了一幅幅令人触目惊心的画面,激荡着人的心灵,引发着人的思考。① 这样的练笔,使得语文的"工具性"和"人文性"得到了完美的统一。只要教师能够敏锐地触摸到了这些平静的叙述后面那颗滚烫的心,并且引导学生也去触摸那颗滚烫的心,并最终与之碰撞、交融。说明文中的"人文性"就会被理直气壮地得到了张扬。

以言语实践为本体,就涉及到什么是本体,本体就是本源性的实体。桑新民在《呼唤新世纪的教育哲学——人类自身生产探秘》一书中提到,本体论探究存在、现实的终极性质,表面上似乎看不出这与教育目的、课程设置和教育内容、教育方法有什么联系,但本体论却是各派认识论和价值论的立足点和出发点,并以此二者为中介,对教育的一系列基本理论和方法产生着十分深刻的影响。② 教育本体是世界统一性的终极原因和实践的最高追求或终极关怀,是一切"在者"所以为"在者"之"在",是一切"是者"之所以为"是者"之"是",是世界万物形成的终极原因或统一根源,是生成和建构本质的根本原因。语文教育之所以发生发展,原因是复杂的。冯铁山教授认为最根本原因在于教育实践,语文教育的实践是直接发展人力的实践活动,这种活动称为言语实践活动。综上,语文的本体就是言语实践,语言符号是言语实践的凭借,人文精神是言

---

① 靳淑梅.说明文教学中的精彩练笔[D].小学语文教学.2008(10):66—67.
② 桑新民.呼唤新世纪的教育哲学——人类自身生产探秘[M].北京:教育科学出版社,1993:51.

语实践的主要内容,言语智慧是言语实践的自然的结果。只有在言语实践中,人才会体验、感悟乃至融通言语、语言所蕴含的内在规则、人文精神以及变公共话语为自我的生命。因此,言语实践是统一诸多语文教育原因、形成语文教育活动、建构语文教育本质、实现语文教育本质的根本原因与终极原因。①

说明文教学只有关注言语的表达形式,并通过强化训练,才能引导学生习得表达方法,提高读写水平。说明文对客观事物的描述、说明自成一体,有着鲜明的表达特质,对学生习作素养的提升具有重要的促进作用。因此,课堂上教师应安排时间进行积极的语用训练,提升学生的语言表达能力。这就是教师将静态的语言分析教学化为动态的言语实践,让学生从超越一般认知学习中寻觅独特的感受,从共同的感受中寻觅表现共同感受的具体感受,自然而然生成自我的感动。

以言语实践为本体,尊重学生对言语内容的自主理解,以学生的言语表达为价值取向,即以协助学生进行吸收与表达(言意互转)为基本任务。从表达的角度看,言语实践本体观观照下的语文阅读教学依托于具体的言语实践活动,让学生在模拟还原的生活场景中或具体的言语活动中充分调动自己的生活体验,把已有的理性认知、道德修养、审美情绪等通过言语表达外显。从理解的角度看,学生的自主理解离不开教师的正确引导,但教师的协助作用只是学生生成理解的外部条件,学生自主建构的内部条件是实现言意转换的决定因素,其中知识的积累、生活的阅历是学生生成理解的关键因素。因此在言语实践本体观指导下,教师应着力对学生已有的知识和生活积累进行激活和调动,帮助学生逐层打破语言层、形象层,进入意蕴层。

可以说,以言语实践为本体,实现语文"工具性"和"人文性"的统一,在言语实践指导下的说明文阅读教学就是语文阅读学言意转换理论的具体实施,从本质上论证了说明文阅读教学设计的合理性。

(二)以言语实践为手段,激发学生说明文学习的兴趣

学生不仅是课堂教学活动的主体,更是整个教学活动的主体。教育教学活动的开展、改革的进行必须始终以学生的发展为核心要务。因而,我们在思索"教"的同时,更应当关注学生的"学"。只有成功调动学生的学习主动性和积极性,才能产生最佳的教学效果。

兴趣是最好的老师,它是学生学习中的催化剂,它不仅能活跃学生的思维,还能使

---

① 冯铁山.诗意语文论[M].北京:中国社会科学出版社,2016:2.

学生的主体性、创造性充分得到发展。俄国文学大家托尔斯泰说过:"成功的教学所需的不是强制,而是激发学生的兴趣。"由此可见,教学中激发学生学习兴趣是如此重要。布鲁纳说:"学习最好的刺激是对所学教材的兴趣。"在说明文教学中,因其内容相对较为枯燥,针对学生学习中存在的种种问题,我们更应当着力在学生学习兴趣及能力上下功夫。在《新课标背景下中学说明文教学的思考》这篇文章中,曾提到好奇心、学习需要、知识经验、学习行为、适宜的难度和成功的体验是构成激发学习兴趣的六要素。[①] 由此在激发与培养学生说明文学习兴趣的时候,可以围绕这六个要素,以言语实践为手段,有针对、有侧重,全面提升说明文教学的效果。

说明文展示给我们的是一个个大自然当中奇妙的事物,或是难得一见的神奇景象。小学生尤其是高段的学生有着一定的求知欲与好奇心,他们对于知识的渴求让他们很希望进入各种不同的知识领域,探求各种科学奥秘。所以说明文的科学性应当具有相当的吸引力。我们教师需要做的就是努力寻找这种契合点,一个词语的来源,一幅色彩鲜艳的图片,一个新奇的道具,一段声情并茂的视频介绍,几句充满激情的课堂导入等等,都能将学生的这种好奇心激发出来。能首先抓住学生的眼球,我们的课堂已经有了不错的开头。有了良好的开始就是成功的一半。激发学生的好奇心仅仅是我们课堂教学的开头,更持久的是让学生觉得这节课能够满足他的需要:认识了一个全新的事物;了解了一种神奇的自然现象;解决了他心中悬置已久的疑问……这些需要的满足像漩涡般吸引着他将更多的精力投入到课堂当中,并化为更长久的内在学习动力。

说明文教学展示给学生全新的事物、道理,这是学生兴趣点的一大要素,但是这并不是完全脱离学生本身知识经验的存在,所以如何引导学生在原有知识的基础上有新的收获呢,言语实践就是要把学生原有的认知激发出来去探求新的知识点,由已知引导未知,得到更大的收获。但是如果是简单的读读记记议议,看似热闹非常的课堂,其实学生的收获寥寥,因为这样的过程是在不断地重复原有知识,过于简单的学习难以维持学生的兴趣。维果茨基"最近发展区"理论告诉我们:适宜的难度是使课堂中学生学习兴趣得以延续的保证。基于"言语实践"的说明文教学努力让学生听完后有收获的满足、顿悟的喜悦。如果听下来还是单调浅显的说明文"老三题",会让学生觉得索然无味;当然如果一下子去探求过难的知识,那么就又走向另一极端,听了半天还似

---

① 王业干.新课标背景下中学说明文教学的思考[D].苏州大学硕士学位论文,2010:33—35.

懂非懂，也不会坚持听下去的。言语实践恰好的起到了过渡桥梁的作用。

马斯洛把人的需要分为生理需要、安全需要、爱的需要、尊重的需要、自我实现的需要五个层次。人们从低到高依次追求这些需要，而排在这阶梯的最高需要就是"自我实现"。基于"言语实践"的说明文教学中，设计一些让学生通过自己的思考才能摘到的果实，也就是不同形式的言语实践活动，让他们在解决问题的过程中不断体会到成功的喜悦，用成功的喜悦进一步激发他们对于学习的兴趣，从而形成良性的循环。

现代教育实践家魏书生说过："激发兴趣，就是要把学生已经形成的潜在的学习积极性调动起来。"基于"言语实践"的说明文教学就是调动学生学习兴趣的有效手段。教师注意从教材内容中挖掘深度，借助言语实践，对于课外的知识拓展补充，都能给与学生正确的引导，指导学生领略说明文中更广泛的知识，培养学生对说明文的兴趣，提高学生学习的积极性和主动性。

（三）以言语实践为主体，优化教学策略

语文教学需要面对生活、社会、自我的三个事实，这就意味着语文教学的意义分析离不开教学主体、教学对象、教学行为、教学语境及其关系等要素的考量。在语文教学活动中，文本作者、教师、教学编辑以主体间性关系为纽带共同作用于学生，在言语实践中生成理解、融通、对话、共生、共创、共展的归真、求善、至美关系。

说明文作为一种实用文体，必然有其自身的规律，阅读说明文自然也有规律可循，所以在教学过程中必然需要依据文本特点进行教学，根据文本特点，探寻一些方法，得到一点规律。北京教育学院中文系教师、教师专业发展研究所所长王漫在《初中语文说明文教学策略》专题性讲座中提出，说明文教学，首先要让学生读懂说明的事物或事理。其教育价值在于训练学生的信息筛选和加工的能力。所以说明文的教学重点和难点在于，文章介绍的那些科学事理，学生真的能读明白吗？乃至所举的例子，究竟在说明什么，学生理解了吗？以此他把说明文教学中常用策略概括为以下四点：

第一，运用读书摘记的方法，在文中圈点勾画、画图表、列提纲等，提取与整合文章信息。

第二，对照实物或图片，口述其特点、形态、构造等，再与课文比较，学习说明语言的准确和说明顺序的把握，或者反过来，根据文字绘制图片。

第三，角色模拟。以说明事物的角度去探求特点，比如在《新型玻璃》一课时，以"我是一块（　　）的玻璃"为实践搜索文章信息。

第四，比较阅读。如《鲸》和《松鼠》都是介绍动物的说明文，一个是科普性说明文，一个是文艺性说明文,对比阅读更容易得出相关信息。

其实这些教学策略都是言语实践的各种表现形式,说明文不管是哪种风格的,生动的,平实的,都有一个共同特点,就是以传达知识为目的,提取有效信息,是理解文本内容并进而感悟文本之美的重要手段,也是一种重要的能力训练和思维训练,言语实践作为教学设计的主体出现,从科学的角度多元素进行解读文本让学生更易接受与感兴趣。语文教学就是师生创造性地运用语言文字符号,系统地掌握以言语为核心的语文知识、习得语文技能并逐步形成的言语智能、科学文化素养及思想道德素养的言语实践活动,说明文教学亦如是,言语实践是语文的支点,在教学设计中以主体的身份用以支撑起整堂课。

说明文的文本解读中虽然以科学性为外衣,但是只要细心挖掘会发现小学说明文趣味性十足,有的介绍大自然的神奇现象或自然景观,有的描写有趣的动、植物生活习惯,有的介绍了最新科技的成果等。这些内容,大部分内容带有神奇、神秘的色彩,是学生会喜欢的。但是要把这些趣味因子展示在学生的面前,可见可触可感就需要进行言语实践,从文本中来回归文本并且丰满文本。

基于"言语实践"的说明文教学以言语实践为主体,可以将说明文学习中的知识点进行强化并做要求:要先选好说明对象,然后分析其本质特征,围绕其本质特征要找例子,选用合适的说明方法安排合理的说明顺序进行介绍,介绍的时候要注意语言的准确严密和生动优美的结合。关于说明性文章的教学,课程标准在第三学段阅读目标中指出:"阅读说明性文章,能抓住要点,了解文章的基本说明方法。"由此可见,说明文教学要彰显其独特性,除了应该充满着"语文味",切不能把它上成自然常识课。也要注意通过教材发挥其科学性,因此,对于此类课文教师要认真研读,反复琢磨,把握文本的特点,关注文本的语言,捕捉文本中的特殊的词句和语言形式,以充分挖掘出文本中的语文元素。总而言之,阅读教学只有基于"言语形式",才能引导学生学习"独一无二的表达",才能真正提高听说读写的水平,逐步形成语文素养。说明文的教学依然如此。老师通过结合每篇课文的主要特色进行有选择的言语实践,让学生在说明文阅读中也能体味阅读的乐趣。

(四)以言语实践为路径,引导学生实践运用

语文是语言的艺术,语言是存在的表达。《全日制义务教育课程标准》指出:"语文是实践性很强的课程,应着重培养学生的语文实践能力,而培养这种能力的主要途径也应是语文实践。""应该让学生更多的直接接触语文材料,在大量的语文实践中掌握运用语文的规律。"应该说,"语文作为母语教育课程,学习资源和实践机会无处不在,无时不有"。[1]阅读教学是学生最重要的语文实践活动,这是我们为学生创造的其他任何形式的语文实践活动所无法比拟的,无法替代的。因此,培养学生的语文实践能力,可以在阅读教学中下足功夫。以言语实践为路径,引导学生在学习生活中实践运用。

　　说明文文本是师生教学的主要媒介,涉及的内容知识广泛,教师可以根据实际情况,以教材文本为依据,灵活地变通教学策略。在说明文课堂教学中,不能仅仅依靠课内阅读,而是应当引导学生丰富自身的阅读研究材料,及时全面地补充自身的知识积累,这样有助于丰富学生与文本的对话体验。同时教师应当在充分研读文本的基础上,突破教材的局限,使得学生能在规范有限的教学内容中发挥自身的主观能动性,创造出意料之外的新奇。教师注重于其他学科的有机统一,通过相互渗透知识内容,促使学生打破学科界限,能够将特殊的说明文知识融合到其他领域,通过采用其他学科的教学方法,让学生与文本之间形成多重动态的对话交流,真正有效地促成高效的说明文教学生成。比如特级教师蒋军晶老师在打磨《麋鹿》一课时,除了介绍麋鹿的外形、生活习性以及传奇经历,他提出更重要的是文本在"说明文写作方法"方面可以作为可供模仿、分析的范本,在对学生"写法指导"方面具有重要意义。他说,学生上了我的语文课后,仅仅知道了麋鹿有哪些显著的特点是不够的,还应该知道文章的作者很棒,他在描写麋鹿的外形时,抓住了麋鹿区别于其他鹿的最显著的特点。例如在鹿科动物中,只有麋鹿角的各枝尖都指向后方,其他鹿的角尖都指向前方;例如麋鹿的尾巴是鹿科动物中最长的;例如麋鹿蹄子宽大,横渡长江,易如反掌……总而言之,重要的不是记住麋鹿的外形特点,重要的是领会"要有选择性地抓住事物的主要特点来写"的写作要素。[2] 引导学生在文本学习中掌握写作技巧,力求做到至少"一课一得"。

　　王松泉先生认为,语文教育说到底,就是要让学生在言语训练中把握语言规律,从而发展他们做人所必须的言语能力,其过程应该是言语→语言→言语。而说明文对于学生语文素养养成最突出的特点,是在于其语言使用的客观性和普遍性。但是如果只是蜻蜓点水般的讲解说明文语言特点或者穿靴戴帽式的生搬硬套都是无意义的,只有挖掘语言文字背后的科学态度、科学思维以及语言表达运用能力,科学态度和诗意情怀自然融合,才是真正走进文本。而这些就需要沉淀文字,通过言语实践向文本深处漫步。比如解读《松鼠》一文,王君老师就从一系列的动词和形容词中发现科学小品文

---

[1] 中华人民共和国教育部.义务教育语文课程标准[S].北京:北京师范大学出版社,2011.
[2] 蒋军晶.说明文教学的新尝试——我的《麋鹿》打磨记[J].小学语文教学.2010(2):3.

语言的生动性特点,从一系列的副词中发现其语言科学性的特点,从一系列的褒义词中发现其语言情感性的特点,并将具有同样特点的词语加以归类整合出来,引导学生清晰地感受科学小品的语言特点。这种归类整合法,就使语言研究细微化、具体化。又以关键词"讨人喜欢"切入文本为教学线索,串出"讨人喜欢的松鼠"、"讨人喜欢的第一段"、"讨人喜欢的语言"、"讨人喜欢的布封"、"讨人喜欢的同学"几个教学板块。[①] 这样紧扣文本融入教师解读智慧,又巧妙地将对学生的期望与文本融合一起,潜移默化地熏陶了学生的情志。通过言语实践让语用教学有抓手并且落到实处。

借助言语实践这个路径,让学生在说明文的阅读中得到语言的积累,获得真、善、美的熏陶,以此达到言行德意的圆融互摄。

---

① 王君.说明文教学突围[J].语文建设,2017(2):12.

第八章　诗歌诗意教学案例

第一节　基于意象理论的诗歌教学案例[①]
——《假如生活欺骗了你》的核心意象分析

一、主题与背景

诗歌是一种抒情言志的文学体裁。《毛诗·大序》记载:"诗者,志之所之也。在心为志,发言为诗。"南宋严羽《沧浪诗话》云:"诗者,吟咏性情也。"诗歌用高度凝练的语言,形象表达作者丰富情感,集中反映社会生活并具有一定节奏和韵律的文学体裁。

外国诗歌作为翻译文学的产物,在另一种语言的翻译之下,在诗歌意境和感染力上已经打上了一重折扣。许多教师自己也没有吃透诗歌所蕴含的思想感情,只是照本宣科地将诗歌作为叙事的主体,忽视诗歌中所蕴含的情感;教学中一味加快进度,不注重让学生参与到教学文本的语境—意境之中,再加上诗歌所蕴含的情感的丰富性以及中外青少年成长过程的差异性,教学内容严重脱离学生的生活,也就难怪学生很难感受到诗歌所描述的思想感情,从而对诗歌产生"感同身受"的体悟了。

在以往的外国诗歌教学中,"文路——教路——学路"的割裂,诗意语文阅读教学所主张的"解码——编码——再解码"的路径人为地缩短。学生要从文本出发,在一定程度上理解文本的基础上,发散到自己的生活经验之中,再从生活经验回到文本,感受文本的语言之美和意境之美。这样的过程之中,原来陌生的铅字才真正变化成为美丽

[①] 本文作者为沈怡丹。

的诗意,才能让学生用自己的生活经验来还原诗歌的本真。若是学生没了调动自己真实的生活经验的历险与体验,学生自然产生不了对外国诗歌的好感。诗歌要经历这样一番在学生真实的生活中的"出生入死",通过学生的诵读,感悟,对照生活,从而产生个性表达,最终达到理解诗歌,感悟诗歌,对诗歌的意境感同身受的教学目的。

二、情境与描述

以普希金的《假如生活欺骗了你》课例为例,据评委反应选择这一课题参赛的几名选手都没上好。为什么没有上好呢?曾经的我一直困惑,因为备课前搜索网络资源也是类似的教法,同台竞技的一位教师也采用了相同的课堂流程。悲剧总让人刻骨铭心,再来回顾当年的课堂。

(一)导入课文环节:听《阳光总在风雨后》这首歌,你听清了什么?(找同学谈一谈)我们都希望生活一帆风顺,只有阳光并无风雨,人生却不可能是这样的,那么风雨来了,我们又将怎样面对生活,今天我们就来学一首俄国诗人普希金的诗作《假如生活欺骗了你》,从中品悟面对人生的道理。大家已经接触到了许多诗歌,许多诗歌都有追求美。今天我们学习这首诗歌,首先要去体会这种诗歌的美,通过我们的朗读,通过我们的体会,通过我们的品味来感知这种美。

(二)知人论世环节:(PPT介绍一下作者)可以让学生查阅资料,教师进行介绍,强调普希金的悲剧一生的铿锵有力。

诗人背景:普希金(1799—1837),是俄罗斯伟大的民族诗人,小说家,他的创作对俄国文学和语言的发展影响很大,他不仅是"俄罗斯文学之父",是俄罗斯文学语言的创建者和新俄罗斯文学的奠基人。而且在世界文学史上也享有盛誉。生于莫斯科一个崇尚文学的贵族家庭。成年后不断发表诗歌抨击时政,歌颂自由,被视为自由主义的代言人。为此遭到了沙皇政府的多次打击,他曾两次被流放,也曾身陷囹圄,但他始终不渝地信守着诗中表达的生活原则,即使付出生命也在所不惜。他虽然被沙皇政府阴谋杀害了,但他的精神却永远鼓舞着人们。他的诗具有很高艺术成就和无言的艺术魅力。作者其他作品有《致大海》《致凯恩》《渔夫和金鱼的故事》《迟开的花朵更可爱》《为了遥远的祖国的海岸》《我的朋友,时不我待》等。

写作背景:这首诗写于普希金被沙皇流放的日子里,那时俄国革命正如火如荼,诗人却被迫与世隔绝。在这样的处境下,诗人却没有丧失希望与斗志,他热爱生活,执着地追求理想,相信光明必来,正义必胜。我们现在只能通过译诗来学习、欣赏,但愿我们能尽可能地领悟到这首诗的美。

(三) 诗文品味环节

1. 听课文录音(插入原文和播放录音)。

2. 解词。

忧郁：忧伤,愁闷。

向往：因热爱、羡慕某种事物或境界而希望得到或达到。

瞬息：一眨眼一呼吸的短时间。

3. 有感情的自由朗读后再找同学读。(注意朗读时的情感)

明确：第一段是低声嘱咐,第二段是理性分析。

整首诗充斥着积极向上的人生态度。

4. 赏析诗歌。

这首诗使用浅显的语言,表达了生活的真谛,因而得到广泛的流传。尤其是当生活遇到挫折时,它可以使你走出困境,看到光明。正如诗中唱到的那样,"忧郁的日子里需要镇静：相信吧,快乐的日子就会到来"。

这首诗没有什么形象可言,短短八句,都是劝告的口吻——按常理这是诗歌创作要尽力避免的,但这首诗却以说理而取得了巨大的成功。其原因在于诗人以平等的娓娓的语气写来,语调亲密和婉,热忱坦率,似乎诗人在与你交谈；诗句清新流畅,热烈深沉,有丰富的人情味和哲理意味,从中可以让人感受到诗人真诚博大的情怀和坚强乐观的思想情绪。这首诗最美、最吸引人的地方就在这里。所以这首诗问世后,许多人把它记在自己的笔记本上,作为鼓励自己的座右铭。

(四) 整体感知环节

引导学生反复阅读这首诗,独立思考,仔细品味、感悟诗歌的语言,学生自由朗读诗歌,思考下列问题：

1. "假如生活欺骗了你"指的是什么？谈谈你是怎样理解欺骗两个字的？(明确：①要联系诗人当时所处的环境来理解。特指在生活中应遭遇艰难困苦甚至不幸而身处逆境。表明正义被沙皇专制所扼杀,作者写这首诗时正被流放,是作者自己真实生活的写照。②认为只要去努力肯定会获得成功,而生活却不能如此,那当然就是欺骗。)

2. 诗歌的两部分各表现了怎样的内容？(明确：第一部分写如果身处逆境,不必悲伤,要耐心等待,快乐的日子一定到来。第二部分写要永远向往美好的未来,现在虽处逆境,当时过境迁,往事都将成为亲切的回忆。)

3. 这首诗歌表达了诗人怎样的人生态度?请结合你感受最深的诗句说说你曾有过的体验。(明确:诗中阐明了这样一种积极乐观的人生态度:当生活欺骗了你时,不要悲伤,不要心急;在苦恼的时候要善于忍耐,一切都会过去,我们一定要永葆积极乐观的心态;生活中不可能没有痛苦与悲伤,欢乐不会永远被忧伤所掩盖,快乐的日子终会到来。)

(五)思考探究环节

学生再读诗歌(放映原文),思考并互相讨论下列问题:

1. 面对逆境,我们就只有耐心等待,不予抗争吗?(当时沙皇专制统治相当严酷,革命势力一时还不足与之抗争,只能等待。)

2. 怎样理解"而那过去了的,就会成为亲切的怀念"?(一方面强调一种积极乐观的人生态度。另一方面,人生的体验应该是丰富多样的,都是一笔财富,都有助于把握人生。)

(六)拓展延伸环节

1. 与一般诗歌相比,这首诗有什么不同?(没有具体形象,只是以劝告的口吻说明道理。而一般的诗歌艺术形象都比较生动鲜明,这也是这首诗写作特点:通篇以劝告的口吻,强调积极乐观地人生态度。)

2. 学习了本首诗,你想把哪些句子送给身在困境中的亲人或朋友?明确:引出诗的前四句,齐读把它记下来,(插入前四句)蕴含的哲理:面对挫折要正确、乐观地对待它,要镇静,要坚信未来是美好的、光明的。

三、问题与讨论

回望这堂课,大概是很多一线老师都会选择的课堂模式,而学生在课堂上冷漠的反应则让我感到在这堂课上,学生根本没有领会到诗人在那个激情燃烧的岁月对生活抱定的乐观与信心。反思良久,我认为是教师在教学过程中没有按照"解码—编码—再解码"的阅读教学逻辑来设计教学流程,学生在课堂没有情感参与,学生"进不去"文本,自然也就"出不来"情感了。而外国诗歌作为外来优秀文化,其表达方式和翻译手段让学生在理解上有一定困难,教师要抓住诗歌的核心意象,在外国诗歌教学设计中遵循"文路—教路—学路",使学生真正对文本投注感情,阐发共鸣,从而对学生的情感、态度和价值观都产生积极健康的影响。

存在的问题：

1. 教学思想凌乱。一堂课的教学思想体现着一堂课的风格所在，在这堂课中，教师主要是按照"整体—局部—拓展"的模式，没有抓住诗歌的核心意象来进行释意，学生对诗歌意象没有一定的理解，情感也无法达到共鸣。

2. 教学主体单一。教师"满堂灌"的现象比较严重，缺少学生对课文感知的参与，缺少学生的言语实践环节，也没有建立学生能力的培养，缺少"过程与方法"教学目标的体现。

3. 教学过程杂乱。从开始的梳理字词，之后直接将诗歌的感情像汇报答案似的报给了学生，缺少师生共同感悟的过程，学生对诗歌缺少感悟，自然也就没有感情发散了。

4. 教学手段机械。以了解背景知识、简单对话、诵读为多，没有小组合作，很难冲击学生的内心。教师的拓展延伸没有扣住之前的教学环节，突如其来，有为了"拓展延伸"而"拓展延伸"的痕迹。

四、诠释与研究

诗意的语文阅读教学策略主张教师在教学设计过程中首先要善于营造诗意的情感场，在诗意的情感场中抓住核心意象设计成诗意点，设置诗意情境，复活学生的新感觉。阅读教学设计能由"解码—编码—再解码"三个维度来设计，引导学生从文本到生活再到文本，能够多维度地解读文本，从而对诗歌产生个性化的理解。

具体说来，就是教师抓住诗歌中的核心意象作为诗歌阅读教学的诗意点，引导学生对诗歌产生初步的话语，巧借情感触发的承载物，在立体的生活情境里得到感悟。能用思维转换使学生结合自我生活对诗歌产生进一步的理解和感悟，达到物物相融、物我相融、情理相融。在充分理解和感悟诗歌情感的基础上，重新进入文本，对诗歌的语言风格和抒情特点进行赏析，在文本中"出生入死"，达到"知识与能力""过程与方法""情感态度价值观"三维目标的融合。

为了重建对这首外国诗歌的理解，首先要重新审视诗歌的情感，这是一首以质朴简洁的语言风格，抒发积极乐观而坚强的人生态度的作品。因此"欺骗"可以成为该诗的诗意点。"欺骗"一词是本首诗歌的"诗眼"所在，诗人通过形象的"被生活所欺骗"这一比喻，生动形象地写出了理想与现实、现在与未来之间的矛盾。在"知人"的环节中，通过朗读，学生能理解"欺骗"一词的本意和在诗歌中的引申义，理解诗人的处境，以及对推动下面的"知心""知境"几个环节具有重要的意义。

由生活情境创设启发学生的思考,再由生活情境回到诗歌意境,思考什么是"被生活所欺骗","被生活欺骗的感受"和"被生活欺骗的处境"。在诗歌的后半段重点思考在被生活所"欺骗"的时间点上,现实和未来交错,形成了鲜明的对比,在不同的时间点上感受诗人的情感,最后才能得出"而那过去了的,就会变成亲切的怀念"的情感体悟。从而使学生对诗人身处逆境依然对生活抱有坚定的理想和美好的追求的精神品质发生共鸣,从中感受到诗人坚定地想要更好地把握住现实、活在当下的信念。课堂流程可以处理为以下几个环节:

(一) 朗读导入,营造诗意的情感场

在课堂一开始的时候,教师先问同学们"假如生活欺骗了你"如果要突出"生活"把你欺骗了要重读什么;如果要突出是"你"被欺骗了要重读什么;如果要突出是"欺骗"这个遭遇要重读什么。每个人都希望被诚实地对待,那么被生活这个有点特别的对象所欺骗会是什么感受呢?从而引导学生在读的过程中初步感受了诗歌的情感——被生活欺骗会是什么感觉呢?试着进行言语实践:

假如生活诚实地对我,我会_____。

假如生活欺骗了我,我会_____。

学生回答:有生气的、有愤懑的。教师引导学生思考为什么会让你这样一个局外人都觉得生气、觉得愤懑呢?学生回答:因为"欺骗"是一种很伤害人的行为;因为我不想被欺骗,如果是别人欺骗了我的话,我还可以质问对方;然而生活是没有办法从它那里得到回应的,所以会很生气。教师又引导同桌之间互相读一读,说说应该要突出哪一个重点。学生回答说因为这里的欺骗感觉有很多意蕴,不是单纯的像被人所欺骗那样。被生活欺骗的话,他蕴含的意义是比较丰富的。

师:两位同学说得真好!请坐(手势)。但是诗人普希金却在这里说"假如生活欺骗了你",那是不是说诗人也被生活所欺骗了?诗人是不是传授了一些"被生活所欺骗"之后的"小妙招"?接下来,就让我们一起走进文本来看一看,诗人在面对生活的欺骗时,是怎样做的呢。

设计理由:《假如生活欺骗了你》是一首短小精悍的诗歌,诗歌篇幅不长。如何引导学生在短小的篇幅中更多地感受到诗歌感情是教学中的重难点,通过对诗歌标题的不同侧重点的朗读,使学生感知到诗歌情感中的重点所在,从而设置诗意的情感场。有助于学生把握诗歌情感,快速感知诗歌诗意点的所在,通过言语实践更多感知诗人情感的倾向,这是"语言建构与运用"素养的一种课堂展现。

(二) 初读知人,设置诗意的情境

教师邀请大家聆听范读正字音,再进行自主朗读,看看诗歌中哪些词语是值得我们去揣摩玩味的,并邀请同学们发言,按照诗歌行文顺序排序。学生找出了"欺骗""镇静""瞬息""怀恋""忧郁""向往"等词语,认为这次词语体现了诗人的情感。教师引导学生将词语和诗人的处境以及具体的心情进行言语实践。

言语实践设计:

忧郁,当我被生活_____(情境),我的心像是_____(心境)。
怀恋,当我被生活_____(情境),我的心像是_____(心境)。
向往,当我被生活_____(情境),我的心像是_____(心境)。

教师请同学们来"做做减法"——诗人讲"假如生活欺骗了你",请同学们开动脑筋,用一个词语来对应被生活所欺骗时、被生活所欺骗时中和被生活所欺骗时后,看看谁能找得又快又好。学生找到了用"忧郁"来对应被生活所欺骗时的情感,用"镇静"来对应被生活所欺骗中的对策,用"怀恋"来对应度过了被生活所欺骗后的心情;找到了用"悲伤""难过"来对应被生活所欺骗时的情感,用"镇静""向往"来对应被生活所欺骗中的对策,用"怀恋"来对应度过了被生活所欺骗后的心情。

通过感受不同的感情,教师将诗歌可以分成三个阶段:分别是被生活所欺骗时、被生活所欺骗时中和被生活所欺骗时后,抓住了"欺骗"这个诗意点,并在此处加入诗人生平和创作背景的讲解,使学生进一步感知诗情。

设计理由:范读是引导学生把握节奏和字音的有效手段,从范读到学生的自主朗读,引导学生对诗歌的情感表达有个性化的发现,对诗人的处境以及具体的心情进行言语实践。

从文本出发把握诗歌情感,重点在于对文本语言的解码,对文本的分层是对文本有效的解读策略,在此基础上加入诗人生平和创作背景的讲解有助于学生对诗歌有一个全景式的了解,进而对诗歌的思想感情产生共鸣。

（三）再读知情，领悟诗歌的情感

了解了诗歌创作的背景，再来感受这首诗歌就方便多了。教师请同学们根据我们之前划分的三个时期，来为课文分分段。第一段划分到"快乐的日子将会来临"为止；第二段划分到"现在却常是忧郁"为止；第三段划分到"亲切的怀恋"为止。根据这样的划分，能更加明确地感受到诗人在不同时间点所流露的情感的变化，第一段中值得重点研读的词语有"欺骗""忧郁""镇静"。其中请学生重点研读"欺骗"一词，教师举出生活中的例子来引导同学们进入情境，如：我今天想偷懒不去上学，我就告诉老师今天生病了不能来上课了。揭发出欺骗实质就是用虚假的言行掩盖事实真相，并故意使诈使人上当。引导学生思考什么叫被生活所欺骗，请同学们举出自己生活中的例子说一说。

学生举例说数学成绩不好，请了家教帮我补课，学习得也很认真，但是考试分数下来还是和原来差不多的分数，我感到非常沮丧，自己的努力没有在分数上体现出来，这样我就觉得仿佛是被生活给"欺骗"了。

教师引导学生思考我们的生活有时候并不像一面镜子，你给他什么，他就体现出什么。就像这位同学所说的那样，我的努力没有体现在分数上，我感受到了一种沮丧的心情。这样就是被生活给"欺骗"了。

教师揭示"欺骗"一词在诗歌中真正的寓意在于："欺骗"这个词语涵盖着许许多多的人在生活中的不如意的遭遇，这样的遭遇使得人们感受到"悲伤"，感受到"心急"。但是诗人用一个"欺骗"就囊括了这么多人的这么多遭遇，从而感受诗人创作的匠心独运和诗歌语言的简练概括，引导学生感受到诗人对生活的态度：

是风趣幽默的，不是面对生活大发怨言、大倒苦水的。而是轻轻松松的，把生活说成了一个可爱的小骗子。

是充满力量的，虽然被生活欺骗，被生活戏弄了。但是我还有站起来重新开始的力量和勇气，所以我并不畏惧被生活欺骗。

是积极向上的，因为我的人生还有很长时间，虽然一时被生活所欺骗，但是我相信以后的日子会好起来的。

从中可以感受到诗人忍耐的品格，永远对生活抱有希望的热忱，永远对未来抱着积极的想法。教师引导学生观察看看诗歌句式上有什么特点呢？揭示第三人称的妙用，对话口吻对于表达情感的作用。基于此设计了言语实践：

假如生活＿＿＿＿＿＿，不要＿＿＿＿，不要＿＿＿＿，＿＿＿＿的日子里＿＿＿＿：相信吧，＿＿＿＿＿＿！

教师首先举例，激发学生想象和共鸣：

假如生活推搡了你，不要还手，不要动怒，虚弱的日子里需要安宁：相信吧，平和的生活将会来临！

假如生活桎梏了你，不要破坏，不要挣扎，停滞的日子里需要养精蓄锐：相信吧，奔腾的日子将会来临！

通过学生的言语实践，学生就会感知诗歌的主旨所在：生活本来就是曲折的，有时在顺境有时在逆境。诗人在这首诗歌中就告诉了我们一种身处逆境的生活态度，相信生活，享受生活，就算是身处逆境，也不要放弃对生活的信心。明白生活本质上就是有起有落的，所以在逆境时仰望顺境，让自己充满信心，越过这样的逆境，这才是生活的强者。

设计理由：诗歌可以整体感悟也可以通过分段的形式来进行感知，这里的分段主要是将不同时段的诗情做一个对比，抓住"欺骗"这个诗意点，使得学生对于被生活所欺骗时、被生活所欺骗时中和被生活所欺骗时后有一个切身的感受；通过言语实践，学生在吃透诗歌情感的基础上，根据自己的生活经验进行二次创作，这是对诗歌的一次深度感受，在情理相融之中让学生对诗歌有深刻的体悟。

（四）三读知境，感悟诗人的思想感情

教师引导学生读出诗人在被生活所欺骗的时候，他以平和的语调告诉俄罗斯的年轻人"心儿永远向往着未来，现在却常是忧郁"。这样复杂的情感之中，这句话中的语调应该是怎么样？老师请同学们自己探索着读一读，看看应该用什么样的语调将这种感情读出来。

学生以心儿永远（重音）向往着未来（高扬的语调），现在却常是忧郁（语调转低）的方式读了出来，教师进行点评之后引导学生感受诗人的情感："就是我的内心对未来抱有希望，但是现实却常常让我陷入失望和忧郁之中。

教师引导学生思考：诗人在这里遇到了理想和现实之间的矛盾，（展示PPT）虽然诗人对未来充满了信心和热忱，但是无情苦闷的现实却总是让他对生活无计可施，我们刚才也讲到了：诗人被流放到了乡村，他很多时候没有办法去改变现实。即使这样，现实和理想之间的矛盾也没有使诗人改变自己的志趣。

教师引导学生从最后一部分看：一切都是瞬息，一切都将会过去；而那过去了的，就会成为亲切的怀恋。如果说刚刚诗人是从现实和理想的角度出发，抒发自己的苦闷，那么从这句诗歌中我们就可以感受到现在和过去的一种对比，他将现在和未来做了什么样的对比，这样的对比是建立在处在困难中，感觉时间会非常漫长，但是当困难过去，才会发现其实时间过得非常的快，只是一个"瞬息"的功夫而已。这里将遭遇困难前后的困难时间长短进行了对比。说明了诗人面对困难的乐观的心态，他觉得时间会很快将这个困难带走，困难之后又会是美好的生活；说明了诗人面对困难时，轻松乐观的心。当困难已经过去了，我们可以站在以后的角度来看待困难，这样的视角让我们感到其实困难没有那么可怕，所以处在困难中的人们就会感受到一种安慰——面对生活向我们抛来的困难，其实我们可以放轻松一点，放乐观一点。

教师点评学生回答之后引导学生思考：悲伤和泪水有害无益。困境中的"温和、平静"是生活的大智慧，只要保持一颗乐观的心，机会永远在那里，逃避困境，回避现实都于事无补。无论灾难何时发生，都要学会豁达从容，积极勇敢地面对困难，精神抖擞地直面沮丧，怀着一颗谦卑的心去战胜困难，只有这样，希望才一直都在，才能看到雨后彩虹的绚烂，体会到重重磨难之后的人生幸福。

设计理由：诗歌是一门诵读的艺术，余光中老先生曾说："世上岂有哑巴缪斯"正是点出了诗歌诵读对于理解诗歌情感、感受语言肌理的重要性。引导学生在正确的诵读之中感知诗歌语言的特点，遵循学生认知规律，从整体入手感受情感，从而自然地阐发诗歌情感以及学生对诗歌情感的共鸣。

从感性的情感发散到理性的内涵探究，教师在这里是一个引导的角色，让学生自己去探究诗歌中的情感，从生活出发对诗歌进行个性化的解读，在言语实践中达到情感和德性的圆融。

（五）情感圆融，结合生活感悟人生

教师询问学生生活中在遇到这样被生活"欺骗"的经历时，你的心境是怎样的。引导学生从自己的生活经历中提取出了信息，向大家剖析了他被生活"欺骗"的情感经历。引导学生从生活经历出发，联系生活，贴近生活，从丰富多彩的生活中提取出生活经验,感受到生活的诗意,教师请每个同学都当堂练一练,把自己代换成该同学,在经历了和诗人一样被生活所欺骗之后,会是什么心情,在这样的心情之后,又会有什么样的想法呢。写一个两百字的片段。教师进行随堂指导。

教师阐发自己的感悟:假如生活欺骗了你,其实你是幸运的,因为生活给你上了宝贵的一课,让你懂得了理想和现实,她会让你学会什么叫忍耐和珍惜,什么东西值得你去争取,什么时候你应该学着放弃,让你学会爱惜别人,也学会爱惜自己,把伤痛和理想放在心中,用积极的心态去面对生活,面对现实,沉淀,再面对,再沉淀,漫漫人生唯一能做的就是坚强地走完。

设计理由:课堂的形式要随着课堂展开而采取灵活的手段,从诵读出发使学生领悟诗情,感悟诗思,徜徉诗意,从生活中出发又从生活中发散,引导学生感悟真正的生活。从而在"情感、态度和价值观"这一维度的教学目标中,树立良好的价值观和价值追求,对生活有热忱的态度和乐观的心态。

五、进一步的讨论

诗歌是纯粹的文学形式,是高度凝练的文学表达。《假如生活欺骗了你》作为一首情感基调积极健康,语言形式优美,精神上催人上进的外国诗歌,要让学生对这样的诗歌有所体悟,首先要做的就是对文本进行解码。解码文本的关键抓手就在于设置诗意点,设置诗意场,让教师和学生共同徜徉在诗意场,体悟诗意点的过程感染诗歌的诗情,领会诗歌的诗思,体悟诗歌诗语。在文本解码之后,引导学生联系生活,对诗歌语言进行编码,用学生的生活经验丰富诗歌内涵,从而引发学生对诗歌个性化的解读,这是第二重编码的过程。在编码之后依然要进行解码的工作,也就是从文本上升到生活经验,从生活经验回归到文本,引导学生在体悟诗情之余,上升到感知诗歌的语言形式和抒情特点,达到对诗歌形而上的认识。

(一)从语文本质论来看,《高中语文课程标准》提出人文性与工具性的统一。"何为语文本质"一直是语文学界争论不定的话题,单一将工具性和人文性两者相互叠加似乎也难以阐明语文真正的性质所在。现在的语文课堂当中也出现了一系列过度强调某一种特性而忽视另一种特性的现象。笔者从大语文的观点出发,认为语文需要与学生的生活相联系,如果只局限于课堂当中的四十五分钟,那么即使是一堂成功的语文课,他们的效果还是太浅显。只有引导学生做一个生活中的有心人,用自己的眼睛去发现生活的诗意,用诗意搭建语文与生活的桥梁,摆脱教学的抽象化、干硬化。这才是一个终生诗意的开启,才真正落实了核心素养的新课改追求,落实了终身学习时代背景下人才的要求。

(二)从语文本体论来看,浙江省的新课改提出的"以学定教""精确教学"等教学追求,在课堂当中的落实情况来看,课堂的主体确实在向以学生为主转变之中。诗意难言,诗歌教学中,讲求的就是师生两大主体共同浸润在诗歌之中,让两者共同感受诗歌的诗意。那么教师就要通过多样化的教学活动和丰富的教学经验来引导学生主动地生发诗意。这是一个自然生发的过程,也是一个教学相长的过程。单一的学生主体或教师主体似乎都不能够满足这种关系,基于此,笔者暂时将它定义为"双主体",也就是师生都是教学活动的主体,师生都以一样的姿态投入文本之中,在文本和生活之间穿梭,直到感受到诗人从辽远国度传来的精神共鸣,师生共同从其中获得精神上的满足为终点。这样的"双主体"追求之下,教师要把自己的角色转换成一个知识的追问者,达到从理性到感性到精神层面的知识满足。

(三)从语文美学论来看,目前中小学阅读教育存在着重视"知识"而忽略"知识"所蕴含的情感;情感熏陶重视"境界的宏大叙事"而忽视学生纯真心灵世界的需要;注重理性大脑的开发,语文成为工具性的存在。导致语文教育缺少人性基础,忽视学生情感的共鸣和开发。朱光潜先生说:"美就是与众不同。"将文本解读的主体转化成学生,让学生从自己的生活出发对文本做出个性化的解读,从而丰富文本内涵,这是核心素养在课堂真正落地的一步。

(四)从语文方法论上来看,"解码—编码—再解码"的阅读教学路径和言语实践的课堂活动原则,为落实三维目标中的"过程与方法"打下了基础。学生从语义到生活再到语境,展开了与作者、与文本、与生活的多重对话,触摸字里行间的涟漪。做到有"我"—让学生做生活的发现者;有"物"—巧借情感出发"承载物";有"境"—在立体的情境中触发情感。阅读理解能力的四个层次即:提取讯息、推论讯息、整合诠释和比较评估,教师从大语文观出发,对四个层次进行解读和设计,是遵循学生认知心理和阅读教学层次的。

同课异构旨在发现一堂课,一篇课文,乃至一个学生,在教师不同的处理之下会出现怎样的效果,从而发现和看见一些对教学有益的启示。教师的发展之路同时也是一条创新之路,要想他人之不想,为他人之不为。遵循"解码—编码—再解码"的阅读教学路径和言语实践的课堂活动原则,为学生搭建"文路—教路—学路"的学习逻辑,将文本内容自然的展开,通过言语实践,让学生与生活、与文本、与自我生命成长相遇,是诗意生成的活动。在生生、师生多元互动的言语实践中涵养诗情,发展诗思,感悟诗理,践履诗行,积淀诗语。为学生搭建知识和情感自然内化的发展路径,在诗歌阅读教学中做出了有益的探索。

"一千个读者有一千个哈姆雷特",诗言志,诗歌教学在不同的学生中间,有其个性化解读的一面。"生活处处皆语文,语文时时现生活。"这是大语文观所体现出来的语文和生活的关系。语文和生活是不能分割而论的。新的课程设计在设计时注意了这种关系,将学生真实的生活引进课堂,让孩子从自己的生活世界中学到更多,学会更多。有生活看到语文教育真正的诗意所在,这才是诗意的语文课堂所应该追求的。

第二节　回归童真,品味古诗里的情趣[①]
——以《池上》教学为例

一、主题与背景
(一) 诗教是我国历史悠久且颇具民族特色的教育

诗歌是一种抒情言志的文学体裁,《毛诗·大序》载:"诗者,志之所之也。在心为志,发言为诗"。自我国第一部诗歌总集《诗经》伊始,到汉代成立收集民歌的"乐府",从盛唐时期大放异彩的篇章,到基调时而婉转时而奔放的宋朝。诗歌这一文学体裁在历史上留下了数不清的佳作,而诗教也应运而生。唐宋开始,儿童在习得了一定识字量的基础上就可以进行浅显、易懂的诗歌教学了。当时的诗歌教学内容大致分为两类:一类是习得传统美德,教会其孝悌忠信,另一类则是品味语言之美,熏陶情趣。直到近代以致五四运动以后,才出现了一大批以叶圣陶为代表的儿童诗作家,以儿童为主体的诗教也由此展开。

总的来说,诗教自诗歌诞生之初便随着时代变化而发展,更在不同时期因教学内容、对象的改变而极具中华民族的特色,是我国历史悠久的教育形式。

(二) 小学语文教学诗歌教学比重加大、地位日渐提升

1. 课标对小学各学段诗歌教学的要求清晰明了

诗歌教学是小学语文教学重要的一部分,《义务教育语文课程标准(修订版)》对小

[①] 本文作者为冯铁山,根据徐一东论文、张莹银作业以及联合教研听课手记改编。

学语文诗歌教学就提出了一系列的要求和重要目标。第一学段要求"诵读儿歌、儿童诗和浅近的古诗,展开想象,获得初步的情感体验,感受语言的优美""背诵优秀诗文50篇(段)"[①];第二学段要求"诵读优秀诗文,注意在诵读过程中体验情感,展开想象,领悟诗文大意""背诵优秀诗文50篇(段)"[②];第三学段要求"诵读优秀诗文,注意通过语调、韵律、节奏等体味作品的内容和情感""阅读诗歌,大体把握诗意,诗歌描述的情境,体会作品的情感。受到优秀作品的感染和激励,向往和追求美好的理想。背诵优秀诗文60篇(段)。"[③]并在《附录》中推荐了75篇古诗词。

2. 语文教材编排上对诗歌的重视

以部编版二年级上册语文教材为例,该教材每个单元都由"主体课文"和"语文园地"组成,抛去四首需要掌握的传统古诗以外,在八个"语文园地中"共出现了五首古诗,并且包括两首现代儿童诗。而且在此册教材中,编者更是将第二单元集中以儿童诗的形式展现。反观此前的教材,并没有对诗歌这一体裁如此重视。当笔者统计了该教材十二册编排情况,发现全册318篇课文,儿童诗歌有85篇之多,占到了主题课文的26.73%,近三分之一的选文量更可以看出诗歌教学在小学语文的教学中的重要性,教材的编排更注重学生主体的需求和生理心理特点,使孩子在诗歌阅读学习中得到审美的体验和感受。

(三) 小学诗歌教学存在重抽象理解、缺形象思维训练等问题

在当下文化背景和教学环境下,小学诗歌教学的发展状况不容乐观,集中体现在对诗歌的教学缺乏重视,教学手段单一化,教学方式模式化,缺乏形象思维训练等问题。在满足应试教育的前提下,教师对诗歌的教学往往按照引题—解题—简介作者—范读—逐句释义—背诵—巩固练习这一基本模式进行,重在教学生对诗歌抽象的理解,缺乏甚至忽视对学生图景性思维的训练培养。这将原本内涵丰富、极具神韵的文化典籍在课堂上变成了一潭死水。而小学阶段,特别是低段,是最容易让学生感悟诗情诗意的阶段,孩童的想象力和表达能力往往都是儿童诗歌的创作来源。加之当前社会类似浅阅读、快速阅读等阅读模式的出现,人们对传统文化典籍或者精悍的诗歌等阅读量大大降低,就出现诗歌教学的课堂上学生学的无味,教师教的枯燥的局面。如何改变传

---

① 中华人民共和国教育部. 义务教育语文课程标准(2011年版)[M]. 北京:北京师范大学出版社,2012:8.
② 中华人民共和国教育部. 义务教育语文课程标准(2011年版)[M]. 北京:北京师范大学出版社,2012:11—12.
③ 中华人民共和国教育部. 义务教育语文课程标准(2011年版)[M]. 北京:北京师范大学出版社,2012:13.

统的教学模式和手段,提升学生形象思维训练是近几年一直困扰小学教师的一大问题。

在教学方法手段上,教师按照传统的观念来教教材,学生缺乏学习兴趣,对多媒体的应用也仅体现在图片视频的展示,并没有深挖学生手中教材的创新转变。

二、情境与描述

阳春三月,天气就像娃娃的脸,一会儿金光高照,一会儿倾盆大雨。不管你愿不愿意,四季就这样轮回,课改也就这样更替。今年尤甚,小一年级语文教学使用了新编教材,很多篇目是新加上去的。如果说语文核心素养是一首歌曲的基调,那么语文教学就要用教材里的文字符号谱写促进学生核心素养和谐的乐章。受三馨园校长所邀,来听一堂即将代表学校比赛的教研课。一同听课有联合教研的团队及一线感兴趣的老师。来到小一10班,上课的小C老师早早地就在讲台做着准备工作,美丽而智慧的班主任朱老师看到我走进了教室,赶紧搬了一张椅子,并随即安排一小组的男生去教研室搬来更多的椅子。我顺势把一张空桌子也搬了过来。打开随身携带的微型电脑。孩子们好奇地围了过来,对我这个"宝贝"仔细打量起来,口里叽叽喳喳的,将我完全隐形了。于是,我用不高不低的声音提问道:"同学们,大家猜猜,我的眼里有什么?""你的眼里有我们。"一个胆子大的男孩作出了呼应。"我的眼里有礼貌。""围着老师看是不礼貌的。"一个女孩走过来提醒围着我的孩子们。"我的眼里有认真,还有聪明。聪明的孩子知道快要上课了,赶紧坐好。"于是,孩子们一散而去。

上课开始了,小C老师简单一句"同学们请回顾一下学过的古诗",于是引导学生根据课件,诵读《画》《咏雪》《江南》《锄禾》《古朗月行》。学生读书的声音很大,整个教室一下子就有了盛夏到来的感觉。个人认为课前诵读这些古诗有点多,而且不能为即将学习的古诗《池上》做一个很好的铺垫。五首诗诵读完后,教师的过渡语也缺乏典雅性,简单的一句"今天,我们继续学习古诗"就把学生带入正题。缺乏对学生读书的评价,也缺乏激发学生内心涟漪的诗意熏染。

(一)《池上》教材分析一般化

教师在导入新课环节,简单地介绍了作家及教材分析,走的是一般化道路。比如《池上》是部编教材一年级下册第五单元的一篇课文,在内容编排上和《小池》组合在一起,构成课文《古诗两首》。接下来,介绍作者白居易,要求学生跟着老师读课件出现的作者的基本信息——白居易(772—846),唐代诗人。字乐天,号香山居士。《池上》这首古诗,秉承白居易诗作通俗平易的叙事风格,用白描的手法,寥寥几笔勾勒出了一个小孩儿偷采白莲又不知隐藏踪迹的顽皮、可爱的形象。

(二)《池上》教学目标公式化

作家作品梳理以后,教师随即板书"古诗二首",字写得不错,中规中矩的。引导学生朗读两遍课题,在"首"的发音方面进行重点指导。然后,用课件介绍这个字的原形及演变的过程,根据演变情况析出"首"的多重内涵,即"头—首长—首领——首诗与一首歌"。字义明确以后,教师在事先准备好的田字格上示范"首"的写法,对学生进行写字教学。教师一边写,学生抬手竖起食指一边书空,口里还步调一致地说出该字的笔画顺序。趁此时机,小C老师打开课件,明确本课的教学目标:其一,学生会认的字"首、踪、迹、浮、萍",会写的字"首、采";其二,正确、流利、有节奏地朗读古诗《池上》,并能背诵积累;其三,通过图文结合、联系生活实际的方法理解"撑、采、浮萍、踪迹"词语的意思,初步感知古诗描述的景象,感受诗中蕴藏的夏日的情趣。从这个教学目标的设计看,教师缺乏古诗词教学的文体意识,也缺乏古诗文育人的语文素养思考,古诗词教学成为简单的识字、词语解析以及课文理解教学。

(三)《池上》教学过程程序化

第一环节,图片导入,激发兴趣

师:又到了江南采莲的季节了,小朋友看,这是什么?嫩绿的莲蓬中有很多莲子,轻轻一剥露出乳白色的莲肉,嫩嫩的,甜甜的,可好吃了呢。荷叶一片挨着一片,十分茂密。哇,你看,调皮的鱼儿也来凑热闹了,正在莲叶间做游戏呢,看到这样的景色,你想到了我们之前学习过的哪首诗?

生:《江南》(背诵)。

师:看老师写课题,今天这节课老师带小朋友学习第一首古诗——《池上》。跟老师一起写课题。"池上"就是在池塘之上,在池塘上发生了什么有趣的事情呢?

第二环节,正确读诗,读中识字

1. 自由读文,读准字音

教师让学生自读古诗,边读边圈画诗中的生字,借助拼音读一读。学生同桌互读、当小老师领读、开火车一人读一句等多种方式熟读诗句,接着齐读古诗。随后教师强调读古诗不仅要读准字音读通句子还要读出节奏,请学生尝试读出节奏,教师范读并出示节奏的相应划分,用这样停顿的方式读给同桌。

2. 随文识字,串讲字义

教师准备了生字卡片,点名学生试读,然后范读,再开火车读。比如拿出"撑小艇"

"藏踪迹""采白莲"等逐个教学并提问"谁撑小艇啊？"，当学生看着书回答"小娃"后，老师会打开课件出示"小娃撑小艇"的画面。并告诉学生小娃手里拿的是竹篙，老师这儿也有竹篙，谁来学着小娃的样子撑一撑小艇？教师示范右手在前，左手在后，学生做动作。针对课文要求教会的"撑、踪、迹、浮、萍"等生字难词，小C老师沿用了一年级上学期字音、字义、字形的教学方法，一方面通过学生的朗读进行正音，另一方面抓关键的字进行说文解字。比如在学习"撑"这个字的时候，分析这个字的结构，结合图片，让学生明白撑的两个部件均与手有关；为了加深印象，教师还让学生采取自己熟悉的方式理解，结合先前的划小船的动作，要求学生带着动作进行朗读，力求读出情感来。这样的识字教学，因为学生没有与文本人物对话，缺乏情与景的圆融感，尽管读得颇有气势，并没有读出小娃娃小大人般的"童趣"。教师运用同样的方法学习"采""浮萍"等关键字词。在我看来，我们的老师突出的仍是教师主体，教学还没有让古诗走到学生心里去。

第三环节，图文结合，疏通诗意

该环节，教师先呈现教材多幅画面，要求学生根据画面连线课文的诗句，达到进一步熟悉课文的目的。接下来，教学点放在"小娃娃"形象的品味上，重点抓了一个"撑"和"偷"字的理解，在串讲整首诗内涵基础上，引导学生回顾儿时所做的"偷采白莲"诸如此类的事情，并提问学生：一个小娃撑着小艇在偷偷地采莲吗，他为什么不直接去采，而要偷采呢？当学生回答出"小娃娃想要学大人的样子去尝试，又怕大人发现"的结论，继续提问学生小娃的这个"偷"和我们平时说的小偷的"偷"一样吗？大家小时候有没有瞒着爸爸妈妈偷偷地做一些顽皮的事情呢？在学生汇报后，教师总结出所谓的"偷"，其实隐藏一个"乐"字。于是郑重地在黑板上板书出来。课上到这里，下课铃就响了。

三、问题与讨论

课后，我们来到学科教研的专门教室，围坐在一起展开热烈的研讨。研讨的问题主要有如下几个方面：其一，小学古诗教学要不要突出物象、情象、意象、意境的规律；其二，古诗学习如何做到凸显儿童的童趣？其中的焦点又集中在如何理解"偷"字。何老师认为，"偷"是白居易的视角，应该根据白居易写诗的站位，先引导学生像诗人一样观察荷塘，学好后面两句诗，再反推到前面去，从而让学生明白这里的"偷"，其实不是把别人的东西据为己有的内涵。雷老师反对用成人的视角引导学生学习古诗，因为教学对象是一年级学生,应该还是以小娃娃的眼光审视池上发生的一切。轮到我点评的时候,我首先引导大家细读课文。

《池上》是一首反映儿童生活的诗篇,全诗采用白描手法,紧紧抓住调皮小孩的特点,他背着大人去摘白莲的,应该整首诗表现的是小孩儿的"童趣"。一二句先写小娃的动作、神态,那模仿大人撑小船,应该是派头十足,但真正撑起来又东倒西歪的,应该夹杂恐慌、忙乱之"真";三四句转折写小娃的心理以及采莲回来后池上划开一道浮萍的画面。该诗有景有人,把小娃娃天真烂漫、好模仿大人且偷偷驾船、采莲的形象,刻画得活灵活现。至于采莲回去后有没有受到责骂,诗人没有写,留给读者去体会、去遐想、去思考。所以,这首诗的教学需要以"趣"字为主线,串联整个教学,充分引导学生去认识池上风景的特点,感受孩子背着父母驾驶船、采莲蓬的惟妙惟肖的心理活动。将初夏的景趣与小娃娃的情趣以及诗人表现的诗趣相统一,景趣是前提,情趣是关键,诗趣是灵魂。在景趣里诱发感动,在情趣中捕感悟诗趣。

至于"偷"的理解,我认为有三重内涵。首先,它是童年的游戏,是童年的秘密,从归真的角度看,这个"偷"字恰好写活了所有儿童背着父母干一些自以为是的事情;其次,它是诗中小娃娃心里的"偷"。在莲蓬还没有成熟,在没有得到大人许可的情况下,急不可耐地去采摘莲蓬,写出小孩儿贪吃的本性,同时又担心事情被发现,心里产生一丝丝得意、紧张与恐慌;其三,诗人眼中童趣之"偷",在诗人看来,"白莲"是人家的,不能随便采;小孩儿年龄小,不许驾船。这里的孩子显然对"偷"的社会道德观念是比较模糊的,"偷"只是成人世界眼中的"偷",白居易却带着欣赏的意味,因此,这里的"偷"其实是"调皮"的同义语。相关的论据有"忽升邻舍树,偷上后池船"(唐·路德延《小儿诗》)、"溪童三五趁朝雨,偷折柳枝来卖钱"(清·陈章《清明》)。我们也对课文插图提出了研讨,这首诗写的是初夏时节的景致,"白莲"如果指的是莲花,那么课文的插图不应该画的是"红莲";如果指的是"白色的莲蓬",插图不应该画"绿色"。我个人认为,这里的白莲还是理解为"莲蓬",是不成熟的莲蓬,在阳光的照耀下,有点泛白。

四、诠释与研究

研究生张莹银[①]基于诗意语文教学原理的学习,对《池上》这首诗进行改造,她的教材解读聚焦的是"童趣"。白居易的这首五言绝句,用质朴的语言、白描的手法,描绘

---

① 该教学设计选自研究生张莹银作业。

了小孩子偷采白莲回来不知道隐藏行迹的情景。通过对乡村儿童活泼可爱形象的传神刻画,表达了诗人对儿童的喜爱和对乡村恬适安逸环境的赞美。将本节课教学起点确定为"以童年的美好生活激起学生共鸣",教学的中点确定为"通过言语实践来逐步感性之察到理性之思",最终达成的终点,即教学目标为"学生通过结合自身生活经验,体会感受乡村孩子的质朴、纯真"。教学过程如下:

(一) 抓住诗意点"童年",引入古诗

1. 播放《采莲曲》背景音乐,相机穿插一组有关池塘与荷花的图片让学生欣赏。

师深情叙述:初夏时节,当我们来到池塘边,看着池塘里的荷花已露出粉嘟嘟的笑脸,闻着那淡淡的幽香,让人情不自禁地想起宋代诗人杨万里的名作《小池》:"小荷才露尖尖角,早有蜻蜓立上头。"说到池塘、荷花,结合实际生活你们还想到怎样的画面呢?

2. 学生交流(归真)

池塘_____,荷花_____。

池塘_____,荷花_____。

池塘_____,荷花_____。

3. 今天我们要学的一首古诗也是讲的夏日池塘里发生的事,它的题目就叫《池上》。(板书诗题:池上)

(二) 抓住诗意点"童年",理解诗题

1. 理解诗题意思

池上是什么意思呢?猜猜看,诗中可能会写些什么内容呢?

相机引导:地点_____,时间可能是_____。

2. 简介作者

(1) 学生汇报课前搜集的关于白居易的生平、诗作、诗风等。

(2) 教师小结:白居易,字乐天,号香山居士。从小生活清贫,生逢战乱,对社会黑暗和人民疾苦有较深的了解,他写了很多诗,揭露统治者的奢侈腐化,即有名的讽喻诗。他热爱大自然,写了不少描写山水景物的小诗。他的诗质朴自然,通俗易懂,老少能读。白居易一生写诗三千六百多首,是唐朝写诗最多的诗人。

(三) 抓住诗意点"童年",整体感知

1. 布置学生自由读《池上》。要求:读准字音,把诗句读通顺。

2. 检查自读情况。

(1) 读古诗,学习字词,理解词义。
① 读准后鼻音:撑、艇、萍;指导"艇""萍"字的写法。
② 理解部分字词的意思:艇、白莲、踪迹、浮萍、一道。
(2) 结合字词的意思,理解诗句的意思。
(3) 图文结合,整体感知诗意。
根据诗句的意思,再结合书中的画面,简单说说池塘上发生了一件什么事儿。
(4) 言语实践,再读诗歌,边读边想象画面,体会画面的情趣。

在_____池塘中,池塘有_____的荷花,我看到了_____的小娃在_____。

在_____池塘中,池塘有_____的荷花,我看到了_____的小娃在_____。

在_____池塘中,池塘有_____的荷花,我看到了_____的小娃在_____。

【设计意图:学习古诗,首要的任务是要将古诗读通、读顺、读熟,只有将古诗读流利了,才能在理解感悟中出入自如。此环节中,先让学生自读古诗,再读后交流,读准字音,学习生字,体现了语文教学工具性的基本特点。然后理解部分字词的意思,在理解的基础上图文结合整体感知诗意,对诗歌的内容形成初步的感性认识,这样由浅入深,循序渐进,由感性上升到理性,进而上升到人文性。再让学生边读边想象画面,变枯燥的教学为情趣盎然的学习。】

(四)抓住诗意点"童年",品赏画意

1. 体悟"偷"之顽皮

(1) "偷采"是什么意思?小娃为什么要偷采白莲?此时,如果你是小娃,心情怎么样?
言语实践由事实的存在转换到知性层面(求善)

这里的偷采是_____,因为_____小娃偷采白莲,如果我是小娃,我的心情_____。

这里的偷采是_____,因为_____小娃偷采白莲,如果我是小娃,我的心情_____。

这里的偷采是_____,因为_____小娃偷采白莲,如果我是小娃,我的心情

_____。

(2) 你觉得这是一个怎样的孩子？

(3) "偷采"是一种不道德的行为,为什么还觉得他可爱呢？（"偷"是很多小孩都会做的恶作剧和顽皮的事,算不上偷东西,大人见了也不会生气。）你们有没有做过类似的事？

(4) 从这一个"偷"字,你读出了诗人怎样的心情？

2. 品味"不解"之天真

(1) "不解"是什么意思？小娃不解什么？

(2) 此时,你就是诗人,站在荷塘不远处,看到小娃撑着小船东张西望地匆匆离去,在他身后被小船冲开的浮萍向两边荡开一时难以合拢,形成了一道水路。你会怎么想,怎么做？

【设计意图：生活就是课堂,充分地利用生活这生动的资源,更能拓展学生的视野,让学生身临其境,感悟教材内容。让学生说说这是一个什么样的小娃,此时小娃的心情怎样,自然而然地就将小孩活泼、可爱的形象跃然纸上。接着,再通过辨析"偷"字的妙用,更是将小孩天真、顽皮的特性淋漓尽致地凸显了出来。最后,进行角色置换,你就是诗人,你看到此时的小娃会怎么想,怎么做,水到渠成地把作者对小孩子的喜爱之情悄悄地流露了出来。】

(五) 抓住诗意点"童年",拓展延伸

1. 哦！原来荷花池上发生的是这样一件有趣的事情呀！来,我们一起来读读这首诗吧！

2. 播放多媒体课件,师生一起结合画面和音乐进行诵读,边读边想象诗中的画面。

3. 拓展延伸,了解更多儿童的生活。

是呀,在古代描写儿童的诗句很多。出示：

① 小娃撑小艇,偷采白莲回。

② 蓬头稚子学垂纶,侧坐莓苔草映身。

③ 儿童散学归来早,忙趁东风放纸鸢。

④ 儿童急走追黄蝶,飞入菜花无处寻。

⑤ 知有儿童挑促织,夜深篱落一灯明。

⑥ 童孙未解供耕织，也傍桑阴学种瓜。

从这些诗句中你感受到了什么？你认为我们的童年生活应该是怎样的？

【设计意图：诗歌作为我国传统的文化，教学中定应达到让学生熟读成诵的效果，再配以画面和音乐，学生就会在渲染的氛围中受到情感的熏陶。学习古诗要能让学生举一反三，虽然不像数学那样条理分明，具体可感，但也要让学生从学习中衍生属于自己的童年生活回忆的欢歌。补充了一些描写儿童的诗句，既拓展了学生的阅读面，又增加了学生知识的储备量，达到积累内化的效果。同时，让我们也了解到古时儿童的生活状态，呼唤诗意童年生活的回归。】

（六）抓住诗意点"童年"，读写结合，诗化童年

儿童代表着童年，童年有着一份纯真、一份自由、一份快乐，童年是一幅画，是一首诗，更是代表着一种文化。在古代：

（至美）

童年是偷采白莲回，不解藏踪迹的那份天真纯洁；

童年是_____的那份快乐；

童年是_____时奔跑着的欢笑；

童年是_____时的那份忙碌。

童年是一本书，书中记载着童年的趣事；

童年是一首清新的歌，你听，_____；

童年是一幅优美的画，你看，_____；

童年是_____。

教师小结：是呀，童年是看得见、摸得着、能感受到的一种快乐与惬意。

【设计意图：童年是什么？说白了，就是一种快乐，一份纯真，代表着一种文化，一种诗意的生活。让学生填空说说童年是什么，这既是对古诗内容的一种理解，更是对童年生活的一种体味。学生在理解中既发展了言语实践的能力，又是对思维能力的一个训练。将童年的话题引申到语文的人文性，这是古诗教学的要义。】

(七) 练习巩固，课外拓展

1. 默写古诗。

2. 练习把这首诗写成一个小故事。（自由想象，加上景物描写，动作描写，心理描写）

【设计意图：语文教学的目的是什么，其中最重要的一个方面就是提高学生表达的能力，既有口头语言表达的能力，又有书面语言的表达能力，让学生发挥想象，将古诗改编成一个小故事，既是对诗歌内容理解的一个深化，丰富了学生的想象能力，提升了语言表达的效果，有利于学生形成全面的语文素养，同时，让学生童年的韵味在诗意中尽情地流淌。】

五、进一步讨论的问题

1904年清政府颁布的《奏定初等小学堂章程》指出："凡讲经者先明章旨，次释文义。"[1]疏通古诗文文意是促进小学生古诗文学习的基础，文意的疏通要根据学生可接受的程度，务必做到"平正明显切于实用，勿令学童苦其繁难"（《奏定学堂章程》）。如何实现这个目的？"凡教授之法，以讲解为最要，讲解明则领悟易"。[2] 受此影响，自上个世纪初以来，串讲古诗文"文意"成为了小学语文教师主要教学方式。所谓"串讲"，教师对古诗文中自认为难懂的字词句段篇章与体现全文主旨的"义理"串联起来讲解。其局限性是显而易见的，教师成为"文意"串讲的主体，学生变成接受古诗文"文意"的"容器"。这些"文意"，无论是"知人"，还是"论世"，与学生只会发生考试的关涉，难以融合到学生的语文素养及生命成长之中。"古诗文演绎教学"予以扬弃地继承，并变"串讲"为"贯通"：其一，调动学生听、说、嗅、闻全感觉，贯通作者时代背景语境；其二，确立教学点，以点及面，贯通古诗文文本语境；其三，尊重学生古诗文意义再生成和再创造的学习权利，在对话古诗文、古诗文作者的基础上，开展对话自我的活动，即让古诗文与学生生命成长发生"切己"的联系。

统编版二年级下册第15课杜甫《绝句》的文意教学，可在如下几个方面进行探索：其一，贯通作者语境。布置课前导学，依据第一单元"字词句运用"的题干要求，设计言

---

[1] 司琦著.中国国民教育发展史[M].台北：三民书局,1981：86.
[2] 舒新城.中国近代教育史资料(中)[M].北京：人民教育出版社,1981：502—503.

语实践——"我是杜甫,安史之乱结束后回到成都草堂。我看到_____柳树,听到黄鹂_____,还闻到_____,还_____。我感觉这里_____"。学生自然会运用到"白鹭""黄鹂""千秋雪"和"万里船"等词语,自然会调动多感觉将自己体验的初春与杜甫的初春进行贯通。上课的时候,教师可以呈现杜甫草堂的图片及自然春天的图片,并述说诗人的生平经历,然后让学生根据图片回忆自己的春天印象。其二,贯通文本语境。教师根据二年级学生"可接受性"原则,化繁为简,不求面面俱到,挑选"鸣"这个教学点,让学生开展对话杜甫、对话诗歌中黄鹂的活动。在对话黄鹂的时候,要求学生化身为黄鹂,以黄鹂的视角看周围的世界,他们自然不难看到鹅黄的嫩柳、碧蓝的天空、千年不化的白雪以及停泊的航船;接着,追问黄鹂鸣叫的内容、鸣叫的方式。学生也不难理解黄鹂的"鸣"是对春天生机的喜爱。在对话杜甫的时候,设计"课中学习单",让学生开展"对话"式的写话活动:"我:先生,身处于草堂,您经历了什么?杜甫:我_____;我:春天再次来临,听到黄鹂快乐的鸣叫,您有什么感受呢?杜甫:我_____;我:诗中黄鹂的鸣叫,诉说您什么心声呢?杜甫:诉说我_____"。学生不仅读懂古诗黄鹂的心意,也能读懂杜甫的文意。其三,贯通学生语境。吸取教材"日积月累"栏目"分类积累、诵读感悟"之精神,链接、整合有关"鸣"的古诗句,让学生体会到"挥手自兹去,萧萧班马鸣"里的"鸣"是对友人的依依不舍,"杜鹃啼血猿哀鸣"里的"鸣"是对悲惨命运的无奈等等。在此基础上,让学生联系自我,引导学生读懂自己,完成课后写话学习单——"什么时候,我想鸣什么,如何鸣"。鼓励学生做一个积极上进的好学生,力争语文学习、行为习惯、德性修养都能"一鸣惊人"。

  古诗尽管是古代作家的作品,有特定的时代及个人的意义,但其意义不是一个万古不变的常量,而是一个有着多样性阐释的群集,一个有着众多变量和参数的模糊性群集。[①]"古诗文演绎教学"传承朱熹所言的"切己体察"思想,调动学生古诗文认知结构已有的生活"相似块""最近发展区",不仅让他们从古诗文中接受传统优秀文化基因的精神食粮,还借助这些基因去塑造理想的自我,创造出属于"我"的独特的新世界,从而变古诗文文意与己无关的"他在"为理想自我塑造的"自在"[②]。

[①] 金元浦.大美无言[M].深圳:海天出版社,1999:9.
[②] A.麦金太尔.德性之后[M].龚群,译.北京:中国社会科学出版社,1995:67.

第九章 散文诗意教学案例

第一节 散文教学诗意情境创设的案例①

一、主题与背景

散文阅读教学在中学语文课堂中占有十分重要的地位,从数量上看,它占到全部文章的百分之四十左右,从功用上看,它是阅读与写作教学最好的范例。但从众多的课堂实录与现场听课看来,多数的散文教学方法主要是以讲授法与问答法。这种课堂非常考验教师的诱导与讲解。也常常会将教师的讲解与体验代替了学生的独立阅读感受。

在新课标的改革之下,语文课程有了全新的教学理念,其中积极倡导自主、合作、探究的学习方式,旨在根据学生的身心发展和语文学习的特点,充分激发学生语文学习的积极性,从而全面提高学生的语文素养。因此在散文教学中也不适宜单一的教学模式。实施语文教学的过程中,教师注重新知识与学生实际生活的联系,引导学生知道"是什么"的基础之上进一步追问"怎么办"的问题,以知识审视生活,激发求知需要,体验文章美感。

《语文课程标准》指出阅读是运用语言文字获取信息、认识世界、发展思维、获得审美体验的重要途径。阅读教学是学生、教师、教科书编者、文本之间对话的过程。阅读是学生的个性化行为;阅读教学应注重培养学生感受、理解、欣赏和评价的能力。在理解课文的基础上,提倡多角度、有创意的阅读,利用阅读期待、阅读反思和批判等环节,

---

① 本部分作者为虞姣飞。

拓展思维空间,提高阅读质量。但要防止逐字逐句的过深分析和远离文本的过度发挥;要重视培养学生广泛的阅读兴趣,扩大阅读面,增加阅读量,提高阅读品位。冯铁山教授认为:语文教学回归诗意,让学生从小经受诗意文化的熏陶,给他们心灵以诗意润泽,使之蕴蓄人生激情,坚定人文信念,不仅有利于发掘中华民族文化的深层意蕴和生命之根,张扬汉语的魅力,还有利于提高语文教学的效率,使学生的语文素养得到全面、和谐的发展。

笔者试图从诗意语文的视角,用案例研究的方法,围绕诗意情境,明晰情境创设在中学阅读教学中的现状、原因和对策。

二、情境与描述

(一) 散文在中学教学的比重

阅读教学一直是义务教育阶段语文教学的重点,而其中的散文阅读更是重中之重。由于历史的机缘和人为的选择,我国中小学语文教学的主导文类,一直是散文。从素质教育的推进以来,文学作品在教材中的比重越来越大,加上历年中高考的阅读题大多偏向散文类的作品。由此可见优化散文教学的重要意义。

以人教版的课程标准初中语文教科书为例:

七年级上册课文总数24篇,其中散文19篇,诗歌只有5篇;七年级下册共有24篇文章,其中散文19篇,小说2篇,诗歌3篇;八年级上册,新闻报道1篇,散文17篇,小说2篇;八年级下册,散文18篇,小说1篇,戏剧节选1篇。前面四册,共有88篇文章,散文就占到73篇。九年级上下册共八个单元,散文占了三个单元,诗歌小说各两个单元。

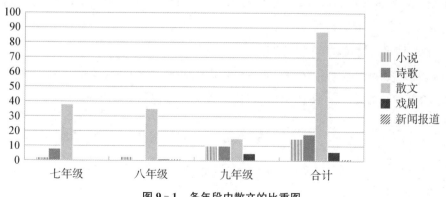

图 9-1 各年段中散文的比重图

（二）学生学习现状

从中考卷及教师的偏好来看，抒情类和叙事类的散文较多地出现在中学生的视野里，这一类的散文大多是名家名篇，具有典型性和写作指导意义。因此，学生在阅读过程中往往过于注重散文的写作手法、修辞的运用，很难真正地体会作者所要表达的情感和散文的意蕴。

从答题方式上看，学生能从修辞和情感方面入手，但往往只能得到关于修辞方面的分数。这一类散文是主情的文章，显然学生只能模式化地阅读，不能深入地品味散文的美。整体上来看，初中散文的阅读与习题并不偏，但学生毕竟阅历有限，大多只能看懂作者在文章中所描绘的故事，故事背后的情感却没有深入体会与感悟。这样的学习方式，对初中生的散文阅读能力的提高是极为不利的。

（三）教师教学现状

常见的散文教学大多是讲授式的教法，或者以练带讲。教师言语表述，学生听课笔记：从解题到背景分析、作者简介，从内容层次、重点语句再到升华主旨，布置作业。看似一气呵成，但对于初中生来说，他们往往缺少真正的阅读体验与情感投入，教师的阅读体验难免会替代学生的独立阅读。此外，一部分的教学也有意识地在教学中插入情境，但运用得比较零散。很少有教师能够准确地表述情境的定义。以致在具体操作中，也不够具体明确。

另外，由于初中阶段的应试教育成分相对较高，在升学率、中考大纲的导向之下，教师为了提高学生的得分率，也会教学一些答题的模式。或者说是死板的解题步骤，百搭型的步骤。首先看修辞，从修辞手法入手，接着分析语言的特色，然后是写作手法的分析，常见的有借景抒情、托物言志等术语。最后理解文段中的情感色彩，喜怒哀乐、乡思愁绪、离愁别绪、褒奖赞美等情感。在这样的教学方式下，学生阅读散文就是机械化地踩到得分点。这样的教学模式，对初中生阅读能力的提高及对阅读兴趣的培养与建设，也是极为不利的。

（四）情景与情境核心概念界定

在散文教学中创设诗意情境，通过各种方式创设、模拟情境来优化散文阅读教学模式，打破中学散文教学枯燥、呆板、沉闷的局面。也能引导学生感受散文内涵，培养审美情趣，提高散文阅读能力。

1. 情景的概念界定与阐释

"情景"一词在《现代汉语词典》里的解释是（具体场合的）情形；景象。这里有一个补充说明：具体场合。"情景"在《辞海》中的解释是：1. 感情与景色。2. 情形，情况。

所以情景教学是指在真实的场景中开展教学活动，如古代的"师徒式"教学①、现代的"工学结合"教学及实习教学等。这种方法强调的是教学活动环境的真实性。

这里情景是一种高仿真场景的创设。让某一种现实情景或场景的虚拟再现。其运用于不同的场合目的也有所不同，一般是使参与的人员在具体的模拟环境中重现事件并处理各种问题，从而对其进行测评或者发现其中问题的一系列方法。如刑警对案发现场的模拟。

表 9-1

	情景教学
《现代汉语词典》	情景：(具体场合的)情形；景象
环境特点	真实的场景中
方式	角色模拟；无领导小组讨论；管理游戏
主要适用领域与实例	医学的急救演练、临床护理、管理学、市场营销；"师徒式"教学、"工学结合"教学及实习教学；警务人员案发现场模拟

2. 情境的核心概念界定与阐释

"情境"一词在《现代汉语词典》里的解释是"情景、环境"。这个解释中看"情境"包含了情景，但在具体的教育运用领域却又有明显的差异。"情景"与"情境"两种概念，从各自的特点看，主要是前者突出高仿真场景的创设，而后者更强调氛围意境的创设。对于散文教学，用"情境"一词更加准确。

中国唐代诗人王昌龄在《诗格》中提出"诗有三境"，即"物境""情境"和"意境"。其中的"情境"指有情之境，是一种人为优化的典型环境，其质是一种虚拟情。李吉林的情境教学是指"以促进儿童的全面发展为目标，在教学过程中创设典型场景，激起儿童热烈的情绪，把情感活动和认知活动结合起来的一种教学模式。"

教师的口头描述、图片展示、多媒体的视图情境等手段来营造一种"意境"，以更好地帮助学生理解知识。这种"情境"强调的是"情真意切"，强调教师的主体性，教师是

---

① 也就是常说的"师徒结对"培训模式，是一种传统的培训方式，强调单个的一对一的现场个别培训，包括讲解、示范、操作、纠正四个阶段，能使受训者较快地掌握基本业务知识和操作技能，同时通过师徒关系可以使员工、教员之间的关系比较融洽。

作为情境创设的主体,学生大多是被动地感染与接受"情境",也不强调学习环境的真实性,只要做到"动之以情",让学生带着情感从事学习活动。

表 9-2

	情境教学
情境类型	实体情境、模拟情境、语表情境、想象情境、推理情境
环境特点	营造激发情感的氛围、环境
六种途径	生活展现情境、以实物演示情境、以图画再现情境、以音乐渲染情境、以表演体会情境、以语言描绘情境
主要适用领域与对象	小学语文,各种文体(阅读、写作、口语交际)
主导性	以教师为主导,激发学生学习兴趣,更多地是被动地刺激接受

李吉林小学语文情境教学,主要针对小学语文中的语境,其方法是从多种文体实践出发,没有具体说明哪些方式适用于哪种文体,哪些方法能否直接被借鉴用于中学语文教学,哪些方法适合散文教学,情境具有什么特点和功能,李吉林老师并未给出明确的答案。因此,笔者在情境教学的基础上,提出诗意情境,举出几种适用于中学抒情性散文和记叙性散文诗意情境创设的途径。

三、问题与讨论

1. 什么是诗意情境?

理清情境的内涵和外延,准确把握情境阅读教学中的定位,分析散文阅读教学过程中情境创设存在的问题。就当前散文教学的情境创设现状进行分析,并分析问题的成因。

2. 为什么要在中学阅读教学中创设诗意情境?诗意情境有哪些类型?创设诗意情境要注意什么?

分析诗意情境创设的原则,为教师进行教学实施提供依据。分析教学中诗意情境创设的目标和任务,并就诗意教学情境类型提出选择策略。

3. 如何在散文教学中创设诗意情境?

什么是诗意?诗意就是诗一般的情意,是经历生命感动后反思性表达的情意,强调的是生命感动、反思性表达,而并非只指人们常态下诗情画意中的唯美意境。分析诗意情境视域下的阅读教学情境创设的实施策略,让学生得到教师引导或学生自己发掘的"特定情境"中去感受、体验相关经验,而不仅仅是上课认真聆听教师讲解文本。

诗意情境致力于诗性思维的开发培养,展开学生、教师、习作内容三主体间的充分对话,充分言语实践,指向言语生活、激活言语图景,提升学生的生活体验,发挥文本阅读的育人价值。冯铁山教授的诗意语文是以言语实践为本体的归真、求善、至美的语文。它是在"陶冶诗情—启迪诗思—感悟诗理—践履诗意—积淀诗语"等组织程序中展开的学生与学生、教师与学生、学生与家长之间的多元互动的语文教学模式。

四、诠释与研究

(一) 写景抒情类散文实践

《云南的歌会》案例用两个课时完成。按照"以美入境,视听竞猜-以景绘境,合作归纳-以读生境,诵读把握-以旨拓境,拓展延伸"四步教学,同时注重以学生自主、合作、探究的学习方式为主,在具体的听说读写的演练中感受写景抒情类散文的美。从整体把握文章框架,能准确说出文中三个歌唱场面的内容与特点,这是教学的重点;难点在于引导学生感受作者笔下美好的生活,培养学生热爱民俗文化的情感,教学过程体现如下几个环节:

1. 以美入境,视听竞猜

上一课当中,我们已经领略了云南民歌的风采,从沈从文的笔触中感受了浓郁的异族风情,下面我们就来一个趣味竞猜:请同学们欣赏两个音像片段,猜一猜分别是哪个少数民族的民歌,并说明该民族服饰与舞蹈的特点?(白族——《五朵金花》)(壮族——《刘三姐》)今天我们继续跟随文学大师沈从文,欣赏云南浓郁的民歌文化及民族风情吧!

2. 以景绘境,合作归纳

云南的"歌会",既然是歌会,它肯定具备丰富的形式,看看文章描绘的三个场合中唱歌的情景?每个场面各有什么特点?引导学生采用自主、合作的学习方式,归纳文章的景的特点,思考写景的用意并发表自己的看法。并用表格的形式做好"第一个场面的"详细笔记。

场合	形式	特点
山野对歌		
山路漫歌		
村寨传歌		

（这一环节，让学生对于文章的三个部分，尤其是第一个场面，有比较精要的把握，在品读了第一个场面之后，以同样的方式展开其他场面的赏读交流。具体的校对和品读在下一个环节展开）

3. 以读生境，诵读把握

首先。朗读课文三个歌唱场面。导读：文章对三个歌唱场面的描绘在内容上各有侧重，在写法上也是各不相同的。

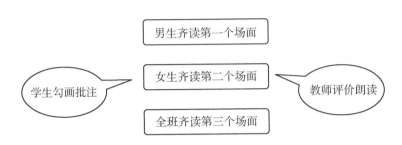

同样是描绘唱歌的场面，但作者在写法上别出心裁，将云南的歌会多样的形式、独特的个性尽情描绘了出来。我们不禁惊叹作者的构思是多么精巧！接下来我们一起走进——山野对歌，去闻一闻那一股扑鼻而来的乡土气息。

其次，范读"山野对歌"，把握人物特点。描绘"一个年轻妇女一连唱败了三个对手，逼得对方哑口无言"的情景。（动作、神态、外貌）（面容、牙齿、衣饰）少数民族农村妇女的性格特征？（性格开朗，聪明活泼），在这个对歌场面中，作者侧重写了唱歌人，有什么作用呢？（烘托出活泼欢快的场面，描绘出朴素动人的情景。）以人来衬景，表现出"山野对歌"的欢乐。

接下来，听读"山路漫歌"，感受情境之美。请同学们闭上眼睛，用心聆听这一段山路漫歌的录音，感受那种远离尘世的，却贴近心灵的美。同学们边听边勾画出好词好句，并谈谈作者的写作手法。在此画面中，作者步随景移，视听结合，动中有静，动静结合。写唱歌的环境。为"赶马女孩的歌唱"创设了一个动人的场景，以幽美的环境衬托悦耳的歌声！板书：以景衬人。

最后，赏读"村寨传歌"。赏读笔记，合作交流。"金满斗会"这是一个以什么为主要内容的盛会呢？（原文找答案）从哪里可以看出歌会盛大？（时间长，人多，盛装）（盛况空前，十年难逢）在这个片段中，作者对唱歌场面既有全局刻画，又有细部描绘。板书：点面结合。

读完三个场面，完成环节二的表格（斜体字部分由学生完成）

内容	特点	写作重点
山野对歌	对歌是一种才情智力的大比拼,有竞赛性质	唱歌人
山路漫歌	即兴歌唱,自然成趣,性情独特	唱歌的环境
村寨传歌	民歌的展览,教学民歌的课堂。场面宏伟,气势壮观	唱歌的场面

4. 以旨拓境,拓展延伸

生活就像歌声一样美好,那美丽浓郁的民俗文化值得我们去记录,去品读！如果生活是一盘菜,那么民俗便是其间的调味品,它令你的舌尖拥有快乐的体验,丰富着你的饮食。那么我们身边还有哪些这样的调味品呢？记录身边的民俗活动,感受祖国文化的丰富多彩。(潮剧、英歌舞、舞虎狮、潮洲大锣鼓、赛龙舟……)欣赏英歌舞片段及潮剧片段《桃花过渡》。

(二) 记叙性散文教学实践

《阿长与〈山海经〉》案例教学的操作步骤有如下几个环节：其一,课堂导入(复活感性);其二,预习检查(回归图景);其三,合作交流(多元对话);其四,展示点拨(涵咏吟味)。在第四环节分为"角色互换,回忆往事""以思悟情,精典评要""言语燃情,把握情感""简图书情,教师小结"。教学的重点在于引导学生"从人物的具体事件中,分析人物形象",难点为"把握文章中心,理解文章所表达的思想感情"。在课前需要学生做好预习工作：其一,阅读课文至少两遍,对文章的段落大意、分析评价等内容圈点批注;其二,查阅关于作者的资料,及相关背景知识。目的在于让学生反复阅读,拉近与文本的距离,也能够更好地融入课堂的教学情境,避免在课堂的情境设定和模拟教学中出现空对空的情形。教学按照如下步骤展开。

1. 环节一：课堂导入(以独白再现情境)

鲁迅先生的生命里,出现过许许多多的人物,他们对鲁迅都有不同的影响。有严谨宽容的藤野先生,儿时的老师寿镜吾先生,这些都是知识分子。但他还写到一个看似微不足道的人：长妈妈,鲁迅的作品中几次提到她,在她去世三十年后,仍写此文来纪念她,长妈妈到底是一个怎样的人值得鲁迅去怀念呢？请看课文：阿长与《山海经》。

(意图：这是一种回顾式的想象情境,学生从教师的独白语言中,能够自然地回顾七年级学过的人物形象,想象着大文豪鲁迅的笔下原来出现过这样的人物,这个妈妈到底具有什么特点,能让鲁迅久久怀念,她一定有着特殊的魔力,激发学生的好奇心。)

2. 环节二:预习检查(以图文辅助预习)

(投影)根据语境,解释加点的字词。

(1) 长妈妈已经说过,是一个一向带领着我的女工,说得阔气一点就是我的保姆。

(2) ……只见她惶急地看着我。

(3) 我想我又不真做小长毛,……我惧惮她什么呢?

(4) 但当我哀悼隐鼠,……一面又在渴慕着绘图的《山海经》了。

教师明确:

(1)客气。(2)害怕着急。(3)害怕。(4)渴望羡慕。

《新课标》明确指出"学生是学习的主人,教师是学习的组织者、引导者和合作者。"预习检查有利于促进课堂教学顺利开展,这是教师在导入之后,进入课文之前必不可少的环节,对课文的一些基本背景知识有所了解,进入一种有资料贮备的阅读,学生自然能够自主的由内而外开展下一环节的与文本的初步对话。教师在此过程中,也应尊重学生的个体差异,鼓励学生选择适合自己的学习方式。)

3. 环节三:合作交流(以问题创设情境)

首先,学生自设问题情境,模拟师生与同桌互问答。预设:橘子为什么称"福橘"?福建产的橘子,故称"福橘",为取吉祥,江浙民间有在大年初一早晨吃福橘的习俗。"谋死我那隐鼠"是怎么回事?(看课文注解)"长毛"到底是谁?(注解)这一环节的设置是为了培养学生的发现问题与解决问题的能力,一般学生提出的问题还是比较浅层面的,大多关于字面意义,或者一些读来陌生的词汇与情节。这同时也培养学生学会认真倾听,学会独立思考。

其次,教师创设问题情境,引导学生继续阅读:文章围绕阿长写了哪些事,重点写的是什么,为什么这样安排?文章两处说到"伟大的神力",其意思有什么不同?我对长妈妈的感情前后发生了怎样的变化。教师所创设的问题,不用立刻回答,这些问题具有一定的思考空间,不是一看文章就能得出答案,如果很容易得出答案,那就没有必要继续与文本对话,也没有探讨的价值,教师创设的问题情境是为了引导学生继续深入地阅读文章,从文章的内容入手,再回过头让学生有理有据地回答。

4. 环节四:展示点拨

首先,角色互换,回忆往事。落实问题4,要求学生列出阅读提纲,概括复述要点。以小组为单位推举代表进行复述课文竞赛,师生评议。(尽量按文章的顺序来,不要遗漏事件)明确复述要点:称呼的来历──→长妈妈的一些坏毛病(切切察察、睡相不好等)──→长妈妈的一些令人厌烦的规矩(吃福橘等)──→买回《山海经》。复述列举如:阿长是我家的保姆,这称呼沿用了上一个保姆。阿长有一些坏毛病让我有些心生厌恶,比如:她经常喜欢切切察察,睡相也不好。阿长还有许许多多令人厌烦的规矩,她经常告诫我,生孩子的屋里不能进去,还要在新年的第一天给我吃凉凉的"福橘"。以上种种使我不大看好她,但是她却买到了我日思夜想的《山海经》,令我对她刮目相看。在与文本的对话中,将自己置身于作者的身份位置,可以更好地体会作者所要表达的情感,但在角色互换复述的时候,注意要使用第一人称,也要适当地加入一些态度的形容词。此外,教师要随着学生回忆的进程显示与阿长相关图,如此一来,不仅可以加深学生对阿长的形象,对文章的内容有一个清晰的把握,也有助于从个体事件来把握整体的情感。

其次,以思悟情,精当评要。解决问题4,这里主要是在了解课文内容基础上,对文章的事件安排进行评析。需要给学生充足的思考时间,提示学生在文章的空白处做评注。

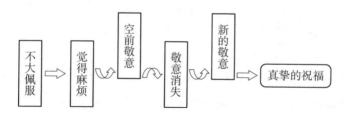

参考答案:文章重点写了为"我"买《山海经》一事。略写的那些内容是对她的外形特征行为习惯的真实反映,但这些并没有削减"我"对长妈妈的敬意,她的生活方式恰恰说明个性的直爽,她的许多规矩虽是封建迷信,但她渴求幸福的心是无可厚非的。而详写买《山海经》一事,突出她对"我"的爱,做了别人都不能做,不愿做的事。这也是一种先抑后扬的写法。我们由此也想象幼小的鲁迅对长妈妈的感激和敬佩之情。

再次，语言燃情，把握情感。回答问题5，并追问：文章两处说到"伟大的神力"，其意思有什么不同？神力从字面上解释是神奇之力。经过复述回顾，不难得出，课文两处说"伟大的神力"，都是儿时的感觉，鲁迅现在这样写，前一处有调侃的意味，后一处则有称颂的意味。这也体现了鲁迅对长妈妈的情感态度变化。文章有许多描述作者情感态度的句子，浏览课文，寻找出带有情感色彩的短语，有感情的朗读。如：(1)"虽然背地里说人长短不是好事情，……我可只得说：我实在不大佩服她。"(原文中寻找，5处)

最后，简图书情，教师小结。教师小结：浏览课文后，我们不难发现，作者先写他"讨厌"阿长，后写因有让大炮放不出来的"伟大的神力"和买回"我"渴慕的《山海经》而敬她，抒发出一种深沉的怀念之情。在看似贬义的文字和不满的情绪后面，都含有作者对这位长妈妈同情和怀念。鲁迅是以现实的心态回忆阿长的，又以儿时的眼光去书写阿长的。但最后都逃不出深深的怀念与真挚的祝福的情感。

五、进一步讨论的问题

（一）独白描绘—复活感性

冯铁山教授认为，动之以情是开展语文教学的逻辑前提。诗意语文教学也不例外，教师神态传达诗情。教师要感动学生，自己必须先受到语文生活中情景的感染，使自己处于感动状态，在教学时，或哀怨、或赞美、或奔放，教师就是诗情的化身。

独白定义(monologue)：戏剧、电影中角色独自抒发感情或表达个人愿望的话，一般由演员独自念出表现此时此刻的心理、感情等。课堂好比一个舞台，教师是其中的角色之一，角色定位之后再去描绘一种情境，更加富有感染力，也更能吸引学生，也能更好地将其带入文本的语境当中。

具体操作 《春》导入词：春，在我们的心中总有一种诗情画意的美感，不管是春雨、春风、春花，还是春草，那样鲜丽的色彩洋溢着青春与梦想。春天是五彩斑斓的，春雨的淅淅沥沥像是在倾诉一整个冬季的苦闷；春草的湿润鲜嫩像仿佛施与大地无限恩泽；而春风呢，美化了春雨的单调的姿态，吹绿的小草，催醒了嫩芽，也吹暖了人心。今天，让我们一起走进现代散文《春》。

方法要求 独白较多地用写景抒情性散文课导入和课堂总结之中，这种独白描绘具有一定的构图性，能够激发学生的想象与思考。这种独白的运用考验的是教师的言语实践能力,独白的成功与否也与教师的情感投入程度相关。独白也贯穿散文教学的整个过程,好的独白不仅能够吸引学生的注意力,还能升华文本的主旨。

(二) 问题演绎—回归图景

冯教授提出,诗思,就是诗性智慧的简称,它的特点是空间的自然、社会与自我的并行信息与时间的历史、现实与未来的串行信息交互融合,从而形成富有情节、富有形象的立体图景。其作用机理在于双脑的协同作用。所谓双脑协同,是指将依靠语言为主的分析、判断和抽象概括中枢的左脑功能与依靠形象思维为主的直觉思维中枢右脑协同起来,达到立体、全面的思维的效果。问题的演绎就是一种诗性的思维。

问题演绎 演绎概念:铺陈;发挥;展现。苏格拉底为了激励学生主动求知,他采用了一种"产婆术"的问题情境,即借创设问题情境启迪学生。这里的演绎,是一种推理的过程,此外用问题去铺陈,展现情境,这种问题的内容还具有一定的构图意义。这种"问题演绎—回归图景"在教学中用的比较普遍,好的问题可以激发学生的阅读兴趣,不断进行推理与想象,加深对文章内涵的体悟。让他们学会以大自然普通一员的身份,以欣赏、敬畏的心态诗意地审视周围的世界。

具体操作 如赏析七年级上册《济南的冬天》第三段

　　最妙的是下点小雪呀。看吧,山上……树尖上顶着一髻儿白花,好象日本看护妇。山尖全白了……一道银边。山坡上,……等到快日落的时候,微黄的阳光斜射在山腰上……雪好象忽然害羞,微微露出点粉色。就是下小雪吧,济南是受不住大雪的,那些小山太秀气。

1. 这段文字主要讲了什么?——薄雪覆盖下的山——整体感知(写了什么对象)
2. 主要从哪几个方面写?＿＿＿＿＿＿＿＿＿＿＿＿理清层次(写对象的什么)
① 山上:矮松青黑　　　　② 山尖:全白(镶银边)
③ 山坡:白雪黄草(穿花衣)　④ 山腰:露粉色(害羞)用拟人
3. 作者按怎样的顺序描写雪后的山景?＿＿＿＿明确:空间顺序,层次分明。
这段文字用哪些修辞手法写雪后的山景?＿＿＿＿(运用了什么方法)
明确:比喻(用"日本看护妇"比喻雪光)拟人(写出动人的雪态)
4. 这段突出山的什么特点?——妙—妙在何处＿＿＿＿＿(关键字的展开)
(1) 妙在雪光、雪色　(2) 妙在雪态(从具体描绘)

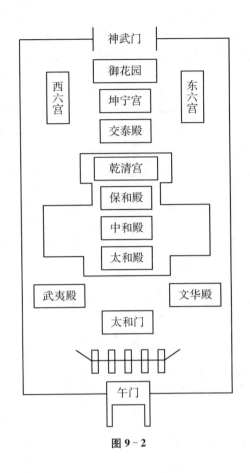

图 9-2

5. 作者对北平的情感是怎样的？从哪些地方看出？

作者从色彩和变化两个角度描写景物，运用比喻和拟人的修辞方法，再现了冬天济南的小山，表达了对济南小山的喜爱_____。（小结：为什么写）

方法要求：问题的创设是为了激发学生的求知热情，写景散文中，以图景演绎图景，达到教学目标。创设问题情境要注意以下几个几点：提供智力背景。教师给学生创造一定的解答条件；或作知识铺垫；或根据已知开拓未知；或进行示范讲解。教师"举一"学生"反三"，实现学习迁移。此外问题在具备启发意义的同时，也要尽量符合学生的阅读经历与兴趣，问题的创设要连贯，过渡要自然。

（三）视图美化—协同双脑

实例说明：视图之类多媒体资料运用广泛，也多运用于文质兼美的小品文当中如《桥之美》《苏州园林》《说屏》《安塞腰鼓》等，如教学《中国石拱桥》一文，也可以用两张硬纸板做成一个制作拱形桥。在教学朱自清的《春》时,可以适时播放五福图:春草图,春雨图,春花图……

方式要求:视图的运用也要注意一些问题,如视图的播放必要性及顺序和时长;视图资源不可过多,少而精,因为过多的视图冲击会影响学生的想象力与创造力;"在利用画面展现情境时,教师要加以指点和启发,引导学生认识的方向性,同时还要配有带感情的讲述,使学生充分感受形象进入情境。"

总而言之此类的多媒体文件是一种辅助性的资料,不可以作为课堂教学的主体。视图一类的直观情境也应因文而异:教师可以用简笔画,来理清文章的行文思路。如图9-2《故宫博物院》的教学。

(四)多元对话—感悟人生

冯教授认为,让学生感悟诗理,主要的方法在于借鉴对话理论,让学生和编者、作者、文本乃至自我进行多元互动对话,在对话中学习生活知识,揣摩生活道理,领悟生命意义。

对话定义:对话是指两个或者更多人之间的谈话(多指小说或戏剧里的人物之间)。对话的方式适用于记叙性散文一类带有故事情节的文本当中。根据文本设计对话。也是与文本的一种对话方式,心与谐。要让学生想象自己身处文本中的情境之中。

具体操作:在《阿长与〈山海经〉》中,体现长妈妈对"我"的关爱当中,一个目不识丁的保姆是如何买到这本书的?对此设计展开阿长与书店老板的对话设计。

阿长:小哥,有没有《三哼经》?

卖书人:什么三哼经,没听过。

阿长:《三哼经》!你再看看啊,求你了。

卖书人:《三字经》倒是有,你要不要?

阿长:《三哼经》啊,有很多怪兽一样的图画。

卖书人:哦哦,是不是《山海经》啊,字都不认识。你去那找找吧!

阿长:噢噢。(阿长找了好一会,才找到。)

阿长:这个多少钱?

卖书人:10文钱。

阿长:小哥,这么贵!便宜点儿啊。

卖书人:8文钱,不讲价了啊?

阿长：好好好，等着，我拿钱啊。

　　卖书人：天啊，这什么人啊，还买书！

　　阿长用手指着他说：你说什么，我怎么就不能买啊？……

方法要求： 不同的阅读主题，所设计的对话内容不尽相同，各自都会有自己独特思考之处。这种方式旨在深入了解人物的情感，同时增加课堂的趣味性，活跃课堂气氛。

方式对比： 在小学的课堂当中，对话的方式一般为"分角色朗读"，让学生照着课本的原句，进行操作。而在中学的散文当中，很少会有具体对话的语句。就算有，让学生照着原句进行朗读，比较机械，也缺乏创新，很多时候只是为了对话而对话，缺少对文章整体的把握。而这种根据文章内容与情感，让学生去自主的设计对话，除了考察学生对课文内容的把握之外，也培养了学生的创作能力与思考习惯。

（五）涵咏吟味—实践体验

语文教学必须致力于语言的品味、意蕴的咀嚼和内在规则的体认，决定了学生语言的习得离不开实践的体验。教师要把课堂中的诗意法则和学生的生活链接起来，帮助学生组织人生经验、强化生活感受、梳理个人思想，成为一个诗意的栖居者。散文中的许多篇目，都可以设计出有效的实践体验活动。

具体操作： 例如《亲爱的爸爸妈妈》这篇叙事散文的"作家座谈会""摘录遗言"两部分，可以采用"座谈会"和"角色扮演"两种情境模拟方式。

人物角色： 主持人一位；场地记者两名；

　　　　　　美国作家：安格尔　　大陆作家：杨旭

　　　　　　西德作家，日本人

基本要求： 这是一场作家访谈会，其中选出班级当中的以上角色。其余的同学作为各国代表和与会的提问记者。根据课文内容设计人物的对话与情绪，展开关于"战争罪恶""历史态度"问题的讨论。要注意现场的气氛，每个同学都是这次访谈会的一员。每位记者要做好记录与报道，主持人要控制现场，并做好归纳与总结。

基本目标： 通过人物对话，模拟历史进行表演。展开现实与历史的交叉叙述，以历史来启示现实，希望世人能够正确对待历史，对待战争带给现实的创伤，呼吁人们热爱和平。

现实借鉴： 此次活动旨在引导学生思考这样一个问题：如何看待历史。比如中日之间,因为历史的侵华战争,在现在的生活当中,因为政治上的矛盾和摩擦,很多人往往采用不正当的言论,触及历史的那根刺,反反复复,一次又一次。历史已经过去,却不能遗忘;现实依旧进行。在学生们进行交流思考的过程中,希望给予他们正确的爱国主义教育以及民族主义教育,正确的评析看待历史。另外想着重强调"责任心"的培养。用心善待生命、用心看待世界!

方法要求:对于此类综合性的情境模拟,教师的工作是要做好方法指导,资料提示,设定目标与基本要求。具体人员的安排,资料的搜集主要由学生完成。关于战争的残忍,有很多具体可举的例子,影片《希特勒的名单》也演绎了这样的残忍。以此为引子,让同学们分工去寻找类似的历史资料,史料、影片都可。

然后组织记者访谈活动,让他们对自己所找到的材料进行一个思考。教师可举例提出几个思考的问题:如何看待战后历史遗留问题。另外学生根据自己找到的资料有自己的思考。完成最终的思考总结后,辅之以图片、视频、文字等手段在全班面前每组派代表发表自己的结论。

第二节 文言散文多元对话教学案例[①]

一、主题与背景

《语文课程标准》指出:"阅读教学是学生、教师、教科书编者、文本之间对话的过程"。冯铁山教授认为,语文教学应该让学生和编者、作者、文本乃至自我进行多元互动对话,在对话中学习生活知识,揣摩生活道理,领悟生命意义。"语文的外延就是生活",语文教学的价值就在于引导学生从文本出发,在多元对话中感受、生成归真、求善、至美的情意,从而走向崇高、诗意的栖居。

长期以来,不少一线教师对文言文的教学进行过多样探讨。理想的文言文教学应该是文字、文章、文学、文化的统一,教学内容和形式上达成和谐,最终让学生在趣味中获得文化与情感上的熏陶。文言作为一种过去的语言形态,确实淡出我们的生活圈,然其给予我们的滋养却是丰厚无比的。放眼一线教学,文言文在课文篇目上占有极大的比重,是高中语文教学的重点和难点。在当前很多文言教学中,多元对话的教学方式往往流于形式,更多的是教师讲,学生听,其背后指向是学生学习主体性的遗落以及

---

① 该部分作者为范芸。

文本与生活的脱离,最终导致学生对文本的浅尝辄止与学习兴趣的丧失。

笔者试图从诗意语文的视角,用案例研究的方法,围绕多元对话,重新审视和明晰多元对话在高中文言教学中的现状、原因和对策。

二、情境与描述

受应试影响,当前的高中文言教学呈现出功利化、机械化、碎片化等问题。许多教师往往重言轻文,采用以字字落实为主,背诵默写为辅的教学方式,并将其奉为最行之有效的文言教学模式。然而这样一种教学方式恰恰忽略了文本本身的文化价值与情感熏陶。总体看来,目前文言文教学主要存在以下几个方面的弊端:

(一) 以翻译代理解,对话缺位

部分教师在文言教学中以字词句的疏通为主要教学目标,将翻译全文等同于理解全文。课堂教学中只有翻译字词的串讲,全程根本没有引导学生与文本进行对话,遑论内容上的理解和情感上的熏陶。其实,一篇文言文便是一个整体,它的价值与任何一篇现代文一样,在于它的语言、思想、情感。文字作为情感与思想的载体,对它的疏通与理解只是走进文章深厚内蕴的大门,如今这种以翻译代替理解的做法则是让学生得其门而不入,想体悟而不能。最终一堂课结束,在重复又机械的翻译中,学生只记住一堆无序的知识,却缺少对文章的整体理解与感悟。文言阅读碎片化的背后,是深邃思想的丢失与丰富情感的遗落。

(二) 以记忆代鉴赏,对话偏位

课堂上字词疏通,课后背诵默写,这是文言教学常做的两件事。文言文中有许多经典的语段与语篇,背诵这些句篇确实能够帮助学生更好地走进文本。但即使是同一个字,在不同语境之下也可能会有不同的意思。只有单纯记忆,没有做到言与文的贯通,没有进行迁移运用的实践,这些名句名篇就依旧只有冰冷的字面之意,无法与学生产生情感上的联系。同时,教师只注重强调字词义的积累,却忽视鉴赏字词在句子、语段甚至是语篇中的内蕴与作用,如此一来,学生根本不可能对文中的语句作出个性化的点评。这种情况其实是教学过程中对话指向偏位导致的。学生与文本的对话局限于字面,却未指向整体语境,只见字词,不见篇章。孤立机械的记忆背后,一并丧失的是文言鉴赏与运用能力。

(三) 以分析代体悟,对话越位

刘勰在《文心雕龙》中说:"夫缀文者,情动而辞发;观文者,披文以入情"。文言的学习最终应该指向文本的情感与思想。因为文言上的障碍,许多学生无法很好地走进文本。于是课堂上,部分教师往往很少让学生自主体悟,取而代之的是把自己的理解灌输给学生。结果便是教师讲得再深刻依旧只是教师自己的感受,却无法让学生感同身受,对文本形成自我的体悟。这种情况的出现其实是由教师与文本的对话代替了学生与文本、与生活的对话导致的,实质是学生学习主体性的缺失。教师的条分缕析根本没有给学生以积极思考和自主探究的空间,也就无法生成真正个性化的理解与评价,这样的教学最终是低效甚至是无效的。

针对上述问题,笔者认为在高中文言教学过程中要重视多元对话,打破时空桎梏,在学生个体与文本之间架设桥梁,积极引导学生与文本、作者、自身生活发生对话,从而在走向圆融互摄的境界中,实现对归真、求善、至美的追求。

三、问题与讨论

1. 什么是对话?

探讨多元对话在高中文言的教学作用,首先要理清对话的内涵与外延,准确把握对话教学在文言教学中的定位。就当前高中文言教学的现状进行分析,并分析问题的成因。

2. 为什么要在高中文言教学中引导学生进行多元对话?多元对话有哪些层次?进行多元对话要注意哪些问题?

分析高中文言教学中引导学生进行多元对话的原因,为教师进行教学实施提供依据。分析课堂中教师引导多元对话的目标和任务,并就多元对话的层次提出选择策略。

3. 如何在高中文言教学中引导学生进行多元对话?

分析高中文言教学中引导学生进行多元对话的具体策略,实现课堂中让学生、教师、编者、作者、自我之间充分对话,让学生能在对话中学习生活知识,揣摩生活道理,领悟生命意义。多元对话不仅让文言展现出原有的魅力,更能充分发挥经典的育人价值,让学生从经典中提升生活经验,遇见更好的自己。

四、诠释与案例

对话理论指的是双方通过对话的方式来探究知识。当它被引到阅读教学中时,指的是学生和教师、编者、作者、文本乃至自我进行多元的互动与联系。冯铁山教授在

《诗意语文论》中提出实施诗意语文教学需立足诗理,在多元对话中,让学生感悟人生。这样的对话更关注生命自身存在,强调主体的个性化感受与反思性表达。不仅是各主体之间交流的凭借,更是一种学生生命的内在诉求。学生学习文言,既是在语言的世界里对话,也是在超语言的世界里对话。没有多元对话,文言的世界将在自我隔绝中沦为荒芜的废墟。追求多元对话,就是追求理性,追求诗意的栖居,促使学生用诗意的眼光审视古今,审视社会、自然、自我,而体验、反思以及把握真、善、美的本质。当然,根据高中教材编排,这里的文言主要是指文言散文,并不包括古诗词。多元对话主要有以下几个层次:

1. 对话文本,心与境谐。文本是文言教学的起始点,一切问题的生发与探讨应以文本为依据。由于学生的理解是能动的,创造性的,所以在这种无声的对话中,学生想象自己身处于文本中的情境之中,依靠自身的知识背景、文化修养和人生体验等先前的知识建构和生成带有个性色彩的新文本意义。

2. 对话生活,触类旁通。学生任何的学习其实都立足于自身的生活体验。学生立足生活体验创新,运用自己积累语料准确、流畅地进行情感表达,并在这一过程中获得新的情感体验。同样,对话自身的生活,提取个人的生活体验走向文言文本的研读与体悟,不仅可以让体悟来得更为深刻,还可以由此及彼,生发个性化的解读。

3. 对话自我,圆融互摄。自我对话往往是在学生深刻理解课文之后进行的。学生阅读文本的过程中,阅读的心得与感悟和自己原有的生活积累、思想实际和情感体验发生碰撞,通过自主发现、自主体验、自主思考创新,形成自己的理解感悟,最终达到知识的传递和精神的升华。

任何文本都是客观事物的反映,作者反映客观事物,必然接受了生命的感动,借助具体的物象来寄托自己的真情实感。根据创造主体在创作中情绪情感的有无与强弱,可以把情感运动分作三个层次:以心观物、以物观心、心与物化。结合多元对话与情感运动的三个层次,我们恰好可以发现三个在教学中引导学生进行多元对话的三个方向。笔者将结合《赤壁赋》的教学案例,来说明多元对话的这三个方向。

苏轼的经典之作《赤壁赋》在写景中注入了浓厚的主观情思,语言神情飞动,文质兼美,在情景交融之外,更从物我之间抒发哲理意蕴。苏教版教材将它编排在必修一专题"像山那样思考"的"感悟自然"板块之中,可见,课堂的教学重点应在于探究苏轼情感变化的缘由以及背后体现的苏轼哲理性思考,而这抽象的哲理性思考无疑是学生理解体悟的难点。传统的教学往往从文本的字词疏通开始,虽能结合文中苏轼情感变化这一线索,但在课堂实践中景物与情理被割裂开来,没有做到自然的圆融。那么如何化抽象为具象,让学生更形象地理解苏轼的思想呢?笔者发现在文中有言"客亦知夫水与月乎",这里苏轼将自己对社会人生的纯理念的抽象认识注入"水"与"月"两个意象之中,在主客观的契合间发出哲理意蕴。循着这两个意象去浏览全文,便会发现开篇的写景以及中篇的抒情,也都是抓住这两个关键意象来完成的。可以说在这一片水光月色的辉映中,显性的"水"与"月"串联起苏轼隐性的情感变化。因此,抓住"水"与"月",尝试以此为突破口,不仅能避开常规的逐段分析的思路,增强文言教学的趣味性,同时引导学生进行与文本、作者、生活三个层次的对话,实现对文章整体性的把握以及对苏轼思想的不断挖掘与体悟。在具体教学中,围绕这两个意象,笔者将课堂分为"水月绘景""水月传情""水月明理"三个部分。

在正式开始课文内容的学习之前,我先请学生展示课前搜集的关于苏轼作品中出现"月"这一意象的句子。学生展示的句子有:明月如霜,好风如水,清景无限。夜闲风静欲归时,惟有一江明月碧流漓。会挽雕弓如满月,西北望射天狼。缺月挂疏桐,漏断人初静。人生如梦,一尊还酹江月。山高月小,水落石出。何夜无月,何处无竹柏,但少闲人如吾两人耳。紧接着让学生比较课文中的"月"与这些诗句中的"月"有何异同之处。在学生分组讨论的基础上,归纳得出结论,课文中的"月"既有现实中的月,又有历史中的"月",还有哲理中的"月",总体上来看,这是由实入虚的变化过程。让学生收集资料这是对诗词的积累,意象之间异同的比较则是对已经积累的语言材料建立起有机的联系,促使学生将获得的语言材料整合成为有结构的系统,并在整合的基础上,进一步总结出规律,实现语理能力。

(一)以心观物,与文本对话,把握文本的物象

冯铁山教授提出以心观物,就是指用自身的情感、意志、行动方式等去理解、衡量文本中描写的客观事物。所谓物象,则是文本作者注目、发现的能够表达"意念"而选择的相应的自然景物,是作者在作品里借助语言形式表现的客观物质和人文的类存在物,由具体名物构成。"心境万物生",作者的感情活动不可抽象独立地进行,必须"神与物游",附丽于物。

水月绘景,于景含情。在引导学生找到全文苏轼情感变化的过程后,自然地引导学生思考苏轼因何而乐,将学生与文本的对话聚焦于第一段内容。第一段写景,"水"与"月"两个意象共同营造了一种澄明的意境,所以这部分内容的教学重点围绕感受苏轼笔下的月夜美景而展开。分为苏轼眼中的夜景与苏轼心中的夜景两个部分,前者重在围绕物象鉴赏美景,后者重在分析苏轼内心之乐。

先请学生在第一段中描写夜景的句子,然后结合这些诗句,思考苏轼笔下的赤壁夜景有何特点。对此设计了这样一项言语实践:夜色中水月无边,这是一个让人＿＿＿的夜晚,因为有＿＿＿＿。教师可以先给出示范,如夜色中水月无边,这是一个让人感到闲适的夜晚,因为有清风徐徐吹来。结合学生的回答,相继落实"白露""横""徘徊"等重要字词和句式,并且抓住关键字词分析表达效果。"清风徐来"而非"清风吹来",一个"徐"字写出了清风给人的闲适、柔和的感觉。"徘徊"一词写月,写出了明月慢慢升起,在云雾中穿行的视觉效果。"横"是笼罩的意思,写出江面水雾很大,把整个江面都笼罩住了。几个关键字词写出了水雾缥缈、月色朦胧的特征。苏轼眼中的赤壁夜景亦真亦幻,具有一种朦胧美。通过这样一种言语实践,不仅落实了相关的文言知识,更是让学生在对关键字词的鉴赏中初步走进文本,发现并表达文段中的相关物象。在这一基础上,要求学生将众多物象结合起来,用自己的语言描绘出水月无边的赤壁夜景图。在这一过程中,学生自然便会结合文本进行体会,并将个人的体会融入自己的文字中,从而实现与文本的对话。

完成第一部分之后,便引导学生思索:面对这样的夜景,苏轼是一种怎样的心情。结合文本中苏轼的动作、感受等,再一次引导学生与文本对话。对此设计了这样一项言语实践:我从＿＿＿＿＿看出苏轼＿＿＿＿＿＿。教师示范:我从"纵"与"凌"两个字中看出苏轼仿佛驾风遨游,一派逍遥自在。运用这样一种方式,将学生的目光聚集于文本中的关键字词,教师结合学生提到的关键字词,通过进一步的追问,不仅可以落实文言知识,还可以完成对文本语言更细致的鉴赏。如"一苇"为什么不是"一舟"呢?"一苇"有窄小、轻飘之意,苇草漂在水面自由自在。这恰是苏轼沉浸于眼前美景中获得自由之感的情感外化。同时,让学生将苏轼的情感用自己的语言表达出来,这就促使学生在与作者的对话中,完成对情感的把握。最后回到最初的问题,学生便能非常自然地总结出苏轼如此之乐的缘由,即沉醉美景而乐,精神上暂得超脱。

(二)以物观心,与作者对话,把握文本的意象

以物观心就是抓住文本所写之物,直接和作者主体展开对话,揣摩作者情感运动的轨迹,从而客观地分析文本所包含的意象。这里所说的意象是物象与作者情感的有机结合体。冯铁山教授认为,这是对作者将情与物融合过程的体味,也是对文本言外之意、象外之旨、味外之味的体悟。

水月传情,触景生情。然而这样一种因美景而产生的快乐是非常短暂的,眼前的水与月引发了苏轼的神思,内心由乐转悲,故引导学生思考苏轼悲的原因,让学生聚焦二、三两段。先提问:苏轼乐而歌,你能从他的歌声中听出他的心声吗?部分学生因为没有相关知识的积累,可能会停留于苏轼追求美人而不得的层面。这时,通过解读"桂""兰""美人"三个意象,结合屈原"香草美人"的象喻系统,帮助学生理解"桂""兰"其实象征着苏轼的才华,"美人"则是指国君或政治理想,由此体会苏轼在这里表达的是一种对自我政治理想的追求与渴望,然而当时的苏轼却是被贬而来到此处,可以说空有才华却不得重用,所以这里的歌声与箫声皆是悲戚之音,暗含苏轼的郁郁不得志。箫声相和,悲情浓郁。两者相称,则加强了这种愁绪。由此设计言语实践:歌声凄婉,箫声悲戚,我仿佛听到了_____,看到了_____。抓住歌声与箫声,通过这样一种言语实践与文本、作者进行对话,在落实字词的基础上,体会作者内心情感,由此完成教学由乐转悲部分的过渡。

至此,苏轼所写的都是眼前的"水"与"月",那么由这眼前的"水"与"月"苏轼又联想到了什么呢?进一步探讨第三段的内容。对此,设计了这样一个言语实践:一如这明月(江水)的_____,苏轼由眼前之月(水),想到了那_____,心中一阵_____。学生会有这样的回答:一如这明月的耀眼,苏轼由眼前之月,想到了那沧桑岁月中建功立业的英雄,心中一阵羡慕与失落;一如这明月的永恒,苏轼由眼前之月,想到了那无穷的宇宙,心中一阵孤独与怅惘;一如这江水的不断流逝,苏轼由眼前之水,想到了那时光匆匆,生命短暂,心中一阵悲凉与无助。结合学生的回答,一边落实文言字词,一边引导学生思考这些问题:在苏轼的笔下,曹操是一个怎样的形象?除了写曹操,还写了周瑜,有什么用意?这些设计则是为了引导学生将物与苏轼的内心紧密联系起来,通过文本对话,更深入苏轼的内心世界。眼前的水与月之所以能产生联想是因为其中的某些特征与历史中的人、物、事有着一定的相似性。而苏轼内心之所以如此悲哀,正是过去与当下,理想与现实之间的一种冲突。所以设计了这样一个言语实践,展示背景资料,设想自己就是苏轼,用以下句式想象一下苏轼的内心独白:我希望能够_____,却_____。学生对话文本与作者,会有这样的回答:我希望能够建立功业一展抱负,却不得重用被贬黄州;我希望名垂千史,却找不到一代英豪的痕迹;我希望能够如长江般永恒,却只是渺小如尘埃;我希望理想终能实现,却终因身困黄州只能破灭……通过这样的言语实践,学生进一步触碰了苏轼的内心,苏轼内心的悲哀既是想得而不可得的苦恨,也是对想得之物的绝望否定。此时的他怀疑建功立业,否定个体存在,不再对理想抱有希望,这样沉重的内心,如若通过教师外在生硬的灌输,学生不会有切身的体会,而抓住"水"与"月"两个物象,结合两个言语实践,则引导学生对话文本、对话作者,自然有了更进一步的真切体会。

(三) 心与物化,与生活对话,把握文本的心象

所谓心与物化,则是领悟文本物与情结合的心象。所谓心象,指的是存在潜意识中的心灵、性灵和语境的结合体,是欣赏者借助再创造的想象力、联想力和感情移入,进入艺术境界之中,构成欣赏者和作品相统一、相复合的境界。因此,和生活进行真诚对话,突破文字和形象的表面才能领悟到文本的"句中有句,味外有味"。

苏轼内心悲愁层层郁结,但他并没有因此消沉下去,而是参透了生存的哲理。是什么给了他人生的启迪呢?引导学生品读第四自然段。苏轼夜游赤壁,遇见明月,遇见江水。"天何言哉,四时行焉,百物生焉,天何言哉?"自然无语,一方面让人生发哀怨,另一方面又引导人走出困境的束缚,走出自我的狭隘。换一个角度可能便是柳暗花明。在第四段中,"水"与"月"成了哲理的触发点,从而引出了"变"与"不变"的探讨。由此设计了这样一个问题:"水"的变化体现在哪里?"月"的变化体现在哪里?这个问题相对简单,学生联系自身的经历,很快便能说出"水"的变化体现在它永远在不断流淌流逝,"月"的变化体现在它的阴晴圆缺。这一设问目的是让学生与自己的生活对话,从生活中触发体会,找到答案,为下面探讨"不变"做了铺垫。由此继续设问,那么它们的不变又体现在哪里呢?经过引导,学生可以总结出水的不变体现在它只是从一方流向另一方,总量并未减少,月的不变体现在虽然有阴与缺,但依旧有圆满的那一天,如此循环往复,最终没有增减。由于水月是生活中常见的意象,所以对话生活,学生对其变与不变两面性的理解就显得具象化了。这也就为最终解读苏轼的宇宙观进一步铺垫。从变的角度说,"逝者如斯","盈虚者如彼",万事万物时刻都变化着,由此否定了"长江无穷"的看法;从不变的角度说,万物都是永恒的,那么"我"与"物"一样也是无尽的,否定了"吾生须臾"的观点。这样一种哲理性的思考,其实对我们任何一人的生活都是有思考意义的,所以最终文本的解读需要回归到对生活的启示。所以最后设问:苏轼最终由悲到喜,这样的体会给了你怎样的启示?这一设问,让学生在对话文本、对话作者、对话生活之后,最终回归生活,指导生活。启发学生用不同的视角看待生活,用旷达的心态面对生活,即使处于人生低谷,依旧不断冲出牢笼,迎接精神的洗礼与蜕变。

五、进一步讨论的问题

当前,对话教学越来越受到教师的重视,但在具体实践中存在着一些不足。部分教师在对话教学的过程中迷失了教学的基本方向,陷入了对话教学的误区。笔者针对其中的问题,从教师主体角度出发,从方法论入手,具体阐释多元对话的四个策略:

(一)寻找话题切入,激活对话兴趣

文本是教学展开的起点。在备课中,教师应该文本切入,从文本出发展开广泛的探讨,继而深入解读和开发话题,达到以点带面的效果。在课堂上,教师则应该充分利用这些对话主题,激发学生对文本的对话期待,促使学生积极自主地参与文本的研读活动,从而实现学生有效地领悟文本内涵,培养个性研读文本的阅读能力,并使学生在课堂对话活动中畅所欲言,表达个性化的阅读观点。比如《逍遥游》一文,除去文言上的阅读障碍,庄子蕴含其中的哲思也是学生理解上的难点。为了帮助学生更快地进入文本,展开与文本对话,在具体的教学过程中,笔者抓住文中的"三笑"引发学生思考,"三笑"是谁笑谁,为什么发笑,庄子对这样的一种嘲笑是怎样的态度,又是为何有这样的态度。通过"三笑"这一切入口,一步步引导学生与文本对话,从而一层层解读"逍遥"之意。

(二)运用以读促悟,进行直接对话

朗读有时是一种直接与文本、作者对话的形式。学生通过对文本语句的朗读,可以更深入地感知文本内涵,体会作者的情感,感悟作者蕴含于字里行间的思想。在朗读过程中,学生也能获得情感上的升华,对文本内涵的解读更具有个性化,从而逐步加深理解和感悟文本的深刻内涵。因此,教师应采取多样化的朗读形式,通过熟读、诵读文本语言,引发学生回味文本语言之美,积累和丰富学生的语言储藏,有效地形成语感能力。《指南录后序》一文中,作者连用二十二个"死",历数自己出使北营被扣及伺机脱逃九死一生的艰难历程。气断声吞,扣人心弦,如何让学生与文本对话,对作者自身的情感有进一步的体会,朗读便是一种非常好的选择。通过教师范读、学生自读等方式,指导学生逐渐加快语速,增加音量,如此文字背后的爱国之志、舍生取义便逐渐进入了学生内心。

(三)紧扣文本细读,突出深层对话

教师引导学生研读文本语言文字内涵,应着重要求学生与文本进行心灵对话,品味文本语言的精妙之处,了解文本作者如何布局谋篇,掌握文本蕴含的深刻含义,体会文本作者遣词造句的技巧,在对话交流活动中使学生语言表达获得释放,学生个性化解读观点得到展示,勾起学生更进一步进行阅读对话交流的欲望,激活学生原有的知识积累,逐步提升学生语感能力和个性阅读能力。如归有光《项脊轩志》中有言:余既为此志,后五年,吾妻来归,时至轩中,从余问古事,或凭几学书。吾妻归宁,述诸小妹语曰:"闻姊家有阁子,且何谓阁子也?"这些文字看起来平淡无奇,然细读之下,却深有意味。作者为何要写小妹们的话,这背后有什么故事?结合上下文,不难想象,妻子从作者口中听到了不少精彩的历史典故,从南阁子的书籍中看到了大千世界,所以回到娘家,她充满自豪而又饶有兴味地向小妹们讲述阁子中的生活,引得小妹们油然而生羡慕之情,神往阁中的读书生活,才有了小妹们的"且何谓阁子也"。看似平静朴素的叙述其实包含了当日的夫妻情浓,因此当妻子逝世,物是人非之时,那种哀痛,历久弥深。那么紧扣这部分文本的细读,就能让学生更深入地体会文字中作者的情感。

(四) 开展言语实践,丰富对话形式

开展言语实践是学生感悟反思文本内涵的重要方式,也是把文本语言表达形式转化成学生个性表达形式的过程。教师要充分挖掘文本资源,设计多样的可操作的言语实践活动,深化学生解读文本内涵,提高语言表达能力。比如在教学《沂水春风》时,为了让学生更好地体会曾点之志,设计了言语实践,让学生抓住曾点话语中的主要意象,结合自己想象,用自己散文化的语言展现曾点描述的大同社会的图景。通过这样的一种言语实践,让学生对话自己的生活,触类旁通,从而更好地体会大同社会的美好图景与意义。

总之,文言教学中引导学生进行多元对话的出发点和归宿点应该是为学生的阅读服务。这是一项复杂的艺术化的创造过程,需要我们在教学实践中不断总结和提高。

第十章 教材诗意解读案例

第一节 以点促面,寻找文本教学的"诗意起点"[①]

一、主题与背景

新课标指出"语文课程丰富的人文内涵对学生精神领域的影响是深广的,学生对语文材料的感受和理解又往往是多元的。"正像新课标所说,一篇语文教材承载的不仅是语言、文字,更是语言文字背后蕴含的情感、认知。语文教材不像数学等其他学科的教材有明确的是非对错,就像我们常说的"一千个读者有一千个哈姆雷特",每一个社会群体因为目的不同,生活背景不同,知识阅历不同都能对语文教材有不同的解读。正是因为语文教材的特殊性,课堂教学在教材处理时往往会出现以下几个问题:

第一,教材处理过于基础。很多小学老师特别是低段的小学老师注重学生的基础知识学习,在处理文本时只关注字词而不关注教材的解读,或者花费课堂的绝对多数时间专门进行字词教学,最后的文本关注成了点缀。

第二,教材处理面面俱到。还有一部分老师在研读文本时引经据典,面面俱到,生怕漏下什么知识要点。我们的课堂教学时间毕竟是有限的,想要让学生在短暂的时间里消化所有的文本要点,学生只能是囫囵吞枣而已。

第三,教材处理应试而行。素质教育推行下的今天,应试教学的现象并没有消失,很多老师在关注文本的同时更加注重"大纲要求",语文教材成了理性分析、理解的范例。

[①] 该部分作者为杜珊珊。

二、情境与描述

(一)教材处理过于基础

有老师在执教人教版一年级下册古诗《村居》一课时,制定的教学目标分为:其一,理解课文生字,理解生字组成的词语;其二,正确、流利、有感情地朗读课文并背诵课文;其三,联系课文内容理解诗句意思,并能口述诗句内容;其四,感受田野春光的美好,感受儿童生活的乐趣。在教学过程中,教师在导入之后请学生初读课文,接着交流生字词,他在教学课件中列出了本首诗中出现的七个要认的生字,并加上了拼音请学生认读。在学生一读完之后又请学生观察生字,看看有没有什么好办法来记生字。学生在已经学习的识字方法的基础上纷纷发言,比如,有的学生用加一加的方法识记生字"村",即将"木"字旁加上"寸"。教师在学生交流识字方法的同时穿插进行词语的解释和组词。而后又进行一轮的去拼音认读,美其名曰检查识字情况。在一轮枯燥的词语教学过后,课堂教学时间已过大半,学生机械地认读生字后对古诗的学习兴趣已经失去了大半。这样的教学处理并没有遵循儿童的识字规律,一次性灌输的识字方法既单调又没有体现词语的灵性。每一篇教材无论文体、内容都用一样的集中识字是对语文教材的浪费,如果是这样处理教材那编者为何不直接给出十个生字进行一节课的教学呢?文本的价值何在?教师的意义何在?

(二)教材处理面面俱到

有老师在执教人教版四年级下册《触摸春天》一课时,制定的教学目标如下:1.认识七个生字,会写九个生字。理解"浓郁、穿梭、流畅、引导、悄然、清香袅袅、权利、概念"等词语。2.正确、流利、有感情地朗读课文。3.理解含义深刻的句子,揣摩其中蕴含的深意。4.体会盲童对生命的热爱,感受作者对生命的关爱,懂得珍惜生命,热爱生活。5.体会课文抓住人物的动作、自己的心理进行生动细致的描写,从而表现人物精神品质的写作方法。从内容入手,执教者在分析教材的时候发现了本文的主人公安静,她是一个特殊的小女孩,说她特殊,是因为她是一位盲童,还因为她能够用自己独特的方式,感受春天的气息,触摸春天的脉搏,捕捉春天的影踪。同时执教者又发现了作者的存在,作者在观察安静的过程中也触摸到了一种从未有过的生命力,感悟到了人生的真谛。从语言特色入手,执教者分析这篇课文篇幅短小精悍,语言简洁,意境隽美,所蕴含的道理非常深刻。从表达形式入手,执教者发现了这篇文章细致生动的动作及心理描写。源于对教材的精准解读,我们不难发现执教者在制定目标时点点关注,面面俱到,教学目标看似完整但没有主体性,更不用说层次性系统性。因此在接下来的教学过程中,执教者一会儿从安静的视角展开教学,一会儿从作者的视角展开教学。在语文品读环节,一会儿提炼作者简洁的语言,一会儿又启发道理深刻的句子,同时又不忘关照学生对文章两位人物动作、心理的品读。老师教得手忙脚乱,学生更是一团乱麻,没有真正学会任何一个语言点。

(三) 教材处理应试而行

有老师在备案人教版四年级下册课文《生命 生命》一课时发现,很多考试例题、作业中都有对课文中的一个字"冒"的理解问题,于是在教学过程中教师出示文中这句话:"墙角的砖缝中掉进一粒香瓜子,过了几天,竟然冒出一截小瓜苗。"然后圈出了"冒",直接询问学生"冒"在这里有什么作用,学生根据自己的阅读水平纷纷回答。这时教师心中已经有了固定的答案,在几个学生交流之后便说出了自己的答案,并让学生抄写下来。这样看似民主的交流方式其实并没有发挥教师的指导作用,教师没有一步步从"冒"的意思,"墙角"、"瓜苗"和"冒"之间的关系引发学生的思考,学生的理解还是停留自己的已有水平,对教师给出的解释只是机械的记忆。而后在处理作业本中常出现的"我可以好好地使用它,也可以白白地糟蹋它。"一句的理解时也没有深入学生的生活层面,没有让学生进入到作者的精神世界,学生在阅读文本时没有找到"我",因而也没有得出学生真正的理解和体悟。

三、问题与讨论

面对小学语文老师教材处理的不合理性,冯铁山教授指出语文教学教师要做到心中有数,要明确教学的起点和终点。那么什么是语文教学过程的起点呢?冯教授认为,语文教学过程的起点就是学生对语文教学内容或形式已经具备有关语文知识与技能的语文经验,以及对有关学习内容涉及的生活体验、认识水平以及态度等形成的生活经验。简而言之,就是语文经验与生活经验。那么什么是语文教学的终点呢?语文教学的终点是教师引导学生在言语实践中达成的语文教学目标,是诗意情感的激情喷发,是创造智慧的才华展现,简言之,就是语文经验的丰富与生活经验的精粹。

为了达到诗意的终点,起点的设置显得尤为重要。"诗意的起点"是诗意课堂的方向,是诗意课堂的开始,是诗意课堂的基调。"诗意起点"可以是一以贯之的情感主线,也可以是连贯的情感升华过程,还可以是情感表达的各个方面。我们从课堂"诗意的起点"出发,可以设置契合起点主题的不同层级且螺旋上升的言语实践作为中点,最终达到语文教学的终点。虽然"诗意的起点"只有一个,但是这个起点是以点促面的,是触类旁通的。那么我们应该如何设置"诗意的起点"呢？

从文本的角度看，文本的写作起点和情感起点尤为重要。首先看文本的写作起点，文本作为作者思想和体验的载体，每一例文本都有它的价值和内涵。文本被创造出来并不是随意的，而是有一定目的的，这种目的也许就是我们培养学生语文素养的切入口。语文教材选取的文本大多是名作经典，独特的写作风格，娴熟的表达技巧也许就是我们训练学生语言能力的切入口。其次我们要关注文本赋予的情感的起点。文本的情感很多时候就是我们要让学生有所共鸣有所体悟的价值所在。抓住文本的情感起点能够触摸到文字的温度，作者的感情，以及学生的思想。

从学生的角度看，学生是语文学习和发展的主体。学生的"诗意起点"来源于学生对语文教学要求的已有语文素养，即语文经验。学生"诗意起点"也来源于学生感受生活的意识和能力，即生活的经验。学生作为语文学习和发展的主体，我们在设置文本"诗意的起点"时，学生的语文经验和生活经验必然要受到关照。

从教师的角度看，教师的文本解读也很关键。新课标提倡的阅读教学中的对话包括两方面：一是教学对话，教师与学生以及学生与学生间的平等对话；二是阅读对话，学生与文本作者之间的沟通对话。要提高"对话"的质量，教师与文本的对话是关键的一步。教师必须率先走进文本，完成与文本的多角度的、有创意的对话，达到与作者心与心交流，情与情的融合，才能在课内为学生与文本的对话之间架起一座沟通与交流的桥梁，引导学生以最便捷的途径走进文本，在自读、自思、自悟、自得的基础上，有所创新。这样，方能实现教师、学生、文本三者间思维的碰撞，产生情感共鸣。

从编者角度看，语文教材不同于其他学科的教材，它一定程度上是国家意志和文化进程的体现，也是语文教学发展要求的体现。在"诗意的起点"设置时也需要一定的关照。

综合以上几个"诗意起点"的关照点，我们可以总结如下几个寻找"诗意起点"的方法：

第一，追寻情感线索法。追寻情感线索就是紧抓文本的情感抒发点，或者追寻文本作者的情感表达路线，从情感抒发点或情感路线着手，以情达意，情景交融。

第二，探寻主题线索法。有些文本有明显的表达主题，以主题意识为起点，联结形成主题的各个板块，"诗意起点"看似多个实则从属一个言语实践的主题。

第三，探究含义线索法。对于一些富有深刻含义的文本，探究文本背后的含义对于文本学习极其重要。当然含义的揭示不是一蹴而就的，而是根据学生的理解循序渐进的过程。

第四，提取典型行为线索法。小说、诗歌等文本中一些典型的动词能够牵一发而动全身，有时候只要找对典型的行为线索就能发现引起典型行为背后的情感来源，找到"诗意的起点"。

四、诠释与研究

（一）追寻情感线索的方法探究

苏教版五年级课文《司马迁发愤写史记》一文，有的老师按照一般的常规思路设计教案，以"学会本课七个生字，理解有生字组成的词语。"和"正确、流利、有感情地朗读课文并复述课文。"为知识与能力目标，以"感受司马迁忍辱负重、发愤著书的精神。"为情感价值目标，在教案设计时按照课文记叙的事情发展顺序展开课文教学。学生因为对司马迁这个人物并不是很熟悉，也不能理解他的情感来源及情感变化，对篇课文的学习只是浮在表面，并不能深入文本，将心比心地感受司马迁忍辱负重、发愤著书的精神。而冯铁山老师指导的一篇课文《司马迁发愤写史记》，教案设计者抓住"发愤"这一情感线索为"诗意的起点"，从探究"为何发愤""怎样发愤""发愤结果"三个维度全面展开文本教学。在探究"为何发愤"阶段，教案设计者引入阅读补充资料《直言受宫刑》，并说一说当时司马迁心里的想法，让学生设身处地地感受司马迁受到的伤害和羞辱，进而知道司马迁"发愤"原因。接下来在探究"怎样发愤"环节，教案设计者再请同学们自由读课文，从课文的叙说中寻找打动学生内心的字眼，并从这些具体的描述中感受司马迁人物形象的基础上铺展学生的图像思维，让学生想象司马迁当时"发愤"的画面。此时此刻，学生既有感受又有画面，一个坚强的、忍辱负重的人物形象深刻印在同学们的心里。就在学生入情入景的关键时刻，教案设计者适时对学生进行情感升华，让学生明白司马迁发愤书写的不仅是书更是他的不屈，他的坚强，他的伟大。最后在探究"发愤结果"环节，学生对司马迁的敬佩之意自然表达。由此以"发愤"为情感线索的"诗意的起点"在一步步的言语实践中到达了"诗意的终点"。

（二）探寻主题线索的方法探究

笔者在第一次尝试用诗意语文的三重内涵设计苏教版二年级教案《迷人的蝴蝶谷》一课时并不太成功。笔者在第一次设计时以蝴蝶为入手点，抓出了蝴蝶的美丽、迷人却忽略了整个蝴蝶谷的景象，本末倒置。深究原因是"诗意起点"的模糊，随后我对这篇课文的设计进行了修正。首先深入分析课文我们知道了课文主要介绍的是蝴蝶谷，课题中最关键的一个词语是"迷人"，课文不论是写蝴蝶还是写蝴蝶谷都是围绕"迷人"展开的,因此抓住"迷人"才是这篇课文的"诗意起点"。找到了"诗意起点"我们就不难突破诗意的难点。而"迷人"可以从以下几点入手:"蝴蝶谷鲜花盛开的迷人""蝴蝶独一无二的迷人""蝴蝶成群结队的迷人""游人与蝴蝶共舞的迷人",最后提升为所有景物构成的"迷人的画面"。

(三)探究含义线索的方法探究

前文我们对个别教师对人教版四年级下册《生命 生命》一课的处理进行了问题发现,现在我就尝试着用研究含义线索的方法对这篇课文进行修改。首先我们要思考这篇课文的"诗意起点",经过全面深入的教材分析我们不难发现这篇短小精悍的课文,语言简洁朴实,思想含蓄深邃,将形象描写与理性思考有机结合,是一篇抒写感悟人生的好文章,但是要让学生理解课文,对于生命价值产生思考有一定的难度。因此笔者决定通过引导学生深入文本情境,回忆生活经历,想象画面的方式,一方面认识到生命的"有限",另一方面认识到生命的"顽强",从而自主发挥生命的"价值",创造出生命的"无限",通过诗意的表达展现自己对生命的思考。这一"诗意的起点"是含义的研究,是螺旋上升的含义理解过程。

在教学设置环节,教师通过自身故事的叙述"动之以情",通过形象的故事叙说引发学生对自己生活经历的回忆,产生情感的碰撞,生发出对生命问题的"思考",并开展言语实践,用一句话总结自己的故事,如"生命短暂,小狗在光阴中老去。"师生通过真情的表达体悟生命的"有限"这一含义。接下来笔者从文本出发,请学生自读自悟,画出学生自己感受最深的句子,请学生有感情朗读并谈一谈体会。在交流过程中,教师补充课外材料,发挥教师的指导作用,让学生体会生命虽然短暂脆弱但是生命却是"顽强"的。教师引导学生从一只小小的飞蛾,一粒小小的种子的顽强拼搏开始,思考人的"顽强",并进行言语实践,在言语实践中完成对生命精神的思考。既然生命是"短暂"的,生命是"顽强"的,那么学生自然生发出对"有限"的生命"无限"的思考。在教学的重难点环节,教师从"我"对心跳的感受,让学生联系自己的生命,同时揭示作者的坎坷命运,让学生将健康的、有活力的自己的生命和残缺的、有磨难的杏林子的生命进行比照,让学生自然生发"珍惜生命"的情感。进而通过更多的真实事例触动学生对自己生命价值的思考。在"有限"的生命中寻找"无限"的价值。在情感升华的至美阶段,请学生将自己对"有限"与"无限"的理解用诗意的表达抒发出来。诗意的终点由此到达。

(四)提取典型行为线索的方法探究

冯老师在上课的时候举过一个课堂事例尤为经典。人教版五年级教材《猴王出世》是第五组"中国经典名著之旅"中的一篇略读课文。在阅读理解方面,第三学段的重点是把握课文主要内容,体会思想感情,领悟基本的表达方法。在阅读方法方面,继续加强精读和略读能力的培养,同时提出了浏览能力的习得。根据选编的课文特点和小学生的认知实际,本组课文的教学重点可指导学生感受故事情节、人物形象,以及语言文字的规律,从而达到感受古典名著的魅力、激发阅读名著的兴趣。在课文内容学习中发现语言的规律,学习表达的方法。在读懂课文"写什么"的同时,体会作者是"怎么写"的,让语言与精神同构共生,品出经典的魅力。由于本文篇幅较长,按照传统教学方式想要在一课时时间内完成以上几个教学目标是很困难的,但是冯老师找到了这篇课文最能体现猴王特点的动作即——"三跳"。从猴王的"一跳"着手,丛杂中跳出来的俨然是一只顽皮的猴子,学生可以发现猴王的动物性;从猴王的"二跳"看到的是一只发现新居所的喜不自胜的人性;从猴王的"三跳"学生又看见了它的神魔性。根据"三跳"的诗意起点品读猴王人物形象,在一层层的言语实践中发现语言文字的规律。

五、进一步讨论的问题

当然本文列举的寻找"诗意起点"的几个方法并不全面。面对不同题材、不同特点的文本我们应该如何运用最恰当地解读方式?对于学生语文素养的培养,言语实践的开展哪一种"诗意起点"更为合适?基于"诗意起点"的考虑方面我们如何协调师生对话关系,如何协调与作者对话关系,如何协调与编者关系等等都是我应该要进一步思考的问题。

为了解决以上困惑,笔者还有以下几点的思考:

1. 转变阅读的模式。教师是教学的主体,教师的阅读习惯影响"诗意起点"的寻找。冯教授认为我们作为一个研究型的教师应该有基础阅读、检视阅读、分析阅读、主题阅读四个层次。在阅读文本时我们应该具备筛选、确认文本内容或结构关键词的能力;综合全文内容提取重要信息的能力;分析核心概念内涵的能力等。在创建自己的阅读图式时能联系现实问题,与文本人物对话;联系自我经验,与作者对话;联系教育对象,与学生对话;联系阅读经验,与自我对话。

2. 转换思维方式。冯教授总结把握世界的思维方式主要有两种:一种是概念思维;一种是诗意智慧。概念思维是指用语言文字乃至教学方式精确地认识并表述事物内涵的思维方式,大致包括感觉、知觉、表象、概念、判断、推理等理性的或知识性的精神现象。诗意智慧是建立在客观物象基础上的,以象为媒介,在情感、体验、知觉等综合作用下,对自然、社会、自我进行知觉式、超越式、创造性地取象、表象和抽象的图景性思维活动。诗意智慧分图景性思维方式、以己度物的思维方式、左右大脑协调的创造性思维方式。在思考文本"诗意起点"的时候我认为概念思维与诗意智慧同样重要。概念思维是"诗意起点"的归纳,诗意智慧则是"诗意起点"的分射。

3. 建构整体观念。语文教学本身就是具有整体性的。语文教材由一篇篇课文组成单元,由一个个单元构建成册。其中的一篇篇课文就是一个熔文化知识与思想内容于一炉的教学的整体单位。无论记叙文、说明文、议论文、还是诗歌、戏剧,从文章学的观点看,它们都讲究谋篇布局,都有起、承、转、合,由此构成一个表象整体。从思想内容看,它们都有一个明确的意义中心并围绕这一中心,把事物的来龙去脉叙说清楚,阐释明白,从而构成一个内蕴整体,构成文情并茂、文道统一的整体教学单位。不整体感知课文,对语文知识的学习就会只见树木,不见森林,言语实践也会偏离轨道,我们在思考文本"诗意起点"时必然要考虑文本文化知识与思想内容的整体,单元结构的整体,甚至是小学语文教材的整体。

4. 提高个人语文素养。思考"诗意起点"其实是教材处理的第一步,这一步教师的作用尤为明显。一个素养高的老师往往能在短时间内精准把握文章的命脉,找到文本的"诗意起点"。但是一个素养不够高的老师就很难把握文本的特点,也就很难找到文本的"诗意起点"。教师这个特殊的行业需要我们不断学习不断更新原有的知识水平,特别是作为一个语文教师,中华上下五千年的语言文化博大精深,如果没有不断学习的精神在厚重的文化载体面前很难安身立命。因此我们应该要注重自身语文素养的提高,教学能力的提升。作为一个在职学习的研究生,我对这一点感受尤为明显。虽然只接受了冯铁山教授五天的学习,但这五天对我来说是思想上的震荡,教学方式上的震撼!冯老师的诗意语文教学让我对自己的过去的教学方式进行了深刻的反思,希望能在冯老师的指导下真正走上诗意语文的教学道路,越走越远,越走越好。

第二节　基于主体论哲学的教材解读案例[①]

一、主题与背景

新课程改革前,颇受人诟病的是语文教师占住了课堂,教师彰显了知识的霸权;而

[①] 本部分作者为陈益。

新课程改革后,受"尊重学生的学习地位,不以教师的讲解代替学生的理解"等精神的影响,学生的主体性得到发挥。有人戏言,"课改前,学生跟着老师跑;课改后,老师跟着学生跑"。[①] 可见,课改前后的语文课堂,都是存在着一定的问题:语文教学突出主体的模糊。

语文教学具有多元的主体,我们在语文教学中,必须同时坚持三个主体性——文本作者的创作主体性、授课教师的教学主体性、学生的学习主体性。而倪文锦、欧阳芬、余立新在《语文教育学概论》中补充了"教材编者的主体性"[②],那么语文教学就应该有"四个主体性的统一"。但是,在现实的语文课堂教学情境中,教师往往做不到这四个主体性的统一。在上课前,语文教师备课的依据不是学生,不是课本,往往是一本教学参考书;在上课时,教师往往已经有了成熟的教案,语文课堂不是课的呈现,而是在走教案的流程。学生对教材个性化的理解与解读是不被允许的,必须回到教室设定的流程中来;在上课后,教师对学生的评价方式也是单一的。学生语文学习能力,语文水平的呈现只能与语文测试的成绩等价化。但是语文教学不应该止步于此,教师要关注作者的语言以及语言要传递的内容,调动学生已有的生活积累和情感体验,在学生与文本的对话过程中,学生通过读书,与作者相逢于案前灯下,对作者的认识、思想、情感、追求、人格、志趣、品味等进行平等交流。

二、情境与描述

以人教版小学语文五年级上册第二单元的课文《梅花魂》为例,这是我在本学期初在大学本科的小学教育专业相关知识的基础上建构的一个失败的教学技能比赛课例。我经过了多次修改,但仍以失败告终,本着对失败案例的深入分析以期获得针对性提升的目的,现对该课例加以回顾。

(一) 诗词导入环节

教师出示学生在预习中找到的描写梅花的古诗,请学生齐读这几首诗,并请学生自由探讨和分享自己心目中对梅花的印象。从而进一步引出梅花在我国文学史中的形象:梅花频繁出现在我国古代文学作品中,是岁寒三友:松、竹、梅之一,文人墨客都夸梅花有着孤洁清高、傲寒独绽、不与百花争艳的高尚品格,今天要学习一篇和梅花有关的课文。(板书课题)

---

① 冯铁山. 诗意语文论[M]. 北京:中国社会科学出版社,2016:82.
② 王富仁. 语文教学与文学[M]. 广东:广东教育出版社,2006:34.

(二)初读感知环节

教师安排学生自由朗读课文,要求学生在自主合作中疏通句义。在学生朗读时检查学生掌握生字词情况,根据学生对生字词的掌握程度进行评价。(课件出示词语)并要求学生齐声读一读这节课的生词,并自查掌握本节课生字词的程度。

(三)体会情感环节

教师安排学生进行任务型阅读,布置阅读任务:通过小组合作,分别用一句话概括"我"与外祖父之间的每一件事情。学生结合课文内容,汇报课文记叙了"我"与外祖父之间围绕梅花展开的五件事情。教师根据学生回答概括提炼板书,根据学生的回答进行评价或补充。根据学生具体探究情况对学生进行适当的引导、点拨。之后教师带领学生小结课文回忆的五件事,有一种想念,满满的,汇聚成了执念,了解文章叙述的事情后,请学生发言谈一谈对文中外祖父的印象,学生自由发表意见,教师结合学生意见补充板书,突出外祖父眷念祖国,心系故里。

(四)深化精神环节

请学生谈一谈令人印象深刻的几件事情,进一步分析外祖父的三次哭泣。①先请学生说一说外祖父所念的诗时的感觉,想象外祖父念这些诗时心中所想,结合所学知识适度引导学生理解送别诗表达的感情,进而理解外祖父表达的感情。②结合学生回答引导学生理解外祖父因不能回家而落泪,哪怕白发苍苍也哭得像个孩子。③结合学生回答引导学生理解外祖父泪眼朦胧跟上船时心中所想。教师安排学生进一步揣摩文中体现外祖父心中深深眷恋着祖国的细节,请学生结合找到的原文进行汇报。引导学生探究外祖父珍爱墨梅图这件事的细节,重点展示:一枝画梅,有什么稀罕的。设置悬疑,提问学生:画梅是否真的只是一枝画梅,由此引出画梅含义:画梅代表着祖国,爱梅花就是爱祖国,外祖父心中的梅花玷污不得,引导学生找到课文中外祖父称颂梅花魂的句子并齐读。

(五)课堂小结环节

教师进一步介绍梅花精神:不管历经多少磨难,不管受到怎样的欺凌,从来都是顶天立地,不肯低头折节。这是梅花的精神,其实是我们的民族精神。运用从古至今具有梅花精神的名人事迹来激励学生:古有陶渊明不为五斗米折腰,近有周恩来为中华之崛起而读书,今有刘华清不建航母誓不瞑目。指出他们在人生的、家国的、科技的寒冬里傲寒绽放,毅然挺立,希望学生无论你们身在何处,也能学习这种精神。

三、问题与讨论

经过一学期的学习,接受了冯老师《诗意语文论》的方法论指导,再来回顾本学期初我设计的《梅花魂》,我发现这是一堂毫无生机、枯燥乏味的记叙文教学课。整堂课没有诗意点的挖掘和呈现,缺乏言语实践,我没有关注课堂的生成性,只关注我的教学设计的每个环节是否在课堂中一一呈现。整节课仿佛是在赶流程,旨在规定时间内将我策划的内容呈现完。整堂课呈线性单向进行,无法让学生真正进入文本,陶醉在语言文字的魅力之中。

（一）教学目标失衡：将教学重点过多地放在体会外祖父思念故国的感情中。

（二）教学流程割裂、缺乏流畅性：教学流程被机械割裂,写作手法、记叙方式等知识性内容的呈现十分突兀,过于注重知识的灌输。

（三）教学主体单一：教师在课堂教学中占据了绝对主导地位,课堂教学流程完全根据教师的教学思路展开,学生的思维受到束缚,学生对问题的回答也根据教师的观点展开,无法凸显个性。

（四）教学方法简单：本节课主要采用了自主朗读、讲授法等方法,虽然穿插了一定的自主合作探究,但是基本流于形式,没有关注学生的学习心理。

（五）主题解读浅显：对课文主题的解读浮于表面,仅仅用外祖父的一句话解释了"梅花魂"的含义,没有深层次地挖掘、呈现,用教师的观点代替了学生的解读与理解,学生的理解自然也很浅显。

（六）教学重难点失衡：过多地探究"我"与外祖父之间的五件往事,过度强调外祖父思念祖国、心系故土,许多教学环节呈现重复,对"梅花魂"的解读较少。

四、诠释与研究

冯铁山教授的《诗意语文论》认为,诗意语文既是一种"动之以情"的熏陶式教育,同时更是一种把语文工具性与人文性寓于"言语实践"活动的教育,只有在这样的活动中,学生才会自知其知,自启其智,自悟其情,乃至自健其德,其为文富有鲜明个性,其为人富有生命的激情和文雅的气质。

（一）以心观物,把握文本物象：自然的梅花

教师首先询问学生是否在日常生活中见到过梅花,是否了解梅花的习性。在学生结合自己的生活经验做了一定的表述之后,教师出示梅花傲雪绽放的图片,教师运用典雅的教学语言介绍图片：在这大雪纷飞的冬日里,入目是一色的银白,还有这撞入眼中的娇艳颜色——它绽放在腊月里,用铮铮傲骨为这个世界增一抹亮色。从而营造诗意的教学场域,用典雅的语言熏陶学生,请学生发挥主观能动性,试着完成言语实践:我看(闻、听)到_____,那是梅花对_____的宣誓:"_____!"教师可以起到示范性作用,先行展示自己的言语实践,如我闻到<u>空气里浮动着的暗香</u>,那是梅花对<u>冰雪</u>的宣誓:"<u>你且来吧,我不畏你的严寒!</u>"调动学生的多重感官,让学生投入到对梅花的认知中。在言语实践的基础上,教师巧妙地穿插梅花在文学史上的精神意蕴——梅花是"孤洁花",梅花是"傲骨花",梅花是岁寒三友之一,梅花象征着高尚的品格,是一朵高洁之花。在文学知识铺陈的基础上,询问学生是否在预习中找到过关于梅花的古诗,一般会抒发什么样的情感,又有什么样的价值导向。学生结合已有知识,不难得出梅花向来是在文学作品中被赞扬的对象,在我国传统文化中具有较高的地位。教师进而用典雅的语言引出本文的主题:这样一朵高洁的梅花,开在了一些人的心中,永久地留下了深深的烙印。巧妙设置悬念,渲染了一种淡淡的忧郁氛围,引发学生学习兴趣。

(设计理由:此环节主要呈现梅花的第一层含义:自然的梅花。自然状态下的梅花,是傲寒绽放的高洁。凸显了诗意点的挖掘中的"以心观物",教师以自身的情感、意志、行动方式等去理解、衡量文本中描写的客观事物。在教学《梅花魂》时,教师以己之"情"度"梅花",赋予"梅花"平等地位,是指具有与自身平行的对话权利。"梅花"是本文的重要物象,作者之所以选择"梅花"作为本文的物象,是因为"梅花"是外祖父的思想寄托。能够对"梅花"物象背后的文化意蕴进行充分把握,有利于拨动学生的动情点和诗意点。)

(二)以物观心,把握文本意象:心灵的梅花

这个部分主要呈现心灵的梅花这一层次。运用冯铁山教授的"四读法",将教学流程分为以下几步:

1. 初读有声,整体感知

此教学环节用学生自主朗读法代替教师讲解,要求学生读准字音,读通句义,对文章的内容有大致的把握。五年级的学生已经具备了一定的阅读理解能力,教师可以让学生在自主阅读的基础上对文章的字词加以理解。之后结合学生的生活经验和已有知识概括文章主要表达的内容和情感基调,设置言语实践:乡愁,可以是<u>余光中手中的小小的邮票</u>,寄托了<u>对家园的眷念</u>;乡愁,也可以是<u>母亲从远方寄来的厚实的毛衣</u>,寄托了<u>对亲人的思念</u>……于文中的外祖父而言,乡愁是什么呢?本篇课文通篇用朴实的语言记叙了"我"与外祖父的往事,通俗易懂,表情诚挚,学生从诵读中很容易就找到"思乡情"的主题,学生可以从外祖父的几件事中提炼出外祖父对家乡深深的思念。

2. 再读有情,体悟情感

教师引导学生进行小组合作下的任务型阅读,要求学生再次读课文,深入揣摩哪些小细节能够体现外祖父的思乡之情。将这种深情融入到课文中反复出现的物象"梅花"中,设置言语实践:我捧起外祖父的墨梅图,这画的不是墨梅,而是我心中的故乡;我捧起外祖父的血色梅花绢,这不是手绢,而是我日思夜想想要回到祖国的心……每组学生派代表根据课文内容按照一定形式进行汇报。以物观心,梅花承载了外祖父沉甸甸的思乡之情,学生渐渐地感受到,这梅花不是梅花,梅花已经不是自然世界中的梅花,而是一朵"思乡花",一朵"想念花"。

3. 三读想象,情景演绎

教师安排学生再次读课文,请学生选择课文的一个具体场景展开想象,与文本主体进行对话。学生读了作者回忆的与外祖父之间的五件事情,几乎每一件都可以看到这个思乡成痴的老华侨的深情。外祖父遇到中国传统文化中的经典:思乡主题的古诗、包含国人精神的梅花图、梅花绢,都会触动他心底那最柔软的情肠。教师可以引导学生任意选取一件事情,让学生展开进一步的想象。如想象外祖父在念到"独在异乡为异客,每逢佳节倍思亲""春草明年绿,王孙归不归""自在飞花轻似梦,无边丝雨细如愁"时内心会想些什么。让学生发挥想象力,结合生活经验进行言语实践。教师展示自己的作品:我念着诗,我的心仿佛已经回到了故乡,在那个春天的午后,我漫步田野,乡间的袅袅炊烟缓缓升起,熟悉的邻人招呼我去他家中小坐……一切是那么清晰和温暖,却又突然模糊——就像这泪水,逐渐模糊了我浑浊的双眼——学生在教师营造的特定的语境中自助运用语言材料表达外祖父心中的一腔深情。

(设计理由:此环节凸显了梅花的第二重含义:心灵的梅花,是思乡的梅花。以语文教材诗意点的挖掘中以物观心的理论为理论依据,从文本所写之物的角度与生活对话,在直接和文本作者主题展开对话的过程中揣摩作者情感运动的轨迹,从而客观地分析文本所包含的意象。挖掘教材的诗意点,除了把握情感的触发物之外,还要认真品味作者是如何将情与物融合的。本篇课文作者想要表达的感情与梅花的结合是通过作者对五件事情的回忆所表现的,每一件事情里的梅花都包含了外祖父这个流落在异乡无法回到家乡的老华侨对故国深深的思念之情。要想让学生也感受情与花相融合的过程,就要引导学生用心与作者进行对话。教师要做的就是搭建一个框架,营特定的语境,让学生结合已有的生活经验和语文知识、语言素材进行言语实践,进一步触摸文字背后的深情。)

(三) 心与物化,把握文本心象:精神的梅花

四读悟心,多元对话。教师再一次安排学生自由地读课文,这个环节是要体现一种情感的延续与升华,在这个环节引领学生通过言语实践与多元对话相结合,自主对课文主题"梅花魂"进行个性化解读与诠释。学生再次读课文后,感受到了外祖父将"墨梅图""血色梅花绢"送给我的时候那种无言的酸楚。学生通过深入阅读感受文本呈现的外祖父,同时有着绝望和充满希望这两种感情。学生感受到外祖父知道自己有生之年回不到故乡的绝望的同时,感受到在"墨梅图"和"血色梅花绢"交到"我"的手上的那一刻,完成了一种无言的传递,这是心与心之间的传递,这是"我"与外祖父之间无言的承诺:"我"会代替外祖父,回到外祖父魂牵梦萦的家乡,"我"会延续外祖父,永远热爱祖国和牵挂祖国。这个时候让学生将外祖父的情与"墨梅图"、"血色梅花绢"作为情感的载体,这个环节安排了"他想对我说"的主题言语实践,希望学生通过揣摩外祖父想要表达和传递给作者的话语,感受文字背后的精神。当外祖父<u>临别时把墨梅图送给我</u>的时候,他想对我说:<u>一幅墨梅图,道不尽无数思念,愿你无论身在何处,都能记得祖国的方向</u>。

在这种训练中,学生真切感受到文本的延伸性,梅花魂的深层意蕴不会随着文本的结束就戛然而止,这是一种精神的传递,精神的传递不会随着生命的结束而死亡。梅花是精神之花,正如外祖父所说:这梅花,是我们中国最有名的花。旁的花,大抵是春暖才开花,她却不一样,愈是寒冷,愈是风欺雪压,花开得愈精神,愈秀气。她是最有品格、最有灵魂、最有骨气的!几千年来,我们中华民族出了许多有气节的人物,他们不管历经多少磨难,不管受到怎样的欺凌,从来都是顶天立地,不肯低头折节。他们就像这梅花一样。一个中国人,无论在怎样的境遇里,总要有梅花的秉性才好!在学生对永恒的爱国精神的理解与感受下,巧设言语实践,引导学生对主题"梅花魂"进行探讨,学生可以根据所学知识,根据对课文体现的民族精神对"梅花魂"进行深层次的个性化解读。如:梅花魂是<u>民族之魂,是最柔软的情肠和最坚硬的铠甲</u>,有了梅花魂,就有<u>一颗坚定不移的爱国心</u>。之后教师运用从古至今具有梅花精神的名人事迹来激励学生,从而对课堂进行小结:古有陶渊明不为五斗米折腰,近有周恩来为中华之崛起而读书,今有刘华清不建航母誓不瞑目。指出他们在人生的、家国的、科技的寒冬里傲寒绽放,毅然挺立,希望学生无论身在何处,也能学习这种精神。

（设计理由：这个环节体现了梅花的第三个层次：精神的梅花，小小的梅花，是热爱祖国，坚定不移的赤子之心，是面对屈辱，从不低头折节的铮铮傲骨。这个环节的设计建立在诗意语文论的诗意点挖掘：心与物化的理论基础上。教师通过自主阅读，领悟文本物与情结合的心象。所谓心象是存在潜意识中的心灵、性灵和语境的结合体，是欣赏者借助再创造的想象力、联想力和情感移入，进入艺术境界之中，构成欣赏者和作品即审美客体的艺术意象相统一、相复合的境界。语文教师要善于将作者的善心和文本的善意转化为学生的善行，选取文本中契合时代背景和时代精神的价值取向，回归到学生的生活中。梅花依然是梅花，这是开在所有学生心中的梅花，让每一个学生都感受到梅花的精神力量。）

五、进一步讨论的问题

对《梅花魂》的两次教学方案建构与修改，体现了我个人的同课异构过程。这个过程是痛苦的，因为在反复打磨、反复推敲中不断完善着自己的教学设计。但这个过程同样是令人欣喜的，经过一学期的学习，我将冯铁山教授《诗意语文论》作为方法论指导，让我意识到了我之前所学的语文教学技能过多地建立在经验、主观臆想的基础上，学生无法从枯燥的课堂中感受语文学习的乐趣，生动的语文课堂应该是充满诗意，能够触动学生心灵的，应该体现文本作者、语文教师、教材编辑者以及学生学习主体的圆融统一。

（一）文本作者的主体性

王富仁先生认为，文本作者有自由表达自己的思想感情的权利，对于自己的作品是有主体性的。文本作者撰写文本是有其意义考量的，文本的实际意义掌握在"作者"手中，语文教师不能脱离开文本本身仅仅向学生灌输自己的思想和情感和自己希望学生具有的思想和感情，而必须在作者与其实际的或假想的读者对象之间的关系中、在作者及其所处的具体语言环境中充分理解并体验作者通过文本所表达的思想感情以及文本语言作为这种思想感情的载体的作用。[①] 这就导致语文教学意义局限在文本及文本作者意义的解读、复述与灌输上，教"教材"而不是"用教材教"，也就是说教师首要的任务是准确理解作者蕴含在文本中的意义，然后语文教学程序自然围绕"学会理解课文中蕴含的作者所要表达的意义"而展开。比如在《梅花魂》的教学中，我们不能

[①] 王富仁.语文教学与文学[M].广东：广东教育出版社，2006：34—35.

过度解读、过度展示外祖父的爱国情。修改前的方案突兀地从回忆外祖父的物件往事中引出了外祖父"热爱祖国",但是事实上爱国之情是自然流露在外祖父对祖国、对家乡的思念之中的,如果教师不能首先理解作者落笔成文时想要流露出来的外祖父的这种细腻深沉的感情,而是把"爱国"作为课文的整体情感导向,那么作者主观表达的意义就被曲解或者忽视,语文教学中文本作者的主体性自然就会缺失。修改后的教学方案注意到了作者想要表达的外祖父的情感,一定程度上体现了文本作者的主体性。但是我们在面对教材文本时,在分析与解读作者的意义考量时,也要遵循客观性和真实性的原则,不能对作者的主观意义进行过度的解读甚至曲解,可以结合作者的人生经历和时代背景进行解析。

(二) 语文教师的主体性

冯铁山教授认为,语文教师具有教学主体性。语文教师的教学主体性就是语文任课教师有根据自己对文本独立的感受、体验和理解解读文本和独立地组织语文教学的权利。尊重语文教师的教学的主体性,首先要尊重语文教师在课堂上以自己真实的独立的感受和体验分析和讲解文本的权利。其次就是要尊重任课教师的主体性,愿意感受和了解语文教师对这个文本的感受和理解,并以此为基础深化自己对文本的感受和理解。语文教师的教学主体性还表现在语文教师组织教学的主动性和自由性上。[①]

修改前的方案中我没有做到结合人生经历、阅读体验对文本进行独特的理解和解读,没有根据客观事实、社会背景文化基础等对这一客观事实及其背后支配文本人物存在发展和变化的规则进行求真求实的描述和分析。在对文本有了独到的理解后,结合学生的学情分析厘清了本节课的教学目标,从而对整体的教学目标有了较清晰的把握,解决了修改前的案例教学目标失衡的问题。但是,我们在彰显语文课堂教学教师的主体性时,虽然彰显了教师的主人翁地位、发挥了教师的主观能动性,但是也要把握教师主体性的度,不能过分彰显教师主体作用而压制了学生主体的作用。

(三) 教材编辑的主体性

除了文本作者主体、教师主体,还存在着教材编辑者的编辑主体。教材编辑主体具有一定语文教学专业知识、教材编辑专业技能及语文教学意义意识。编辑主体在语文教材内容安排上具有专业性,对国家颁布的语文课程标准等文件精神理解具有透彻性,能较好地把握和处理对作者主体、教师主体和学生主体的语文教学意义。语文教

[①] 冯铁山. 诗意语文论[M]. 北京:中国社会科学出版社,2016:84.

学也要体现语文教材编辑的主体性,《梅花魂》是放在一个主题为"思乡"的单元中进行教学的。那么在进行教学时,也应该从教材编排的角度把握文本的教学。修改前的方案体现出来的爱国主题太过主观臆断,对教材编辑的主体性体现不够。修改后的方案尊重教材编辑主体性,更加凸显了语文教学的针对性。但是教材编辑的主体性发挥也需要在一定限度之内,不能脱离作者主体性,也不能过度超越语文教学实践,自由发挥。

(四)学生学习的主体性

《义务教育语文课程标准(2011年版)》指出:阅读是学生的个性化行为,应引导学生钻研文本……不应完全以教师的分析来代替学生的阅读实践,也要防止用集体讨论代替个人阅读或远离文本过度发挥。这就意味着语文教学意义的建构和传达离不开学生学习主体性的发挥,所谓学生的主体性是指在教学实践活动中,作为主体的学生在教师的引导下处理同外部世界关系时表现出来的功能特征。修改前的教学中教师占据了语文课堂教学的主动权,教师过度强调课堂中教学预设的呈现,不尊重学生的主体性,使用的教学方法以教师讲授占主导,虽然有合作探究但也经常流于形式。忽视课堂的生成性,把课堂教学框定在一个固定的模板中,但是教学过程不是表演,不是要求学生按照教师的思路来呈现一堂课。修改后的方案则更有利于学生学习的主体性的发挥,教师引导学生采用多种方式进行朗读,让学生在阅读中对文本进行个性化的理解,体现了阅读是学生的个性化行为的这样一种课标精神。而教师典雅教学语言的熏陶营造了一个诗意的场域,学生的主体性在这样的诗意场域中能够最大程度地体现。教学过程中设置丰富的言语实践,让学生主动地参与到语文学习活动中来。教学过程中也体现了诗意点的挖掘和呈现,能够触发学生的动情点,真正打动学生,与学生的内心世界、精神生活和内在感受产生强烈的共鸣。但是我们在尊重学生学习的主体性之余,也要把握适度原则,在一定空间内给予学生自由,教师依然是课堂教学的组织者,文本作者和编辑者的主体性也要达到统一。

语文教学应该凸显谁的意义?又如何凸显意义?冯铁山教授在《诗意语文论》中做出了完整而漂亮的回答。语文课堂不是语文教师的课堂,而应该是多元主体相统一的课堂。这是冯教授多年教学实践经验与理论研究结果相融合的重要成果,为中小学教师的教学实践提供了兼具高度可行性和实操性的理论依据。我们在从事语文教学实践中,不能依靠教学参考书、依靠自己的主观臆断来进行语文教学,冯教授为我们提供了科学的方法论,我们应该在这诗意语文的土壤上,让学生在语文学习中实现生命意义、自我意义和社会意义的交融。

第三节 走向视域融合的高中语文苏轼作品文本细读[①]

一、主题与背景

视域融合是关于解释学的理论,根源指的是"在者"之"在"("Dasein"之"Sein")自身的澄明与显现,最早由伽达默尔提出。他从解释一般社会现象、原理到解释文本作品,特别是用来解释文学作品时指出,只有有效发挥读者的主观能动性才能真正使文本意义自然澄明与显现,这对于如何有效的开展语文阅读教学很有启发意义。

按照大教育的观点,"促进人的身心发展是教育的直接目的,个体身心的发展,个性的发展,在相当大的程度上依赖于教育。"[②]"广义的教育目的是指人们对受教育者的期望,即人们希望受教育者通过教育在身心诸方面发生什么样的变化,或者产生怎样的结果。"[③]我们都知道,语文是工具性和人文性的统一,包含三维目标,即知识与能力、过程与方法、情感态度与价值观,学生既要获得知识、技能等,又要得到情感熏陶、提升人格,虽然对这个问题基本达成共识,但在实践过程中,往往失之偏颇,强调了这一面而忽视了另一面,即使意识到这个问题,也经常是实现了一面,另一面仅仅停留在口头上,而这另一面一般就是情感态度与价值观,所以,语文的育人功能往往是有名无实。

高中教材中所选苏轼文本的教学,也经常出现这种情况。我们都知道,课文所选的苏轼的文本均为经典,按王荣生教授的分类,属于定篇,具备典型的三维目标的教学价值取向。但一线老师往往视而不见,依照文章自然段落,将教学内容切分在两三个课时里。在深化高中课改的旗帜感召下,部分教师尽管有努力实现苏轼作品文本教学三维目标的主观愿望,但受高考应试教育的影响,重智轻德,重考点轻课标,成为现实的必然抉择。这就导致学生至少在情感态度与价值观层面难以和苏轼、和苏轼文本进行视域融合。苏轼的篇目尚且如此,更别提其他文本教学了。

基于以上问题的思考,本文依托伽达默尔的视域融合理论,尝试探究发挥学生主观能动性,学生与文本融合、与作者融合的苏轼文本教学策略,并进行实证研究,力争

[①] 本部分作者为练善德,改编自其硕士论文《走向视域融合的高中语文苏轼作品教学策略的研究》。
[②] 王道俊、郭文安.教育学[M].人民教育出版社,2009.05:49.
[③] 王道俊、郭文安.教育学[M].人民教育出版社,2009.05:5.

为解决目前高中语文阅读教学"师本"单信道传输知识信息问题提供可资借鉴的案例。

二、情境与描述

杜威曾提出一系列教学论课题:"怎样真正在教学过程中发挥儿童的主体性,使教学成为教师与学生合作进行的问题解决的过程?怎样在教学过程中实现知行统一?怎样在教学中统一儿童与学科?怎样在教学中统一儿童与社会?这些都是现代教学论的核心问题。"①那么,在苏轼文本教学中,就应该想方设法发挥学生的主体作用,教师和学生合作解决问题,让学生充分实践,把所感所悟化为自身的行动,使文本和学生生活统一起来。但囿于教材编制的局限,以及教师本身因素的制约,大多数教师还是停留在"教教材"阶段,都在教苏轼作品,而不是用苏轼作品教,于是目标模糊笼统、内容僵化,而教学内容又形态各异,往往凭主观想象和个人臆断,教学目标又是很难达成的。

(一)注重教师的讲,忽视学生的悟

教师主导整堂课。问题的提出、教学的思路、文章的解读,从根本上都是教师的设想,是教师意识的展现。只是表现的途径不一样,有的显性,有的隐性。比较极端的如陈孝荣老师分析过一个课例。他说,某位教师上《后赤壁赋》时,从字词讲到语句翻译,讲到篇章结构,再比较《前赤壁赋》,苏轼前后思想的对比,最后归纳全文线索,整整一堂课,讲得口干舌燥,但学生却是云里雾里。这位教师扮演着导游的角色,全然不管游客接受如何。陈老师尖锐指出,这种完全忽视学生的满堂灌,使语文变得面目可憎。宗佩佩在教学《念奴娇·赤壁怀古》时,其设计的思路是通过播放《三国演义》主题曲来营造气氛,通过激情语言创设情境感染学生,通过展示画面使学生直观感受情境。中间穿插苏轼背景介绍,引出问题,"人生如梦,一尊还酹江月"该如何理解?又问,"作者在理想与现实矛盾的情况下,作者能看透人生,表现什么情怀?"在拓展环节,老师举了几个历史人物进行比较。整堂课看到的还是在教师的指挥棒下,学生的按部就班。他们自己的问题、自己的感受、自己的判断无从谈起。汪春香老师把《念奴娇·赤壁怀古》教学环节分成四步:一是播放《三国演义》主题曲;二是介绍背景;三是激情朗诵;四是巧设问题。完全按照教师的思路一步步完成教学,学生处于被动接受的地位。杨仕威老师教学《赤壁赋》,在第二课时,任务是解读文本,感悟苏轼心路历程。分四步

---

① 张华.课程与教学论[M],上海:上海教育出版社,2000.11:58.

走:第一步,苏轼眼中夜景;第二步,苏轼心中夜景;第三步,重点,体会苏轼内心情感;第四步,体悟苏轼的生存哲理;最后让学生讨论,有何启发?思路很清晰,由浅入深,教师功底深厚,但学生同样处在被动地位。上面的几个课例都有共同点,思路清晰,由浅入深,循序渐进,看似很合理,但归根结底,还是教师主导的课堂,其出发点是教师对文本的理解,而不是从学生的角度出发。

(二)结论带有主观偏见,缺乏充分的依据

许多课例体现出一线教师的创新和突破,有自己独到的理解,但毕竟离专门的学术研究有一段距离,结论不免带些主观臆断,缺乏充分的论证依据。陈日亮老师评析过一堂《赤壁赋》教学课,在分析"变"与"不变"时,教师把它引入了政治成分,说"谁能料到不会东山再起,小人终究不会被惩办"[①]之类,这是教师的主观臆断,偏离了本意,说明教师对苏轼认识不够。周雁老师设计《念奴娇·赤壁怀古》教学时,说:"虽然苏轼抒发了自己功业无成的感慨,用周瑜的才华横溢和意气风发来反衬自己的年老无为,但'多情'的后几句却正是词人不甘沉沦、积极进取、奋发向上的表现,仍不失英雄豪迈本色。"[②]如何说明"多情"的后几句表现的就是作者积极进取的人生态度?她并没有进行分析,教育更无从谈起。刘海霞解读《念奴娇·赤壁怀古》思想内涵时,引用了曹操的《观沧海》中"对酒当歌,人生几何",北宋政治家范仲淹的"燕然未勒归无计","将军白发征夫泪",英雄所见略同,表达的都是相同的情感。这就显得主观武断了。曹操是一代枭雄,他是渴望立大功、建大业,感慨时间短暂。政治家范仲淹是对未驱逐侵略者、收复失地的无奈。苏轼和他们各自的身份、地位、处境都不同,情感很难说是一致的。汪春香老师教学《念奴娇·赤壁怀古》时,问:"这首词的豪放风格具体表现在哪些诗句上?"[③]"'人生如梦,一尊还酹江月'一句是否能体现豪放风格?",引导学生思考得出洒酒祭月,既是悼念英雄,感伤自我,更是自解自慰、自我超脱。这个结论缺乏解答问题的依据,带有很强的主观性。某位老师曾大胆提出新的观点,认为不能仅仅把此篇笼统地概括为豪放派代表作,中心是抒写词人怀才不遇和老大无为的慨叹,期间流露出婉约之情。苏轼视周瑜为偶像,渴望做像他那样的英雄,但现实很残酷,人生荣辱难以自己掌控,不禁忧从心来,"词人终不能如辛弃疾般挣脱'小我',深为个人意绪所

---

① 宗佩佩.念奴娇·赤壁怀古教学设计[J].语文建设,2011.01.
② 周雁.念奴娇赤壁怀古教学分析[J].语文教学通讯,2012.03(3).
③ 汪春香.巧设教学环节实现念奴娇·赤壁怀古一文的情感态度与价值观目标[J].中国科教创新导刊,2012(16).

羁,故词之结句悒郁,泣诉澄于笔端。"①观点很新颖,但主观性太强,缺乏充分的依据。谢钦老师分析《念奴娇·赤壁怀古》后,认为其有三个方面特点:一、开豪放词之先河;二、抒豪壮之激情;三、发苦闷之悲情。谢老师在分析第三方面时,指出,要深入认识作者情感思想,必须结合作者当时处境。因此他也分析了苏轼的一些受挫经历。苏轼是借周瑜形象来表达雄心壮志,但现实处境却和此大相径庭。所以,当词人从神游古国跌入现实,只能借酒浇愁了,所以结尾显得低沉。但从艺术手法上看,这是"故作旷达",更能引起读者思考。谢老师的观点也有独到之处,但什么叫"故作旷达"?如何更能引起读者深思,缺乏依据。吴欣歆教学《赤壁赋》,把诵读贯穿整个教学过程:读明文意,读出情感,读出思想。通过诵读,让学生自己去发现、去感悟,当然比教师单纯灌输要好很多,但仅仅是让学生诵读,自己去感悟,而没有细致地分析更多的辅助材料,恐怕很难做到深入苏轼内心。诵读很重要,结合多方材料去分析同样重要。

三、诠释与研究

(一)《江城子·密州出猎》文本研读案例

这首词作于公元1075年(神宗熙宁八年),作者在密州(今山东诸城)任太守。此前,苏轼因与王安石政见不合,被罢黜,因受皇帝赏识,被外调至杭州任太守,政绩斐然,杭州任期满后,他自请调到山东任职。因为其弟子由正在山东济州任职,两兄弟感情很深。密州在当时很穷,主要长麻、枣、桑树,生活与作者在杭州时有天壤之别。苏东坡在他《杞菊赋》的序言中说:"余仕宦十有九年,家日益贫,衣食之奉,殆不如昔。及移守胶西,意且一饱,而斋厨索然,不堪其忧。日与通守刘君延式循古城废圃,求杞菊食之,扪腹而笑。""这是苏东坡最难过、最沮丧的一段时光;说也奇怪,这位大诗人在最难过的日子却写出了最好的诗歌。"②《水调歌头》即在此而作。

他在词中引用了几个历史人物:孙郎——孙权、冯唐。典1:孙权。《三国志·吴志·孙权传》载:"二十三年十月,权将如吴,亲乘马射虎与凌亭,马为虎伤。权投以双戟,虎却废。常从张世,击以戈,获之。"此处,孙权喻作者自己。词人渴望如孙权那样英雄盖世,建功立业。典2:冯唐,还和另一历史人物有关,即魏尚。典出自《史记·冯唐列传》,汉文帝时,魏尚为云中太守。匈奴曾屡次来犯,魏尚亲率车骑出击,杀敌甚

---

① 田飞,田霞.豪放之中见婉约[J].综合天地,2004.04.
② 林语堂.苏东坡传[M].北京:外语教学与研究出版社,2002.02:104.

多,但报功时,却多报了六个首级,而被削职。冯唐为此辩驳,文帝便派冯唐带着圣旨去赦免魏尚的罪,魏尚仍保留原职。苏轼因政见不合,被外调,他也是希望重新得到朝廷信任和重用。典3:射天狼。天狼,星名,《晋书·天文志》云:"天狼星在东井南,为野将,主侵掠。"此处比喻侵犯北宋边境的辽与西夏。"左牵黄,右擎苍","锦帽貂裘,千骑卷平冈","酒酣胸胆尚开张","会挽雕弓如满月",塑造了一位威武的英雄形象,词人觉得自己正当壮年,正是建功立业的时机,希望被朝廷重用,抗击侵略者,报效国家。整首词的主旨正在此处,足见作者的雄心壮志。

(二)《定风波·莫听穿林打叶声》文本研读案例

先看词前的序:三月七日,沙湖道中遇雨。雨具先去,同行皆狼狈,余独不觉,已而遂晴,故作此词。此词作于作者被贬谪黄州期间创作。再从意象入手,"穿林打叶声"、"竹杖芒鞋"、"一蓑"、"烟雨"、"料峭春风"、"山头斜照"、"风雨"、"晴"。"穿林打叶声",既是雨中树林里发出的声响,又可喻指作者经历的风风雨雨、官场里对他的恶意中伤、政治上的磨难、生活的艰险等。苏东坡因与王安石政见不合,朝廷小人便编织所谓的"乌台诗案"诋毁苏东坡,苏被打入大牢,差点送命,但最后被流放到穷困的黄州,算是保全了性命。苏东坡在此处几乎衣食无着,困难当然吓不倒他,通过躬耕"东坡",勉强过上了自给自足的生活。"竹杖芒鞋",即指作者在雨中行走时借助的简陋工具,又暗指作者清贫简陋的生活,表达出一种安贫如素的心态。面对各种非议、责难,最好的回击方法是抛之一边,不予理会,足见作者的豁达心态。"一蓑",即指蓑衣,和"竹杖芒鞋"道理相似。穿一件蓑衣,便足以挡住风雨,任凭行走。"风雨"和"穿林打叶声"用法相似。"山头斜照"和前面的"风雨"形成对照,即指具体的雨过天晴之景,又喻指人生无论处于什么苦难之中,皆会迎来幸福光明的一天。"料峭春风",借具体的天气喻指作者遭受的磨难,虽差点置他于死地,但作者却泰然处之,只是有一点冷,并未伤筋动骨,马上就会过去。苏轼可以说非常享受黄州的农夫生活。他为自家搭建草屋,种地烧饭,他觉得生活越来越像陶渊明的生活。他写道:"某现在东坡种稻,劳苦之中亦自有其乐。有屋五间,果菜十数畦,桑百余本。身耕妻蚕,聊以卒岁也。"[①]从下面的诗句中可进一步印证:"去年东坡拾瓦砾,自种黄桑三百尺。今年刈草盖学堂,日炙风吹面如墨。"[②]"长江绕廓知鱼美,好竹连山觉笋香。"[③]按林语堂的说法,"他现在过的是神

---

① 林语堂.苏东坡传[M].北京:外语教学与研究出版社,2002.02:129.
② 林语堂.苏东坡传[M].北京:外语教学与研究出版社,2002.02:127.
③ 林语堂.苏东坡传[M].北京:外语教学与研究出版社,2002.02:135.

仙般的生活。"①有美丽的月夜、有亲密的朋友、有醇香的美酒、有美丽的朝云、自给自足的生活,这一切,对于一个浪漫的诗人,足矣!当然,这当中,他的偶像——陶渊明,应该是他的精神支柱。他极力追求陶渊明,把《归去来兮》词重组改编,和农夫一起唱和。同时,也创作了多首和陶诗,最后他一共写了一百二十四首和陶诗。回顾自己走过的路,既有苦难,也有幸福,都如白驹过隙,已成历史。所以,纵看人生,无所谓"风雨"无所谓"晴",心放宽天地也就宽了,人生不过如此,心态放平路途也就平了。

这就是苏轼,从中我们看出了他的豁达、安适,和苦难作斗争的最好武器、开启幸福之门的钥匙完全在于自己的内心,苏轼经历了起起伏伏的跌宕人生之后,在钻研了种种宗教教义之后,终于找到了这把钥匙。

(三)《念奴娇·赤壁怀古》文本研读案例

本文解读需要把握三个要素:其一,赤壁之景;其二,英雄之人;其三,作者之怀。

关于赤壁之景。本文本描写了"大江东去、浪、故垒、赤壁"等主要景观。"乱石穿空,惊涛拍岸,卷起千堆雪"一句的"乱"指的是"嶙峋"之意,"穿"有"穿越、刺破"之感,"惊"字则有惊天动地之声响,"拍"形容大浪拍打堤岸的气势;而"卷起千堆雪",作者运用夸张的手法,描绘出一幅波澜壮阔、大气磅礴、惊天动地、险象环生的图画。文本所写赤壁之景,虚实结合,起到了很好的艺术效果。

关于英雄之人。本文主要通过周瑜与词人自画像进行对比体现。对周瑜的描写,"小乔出嫁了,雄姿英发。羽扇纶巾,谈笑间,樯橹灰飞烟灭"。展现了一位年轻有为、风流倜傥、潇洒风度、才华横溢的英雄。对词人的描述,多愁善感,满头白发,却贬谪在外。

如何理解景物和人之间的关系?第一种理解,以景衬英雄——壮丽之景衬托英雄周瑜;第二种理解,以景衬人生,穿空之乱石、拍岸之惊涛,此番险象环生、惊天动地之景,象征作者多灾多难、跌宕起伏的人生际遇,作者走过的岁月就像滚滚而去的长江、溅起的浪花一去不复返,与后文"人生如梦"有个统一。

接下来一个问题:怎么看周瑜的形象和词人自己的感叹?也有两种理解:第一种,对比——辉煌的周瑜和失意的词人,表达词人渴望做英雄,却处境堪忧,难以实现,只能以酒慰藉。第二种,自比——周瑜即是作者当年的人生写照。因为那份自信潇洒,颇似当年的苏轼。当年父亲带着他和弟弟苏辙踏上京城,在文坛上崭露头角便出

---

① 林语堂.苏东坡传[M].北京:外语教学与研究出版社,2002.02:136.

手不凡,真是春风得意。苏轼二十岁进京参加进士考试,既中第二,本应是第一,后参加难度更大考试,入第三等(百年一遇)。仁宗皇帝兴奋地对高皇后说:"朕今日为子孙找到了两个优秀的宰相之才。"而他当年的婚姻也是幸福的,娶了进士王方的女儿王弗,妻子美丽、聪慧、有才华,婚后一直恩爱,直到王弗去世。继室王闰之、侍妾王朝云和他也是恩爱有加。反观今日,如此颠沛潦倒,不禁唏嘘感慨。

最难理解的是最后一句"人生如梦,一尊还酹江月"。不妨借助其他作品来解读:在《赤壁赋》中,有"固一世之雄也,而今安在哉"之句,感叹枭雄曹操叱咤风云,如今也无处觅踪影。但作者随即以"自其不变者而观之,则物与我皆无尽也,而又何羡乎"安慰之,同时也安慰自己。苏轼在黄州的另一诗篇《定风波》时,已经能够感觉到作者面对人生浮沉,已能泰然处之:"莫听穿林打叶声,何妨吟啸且徐行。竹杖芒鞋轻胜马,谁怕?一蓑烟雨任平生。料峭春风吹酒醒,微冷,山头斜照却相迎。回首向来萧瑟处,也无风雨也无晴。"回顾人生一世,无所谓风浪、无所谓晴空,心放宽,天地就宽了,"人生如梦",把酒品味吧。最后这一句话,道出了苏轼的豁达、超脱。想起苏轼被贬广东惠州时的那句"日啖荔枝三百颗,不妨长作岭南人",几颗荔枝就能慰藉受伤的心灵,把贬谪之苦完全忘却,这是何等的豁达胸襟啊!所以,林语堂先生说,中国百姓在遇到困难挫折时总会想起苏轼,然后嘴角浮现出一丝会心的微笑。而中国人崇拜苏轼,应该不仅仅是他"上能给玉皇大帝盖瓦,下能给阎王小鬼挖煤"的通达,更重要的是他在历经磨难之后,仍然能保持一种潇洒和豁达,从容与天真。

(四)《赤壁赋》研读案例

要读懂此篇,关键是解决这么几个问题:如何理解第一段景物描写?如何理解倒数第二段?

关于第一个问题。赤壁之景很美,微微的清风、美妙的月光、朦胧的江水,浑然一体。特别是作者的感受,仿佛如入神仙之境,忘乎所以。登山则情满于上,观海则意溢于海,作者眼中之景,正是胸中之情的外化,那这是一种怎样的情呢?贬谪流放的生活,竟会如神仙般快活!我们说,道家里经常会提到神仙境界,这里确实有道家的影子在,而提到道家,当然不能不提庄子,苏轼受庄子的影响非常之大。苏轼早年喜读《庄子》,曾喟然叹息曰:"吾昔有见于中,口未能言,今见《庄子》,得吾心矣。"[①]庄子曾说"天地与我并生,万物与我为一",追求物我合一的境界。"濠梁之辩"、"庄周梦蝴蝶"、

---

① 崔花艳.论庄子对苏轼散文创作的影响[J].合肥学院学报(社会科学版),2011.07(4).

便是庄子追求的人化为物,物我合一的境界。苏轼就深受这种"身与物化"的审美境界的影响。在赋的开头的这段描写,苏轼营造出了一种澄明、空灵的人与自然和谐统一的境界,人徜徉于此种境界中,顿会感到与自然的亲近,"纵一苇之所如,凌万顷之茫然",作者正徜徉于自然之中,融化于江河之中,忘记自己躯体,仿佛成为神仙了。

关于第二个问题。这一段是全文的核心,作者也在此表露了他的人生态度,理解了这一段,也就理解了作者的思想情感。这一段是作者对感叹人生短暂、世事弄人的客人的宽慰之词。也有学者指出这个客人可能是虚的,可能就是作者在自问自答。不管怎样,这一段是对上一段提出的问题的深层思考,当然,这个问题本身就是深层的,充满着哲学意味。如何看这短暂的人生呢?自古以来,多少人追求长生不老,又有谁能做到呢?庄子《逍遥游》中记载的彭祖活了八百岁,当然只是传说,但即使是真的,这区区八百岁和无穷的自然界比起来,又有多长呢?而无法长生不老,我们又该怎么办呢?苏轼本身也追求长寿,他被贬谪时像道士那样炼丹,练瑜伽,他当然知道人无法长生不老,但他深信精神可以永恒,所以他才有这样的宽慰之词,那么如何理解他这种思想呢?还得看他从庄子身上感悟到的道理。庄子的《逍遥游》中,其"逍遥游"是"无所待"的绝对自由。它"乘云气,御飞龙,而游于四海之外。乘夫莽渺之鸟,以出之极外,而游无何有之乡"①,是真正的自由境界。什么叫"无所待"?即没有任何外在目的的人生态度,使人的心灵获得自由解放,真正达到"心游"和"乘物以游心"的精神状态。所谓"至人无己,神人无功,圣人无名",这是他追求的人生境界。

可以想见,苏子心中若非澄明、虚静,便不会在苦难的贬谪生活中如此平静地享受月夜泛舟的闲适了,而这正好体现了他那种非功利性的人生态度。"携飞仙以遨游"出自客人之口,是客人想而不能得的事。其实,此处,苏子已经把自己当成飞仙了,"飘飘乎如遗世独立,羽化而登仙"。第一段和这一段其实是融为一体的。作者认为,像庄子《逍遥游》中的大鹏那样,"水击三千里,抟扶摇而上者九万里",翱翔于无穷的宇宙中,那才叫永恒。不要有世俗功利之心,把自己融化到大自然中,与天地为一体,才能做到。于是又有"惟江上之清风,与山间之明月,耳得之而为声,目遇之而成色,取之无禁,用之不竭,是造物者之无尽藏也,而吾与子之所共食"。这里,便是一种开阔的胸襟、旷达的情怀。这种胸襟情怀,鲜明地展现了苏子那种自然顺随,游心游世的审美人生态度。

---

① 许旭辉.优美的篇章 至纯的境界——《逍遥游》与《蒿赤壁赋》之比较[J].现代语文,2011.01.

(五)《后赤壁赋》文本研读案例

首先找出文中直接表达情感的句子,分析它们的变化。"人影在地,仰见明月,顾而乐之,行歌相答。""已而叹曰:'有客无酒,有酒无肴,月白风清,如此良夜何?'""予亦悄然而悲,肃然而恐,凛乎其不可留也。"情感变化:"乐"到"叹","叹"到"悲"。秋高气爽,明月当空,人影相伴,妙趣横生,故而乐;如此美景,好友相伴,却无美酒或者佳肴,良辰美景不免遗憾,因而感叹。为何而悲呢?从文章直接的线索看,是因为登上赤壁悬崖,触景生悲,"曾日月之几何,而江山不可复识矣!予乃摄衣而上,履巉岩,披蒙茸,踞虎豹,登虬龙,攀栖鹘之危巢,俯冯夷之幽宫。盖二客不能从焉。划然长啸,草木震动,山鸣谷应,风起水涌。"地势险峻,形单影只,孤立无援,因而恐惧。

如何理解这一段景物描写呢?据有学者分析,如此深夜,又无方便照明的工具,年过半百的苏子不太可能一个人攀上悬崖深处。我们可以从另一个角度去揣测,即它不是发生在现实中,而是作者的幻觉中,或者想象中。那么如何理解这一幻觉或想象呢?其实这正是作者政治生涯的真实写照。作者少年得志,初次进入政坛时便得到皇帝的赏识,委以重任,而后在党派的角逐中被流放他乡,饱经风霜,妻离子散,差点家破人亡。这陡峭的赤壁悬崖,"履巉岩,披蒙茸,踞虎豹,登虬龙,攀栖鹘之危巢,俯冯夷之幽宫",正是此种经历的隐喻。官场之路险恶,稍有不慎,便会伤痕累累,甚至跌入万丈深渊,万劫不复。关于此类隐喻象征的描写,古人也常运用,典型的如李白的《蜀道难》、《行路难》,其中如"天梯石栈""六龙回日之高标""冲波逆折之回川""巉岩""青泥""砯崖转石""枯松""飞湍瀑流""连峰"等等。李白在此诗中用一系列的意象勾画出一幅地势险恶的蜀道图,使人无法攀登和逾越,其实这是象征着人生路或者官场路。作者也是青年时期被皇帝赏识,留在宫中,地位很高,却在短暂的滞留之后被挤出朝廷,还未真正施展身手,政坛,对他来说,就如南柯一梦。然后,诗人云游四方,看似潇洒,实则无奈,志向得不到施展,生活需要奔波,人生路难啊。

面对这隐喻人生途程之坎坷艰险的"巉岩""蒙茸""虎豹""虬龙""危巢"和"幽宫",作者也不免噤若寒蝉,"悄然而悲,肃然而恐",悲痛的是自身的经历、处境如此跌宕,恐惧的是人生之路、官场之路如此磨难,需要寻找解脱,解脱之法在哪里?

答案在最后一段,"孤鹤""翅如车轮",会让我们想起庄子《逍遥游》中的大鹏、大鲲,"道士"则会想起道家。作者梦见道士,道士化作孤鹤,与庄子梦中化蝶也有异曲同工之妙,亦真亦幻。可以判断出,作者寻求的超脱之法,在于庄子,在于道家。人生如梦,何不把它看成一场梦境,无需过多斟酌,沉郁其中而无法自拔。

四、进一步研讨的问题

(一) 三维视域立体融合的教学目标

奥苏泊尔指出:"影响学习的唯一的最重要的因素就是学习者已经知道了什么,探明这一点,并据此进行教学。"[①]泰勒也提出:"在确定学习者的需要时,常见的错误是漠视学习者的需要,并且把成人的需要等同于学习者自己的需要。"[②]出于此种考虑,设想在上苏轼文本之前进行一个调查,对学生的知识状况进行摸底,调查问卷里设计这样一些问题:你在学习或生活中会经常遇到困难吗?举例说说看。你在遇到困难时是如何做的?在你通过努力仍然无法解决困难或达到预期效果时,你会怎么做?……这样一个调查可以了解学生的状况,并把它作为指定教学目标的参考依据之一。新课标系统提出"三个维度"的教学目标,使教学走向更加科学化、规范化。按照三维目标框架,可以这样设计教学目标。比如《念奴娇·赤壁怀古》,知识与能力:了解苏轼生平,理解词的文本内容,掌握豪放词风;过程与方法:反复诵读体验,背诵,景物衬托人物形象,对比手法;情感态度与价值观:理解苏轼乐观旷达人生态度,并影响学生生活取向,激励学生奋进和勇于面对,坦然面对挫折。再比如《赤壁赋》,知识与能力:了解苏轼生平,理解文章内容,掌握文赋的写作风格;过程与方法:查阅文献资料,情景交融的写作方法,诵读背诵,身临其境般情景体验,合作探讨;情感态度与价值观:理解苏轼乐观旷达人生态度,并影响学生生活取向,激励学生奋进和勇于面对,坦然面对挫折,正确看待得失,懂得什么是幸福,形成积极健康的人生观。当然,在教学中,这三个维度不可能截然分开。诵读、反复体验、美的熏陶、查阅资料、合作探讨、巧妙设疑、仔细品读等,都是一些有效的方法途径。

(二) 生活视域灵活摄入的教学内容

"视域融合"的根本是自身的澄明与显现,要还原事物的本来面貌。文艺作品虽然不是单纯的描述历史,但是需要通过历史这个中介去理解它,艺术作品的真实意义只有从起源和发祥地去追寻才能被理解。要重建艺术作品所属的世界,重建艺术家的原来状况,重新获得艺术家精神的出发点。因此,知人论世,了解作者当时的社会环境、个人经历、思想状况等,还原历史,还原细节,才能接近对作品的完全理解,最大限度地达到视域融合。对于教授苏轼的作品,其中的知人论世应该尽可能地让学生来做,发动学生通过各种途径查阅资料,阅览书籍、上网查找。这样,苏轼的生活视域就越来越

---

① 张华.课程与教学论[M].上海:上海教育出版社,2000.11:129.
② 张华.课程与教学论[M].上海:上海教育出版社,2000.11:183.

深入地融入到学生的视域当中,能很好地促进学生对苏轼全面客观深入地了解,进一步使学生深刻领会苏轼在其作品中所表露的人生态度及思想动向。作品是通过教师传达给学生的,因此教师的生活视域同样影响着学生对作品的理解。所以,教师的生活视域,之前就应该和苏轼生活视域有一个融合的过程。怎样融合?其实途径无非是广泛地查阅资料、阅读专著、比较分析,当然比学生要深入细致一些,值得去挖掘苏轼的思想根源,比如他思想中夹杂着儒释道的复杂交融,比如庄子、陶渊明对其影响,等等。这样才能使教师视域无限接近苏轼生活视域,融合成为可能。此外,教师的生活经历,是否受到过苏轼某些因素的影响?比如我,在遭遇困境时,的确从苏轼那里获得了力量,学会了坦然,最终走出困境,走向新的生活。把诸如此类介绍给学生,我想对于学生更主动地接受苏轼是有好处的。

(三) 言语实践多元互动的教学活动

杜威倡导从做中学,从经验中学。杜威把活动作为从"做"中学的主要途径,包括使用中介的材料、用具及各种方法技巧,通过在教学中营造民主的氛围,以期用教育来构造民主的社会,把学校作为"改进社会的示范性机关",设计各种活动,让学生在自由的活动中感受到快乐,接触和认识世界。杜威认为,应把各种形式的活动作业作为教学的主要内容,如木工、铁工等各种服务性业务,在学校中设各种实验室、商店、菜园等,使学生在做中充分体验,相互影响,从而掌握知识和技能。巴赫金主张在言语交际中研究语言,把语言和生活、个性、人生、社会环境等结合起来。冯铁山教授指导的《定风波》教学设计,在言语实践方面就做得非常到位。教师在导入阶段让学生回顾学过的苏轼文章,并且谈论对苏轼的印象。在教学环节,首先通过朗读把握形象。教师范读和学生自由朗读相结合。然后让学生从词的小序和词中提取信息,探讨苏轼形象。给出言语实践活动:"我看到一位( )的苏轼,因为( )。"接着继续朗读,"再读有情,品析情感"。PPT给出朗读要点:"东坡在玉堂,日游幕士善歌,因问:'我词何如柳七?'对曰:'刘郎中词,只合十七八女郎,执红牙板,歌杨柳岸晓风残月;学士词须关西大汉,铜琵琶,铁绰板,唱'大江东去'。"开展言语实践活动:"从( )词里,抒发了( )的情怀。"接下来又是朗读,"三读有疑,感悟哲理"。重点品味"归"字。填空:"这不是( )之归,而是( )之归。"同时,PPT导入苏轼的背景与经历。每引处就开展"这不是( )之归,而是( )之归"的言语实践训练,由此及彼,层层深入理解。继续深入探讨:"苏轼要往哪归呢?是归隐田园吗?是如陶渊明(《归去来兮》)、庄子(《逍遥游》)那样出世归去了吗?"让学生在比较中得出结论。继续朗读实践,"四读有味,融汇意境"。教师进行小结,展示 PPT:余秋雨《苏东坡突围》中说道:"旷达是一种明亮而不刺眼的光辉,一种圆润而不腻耳的音响,一种不再需要对别人察言观色的从容,一种终于向周围申诉求告的大气,一种不理会哄闹的微笑,一种洗刷了偏激的淡漠,一种无须声张的厚实,一种并不陡峭的高度。"最后布置作业,以"我的《定风波》"为题写一篇文章。

(四)连续专题研究式的教学过程

要从苏轼身上学到品质、内化为自己的品质,需要长期的过程。因此,要追求学习苏轼作品的视域融合,同样是一个较为长期的过程。最佳的方式是连续的、较长时间的学习研究过程,这就是所谓的专题式研究性学习过程。其实可以把我研究苏轼及其文本的过程迁移给学生,采取类似的步骤:首先,学生通过多种手段,如上网查找、阅读学术资料和参考文献,熟知苏轼成长过程、个人经历、历史环境,整理出苏轼不同时期的经历,可整理出青少年期、壮年期、黄州时期、老年期几个阶段,这需要一到二节课;其次,学生采取同样的手段,研究苏轼思想产生的根源,如庄子、陶渊明对其的影响,探讨其儒释道多重思想形成的历史文化根源,探讨古代半隐半仕的文人追求,这需要一到二节课。再次,通过不同作品的比较阅读,深入解读苏轼作品内涵。如苏轼同时期不同作品的比较,如黄州时期的《赤壁赋》《后赤壁赋》《念奴娇·赤壁怀古》《定风波·莫听穿林打叶声》,也可拓展比较其他时期篇目,如《江城子·密州出猎》等,还可比较庄子《逍遥游》、陶渊明《归去来兮辞》《归园田居》等,这需要三到四节课;最后,学生写作苏轼专题性论文,谈对苏轼人格方面的认识。

(五)积极人格个性张扬的教学评价

"高中语文课程必须充分发挥自身的优势,弘扬和培育民族精神,使学生受到优秀文化的熏陶,形成健康美好的情感和奋发向上的人生态度。"[1]语文教学的人文性质,决定了语文教学评价中,必须包含人文精神方面的内容。多年来形成的以考试为中心的评价方式,导致了这方面的评价几乎空白。因为考试,只能是纸质的呈现,通过客观题考查学生知识层面、能力层面的内容,而答案又是几乎唯一的标准答案,它忽视了学生的复杂性,而对精神、人格层面的考查,几乎不可能实现。"情感态度价值观不是实际反映本身,而是在特定情境下以特殊方式反应的内部准备状态或内在倾向性。"[2]

---

[1] 普通高中语文课程标准,北京:人民教育出版社,2013。
[2] 栾贻爱.语文教学评价应注重学生独立人格的建构[J].青岛大学师范学院学报,2004.04.

第十一章 语文专题诗意教学案例

第一节 家国情怀专题教学[①]

一、主题与背景

《义务教育语文课程标准(2011版)》指出:"教师应努力改进课堂教学,整体考虑知识与能力、过程与方法、情感态度与价值观的综合,注重听说读写之间的有机联系,加强教学内容的整合,统筹安排教学活动,促进学生语文素养的整体提高。"[②]特级教师王君曾说:"没有哪门学科比语文更为迫切地要求教师具有整合的能力,因为没有哪门学科的教材比语文教材更需要整合。"[③]随着2017年版《普通高中语文课程标准》的颁布,高中语文课程内容被分为十八个"任务群"。[④] 这十八个"任务群"中,以"专题"冠名的就有六个。在第六部分"实施建议"中,"专题式教学"更是得到了反复强调。"专题式教学"以各种不同的"专题"切入,然后去拓展延伸,恰好起到了勾连众多"任务群"的作用。[⑤] 这一课程内容的转化要求教学形态也随之发生相应的转变,由单篇课文的教学转向主题式群文教学与研究式专题教学。单篇教学的重心在于知识点的积累,而专题教学的重心在于学习过程的开放、聚合与创生。[⑥] 事实上,早在二十世纪末,世界各国课程改革与国际教育研究者已经开始呼吁对课程内容进行反思,强调课

[①] 该部分作者为陈雨师。
[②] 中华人民共和国教育部. 义务教育语文课程标准(2011版)[M]. 北京:北京师范大学出版社,2011:20.
[③] 疏大四. 初中语文"整合与专题式教学"的实践与思考[J]. 江苏教育,2013(02):35—37.
[④] 中华人民共和国教育部. 普通高中语文课程标准(2017年版)[M]. 北京:人民教育出版社,2018.
[⑤] 管然荣. 高中语文"任务群"的认知与实施[J]. 中学语文教学,2018(06):8—12.
[⑥] 马志英. 从单元到专题:高中语文教学形态的跃迁[J]. 语文建设,2018(28):16—19.

程内容的主题性、整合性与跨学科特征。① 至于专题教学更非新事物,上个世纪八十年代,就有教师打破教材编排顺序,做过类似尝试。② 那么,随着新课程改革的发展与推进,专题教学将越来越受到重视,在现今语文教学中的应用也会变得愈来愈广泛。

我国是一个有着悠久历史的国家,上下五千年的文化传统绵延不绝,亘古流传,化成深厚的精神底蕴,印刻在每个中华儿女、炎黄子孙的灵魂深处。从1840年,列强一声的炮响打开了我国的国门,中华民族受人欺压的屈辱历史就此拉开了序幕。一百多年的卧薪尝胆,一百多年的奋发图强,一百多年的砥砺前行,一百多年的顽强抗争,1949年伟大的中华人民共和国成立了,中国结束了备受剥削、压榨、侮辱的历史,迎来了崭新的希望和美好的未来。而这所谓的独立、和平、光明与憧憬都是每一个中华儿女用鲜血铸就的新的篇章。不管是林则徐义无反顾地在虎门销毁鸦片,还是邓世昌誓与军舰共存亡,毅然与敌人同归于尽,亦或是邱少云为了不暴露整个潜伏部队所在的位置,宁愿被烈火活活烧死也一动不动地趴在火堆里,是他们,这些在国家危难时刻挺身而出,抛头颅,洒热血,与入侵者们顽强抵抗的英雄人儿舍弃生命换来了我们现在的幸福生活。自古以来,多少文人骚客用笔书写下一颗至诚的爱国之心。屈原投身汨罗江,留下了"路漫漫其修远兮,吾将上下而求索"的感叹,试图唤醒昏庸、腐朽的统治阶层;杜甫看到"国破山河在,城春草木深"的衰败景象,不禁落下了无奈、痛苦的泪水;文天祥面对浩瀚无垠的零丁洋,发出"人生自古谁无死,留取丹心照汗青"的豪情壮志。无论是过去,还是现在,爱国之情一直扎根于每个中华儿女的心灵深处,是维系中华民族文化精神传承的情感纽带。基于此,笔者拟将以"家国情怀"作为专题教学的研究内容。

二、情境与描述

2012年,习近平总书记在国家博物馆参观"复兴之路"展览时,第一次提出了"中国梦"的概念。作为亿万人民世代相传的夙愿,整个中华民族近代以来最伟大的梦想,就是实现中华民族伟大复兴,而支撑中华儿女实现"中国梦"的精神源流来自于每个人心中深沉的爱国之情。2018年,"教育部编义务教育语文教科书"开始在全国范围内使用。通过对初中语文部编版教材进行梳理与整合,笔者发现涉及家国情怀的篇目主

---

① 李煜晖,李倩.基于核心素养的高中语文课程设计与实施[J].中国教育学刊,2019(03):6—11.
② 管然荣.高中语文"任务群"的认知与实施[J].中学语文教学,2018(06):8—12.

要有：七年级上册《十一月四日风雨大作》、七年级下册《邓稼先》《黄河颂》《土地的誓言》《最后一课》《木兰诗》、八年级上册《春望》、九年级上册《我爱这土地》、九年级下册《祖国啊，我亲爱的祖国》《破阵子·为陈同甫赋壮词以寄之》《满江红（小住京华）》《南乡子·登京口北固亭有怀》《过零丁洋》。① 这些课文按体裁可以分为：诗歌（现代诗、古诗词）、传记、散文、小说，按写作对象可以分为：写人、叙事、描景。在以往的单篇教学中，教师把学生当作知识的拼盘、考试的机器，采用"填鸭式"的教学模式，把知识一股脑地灌输给学生，学生反而学不好。考虑到单篇教学耗时多、效率低，教师作为权威者占据教学的主体地位，对学生进行外在灌输，忽视学生主动向学的内在心理诉求，这些问题反映出语文教学应该走向专题教学。

专题教学的发展渊源最早可以追溯到台湾学者赵镜中写的一篇文章："在政府大力推动儿童阅读运动的影响下，学生的阅读量开始增加。虽然教师还是习惯于单篇课文的教学，但随着统整课程概念的推广，教师也开始尝试群文的阅读教学活动，结合教材及课外读物，针对相同的议题进行多文本的阅读教学。"杭州一线小学语文教师蒋军晶老师借鉴专题教学的概念开发了"群文阅读"课程，在全国产生了极大的影响。部编版教材中与家国情怀有关的课文篇数并不少，主要以诗歌为主。诗歌教学的关键在于意象的分辨与赏析，意象作为构成诗歌文本的组成部分，是经作者情感和意识加工的由一个或多个语象组成、具有某种意义自足性的语象结构。② 那么，通过开展专题教学，将诗歌中的意象进行整合，能够帮助学生找到意象间的联系，改善传统教材限制性和碎片化的问题，从而对学习内容进行深入理解与探究，实现自身高阶认知能力的发展。③ 此外，体现家国情怀的课文体裁较为丰富。不同体裁的文本形式表情达意的方式各不相同，相比于传记、散文、小说等文体，诗歌的抒情浓烈而直接。采用专题教学模式，有助于打破不同体裁之间的壁垒，感受因写作对象不同而形成的不同程度的情意抒发。《义务教育语文课程标准（2011版）》指出："语文课程应激发和培育学生热爱祖国语文的思想感情。"④而情感、态度与价值观的培养难以运用客观量化的标准进行判断，因此，开展家国情怀的专题教学，集中对学生进行爱国情感的熏陶和感染，能够"润物细无声"地在学生心中注入民族认同感、凝聚力和向心力。

---

① 中华人民共和国教育部制定.教育部编义务教育语文教科书[M].北京：人民教育出版社，2017.
② 刘真福.诗歌语象、意象的辨析与教学应用——以统编教材九年级上册第一单元诗歌为例[J].语文建设，2018(19)：35—38.
③ 李煜晖，李倩.基于核心素养的高中语文课程设计与实施[J].中国教育学刊，2019(03)：6—11.
④ 中华人民共和国教育部.义务教育语文课程标准（2011版）[M].北京：北京师范大学出版社，2011：2.

三、问题与讨论

(一) 什么是专题教学？专题教学的本质是什么？

《现代汉语词典》对"专题"的释义是："专门探究或讨论的题目。"从教学的角度来说，专题是指在教学中集中探讨的某一个方面的内容，可以是一个人物，或一部著作，或一段历史，或某个话题，某个知识点等等，"专题是为了集中，通俗说来就是：在一块地上，选准一个点，砸一个深深的洞，别有洞天"。[①] "专"，即专一，专门。就高中语文课标所提出的十八个任务群而言，"专题"教学，应该是经过"专"的限制，外延变小，内涵变大而更便于"任务群"的有效实施。其基本原则是：遵循课标"任务群"的内容要求，立足学情，立足于课堂，立足基础；依托教材，深度探究，适当拓展；"小"口切入，"小"角度推进，然后才能进行精细化、科学化的教学实施。[②]

冯铁山老师认为，所谓专题教学，顾名思义就是教师根据学生为人与为文的需要，立足于学生问题解决而集中某一学习主题展开，或建构以一定的议题为依托，以粗读、略读为主要方法，以德言同构为核心、以探索、发现、表达、分享为乐趣的教学方式，采取切合语文教学最大化效益的方式而展开，最终达成共识的言语实践活动。因此，家国情怀专题教学就是教师基于"三维目标"中的"情感、态度与价值观"目标，从学生的语文经验和生活经验出发，依托并适当筛选部编版语文教科书中与家国情怀、爱国之情有关的课文篇目，引导学生围绕专题以自主、合作、探究等方式进行体验性的探究式学习。在这一过程中，学生通过对研究对象进行自然意义上的归真、社会意义上的求善以及自我意义上的至美，获得为文与为人的知识，塑造理想自我。

(二) 为什么要进行家国情怀专题教学？

现代科技的高速发展，缩小了地球上的时空距离，使得地球逐渐变"小"，成为名副其实的"地球村"。我们的生活与世界紧密相联，便捷的交通为各族人民提供了全球性的活动舞台，开阔了人们的视野。在全球化的今天，国与国之间的交往变得日益频繁，中华传统文化在向国外传播的同时，越来越多的外来文化也相继传入中国，对我国的传统文化造成了一定的冲击。其中的表现之一是越来越多的国人，尤其是年轻人，热衷于过"洋节日"，对我国传统的节日文化反而一知半解、不屑一顾。就拿中国传统节日七夕节来说，尽管它历史悠久且有着深厚的文化内涵，但由于受到西方情人节的影响，每年的七夕节都显得异常冷清，有的人甚至根本不知道有这么一个节日的存在。

---

① 沈峰.试论中学语文专题教学模式[D].南京师范大学，2007.
② 管然荣.高中语文"任务群"的认知与实施[J].中学语文教学，2018(06)：8—12.

反观情人节,年轻情侣们都会不失时机地互赠爱意,且花样翻新,几近疯狂。

除此之外,随着社会经济的发展,社会问题也逐渐增多。有专家认为,二十一世纪的人类共同面临的挑战和冲突大致包括人与自然、人与社会、人与人、人与心灵和不同文明之间的五大冲突,并由此引发了人文、道德、精神及价值危机。① 而以爱国主义为核心的民族精神恰恰与现代社会形成了良性互补,其价值观念与是非标准不仅对现代社会有着积极的促进作用,还可以抚慰人心,为现代市场经济和工业文明中因激烈的竞争、快节奏的生活而疲于奔命、浮躁焦虑、无所适从的人们提供"心灵的抚慰和指导"。② 事实上,培养青少年的爱国之情主要属于思想政治课的内容,语文教科书中所选取的表现家国情怀的课文篇章并未占多数。因此,为了在青少年心中种下热爱祖国的种子,基于学生的生活经验和语文经验,将分散的课文进行集中、筛选与整合,使学生在接受爱国情感熏陶和感染的同时,掌握表情达意的写作技巧,开展家国情怀专题教学是必要的,且具有一定的现实意义。

(三) 怎样设计家国情怀专题教学

首先,对初中语文部编版教材进行梳理,将体现家国情怀的课文篇目挑选出来,主要有:七年级上册《十一月四日风雨大作》、七年级下册《邓稼先》《黄河颂》《土地的誓言》《最后一课》《木兰诗》、八年级上册《春望》、九年级上册《我爱这土地》、九年级下册《祖国啊,我亲爱的祖国》《破阵子·为陈同甫赋壮词以寄之》《满江红(小住京华)》《南乡子·登京口北固亭有怀》《过零丁洋》。按照体裁对这些文本进行分类,《十一月四日风雨大作》《木兰诗》《春望》《破阵子·为陈同甫赋壮词以寄之》《满江红(小住京华)》《南乡子·登京口北固亭有怀》《过零丁洋》是古诗词,《黄河颂》《我爱这土地》《祖国啊,我亲爱的祖国》是现代诗歌,《邓稼先》属于人物传记,《土地的誓言》是散文,《最后一课》是小说。同时,明确不同体裁中的写作对象也存在差异,比如诗歌中承载情感的具象有的是景物(《黄河颂》),有的是事件(《木兰诗》)。

其次,结合学生的认知规律,以归真、求善、至美的层次性进行教学设计。先对自然界的景物,比如山河、草木、花、鸟、黄河、胚芽等进行自然的归真,体会作者在这些客观事物上所赋予的情感。接着,从人物及其所做的事件中归纳人物的善行,继而挖掘人物的品质与精神,感受其中蕴含的爱国之情。最后,分析作者的写作手法,引导学生能够联系自我,或是从自然界中选取景物表情达意,或是通过刻画人物,记叙事件抒发

---

① 廖军和. 儿童"读经"问题引发的争论[J]. 中国教育学刊,2006(03):14—17.
② 叶奕翔. 大众文化视域下的"国学热"[J]. 中州学刊,2014(07):97—101.

情感。通过言语实践，调动学生视、听、读、写、思等多元感官体系，从而实现"人与自然、人与社会、人与自我"的圆融互摄，塑造不断超越的"理想自我"，相遇感动、相遇未曾遇见的自己。

四、诠释与研究

《义务教育语文课程标准(2011版)》指出："课程目标从知识与能力、过程与方法、情感态度与价值观三个方面设计。三者相互渗透，融为一体。"其中，"情感态度与价值观"这一维度的课程目标由于颇为抽象，因此在具体的教学实践中并不容易评价与判断学生是否真实地掌握了这一方面的目标。家国情怀专题教学是基于当前社会各种文化相互交融，我国传统文化因为受到外来文化的冲击而日渐衰颓的现象，为了唤起国民内心对民族文化的认同感以及民族自尊心、自信心，激发民众的爱国之情，试图将初中语文教科书中抒发家国情意，尤其是爱国之情的课文进行筛选与归纳，并根据文本体裁予以整合。鉴于爱国情感是一种抽象的概念，看不见也摸不着，甚至无法被人们的感官所直接把握，只能通过附着在某样具体的事物上，才能被直观、形象地感受和体会。通过仔细研读不同体裁的课文篇章，笔者发现不同作者用以承载爱国情感的写作对象各不相同，有的是自然界中客观存在的景物，有的是某个人物，也有的是通过某个事件或是某人物所做的某件事来抒发爱国之情。因此，笔者将从对自然景物进行归真、对人物善行予以内化、与自我生命发生对话，最后将"人与自然、人与社会、人与自我"圆融互摄，统一为对"理想自我"的塑造与超越这四个方面进行案例的诠释与研究。

（一）归真——化抽为具，聚焦景物

在正式开展家国情怀专题教学前，教师需要对课文篇章进行筛选与整合。考虑到文体的丰富性，以及写作对象的差异性与层次性，分别选择古诗词《春望》、现代诗歌《黄河颂》和《祖国啊，我亲爱的祖国》、小说《最后一课》以及人物传记《邓稼先》这五篇课文作为本组专题的研究内容，摘取并呈现课文中相应的选段内容。学生的认知规律总是习惯于由易到难、由简到繁，景物作为自然界的客观存在，其复杂程度远小于对人物的分析。因此，在归真的教学环节中，先对《春望》《黄河颂》《祖国啊，我亲爱的祖国》这三首诗歌进行赏析。

其中，《春望》出示整首诗歌，《黄河颂》出示歌词部分，《祖国啊，我亲爱的祖国》出示第二、三节。这三首诗歌中的景物，或者说是意象，主要有：山河、草木、花、鸟；黄河；花朵、胚芽、笑涡、黎明。景物本是自然界中的客观存在，山河可以是壮丽的，也可以是破败的,草木可以是繁茂的,也可以是枯萎的。但是由于人物情感的投射,这些景物被赋予了蕴含作者情感的特点,比如对于诗人杜甫而言,山河是破碎的,草木因为没有人修剪而长得肆意、猖狂;对于舒婷而言,胚芽是埋在雪被下的希望,是令人憧憬的,黎明是绯红的,饱含热烈与感动。

在教学中引导学生抓住作者用来修饰景物的关键词,比如破、深、泪、惊心、伟大坚强、英雄等特点,通过调动学生视觉、听觉、嗅觉、味觉、触觉、感觉等多元感知体系,可以从景物的姿态、颜色、发出的声音、带给人的感觉出发,开展言语实践活动。除此之外,由于语文与生活同在,它的外延与生活外延相等。因此"语文课程要加强综合性,沟通与其他学科之间的联系,沟通与生活的联系,在语文课程中学到其他方面的知识和方法在其他课程、其他场合中也可以学到语文,拓宽学语文用语文的天地"。教师不能把教学内容仅仅局限于课文中的只言片语,要扩大言语实践的对象范围,让学生贴近生活、联系实际,从生活中撷取合适的素材,抓住事物的特点并赋予人的情感,使之成为情感的载体,把无形、抽象、难以用语言表述的感情用具体的事物彰显出来。

(二) 求善——挖掘善行,品析人物

所谓"求善",是指教师将教学的旨归指向呵护、培植学生淳朴的童稚之心,能够引导学生带着诗意的眼光审视周围的世界,在自读自悟的言语实践活动中陶冶诗意的情怀。而"善行",指的是教师将文本的、学生自身的生命感动以及人生的美丽风景采用合乎生活本质以及学生学习本质的方式,逐步展示在学生面前,促使学生在自己的人生道路上自主践履诗意化的行为法则。在这五篇课文中,不仅人物具有善行,自然景物在人的情感观照下也拥有了比德性。比如诗歌《春望》中"感时花溅泪,恨别鸟惊心"一句,作者将花和鸟拟人化,使它们也带上了人的情感,"溅泪""惊心"这种可视化的画面感将诗人彼时彼地彼刻难以及察觉的心境与思绪直观地显露出来。又如《黄河颂》中惊涛澎湃、掀起万丈狂澜的黄河,用它的"善行"滋养着两岸的生命。正所谓"靠山吃山,靠水吃水,一方水土养育一方人",中华民族五千年的历史文化都是从黄河流域起源并开始逐渐发展,黄河是我们的母亲河。

课文《邓稼先》和《最后一课》主要是通过刻画人物形象,记叙与人物有关的事件将文中人物以及作者内心的情感放大、外化,使之可视化、可感化。《邓稼先》是一篇人物传记,在本次专题教学中主要截取"两弹"元勋、"我不能走"两个片段进行研究。两个片段详略结合,通过列举一系列表示时间的年份,记录人物所做的事情,比如1948年到1950年赴美读书,1950年回国工作,1958年开始研究原子弹制造理论,1964年第一

颗原子弹爆炸,1967年第一颗氢弹爆炸,以及详细描写1982年邓稼先在面对突发核试验意外时不肯离开的场景,展现人物的善行,突出人物的品质与精神。《最后一课》作为一篇小说,在教学时需要把握人物、情节、环境三要素,因此主要选取课文的最后一部分,即从"我每次抬起头来"开始直至文末,作为专题教学的内容。不管是记叙故事情节的展开,还是塑造韩麦尔先生的人物形象,都是从"我"——小弗朗士的视角出发来叙述事件的经过,感知周围发生的一切。就人物形象的刻画而言,在教学时要引导学生关注人物的神态描写、动作描写、语言描写、心理描写以及细节描写等,通过分析关键词,体会人物的内心,感受其中所包含的思想感情。

(三)至美——结合背景,把握手法

孟子曾经提出"知人论世"和"以意逆志"的文学见解,作为鉴赏文学作品和文学批评的两个重要方法和原则。所谓"知人",是指了解作家各个方面的情况和他的创作意图;所谓"论世",是指要了解作品反映的时代背景和作家创作该作品时所处的社会状况。"知人"是读书的目的,"论世"是"知人"的途径。孟子认为人的心灵是可以相互理解、沟通的,读者通过阅读活动去知其人,论其世,与千古之上的作者产生共鸣。因此,只有了解作者的生平经历和作品写作的时代背景,才能站在作者的立场上,与作者为友,体验作者的思想感情,准确把握作者的写作意图和正确理解作品的思想内涵。

所谓"以意逆志",就是"以己意迎取作者之志",用自己的心灵去追寻作者心灵的踪迹,明了作者之用心所在,而不是一味地拘泥于字面之意义。孟子认为,评论诗的人,既不能根据诗的个别字眼断章取义地曲解辞句,不要由于作品的艺术手段而误解其词句,也不要拘泥于某些字面意义而妨碍对主旨的把握,不能用辞句的表面意义曲解诗的真实含义,而应该根据作品的全篇立意,来探索作者的心志,要以自己之心意去体会作者的思想感情。"以意逆志"要求读者以追求作者之志为旨归,因此,读者应平心静气,仔细体味,反复涵咏,用真挚的情感来阅读文学作品,以求得作者之用心所在。

家国情怀专题教学选取了三种体裁——诗歌、小说、人物传记的课文篇章,每一种体裁表情达意的写作手法都是不同的。以诗歌为例,诗歌教学的关键在于意象的理解与品析。那么,在教学时,要通过抓住富有特点的意象,引导学生反复诵读,联系、比较自然界中客观存在的景物与诗歌中的意象,从而体味意象中所包含的人物感情。无论是不同体裁的文本,还是同一文体的不同篇目,作者在其中表达的思想感情总有或多或少的差异与区别。尽管本次专题教学所体现的思想情感都是家国情怀、爱国之情,但是由于每个作者在创作文本时所处的时代背景,所经历的社会生活都不一样,因此在教学时只有适当地引入相关的背景资料、知识链接,才能帮助学生更好地理解课文内容,体会其中的情感。

(四)圆融——对话生活,联系自我

《义务教育语文课程标准(2011版)》指出:语文学科的基本属性是一门"学习语言文字运用的综合性和实践性课程"。《普通高中语文课程标准(2017年版)》把"语言建构与运用"作为语文学科核心素养的四个方面之一。《考试大纲》更是把语言文字应用作为重要的考查内容。可见,语文教学要回归本体,指向语言的运用。教师在教学时,要引导学生"以言语实践为本体,以自身的实然创造为起点,用诗眼去看世界,用诗心去解读生活,赋予自然、社会以及学生自我及其彼此关系以诗意观照,用雅言去创造性表达'切己'的感受且促使自己走在生生不息,新新不已的应然境界提升的路上,塑造不断超越的'理想自我'。"

文本所传达的家国情怀、爱国之情都是作者自身的情感,并不是读者本人的。由于作者和读者所处的时代相去甚远,且双方在知识结构、认知水平、人生阅历、个体经验等方面都存在显著差异。因此,两者在交流、理解上有一定的隔膜。那么,如何将作者的情感融会贯通到读者自身的感悟之中呢?如何拉近作者与读者的心灵距离,使二者产生情感上的共鸣呢?如何学习作者在文本中表情达意的写作手法并能够运用到实际生活中呢?这就需要教师积极地创设言语实践活动,转换语境,引导学生联系自我,贴近生活,对话生命。家国情怀作为一种抽象的概念,学生在表达诸如此类的情感时,常会遇到话在心中却说不出口的困境。这要求教师适时地为学生搭建学习"支架",比如出示自然界的客观景物,或是学生身边所熟知的人物,引导学生借助这些具体、可见的载体,将情感附着到它们身上,从而将难以感知的情意、思绪、想法具象化、可视化、可感化。

五、进一步的讨论

《义务教育语文课程标准(2011版)》指出:要"善于通过专题学习等方式,沟通课堂内外,沟通听说读写,增加学生语文实践的机会。"可见,专题教学作为综合性学习的载体,对教师、学生、语文教学都具有重要的意义。家国情怀专题教学是针对现今传统文化受到外来文化的冲击,国民民族认同感、爱国情感淡薄的社会现象而提出来的。然而,情感作为一种抽象的概念,教师在教学过程中难以把握学生对于知识掌握的具体程度。为了能够使这一专题教学得到更好的开展,笔者将从文本、学生、教师三个角度出发,提出相应的实施策略。

(一) 文本:加强文本整合,归纳共性,突显层次

专题教学并不排斥围绕篇章开展的文本分析,事实上在开展专题教学之前需要从教科书中筛选出反映这一专题的课文,并对课文进行整合与归纳,可以按照文体分类,也可以按照作者分类,还可以按照写作对象分类。需要注意的是,如何归类应该与所确定的专题内容相结合,并不是所有的课文都要在专题教学中出现,可以依据专题选择最适合教学的课文篇章。此外,课文的筛选要突显层次性。就拿家国情怀专题教学来说,笔者设计了自然的归真、人性的求善以及自我的至美三个教学环节,那么,相应的教学篇目是按照描景、写人以及叙事的层次进行分析、归纳与整合。从自然界到人类社会,再上升至自我精神层面,层层递进,既符合学生的认知规律,也有利于教学过程的一步步展开,一层层深入。

(二) 学生:激发学习兴趣,培养能力,对话生活

在以往的单篇教学中,教师基于应试教育的考试要求,肢解教学内容,不管是什么文学体裁,都按照字词释义、梳理故事情节、分析人物形象、揭示主旨思想来进行教学,把一篇篇完整的课文割裂成一个个分散的知识点,填鸭式地向学生灌输,完全将学生当作知识的容器、考试的机器,对学生的成长与发展没有一点作用。专题教学从课文和课文之间的联系入手,找出文本之间的相关性,进而把分离的课文篇章予以整合、集中,便于对学生进行系统性的教学,培养学生整体分析文本的能力。在初中语文教科书中体现家国情怀的课文篇目并不少,但也不算很多,毕竟要区分语文课和思想政治课的不同性质。但由于爱国情感是一个较为抽象的概念,学生在学习过程中容易出现理解上的瓶颈,产生倦怠感。因此,在教学过程中教师需要创设情境,激发学生的学习兴趣,引导学生联系自我,与生活对话。

(三) 教师:注重课堂指导,提升素养,多元评价

《义务教育语文课程标准(2011版)》指出:"阅读是学生的个性化行为。阅读教学要珍视学生独特的感受、体验和理解。教师应加强对学生阅读的指导、引领和点拨,但不应以教师的分析来代替学生的阅读实践,不应以模式化的解读来代替学生的体验和思考。"[①]新课程理念强调:"学生是学习的主体,教师是学生学习的组织者和引导者。"专题教学在筛选课文篇章时,除了要考虑文本的整体性、连贯性与一致性外,还要契合

---

① 中华人民共和国教育部. 义务教育语文课程标准(2011版)[M].北京:北京师范大学出版社,2011: 20, 2,6,22.

专题内容。这要求教师具有一定的文本分析和整合能力,对每一篇课文及其里面的知识点都要吃透、吃懂。此外,由于学生受知识结构、认知水平、生活阅历、情感修养的限制,对文本的理解能力相较于教师来说更为薄弱,教师要从旁指导,在必要、适当的时候为学生搭建支架,帮助学生更好地理解课文。同时,在教学过程中,教师要注重评价主体的多元化,贯彻现代教育理念,关注学生的学习过程,而非学习的结果。

第二节 语文"母亲形象"专题教学[①]

一、主题与背景

语文课程是工具性与人文性的统一,语文学科的教学不仅承担着培养学生语文素养,提高学生语文能力的责任,对学生独立、健全人格的形成和正确的情感态度价值观的树立也发挥着重要的作用。语文课程标准指出:语文课程应重视提高学生的品德修养和审美情趣,使他们逐步形成良好的个性和健全的人格,促进德、智、体、美的和谐发展。初中阶段是学生性格和人格形成的关键时期,是学生知识素养、人文素养和道德素养塑造的重要阶段,也是学生世界观、价值观、人生观得以培养的重要时期。新一轮的课程改革要求教师在语文教学中要充分发挥以人为本的教学观念,突出学生的主体地位,从教学的各个环节挖掘有利于培养学生综合语文素质的因素,充分发挥语文课程丰富的人文内涵,对学生进行精神领域的熏陶感染,帮助他们树立正确的情感态度价值观。

初中语文教材中塑造了许许多多的母亲形象,她们或善良淳朴、或知书达理、或温柔体贴、或坚强勇敢,但唯一不变的是她们对孩子无私的付出和深厚的母爱。她们往往能在残酷、恶劣的生存环境中选择忍耐、坚持,用自己坚强又柔软的肩膀撑起生活的重担。例如《秋天的怀念》中的史铁生母亲,强忍病痛,日日开导残疾的儿子,临死前牵肠挂肚的仍是她的一双儿女。再如《我的母亲》中胡适的母亲,在艰苦的环境中一人挑起家庭的重担,受困于贫穷与日常琐事中却仍不改善良、温柔,用自己的教育智慧培养出一位伟大的文学家。这些母亲、这份母爱对当前中学生来说具有极高的人格教育与感恩教育的价值。

罗曼·罗兰指出:"母爱是一种巨大的火焰",高尔基也将深刻的意义赋予母亲:

---

① 该部分作者为范佳颖。

"世界上的一切光荣和骄傲,都来自母亲。"中国传统文化中的"孟母三迁"、"三娘教子"、东晋名将陶侃之母"剪发退鱼"、欧阳修之母"画荻教子"等,无一不透露着母爱的伟大,千百年来对母爱的赞颂从未停止,感恩母爱、孝顺母亲的价值观也代代相传,古有王祥卧冰求鲤,今有高考学子跪谢母亲,都诠释了"孝"的内涵。然而,当前许多中学生从小集万千宠爱于一身,认为母亲对自己付出是理所当然,也从未真实而深刻地感受过母亲的辛苦与不易,因此,对母爱的理解并不深刻,感恩母爱、孝顺母亲的情感也并不强烈。孝顺母亲、感恩母爱仍是对学生人格、价值观教育的一个永恒的主题。

笔者基于"德言同构"的理论,围绕初中语文教材中的"母亲形象"展开专题教学,通过问题展示、案例分析与进一步的讨论阐释"母亲形象"专题教学的过程与意义。

二、情境与板块

母亲节前夕,一位老师给学生布置了一篇以"母爱"为主题的作文,第二天批改时发现全班四十个学生竟有三十多个学生均以母亲雨夜送急病的"我"去医院为题材,多数对母爱的赞颂仅仅流于表面。这样的情形并非个例,许多中学生在写作以"母爱"为主题时都会产生类似的现象,当前中学生写作"母爱"主题作文时产生的问题主要表现为以下三点:

(一)内容素材"假"

内容素材"假"是指学生写以"母爱"为主题的作文时,选择的素材、事例都是一样的模式,或者无中生有、编造故事。文章千篇一律,一看到母爱就是"我"深夜突发疾病,父亲不在家母亲送我去医院,夜里拦不到出租车,母亲只能背着我跑向医院,最后经过母亲一夜的辛苦"我"恢复健康。更有甚者,为了使文章显得更加悲情,吸引眼球,不惜编造一些"家境贫困、父母离异、父亲早逝"等故事来突出体现母爱。

(二)用语措词"大"

在以"母爱"为主题的作文中,我们常常会读到一些语言华美的文字,如"母爱就像一首田园诗。幽远纯净,和雅清淡;母爱就是一幅山水画,去掉了奢华世俗,留下清新自然;也有人说,母爱就像一首深情的歌,婉转悠扬,清音浅唱;母爱就是一阵和煦的风,吹去朔雪纷飞,带来春光无限。"然而仔细咀嚼之后却会发现其背后是空无一物的思想。语言是思想和情感的外在表现,它会让思想和情感绽放更加灿烂的光芒,但却永远也无法独自发散出温暖人心的热量。平实的叙述也能够让人激情澎湃,质朴的表达有时更能显示情感的真挚。很多学生作文文字很华丽,语句也很流畅,但是读完之后有让人"不知所云"的感觉,只是以宏大的词汇与语句赞美母爱,却没有具体的事例与描写做支撑,文章看似优美流畅,实则只是辞藻的堆砌。

(三) 思想感情"空"

许多学生以"母爱"主题的作文,往往以抒情为主,但却往往存在许多抒情上的问题,或无情可抒,苍白单薄,或机械模仿,情感失真,或情感不够健康,或用空泛的语句来填充自己的作文,使文章显得华而不实、矫揉造作。如"妈妈,您辛苦了!""妈妈,谢谢您!""母爱是世界上最伟大最无私的爱!"类似的语句层出不穷,几乎在每篇作文中都会出现。不以最熟悉的,最能打动自己的人和事来抒情,抒发的感情就会显得无病呻吟、矫揉造作。

(四) 小结

"假大空""母爱"作文的背后,总是灵性的缺席与创意的贫瘠。"我手写我心"的个体经验性描摹,让位给了离奇情景的虚构;合理的想象也被僵化的"照葫芦画瓢"所取代。在许多"母爱"作文里,真情实感极度贫乏,而矫揉造作、路数呆板,却成了典型性特征。阉割了真情的"母爱"作文,就像被除掉繁枝茂叶的"病梅"一样,失去了美感。

三、问题与讨论

问题一:"赏母形,感母爱,报母恩"——初中语文"母亲形象"专题教学是什么?

"赏母形,感母爱,报母恩"——初中语文"母亲形象"专题教学是以"母亲形象"为主题,通过对初中语文教材多篇课文中不同母亲形象的赏析,引导学生在掌握人物的写作方法的同时感受母爱,激发感恩之情的一类语文阅读教学。

问题二:为什么要实施"赏母形,感母爱,报母恩"——初中语文"母亲形象"专题教学?

针对当前初中生写作"母爱"主题作文出现的内容素材"假"、用语措词"大"、思想感情"空"的问题,"赏母形,感母爱,报母恩"——初中语文"母亲形象"专题教学能够引导学生掌握通过人物分析描写和事例叙述体现人物形象的写作方法,依托言语实践,鼓励学生自主表达对"母亲""母爱"的个性化理解。

针对当前许多初中生"身在母爱中"却"理所当然""不知感恩"等问题,"赏母形,感母爱,报母恩"——初中语文"母亲形象"专题教学能够增进初中生与母亲的关系,引导初中生树立感谢母爱、回报母恩的情感态度价值观。

问题三:怎样实施"赏母形,感母爱,报母恩"——初中语文"母亲形象"专题教学?

首先通过展示母亲生儿、育儿的过程,引导学生理解母亲养育子女的辛劳与不易;其次通过对教材中的不同文本进行比较阅读,分析文本中母亲的人物形象,并能依托言语实践创造性地表述对人物的理解;掌握通过人物分析描写和事例叙述体现人物形象的写作方法,并尝试学以致用;最后通过小组合作探究等方式,引导学生学习文本中母亲的优良品质,培养自强不息的独立人格;联系实际,引导学生感受母亲于生活中的付出,建立对母亲的感恩之情。

四、诠释与研究

冯铁山教授指出:"语文教学就是在言语实践中实现"语言文字表达训练和学生的德行培育同步进行"的活动,即语文教学"立言"的过程就是"立德"的过程;"立德"的活动也就是"立言"活动,它们在"立人"的信念与责任指引下所进行的言语实践获得中实现同构。"[1]基于"德言同构"的理念,我从学生的语文经验和生活经验出发,将语文的训练点落实为:"赏读教材中的不同文本,分析文本中母亲的人物形象,并能依托言语实践创造性地表述对人物的理解;掌握通过人物分析描写和事例叙述体现人物形象的写作方法,并尝试学以致用。"将生活的训练点落实为"培养自强不息的独立人格,建立对母亲的感恩之情。"

基于学生的日常生活经历,我将设置悬念导入新课。以"猜猜这位女魔法师"的问题激发学生学习的兴趣,唤醒学生对母亲的记忆。随后再由一位母亲引申至每一位母亲,自然地过渡到下一环节中。

(一)归真:回归母亲本真的状态

所谓归真,即引导学生归于真实的生活或真实的言说语境,弄懂"是什么"的知识。此处是归于母亲自然本真的生活状态,让学生感受到母亲生养儿女所经历的艰难的过程。

诗意智慧倡导的"以己度物"的思维方式,具有"为我性"和"反观性"和"比德性"。我将根据"以己度物"的思维方式的特征,设计第一环节"归真"的教学。所谓"为我性"指的是思维主体从自我出发,以自己的身体感受为基准来体验外物,比附外物,从而认识和把握外物,因此我将发挥学生学习的主体性,采用"我"的方式"看母亲""听母亲""感受母亲"。首先我将播放视频《一位母亲的"一生"》,将母亲从孕育、生产到养育、教

---

[1] 冯铁山.诗意语文论[M].北京:中国社会科学出版社,2016:167.

导的全过程展示给学生,将"母亲"自然的本真状态进行还原,其次我将分别让学生说出"看到了什么?""听到了什么?""感受到了什么?",引导学生说出自己对母亲养育子女过程的认识,使学生在"我"的视角中看到每一位母亲回归自然的本真状态,并由此生发出独特的感受,理解母亲的辛苦与不易。

(二)求善:把握文本中的母亲形象

所谓"求善",即理解文本中包含的"怎么样"的社会意义,即把握材料记叙、描写对象的形象特征,也让学生思考自己创作时所选材料的价值。此处主要为文本中母亲人物形象的赏析,我选择了三个描写母亲的文本,分别是《秋天的怀念》选段、《我的母亲》选段、《阿长与〈山海经〉》选段,引导学生一一进行人物赏析,并从中找出并感受所有母亲的共同点:对子女深厚无私的爱。

1. 感受《秋天的怀念》中的母亲形象

在《秋天的怀念》片段中,存在许多有关母亲的动作、神态、语言描写,这些生动而准确的形容使一个坚强、善良、体贴、担心、关爱儿子的母亲形象跃然纸上。由此,我设计如下教学:首先将出示《秋天的怀念》选段,请学生齐读并适时提问:这是一位怎样的母亲?其次出示描写母亲的语句,并指导学生在人物描写中运用抓关键词的方法分析母亲的人物形象。在这一环节的教学中,我将充分发挥教师的示范指导作用,首先为学生示范赏析"悄悄地"——对儿子的理解、体贴;"偷偷地"——对儿子的牵挂、关切,随后请学生自主寻找其他的关键词进行体会理解,把握"扑过来忍住哭"——坚强、坚韧;"好好儿活"——强忍着痛苦,劝儿子要坚强;"抓住我的手"——执着……,通过教师示范、学生学习向学生自主运用的过程,将以抓住人物描写中的关键词来分析人物形象的方法内化为学生自主赏析人物形象的能力,随后归纳写作方法:通过人物的具体描写体现人物形象,帮助学生进行读写比照,实现由读促写。最后,以"这是一位_____的母亲,面对_____,她_____,我感受到_____。"的言语实践形式训练学生想象联想的图景式思维,抒发自己对史铁生母亲形象的认识与理解。

2. 感受《我的母亲》中的母亲形象

《我的母亲》选段主要通过"惩罚我说轻薄话"与"舔病眼"两件事体现母亲对我严慈相济的特点。因此,首先我将出示《我的母亲》选段,并请学生快速阅读选段并找出作者胡适对其母亲评价的两个关键词:严师、慈母。其次,基于这两个关键词,请学生进行小组合作探究,在文中寻找依据,分别找出体现母亲严师形象和慈母形象的句子,在小组中交流讨论分享感受,并试着归纳母亲的人物形象:严慈相济,对孩子有最深厚的爱等。随后归纳写作方法:通过事例叙述体现人物形象,帮助学生进行读写比照,实现由读促写。

根据诗意智慧论的相关理论,诗意语文教学要培养学生左右大脑协同的创造性思维方式,在重视左脑的言语逻辑思维的基础上,特别加强右脑空间思维、形象思维的训练,重视形象与抽象、直觉与分析、想象与思考的结合①。中小学语文教学将价值取向定位为文本的理解,从概念到概念再到机械的字词句训练,注重了左脑理性智慧的开发,相对忽视右脑的开发利用,因此,基于诗意智慧重视左右脑协同的原理,我将设计这样的言语实践:首先我将从历时的图景出发,通过角色转换,从过去、现实、未来的角度引导学生想象:假如你是胡适母亲的孩子,在她的言传身教下,你的生命将会有怎样的过去、现在、未来?学生通过胡适母亲的性格特点、教育智慧等自行分析,描述自己的过去、现在、未来。这其实就是让学生发挥左脑理性判断、分析的能力透过课文去揣摩体会胡适母亲的人物形象。其次我将从现时的图景出发,生发学生自我对胡适母亲的认识与理解:"如果现在出现了一个传送门,在下一秒把你传输到胡适母亲的生活环境中,你会发现什么?"这是发挥右脑的人文智慧功能,使文中的情境变成现实所处的环境,拉近文章的距离,促使学生以自我的眼光去审视胡适母亲,乃至对文本获得真切而自然的体验。最终使学生在自主品味、思考,在表达中对《我的母亲》课文中的母亲人物形象获得立体圆融式的理解。

3. 感受《阿长与〈山海经〉》中的母亲形象

《阿长与〈山海经〉》中鲁迅的乳母阿长是个文化水平不高的农村妇女,却为我买来了我日思夜想的《山海经》,文盲与买书之间的矛盾与统一构成了她善良淳朴的人物形象。由此,我将抓住这一矛盾点展开教学,引导学生把握阿长的人物形象。首先,我将出示《阿长与〈山海经〉》语段内容,并重点标识阿长的语言:"过了十多天,……哥儿,有画的'三哼经',我给你买来了!"随后请学生齐读这句话并提问:最能触动你内心情感的是哪几个字?为什么?学生小组讨论,体会"三哼经",并派代表发言:一个文盲,但却能为"我"买来心爱的书,可见他是很关心"我",在乎"我"的感受,正是从这三个字中,可以想象她都遇到了什么困难。由此,我将从"三哼经"入手,引导学生归纳阿长人物形象:善良、淳朴、体贴、关心孩子。随后归纳写作方法:通过事例叙述和人物描写

---

① 冯铁山,张诗琪. 德言同构:语文教学立德树人的实践逻辑——以语文教学目的建构为视角[J]. 语文建设,2018(12):8—12.

体现人物形象,帮助学生进行读写比照,实现由读促写。最后,以"这是一个_____的母亲,她虽然不是我的生母,却同样赋予我母爱,_____。"的言语实践创造性地表述自己对"阿长"人物形象的理解。

(三) 至美:学习品质,感恩母爱

所谓至美,即走在追求美的路上,让学生所读与所写发生切己的联系,读到文字背后的图景,触摸到文字背后的温度,抒发切己的感受,从而理解文本和自我创作"为什么"的知识。此处主要引导学生由人及己,培养从"母亲们"身上学习到的品质,同时联系自我,感恩母爱,创造性地运用语言文字表达母爱,表达感恩。

语文教育之所以发生、发展,其原因是多方面的,最根本原因在于学生创造性运用语言符号进行言语实践活动。学生的语文素养不是老师"满堂灌"教出来的,是学生自己在教师的引导下自主运用语言符号实践中融会贯通的。学生从某种意义上来说,就是创造性地运用符号学习"生活知识"、习得"生存技能"、感悟"生命意义",从而自主生成理想自我的人。学生生成为富有个性的"理想自我人",离不开诗意情怀的熏陶、诗意智慧的启迪,还离不开自我具有一定自由的创造性言语实践。由此,我遵循诗意语文典雅语言的个性鲜明性原则,以"生成学生切己的语文教学意义"为目的,设计如下教学:

1. 由人及己,培养品质

这一环节的主要内容是学生从母亲形象中获得启示,并自主运用言语实践感悟、学习三位母亲身上的优良品质,从而使文本材料与学生自我发生切己的联系,使学生走在不断塑造理想自我的道路上。我将请学生回顾上一环节所赏析三位母亲形象中的优良品质,并请学生思考"在你所处的现实环境下,你最希望获得她们身上的哪一个品质呢?说说你为获得它而将要做出的努力。"并通过言语实践"我渴望_____,面对_____,我将_____,终有一天,我将成为一个如_____一般的人。"谈谈自己的启示与收获。

2. 联系自我,感恩母爱

语文听说读写能力的发展是螺旋式的互相促进提高的,专题教学要把听说读写的综合实践圆融在一起,不仅注重学生"阅读"人生能力与"写作"生活能力的培养,还注重"听说"能力的培养,此处主要以小组讨论与代表上台分享的形式进行。首先,我将请学生从自己的母亲出发,抓住一个母亲让你感动的瞬间,在小组中交流探讨。诗意智慧倡导的"以己度物"的思维方式具有"反观性"特点,指的是学生从外物中反观、发

现、认识自己,因此,此处的小组讨论交流不仅是学生听说能力的培养和训练,更是引导学生回归生活与自我,从文本中的母亲、他人的母亲中反观自己和自己的母亲,深刻认识和理解母亲对自己的付出与关爱,反思自己的日常行为,激发感恩母爱,回报母亲的思想感情。小组交流讨论后,每一小组评选出一个"最令人感动瞬间",上台与大家共同分享。小组代表分享时出示评分要求与评分表,请每一小组的同学为其他小组的代表根据评分要点打分。通过集体评议的方式促进学生更好地圆融与建构。

3. 作业

典雅语言训练需要运用和谐统一性原则。所谓和谐统一性原则,指的是以典雅语言训练为纽带,有机整合了语文教育系统中多种因素,多个侧面、多种矛盾对立的内容,使之成为完美统一的特性。其中最关键的要素在于典雅语言训练与学生德性培养达到和谐的统一,或者称为德言同构。根据典雅语言的和谐统一性原则,我将作业设置如下:

请结合生活实际以"我的母亲"为主题,写一个500字小作文。

要求:(1)表达你对母亲的感恩

(2)通过事例叙述或人物描写体现人物形象

(3)语言生动,有真情实感

五、进一步讨论的问题

专题教学,顾名思义就是教师根据学生为人与为文的需要,立足于学生问题解决而集中某一学习主题展开,或建构以一定的议题为依托,采取切合语文教学最大化效益的方式而展开的言语实践活动。以粗读、略读为主要方法,以"德言同构"为核心,以探索、发现、表达、分享为乐趣的教学方式,最终达成共识的言语实践活动。初中语文"母亲形象"专题教学必须从专题教学的概念出发,牢牢把握"德言同构"的核心,从学生的语文经验和生活经验出发,引导学生学习"为人"和"为文"两方面,一方面培养学生写"人"的能力,二是引导学生学习母亲的优良品质,培养感恩母爱的情怀,两者的教学都要建立在学生创造性运用语言符号进行言语实践的基础上。基于以上论述,教师在实施初中语文"母亲形象"专题教学需要注意以下三点:

(一)圆融比照读写,提高写作素养

语言建构与运用是学生语文核心素养之一,冯铁山教授就在专题教学中如何培养学生语言建构与运用的能力的问题作出过如下论述:"专题教学之初,确定教学点;专

题阅读教学之时,随文分步练笔;专题阅读教学结束之后,课堂聚集引领;作文训练完成之后,作后赏析展示。在这一过程中要完成四个变革:变"教教材读写"为"用教材教读写";变一次性作文指导为"多元分散式作文点拨";变一次读写分离为"读写圆融比照";变一次性完成作文为分步式练笔到整合式作文。"

  基于以上理论,教师在实施初中语文"母亲形象"专题教学时首先要确定"为文"与"为人"两大教学点,"为文"的教学点指向写作,"为人"的教学点指向人格教育和感恩教育;其次,教师要在教学每一环节中依托言语实践,引导学生生发出对文中"母亲"、对自己母亲的独特的自我感受,鼓励学生创造性地表达,不以自己的思想去束缚和代替学生的思想,不以自己的思维模式去规范和限制学生的思维活动;再次,要运用听说读写的多种训练方式,培养学生语言建构与运用的综合能力;最后,教师应该引导学生基于上课时的言语实践,运用上课学习到的写作方法,将其圆融独立成篇。教师在实施初中语文"母亲形象"专题教学时可通过以上步骤培养学生语言建构与运用的能力,提高学生的写作素养。

(二) 依托人物品质,培养健全人格

  品质指人的素质,包括智商、情商、逆商等状况和知识、文化、道德素养,它代表了个人品德的高度,应是所有中学生努力的目标和方向。但当前许多中学生过分地追求外在美,反而忽视了更重要的内在美。有些学生出于爱慕虚荣和盲从攀比的心理,生活骄奢,铺张浪费,有些学生受到封建传统思想的影响,认为女性只需要有一副好皮囊,即使没有才华、没有能力也能够找到依附。面对学生这些不正确的价值观,教师有责任进行正向的引导,而教材中大量"正能量"的母亲形象,便是语文教师引导学生形成正确的情感态度价值观的契机。教师应该通过对人物形象的分析,找到人性中闪闪发光的品质,引导学生欣赏与学习,从中收获启发,塑造理想自我,以此来对学生进行人格教育,帮助学生健全人格的形成与发展。

  胡适《我的母亲》中所展示的母亲形象,便具有值得中学生学习的高贵品格。胡适的母亲冯顺娣作为一个封建社会底层的贫苦寡妇、后母,生活在人数众多、关系复杂的封建大家庭中。艰难的生活没有压垮她,反而让她变得更加宽厚,能以坚强、忍让的态度对待生活中的苦难。但这种宽厚也不是对子女的溺爱,"我母亲管束我最严,她是慈母兼任严父。"母亲以她仁厚的品性与为人、以非凡的教育智慧造就了胡适这个大文学家。由此,教师教学时应引导学生学习这位母亲待人和气,心地善良,仁爱宽厚、坚强忍耐的品性,以此来帮助学生建立健全的人格。

(三)回归现实生活,激发感恩之情

孝顺父母是中华民族的传统美德,是我国传统伦理的核心内容。《论语》中提到的"君子务本,本立而道生。孝弟也者,其为仁之本与。"便是对"孝"的重要性的阐释。但在当代中学生群体中,这种感恩意识却逐渐被淡化。中学生不尊敬母亲的新闻比比皆是,有的甚至辱骂、殴打母亲。新课标要求通过阅读和鉴赏提高学生的道德修养,培养学生的爱国热情。感恩教育作为道德修养的一部分,成为语文教学所必须承担的任务,教材中大量的母亲形象,正是对学生进行感恩教育的良好资源。教师要利用教材中的众多母亲形象,使学生理解母亲养育子女的辛劳与不易,并引导学生由人及己,从课文中、他人的母亲回归至自己的母亲,感受切实的母爱,从而激发感恩母爱的思想感情。

许多初中生自呱呱坠地起便集万千宠爱于一身,由于成长过程中感恩教育的缺失,在他们眼中,亲情像阳光、空气般理所当然,未想过母亲养育自己所付出的艰辛与汗水。这就需要教师在讲解这些母亲形象时,关注点不能仅限于作品本身,更应有意识地加强与学生生活的联系。如可以让学生回忆自己的母亲是否也像文中的母亲一样在家洗衣做饭每日操劳,只为家庭的和睦与孩子的成长,为了孩子的教育不惜牺牲自己的时间、精力、金钱……通过这些点点滴滴的小事,让学生感受父母对自己的关爱与付出,并通过片段写作、随笔等形式把母爱和自己当下的感受记录下来,以此培养对母亲的感恩之情。

结语

具有人文性特点的语文学科有着丰富学生精神生活、引导学生形成正确的情感态度价值观的任务。从教材文本中看,母亲角色作为语文教材内容的重要组成部分,体现了人文性的思想教育方面功能。赏析语文教材中不同形象的母亲角色不但可以引导学生学习"母亲们"身上的优良品质,培养自强不息的独立人格,而且能够引导学生感受深刻的母爱,建立对母亲的感恩之情。语文教材中所选作品大多都是较为经典且符合学生身心发展水平的并符合国家意识形态的作品。语文教师应该充分利用文本中的母亲角色形象对学生进行正面的教育,在潜移默化中培养学生优良的品质,建立珍惜母爱、感恩母爱的情感态度价值观,从而促进学生身心健康的发展。

第十二章　卓越教师专业诗意成长案例

第一节　像榕树一样成长
　　——一个"中师生"教师的专业成长之路①

一、主题与背景

　　中等师范教育,俗称"中师",在我国存在达百年之久。上个世纪拨乱反正以后,国家注重基础教育的发展,将"普及小学教育"作为教育工作的重心来抓,需要大力建设小学师资队伍,中等师范教育迎来了繁荣发展的时期,催生一个具有时代烙印的学生群体——"中师生"。这些中等师范学校招收的学生大都是初级中学学业、才智拔尖的优秀孩子,或者说是卓越人才。到了上个世纪九十年代末,为了提高教师的学历层次,国家对师范教育进行调整,将原来的中师、师专、师大(师院)三级师范逐步压缩为师专和师大(师院)两个层次。中等师范学校在短短的几年内退出了历史的舞台,而"中师生"就像亚热带气候背景下成长的榕树一样,只要有一丝湿润的大气就能生发出根,进而扎根大地,撑起农村教育的那一片天。近年,在高等教育快速发展时期,师范教育也出现了"办学综合化""专业高大全化""学科本位化"等现象,而农村基础教育又需要专业德性纯粹、教师素质全面的师资。在此背景下,中师消失若干年之后,人们开始重新咀嚼回味中师教育,关注的视角也聚焦到了"中师生"这一特殊群体。

　　华南地区S学校Y老师出生于山城信宜池洞镇永新村,受大山的重重阻隔,该村的孩子初中毕业即工作,甚至小学毕业即远赴沿海各地打工的也大有人在,其命运形

---

① 本部分作者为冯铁山。

同那经典的牧羊人的故事：小学毕业，外出打工，结婚生子，年老回乡耕田……周而复始。但Y受小学班主任的影响，说服父母，咬牙坚持上学。家庭的贫困以及"毕业包当干部、包分配工作"的中师政策，促使他及他的家庭选择中考报读师范学校。1994年6月，16岁年纪的农村少年学会了权衡利弊，填报志愿的时候，第一志愿填写的不是省城师范学校，也不是地区师范学校，而是外地成都铁路运输学校承办的师范班，原因是该校除了免除学费外，还可以每月领取45元的生活补助费，比同等师范学校要多15元钱。Y以中考第一名的成绩如愿被该校录取，成为村子里第一名"中师生"，1997年8月毕业分配回到了家乡从事小学教育。一晃二十多年过去了，作为一个时代最优秀的人群代表，拿着最低廉的工资，到最艰苦的农村地区，从事最繁琐的小学教育，Y老师遭遇到什么样的时代际遇，专业成长的卓越之路是怎样走过来的，对当下师范生学习与一线教师专业成长有什么样的启示呢？

二、情境与描述

（一）师范学习：开一朵花，结一个梦

这位年方16的少年，携带着一个大山的云雾，在懵懂与恐慌之中，握着一张33元的半价火车票，坐着火车奔波55个小时，从粤西信宜来到了西南成都，在乘车的途中，伏在茶几上，梦见连绵青山下的红墙红瓦、古香古色的学校，梦见环绕学校四周的枝繁叶茂、绿意葱茏的榕树，梦见每一棵树都长出五颜六色、娇艳夺目的花朵。

来到久负盛名的成都，来到各地学子济济一堂的学校，首先面对的不是休闲城市的惊喜而是对于师范的恐惧。恐惧之一在于山里孩子生性的腼腆，害怕与人交流，担心被人耻笑；恐惧之二在于广东人说普通话，那讲不准的字音，诸如"你机（知）不机（知）道""我久（走）了""老西（师），我可以请教一个问题吗"等等众多日常用语，成为被同学调侃的专用名词；恐惧之三在于缺乏中师课表列出来的诸多才艺"书法""钢琴""声乐"等等。这位懵懂少年，除了是应试能手之外，目力所及的只是大山、河流、茅草房、水稻等原生态世界；亲密接触的无非是放牛、砍柴、插秧、收割等自然词汇。还有诸多的不会：五线谱不会，美术尚未进门，生物没有学过解剖，物理没做过几次实验……

该如何消除这种恐慌，弥补诸多不足呢？在中师教育中，围绕服务小学教育的目标，课程设置均注重常识性和实践性知识的教学与一专多能的专业能力训练。Y老师所在的学校也不例外，办学强调"要做人民的教师，先做人民的学生"，各科教学均要做到"铸师魂，涵师情"，对中师生要做到"学师能，练师功"。特殊的办学理念和配套的办学措施,促使 Y 老师的师范三年,成为奔跑的三年:在晨跑中迎接第一缕晨曦,第一次主动应聘劳动委员班干部,每一天第一个冲进教室整理班务。成为苦修的三年:苦练普通话,从声母、韵母,一个词一个词地咬字吐音,逐步涮掉了令人喷饭的"广味"方言;练习画画,学会了画卡通画、简笔画、国画,摸熟了月琴、手风琴、钢琴,识别了五线谱。成为了苦读的三年:每周拜访图书馆三次以上,待上半天,每次借两本书,每学期写十来本笔记本,从文学到佛教,从艺术到禅宗,从诗歌到科学,在纸上如画的江山悠游,流连忘返。

师范的三年,还是行万里路的三年。除了读一本有字之书的同时,还读着无字的生活之书。1996 年暑假,留校,Y 老师买了一辆二手自行车,把以成都为中心的方圆 50 公里的名胜古迹、乡村祠堂、小学都周游了一遍,白天或凭吊,或赶路;夜晚或伏案,或读书,巴蜀的风光,乡村的风情,都让他惊喜得像一个小孩,屏住呼吸欣赏着神秘的人文之景、教育之美。这师范三年的教育,促使他换了一种思维,换了一种倾听方式,甚至在自然词汇的基础上生长了一整套词根,对接上了小学教育,也对接上了缪斯殿堂。写诗、投稿,文字记载着奋斗不已的青春与哲思……

(二)乡村教育:一边自学,一边走访

1997 年,世界柳暗花明。2 月 19 日,中国改革开放总设计师邓小平逝世。7 月 1 日,香港回归。7 月 2 日,Y 老师被分配到粤北 L 县 T 农村小学,面对同省另外 7 名同学都分配在广州市,唯独他萧萧北上的现实,写下了"大瑶深山泉眼水,在山远比出山清"的诗句聊以自慰。"即使年轻的僧人再静再定,他的层次也是有限的,比起那些得道高僧的心境,他们还不能同日而语。作为年轻老师,应该有自己的长期规划,定、静、慧地修炼,不断扩大教育教学中的一个个的圆周……"8 月 26 日,在新教师见面会上,他作了以上的发言。自此以后,开启了"中师生"教师卓越成长之旅。

虽然未能像其他同学如愿留在大城市工作,分在山区乡村小学,凭借山里孩子特有的韧性与灵气,尤其是中师学习练就的师能,Y 老师漫步大山深处简陋的浈江桥,望着逝者如斯夫的流水,隐约的失望里也获得微茫的感悟:优劣势是可以逆转的,互相转化的。明智的人,劣势可以转为优势;而悲观的人,优势就沦为劣势。逐步明白自己是谁,要从哪里来,要到哪里去……他在自己任教的班级里组建了国画兴趣小组、速写兴趣小组;与语文组老师联合创办了文学社,编印了 100 余期社刊。每一天的工作是忙碌的,也是快乐的。请看笔者抄录 Y 老师笔记本上的作息时间表:

6点起床,晨读20分钟,晨跑6分钟内回来,粥刚好煮好。

7:10分前骑自行车到校。

上午,11:40分去学校搭火点,协助做午餐。15分钟内,饭菜俱好,一素一荤。阅读15分钟即午睡。

17点放学,有时杀一场羽毛球,或冲篮球。或沿着武江河畔跑一圈约2 000米。15分钟,饭菜俱好,将物理时间降到了最低标准。

20点至22点半,挑灯夜战。读书,写作。在了无人迹的夜晚,策马狂奔,追随那些照亮夜行人的航灯。

双休日与寒暑假,乐在其中,或赶往韶关的书店,或拜访名人,或进图书馆阅读,或在家中读书笔记。另,早晚抽一个小时应对中文的自学考试。

除了一心扑在学校教育教学工作,还以自学为阶梯,蓄积专业成长的能量:第一,投资读写。买书,占了工资的三分之二以上;借书,骑车去乡中学、县图书馆;写作、投稿,无论工作多么繁忙,坚持每天一本看50页书,写1首诗或一篇教学札记。在乡村小学教学期间,积攒了十余本教学札记,各类手稿近1尺厚,40余万字草稿。作品陆续在《乐昌报》《蒲公英》《五月诗笺》《韶关日报》《广州铁道》《南方师苑》《铁路基础教育》等刊报发表。第二,潜心自学。工作几年后,时间之车轮就运转到了二十世纪末,国家对小学教师学历要求提高了要求,由以往的中师学历提高到大专学历,这就逼着"中师生"教师提升学历。很多小学教师将目光转向了函授、电大等相对轻松的成人学习,而Y陷于家庭自身的条件,选取的是艰难的自学考试,先后花费五年的时间,考取了汉语言文学大专、本科(中山大学)。第三,继续读无字之书。拜访名教师、名作家、诗人,走访家长等,从走访里获取专业成长的营养。比如有一次走访一个民间国画师,该画师正在教两个学生画菊花。进门口的右侧,靠着柱子放着一盆含苞待放的菊花。甲、乙同学凝视一会儿,很快就画起来。不到十来分钟,甲同学就把自己画的菊花画呈送给画师看。画师端详了一会儿,问道:"你画的菊花为什么不开花?"甲同学笑盈盈地说:"开花?你看离农历九月还早着呢?""我的眼睛明明看到了花,为什么你的眼睛就看不到?你是只会看到现在,看不到发展啊。"甲同学再次提笔,想象着为菊花添上了花瓣。"花终于开出来了",画师说着,拿起画一边深呼吸一边嗅着菊花的气味,"可是,你的花没有什么香气啊,这和一株死菊花有什么不同!"紧接着,Y老师跟着画师将目光聚焦乙同学。该同学笔下的秋菊灿烂多姿,美如天仙,栩栩如生。画师走过去,看了看画,数落该同学:"本来是没有花的,你为什么画上了花?""可是,我心里看见了花。"乙同学小声分辩着。"花在哪里?本来没有的东西你却说有,你这是在虚构。"同样的自然之花,不同的画法,截然相反的评价,让Y老师颇为好奇,追问之下,才弄明白内蕴的育人之道。原来,甲同学性情适合向山水画发展,而山水画是重写意的;而乙同学心性适合工笔,而工笔讲究细准。这些拜访,让Y老师真切体会到了什么叫因材施教,每个人应该走适合自己的路,作为老师也应该量才点拨。

"换一个灯泡需要多少人?多少时间?对于一个学校来说,需要一个教师的一个报告给学校,学校需要报给乡中心校,中心校需要收齐全乡的材料报告给教育局。而对于一个维修工来说,他只要到仓库拿一个新的,花上几分钟,一个人就完成了!"尽管Y老师所在的是乡村小学,但乡村小学也是公办学校,拥有的不只是乡村小学的简朴,也固守公办学校的陋习:育人理念的陈旧,教师视野狭窄,课堂老套程式化;学生的童年只有教科书、教辅、试卷、成绩单;教师评先晋职要排资论辈等。尤其让Y老师想不明白的地方在于,一个与Y老师同教一个年级的语文老师,上课平庸,不受学生欢迎,乡期末测评平均分少了近10分,居然还被评为南粤优秀教师、市优秀班主任,校长给出的解释是该老师是学校少有的正规大专学历老师,本可以去中学任教,留在小学需要"重点栽培"。更让人担忧的是缺乏教研机制,年轻老师更缺乏成长平台,一学期三两次教研活动,也局限在抽签上公开课,老师们沉迷的生活就是打打牌、下下棋和种种菜,一个个成为了教师中的"农民":上课下课,种菜煮饭,结婚生子,抽着签上公开课,排着队评职称,到时间退休。

从1997至2001年,世纪之交,千年之变,基础教育课改的大潮正在涌动,Y老师像榕树一样扎根田野,为自己的专业成长修枝打杈,也筹划教育行囊的一笔一划。

(三)民办教育:左手教学,右手文学

2001年5月31日星期五中午,"庆祝六一"校园文化艺术节胜利闭幕。那个把外套搭在肩上的青年,背起几度褪色的牛仔包,怀揣着印有华南地区S学校招聘信息的《中国教育报》,踏上了开往山外世界的"大瑶山号"绿皮火车,开启了另一段教育之旅的征途。

S学校创办于2001年7月,是应我国加入WTO和全球经济日益一体化,双语人才紧缺,合企业雄厚经济实力和省重点中学成功办学经验而创建的、以培养"三双"(双语、双脑、双手)并进的国际型双语人才为特色的全寄宿民办学校。首期投入近两亿元,学校占地600亩,建筑面积约14万平方米。世纪之初,民办学校如雨后春笋般地冒出来,招聘教师往往开出了比较优厚的待遇,与之对应的是招聘条件也是十分苛刻的。Y老师风尘仆仆赶到S学校负责教师招聘的办公室,诚恳地递上自己的应聘材料,办事人员逐条对照学校招聘条件,发现Y老师的第一学历是"中师",且毕业学校还误认为是技工类职业院校,就干脆利落地拒之门外。Y老师并不气馁,凭着中师学习阶段练就的各项师能,尤其是敢与人沟通、交流、推荐自己的本领,找到了负责该项工作的学校领导电话,展开了一段难忘的对话:

"我是一个左手教着语文,右手写着诗歌的中师教师。为人与为文都是率性而为的,一路散打,情之所致,言之所发,享受着挑战汉语组合的神奇极限,打发着烟雾一样的青春忧愁,挥霍着过于旺盛的青春想象。"Y老师主动介绍自己。

"你从事小学语文教学,教些什么呢?"F校长在电话里愉快地和Y老师交谈起来。

"无非就是教师用书所规定的东西,字词句段篇章什么的。"Y老师的声音明显有点无可奈何之感。

"如果写诗可以发光,你觉得自己最终会成为一盏灯,还是一颗星?"F校长追问。

"写诗是打开自己,既不是为了成为灯,也不是为了成为星,或者暂时还没有成为所谓'诗人'的打算。"Y老师谦虚起来。

"中华民族是诗的民族,如果你右手写诗的同时考虑一下和左手教语文的协同,你可以成为星,进而成为灯,还可以成为星空本身。当你是一颗星的时候,即使星光微弱,你也可以用诗为学生引路;当你是灯的时候,灯光可以透视语文,为语文教学幽暗的教学改革探索一条走向光明的道路;当你成为星空本身的时候,你不仅容纳月亮,也成全星星,或者彼此成全。"F校长给出了真诚的回应。

"那我要如何做呢?"Y老师怦然心动。

"借助新课程改革的东风,开一个诗歌鉴赏与写作实验班吧,先从校本课程做起,慢慢推出校本教材,培养学生读诗、写诗的兴趣。你作为中师生,具有一般老师不具备的文学才华,一边教书,还可以一边承担学校校报的编辑工作。"

在F校长的干预下,Y老师成功应聘为S学校小学语文教师一职且担任校报编辑。2001年9月1日,S学校开学,由于该校属于民办性质的学校,全校第一期招生招收了454个学生。该校当时是一个"麻雀虽小五脏俱全"的学校,涵盖了幼儿园、小学部、中学部。Y老师执教的班级一共有16名学生。10月,就组建了以新诗冠名的"新诗进课堂"实验班,拉开了民办教育专业成长的序幕。鉴于民办学校尽快创办品牌的需要,在学校总校长的支持下,实验班的教改宗旨确定为"弘扬诗韵,传承文明,热爱汉语,关注心灵",其内容主要是"新诗赏析与创作"。新诗是五四新文化的产物,与古诗一脉相承,具有陶冶诗情、启迪诗思、感悟诗理、典雅汉语的功效,一句好的歌词、精妙的广告语、精彩的电影对白、创意的宣传标语等就是活化的新诗。在不触及学部领导及其他老师利益的前提下,坚持"不挑选生源,不增加课时"的实验原则——学生就是Y老师执教语文班级的学生,课时就是从常规语文课中抽出一课时进行专门的训练。每个星期,Y老师在实验班上开设诗欣赏、诗创作课程,带领孩子们读余光中、读顾城、读西川,讨论泰戈尔、冰心、席勒等诗家诗作;有时也会把学生带到教室外采风,带到阅览室扩充视野,甚至观看电影。

在实验过程中,Y老师常常遭遇许多冷嘲热讽:"写什么新诗啊,小学生写的诗连老师也看不懂,写什么鬼东西!""什么新诗教学,搞得学生标点符号都胡乱使用!""别折腾了,新诗都没有人看了!想做新诗华佗啊!"。不管周围的老师和当时学部部分中层领导怎么非议,Y老师凭着"咬定青山不放松"的顽强拼搏精神以及"敢为天下先"的闯劲,实验有了明显的效果。到了六年级,所执教的班级学生人数逐渐增加到42人;短短3年时间,该班出版诗歌周报100多期,在全国30多种刊报杂志上发表诗作400多篇(首),出版诗集4部,其中11岁的学生Z同学还出版了个人诗集《新诗班里的一支芦笛》。2003年8月,纯文学杂志《星星》诗刊第一次采取专栏的方式,连续6期刊登该实验班小诗人的诗。其副主编靳晓静感叹地说道:"小学生的诗歌能够在我们成人纯文学刊物上以专版的形式发出来的,这是第一次。这说明这些小学生的作品达到了相当的水平。"Y老师本人也相继在《语文教学参考》《中学语文》等刊物发表20余篇论文,推出《打开夏日的窗户》《跨越》等诗集,从而成为省市作家协会会员、理事;2003年升任校办公室负责学校宣传的副主任。

升入六年级,原本是一件开心的事情,如同农民耕种庄稼,春华秋实,马上到了收获的季节。在这个紧要关头,小学部X校长出台一个政策——抽调各班优秀的学生,组建小升初"精英班"。目的是为了学校创建品牌,彰显小学部办学的实效,也彰显小学部领导管理能力。Y老师此时也荣升为校办宣传的副主任,并且一直从事小学语文教学工作,于情于理,也应该纳入小学部行政班子。但事与愿违,小学部领导为人向来

"霸道",事先没有任何商量就把Y老师班上15名学生抽走。Y老师申告无门,请求F校长支持。接到Y老师的求助电话,他匆忙赶往分部——小学部,依照"相克相生"的原理,说服X校长,保留实验班,一来检验"新诗实验班"的效果,二来和"精英班"形成竞争关系。在F校长的干预下,实验班得以维持。经过一个学年的深化研究,新诗实验取得比较完满的成功。小升初考试,全市前10名的同学,该班占了5名,语文平均分比对比班高出11.72分。

送完第一届新诗实验班,Y老师2004年9月又接手了一个班级,基本上的做法与第一轮没有什么本质的区别。当然,Y老师在繁忙的工作当中也做了一些课程建设工作,对第一轮的讲义进行梳理,借助学生诗集《最初的声音》出版的机缘,他在这本书里附录了《新诗二十讲》,实质是讲课的讲题,每讲细化为2—4节课。

第一讲:从范例看新诗的基本特点,树立想象是艺术之源的观点

第二讲:从范例看新诗的语言魅力,积累一些新诗意象

第三讲:从范例看新诗语言的形象美,有形与无形的互换

第四讲:从范例看语言"熟悉的陌生化"处理之一

第五讲:从范例看语言"熟悉的陌生化"处理之二

第六讲:用"熟悉的陌生化"给事物重新命名

第七讲:新诗自由谈——我所认识的新诗

第八讲:文本写作之文本语言的介入

第九讲:由文本语言的介入到系统语言的介入

第十讲:隐性美的挖掘之一

第十一讲:隐性美的挖掘之二

第十二讲:场景语言的介入之一

第十三讲:场景语言的介入之二

第十四讲:积累常见的新诗句式

第十五讲:新诗自由谈——我所认识的新诗

第十六讲:如何运用想象营造新诗的神秘

第十七讲:想象与中心词的辐射关系

第十八讲:想象的几种类型在新诗中的运用

第十九讲:一首好诗的几个向度参考

第二十讲：总结——如何加强语言修养与拥有自己的词汇

从以上讲题的主题看，Y老师有了初步的课程意识，尊重小学生是一种缪斯性存在的本能，利用新诗的人文性、图景性和创造性，探索并构建"营造气氛，启迪诗思——体验过程，感受诗情——品味生活，赋以诗意——自主创作，形成诗语"的新诗教育形式、新诗教育课型。从内容层面分析，该实验教学的内容基本上属于客体性的，即关于新诗的阅读与写作本体的学习，缺乏对"诗"与学生"语文素养"发展的关系的深入研究，没有把"新诗进课堂"与现阶段学校语文教学进行有机地整合，科学地认识新诗教学活动的文化功能及其价值，也没有将每周一节的"新诗进课堂"进入到常规语文课上，仍是相对独立的校本"实验课"；从实验的主体看，操作并践行"新诗进课堂"的只有Y老师，缺乏对教育主体（教师与学生）自身的研究，相当数量的教师认为自己不是诗人，或者不会写诗，自然教不好学生读诗、写诗，不愿意参与到实验中来，学校领导尽管认可该实验的做法与成果，但也没有进行较大范围的推广。如何从"学理"、"教理"与"文理"等层面将"新诗进课堂"与常规语文教学融合起来，使之成为进一步加强学校语文教学工作，探索增强学校语文教学实效性的新途径？这是Y老师深化实验面临的重大问题。

（四）理想学堂：画一个同心圆，写一首教育诗

民办学校最大的瓶颈问题就是师资队伍的不稳定，一旦外界有什么风吹草动，品牌教师很容易跳槽，被公办学校的事业编制牵走，或被其他民办学校高薪挖走。2011年6月，诗教课题进入第十个年头，期间也成功申报了市级、省级教学研究课题，教科研成果获得了省市大大小小多个奖项，Y老师也逐渐获得社会良好的声誉，有三所知名重点公办中学抛出诱人的条件，想要聘用他。有一位准备打道回府的J老师，临行前把他拉到一边，语重心长地说："Y老师，我准备回家乡了。作为朋友，我想对你说两句话，坚守诗教，好好在讲台上教书，你将是无可代替的特色老师；你身兼数职，既要教书，又要做宣传，还要忙教科研，身体吃不消呀，还是找一个公办学校实现你的理想吧！"

J老师的忠告，让Y老师颇为踌躇。十年来，工作确实够繁重的了。长期负责校内外电子与纸质媒体以及主编校报校刊等工作，从电脑文盲成为"电脑通"，集文编与美编一身，兼全校教科研、文学社工作，还一直担任班主任、一个班语文教学工作，有时还带两个班语文，或兼带电脑、科技等副科。刚开始几年，中午均在办公室加班，没有午休过,每天工作均在14小时以上。因此,给硬朗的身体埋下了祸患。2008年的一天傍晚,精神恍惚,回宿舍撞破了墙上玻璃,鲜血大流,食指将断,那年的中秋国庆节假日连在一起,本应该享受节日的快乐,他却在骨科医院度过整整七天。还有一次,2009年清明节前后,在办公室突然晕倒而不省人事,急送镇人民医院抢救。未果,转送人民医院连夜抢救。天旋地转,命在旦夕,三个月后才恢复元气……但,从公办学校出来,重新过那种机械的教书匠生活,又是Y老师不愿回首的往事以及不愿憧憬的蓝图。身兼多职,岗位与身份不断在变,责任不断在增,不变的却一直是一线语文老师,一直战斗在教室,与可爱的同学们领略诗意课堂的魅力,在母语的诗山词海里遨游,极目楚天舒。

S学校在审时度势的基础上,将孙中山先生倡导的"博爱、民主、创新"精神与现代社会"坚韧、扎实、高效"的人才价值取向巧妙对接,不断丰富办学内涵,提升办学品位,在激烈的校际竞争中脱颖而出,中考连续三次勇夺全市第一,从2001年9月创办到2016年9月新学期开学,在校生达到9 300人,成为市最大的民办学校。随着办学规模逐步扩大,这就意味教科研工作需要进一步加强,意味着需要有一个专门的部门对学校的各项工作进行专项研究、引导、评价。基于国家课改深化发展的客观现实以及学校办学再上台阶的需要,S学校就将教科室升格为"课程研发与评价中心",并选聘中学、小学部精英教师参与"理想学堂"课题组,实行单独招生、单独管理。Y老师因为有前期课题研究的经验与基础,自然受聘为该中心主任,顺势拔擢到中学部任教语文,后来提升为学校总校副校长。担任这么重要的职位,需要掌握前沿的教科研知识,需要统筹建设学部管理文化,尤其需要把准国家、地方、学校课程改革的脉搏,作为"中师生"教师,尽管后来自考了专科、本科文凭,Y老师知道自己没有受过系统的教育科研训练,也缺乏专门的汉语言专业知识学习,主持的课题取得了一些成绩,充其量是草根研究。如何突破专业发展的瓶颈,借助新课改的东风"再出发"呢?最直接的途径就是"读研",但内心的隐痛就是英语,即使有在职联考的年代,英语成绩要求不高,但对于广大中师生来说错过了最佳的外语学习年龄与机会,重新捡起来,谈何容易。此路不通,只得另辟新路。

借学校"理想学堂"实验的契机,Y老师组建了高校教授、教科研部门专家等组成的专家团队,并私下拜某双一流高校F教授为师,成为该教授的门外弟子,寒暑假与在职研究生一同听课、一同参与师门联合教研活动。在专家团队指导下,Y老师新官上任三把火,在保留原来的传统与优势外,从如下几个方面规划并实施课改:**其一,内化诗教理念,统筹规划课程体系**。"理想学堂"统整国家与地方课程,分设三级课程:基础课程、项目课程、特需课程。基础课程为国家与地方课程,开足开满;项目课程将把学生需求与理论知识融入学习生活,贯穿到主题探究之中;特需课程属于私人定制部分,结合寄宿制学校优势,教师既是导师也是教练,利用晚修或节假日,或者线上线下为有需求的学生开设个性化辅导课程。无论哪一级课程,课程理念均要求落实"全人教育""自我价值实现"等诗教思想(具体见图12-1)。**其二,教室功能分区,教学主题模块**。充分考虑12—15岁学生心理,教室改造、分设自学区、互助区、展览区、观影区等,教室里配备电脑、钢琴、图书柜,变"教室"为"学堂"。推行主题模块教育,如初一上学期的童年主题模块课程,融合了文学、美学、数学、物理等学科,学生学习角色构成童年王国,分别扮演国王、童年法官、童年诗协会长、童年游戏会长等36个职位,以虚拟身份进入通话语境,集读、演、玩、游、创、评等于一体,多方位体验主题探索之德智体美劳。**其三,以课本诗为抓手,强化雅言表达**。所谓的课本诗,指把课文演绎为现代诗;广义的课本诗,指根据课文演绎为诗化的文字,即赋予课文文本、作者、自我及其彼此关系以诗意观照,从而触发师生生命感动后采用"文雅"的言说方式去解读、演绎课文所涉及的生活内容,从经典课文中读到生活图景,读到生命感动,发表并表达"切己"的感受,去相遇未知的自己。

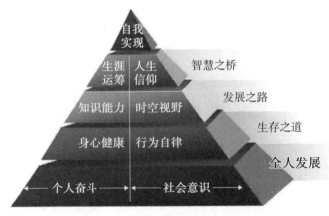

图12-1 理想学堂课程建设理念示意图

2012年9月8日,Y老师在S学校报告厅为全体语文老师上了一堂示范课。主题为"诗在山的那边雀跃——《在山的那边》"[①]。《在山的那边》是一首现代诗,寄情于

---

① 叶才生,冯铁山.诗在山的那边雀跃——《在山的那边》教学实录及点评[J].语文学习,中学语文教学参考(初中版),2012(7):37—39.

物,重拾童年足迹,生发为一种信念,一种哲理:即困难与理想交锋后的豁然开朗,是幼年与成年视觉误差后的美丽邂逅。教学过程是"观看奥运开幕式片段,导入新课——阅读课文,整体感知——走进文本,深入体会——对话作者,思想渗透——拓展延伸,寻找我心中的原型意象"。这个过程看似平淡,实质上Y老师将动之以情、授之以知、启之以思以及导之以行的教学活动融合到学生自主的言语实践之中。他多次利用换位思考的方式,组织学生们以自己的身份朗读诗歌,对话文本;然后将作者换成自己的方式来"身临其境",感受情感,再根据教师的范例自主进行"鸽子—和平、乌鸦—不祥、喜鹊—报喜、梅花—高洁"等言语实践,获得对诗歌"物象—意象—原型意象"层层递进的感悟与自由的言语表达。这个过程是感悟语文诗意的过程,是师生与生生多元交流互动的过程。正如学生所言,如果说海代表胜利,那么,这个语文教学的过程就是教师引导学生"克服种种挫折获得胜利"的过程。比如第一个环节:

师:2008年对一个中国全体人来说最开心的盛事是什么?

生:奥运。

师:现在让我们回顾开幕式。要求找出最喜欢的镜头,用一两句话描述出来,并说说喜欢的理由。同时揣摩张艺谋导演开幕式的总意图。

生:点燃圣火的镜头。

师:你知道这是取自于中国哪一个神话吗?

生:夸父追日。

师:张艺谋的圣火就相当于夸父的什么?

生:太阳。

师:张艺谋把圣火比喻成太阳至高无上。这个创意大家认为好的话,请给掌声!(生拍掌)

生:画面中的"和"字。我认为它能体现中国的文明。

师:请去过故宫的说说故宫里面中间最多的一个字是哪一个?

生:和。

生:历史长画卷,因为它代表中国五千年历史,贯穿起来一幅波澜壮阔的历史长卷。

生:身穿白色衣服的人排出"北京奥运"的标志,因为太美了,像天上的星星都跑到地面来参加奥运开幕式。

师：还有在北京奥运会开幕式上演唱《歌唱祖国》的红衣小女孩,因为她让我们看到新中国的未来。

师：请大家想想张艺谋想通过这些镜头表达什么?

生：中国取得的成就通过镜头中的烟花表达出来。

生：张艺谋用镜头表达中国上下五千年的文化历史和中国每一段历史所取得的辉煌成就。

生：用中国人五千年的"和"文化,告诉世界人民要和平共处。

师：同学们能够从张艺谋导演开幕式中学到课本诗的写作思路——借助物象,写出"和"文化的理解。请看PPT老师的示范。(PPT 1出示中国有代表的物象:故宫、水立方等;PPT 2出示Y老师的演绎的范例:故宫神兽把门,左青龙,右白虎,前朱雀,后玄武,前朝后宫,那是布局的和谐;……那是数字的和谐;……色彩……)

生：故宫,瑞兽点缀,龙凤呈祥,铜龟,铜鹤等,象征着国家长治久安,国泰民和。

生：水立方,像一方碧绿的翡翠,镶嵌在北京的胸襟。长江、黄河、所有的湖泊和水系,浓缩成一滴滴晶莹剔透的水珠,蓝色,经典;蓝色,神圣。

师：是的,体现我们中国奥运给世界的承诺"绿色奥运、科技奥运、人文奥运"。在奥运开幕式中,我们看到中国、看到世界、看到未来。如果我们做导演,大家要知道每一物体都有情意。今天我们就来用"物象＋情意"为依托学习诗歌《在山的那边》。

Y老师上课伊始,就为学生抛出一个耳熟能详的物象——北京奥运会开幕式。当学生注意力聚焦到开幕式华丽的舞台以及炫目节目的时候,他又适时地提出引人深思的问题让学生锁定感动自己的精彩镜头,并用一两句话表明喜欢的理由,这其实就是让学生透过物象去揣摩张艺谋导演的开幕式的情意。在此基础上,自然引出"景物＋情意"的学习思路并以中国有代表的故宫、水立方等物象,引导学生进行初步联系,为后面的教学做了很好的铺垫。课本诗教学,强调教师引导学生对"言、象、意"三者整体把握,从语言出发,又回到语言,从读写结合走向读写生成:从传统语文阅读教学从"言"直接进入"意"的单向道灌输式教学,转为重视"寻言观象""寻象观意"的两个转化过程,强调学生"阅读体验(言语)"是阅读教学的起点,"立象悟意"与提升阅读体验是阅读教学的关键,即倡导并践履"言、象、意"一体化的教学。它要求教师善于寻找文本的诗意点,或主问题,侧重于诗情、诗理、诗思、诗语某一个纬度,在课堂的师生互动对话中,动之以诗情、晓之以诗理、启之以诗思、导之以诗行、积之以诗语。加拿大教育现象学者马克思·范梅南曾对诗化作过一种解释,他说:"所谓诗化不仅仅是诗歌的一种形式,或一种韵律的形式。诗化是对初始经验的思考,是最初体验的描述。"①(具体见图12-2)

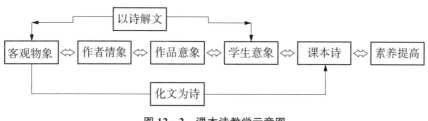

图12-2 课本诗教学示意图

"尊敬的Y老师:您好!这是一封迟来的道歉信。六年前,在琪琪读五年级的时候,我写信投诉你,言辞颇尖锐地批评你,说你的语文教学理念太'超前',造成孩子学语文不求甚解,囫囵吞枣……传统课堂老师关注的课文中心、段意、重点句等,你却视而不见,问起来孩子说这些老师很少讲,我的心猛然沉了下去,我跑教育线近十年了,还没有见过哪些老师这样'放得开'……现在,再次向你致歉。从琪琪交谈中,我得知,她一直很敬重你,喜欢你的教法。她在高中所写的作文颇受老师和同学们的好评,成绩也是班上最好的。这一切归功于您的教育……"

2018年末,Y老师收到一封挂号信,是该市党报社专门跑教育线一资深记者写的。她孩子小学的时候就入读了Y老师执教的班级。半个学期过去了,一个星期天晚上返校的时候,琪琪同学匆忙走进了办公室,转交了一封她妈妈写的控诉信。这是Y老师从事"新诗进课堂"实验以来收到的第一封投诉信。除了简要的电话解释外,他也作了更多的反思。家长对于教学改革,对于"中师生"教师且在学校身兼数职的"打杂"老师,家长是有疑虑的,这是可以理解的;作为课改之路的探索者,尤其是以传承中

---

① 周益民.回到话语之乡——周益民的"另类课堂"[M].上海:上海教育出版社,2012:23.

华文化为己任的教育人,更应该坚定教育信念,带着诗意的情怀去面对来自学校、来自家长、来自四面八方的"投诉",更主要的还在于用心搞好教育教学工作。现在收到家长的道歉信,Y 老师心里释然的同时也平添了几分责任。

三、进一步讨论

"一程山水一程歌,一直到今天,中师生仍然是农村基础教育的中坚力量,学历最低的中师生照亮了乡村孩子的未来"。这是广为流传的博文《一代中师生,你还好吗》对"中师生"教师的评价。该评价如同一粒石子投入平静的湖面,激起一代中师人内心的涟漪,也引发广大师范教育工作者的思考。Y 教师的专业成长之路,颇为曲折,他只是"中师生"教师群体的一个缩影,一个代表。他们加盟小学教育,或许是中国基础教育的一件幸事,而相对个体而言,更多的恐怕是内心失落与不平。但像 Y 老师能够成长为学校课改、语文教学的卓越人才,值得挖掘、弘扬的精神还在于作为一个教师对教育教学应该拥有一种质朴的使命感,自觉地将这种使命扛在肩上,对自然、对社会、对自我保持一种近乎童真的想象与诗意的情怀。"自学"与"走访"、"诗人"与"教师",这些表面看来似乎是二元对立或者风马牛不相及的事物,Y 老师很好地将它们圆融成一个鲜活的整体。2018 年 1 月 20 日颁布的《中共中央国务院关于全面深化新时代教师队伍建设改革的意见》强调指出,"全面提高中小学教师质量,建设一支高素质专业化的教师队伍。"以培养高素质教师为己任的师范院校要加大课改力度、整合优势资源,更需要汲取中等师范办学的合理元素。作为卓越教师后备人才培养的全日制、非全日制教育硕士也应该从"中师生"教师身上学习发挥"自兴其趣、自健其德、自塑其形"的主体性和主动性,从而走在追求卓越的自我发展道路上,彰显卓越教师的立德、立人风采。

思考练习题

1. Y 教师作为"中师生",他的专业发展的道路,有哪些积极的力量值得汲取?

2. Y 老师在专业成长的路上遇到哪些难题?他是如何克服的?如果你是 Y 老师,你会怎么建构自己的人生规划?

3. Y 老师认为"语文教学应焕发诗意的魅力",他们是怎么一步步实现的?你从中也获得了怎样的启示?如果你认定某一学科教学思想,你准备如何实施?

4. 如何看待校本草根课题与教师专业成长之间的关系?

第二节　诗教融入语文课堂：问题、价值与方式①

2017年1月25日,中共中央办公厅、国务院办公厅印发了《关于实施中华优秀传统文化传承发展工程的意见》文件,该文件要求：围绕立德树人根本任务,把中华优秀传统文化全方位融入思想道德教育、文化知识教育等环节,贯穿于启蒙教育、基础教育等领域。诗教是传统文化重要内容,将诗教与现代语文教学融合,不仅有利于落实课标培养学生热爱祖国语言文字的根本任务,还有助于传承民族优秀的文化,这是值得探索的理论与实践问题。

一、主题与背景

我国是诗的国度,中华民族是诗的民族,有着优良的诗教传统。所谓诗教,本指《诗经》的温柔敦厚的道德教化,后来泛指借助诗歌的文学体裁开展的教育活动。这一思想萌发于孔子提出的"兴于诗,立于礼,成于乐"的教育主张。历朝历代,诗教思想弦歌不绝,家长和师者均重视教子(生)诵诗、悟诗、写诗、用诗。当今时代,受应试功利主义的影响,再加上中考、高考作文大多在作文题后设置括号,将诗歌体裁剔除,致使常规语文课堂教学即使遇到诗歌文本,其教育教学也局限在以考试为目的、以考点为内容、以频考为手段、以成绩为评定标准的路径,既没有发挥诗"多识草木虫鱼"的语文知识认知价值,也没有发挥其"乐而不淫,哀而不伤"的审美鉴赏与批评价值,更没有发挥"教"的民族文化传承、理解与语言建构、表达价值。近年来,受网络文化以及西方文化的影响,学生语言表达呈现夹杂英文字母、网络符号的"新洋泾浜"现象,这一粗俗化的表达受到文化学者和教育界的广泛批评,更有专家指出,"一些中国学生的汉语水平已然开始向无知的程度倒退"②。

针对如何解决学生语文素养发展不佳的问题,学界从语文课程定位到实践教学开展了广泛的研究。上个世纪末,王尚文教授、李维鼎教授和李海林等专家学者依据19世纪的"语言-言语分立学说",提出了"语感论""言意转换论""言语教学论"等学说。潘新和教授在针对语文教学"理解本位"的缺陷,明确提出"我写,故我在"③的思想。

---
① 本部分作者为冯铁山,原文发表在《教育研究与评论》(综合版)2020年第3期。
② 陈春勇.我国年轻人汉语水平向无知程度倒退[N].人民日报,2007-7-14(8).
③ 潘新和.语文：我写故我在[M].福州：海峡文艺出版社,2014:3.

其理由就在于言语是生命的表达,言语活动是人的基本生存和存在方式,人的言语生命能力,最终是指向言语表现和言语创造的。这些学说启发一线语文教育工作者变语言规则理解教学为言语实践活动教学。湖北武汉洪镇涛等特级教师开展了变"研究语言"为"学习语言"的探索,江浙一带的王崧舟、周益民等特级教师倡导"享受言语生活,引领诗意人生",陕西的著名诗人王宜振、浙江的雪野、郁旭峰等诗人教师倡导建构"童诗课堂",山东省淄博市教研室的王玉强老师致力于引导高中生将典型文学篇目改写为现代诗。这些实践探索内蕴着传统诗教思想和言语实践的内涵,同时也表明:学语文不仅学理解,还要学表达,学致"用",而融理解、表达、运用一体且具有民族语文课程与教学特色的莫过于"诗教"。

基于一线实践与理论反思成果,《义务教育语文课程标准(2011年版)》特对语文课程性质作了修订,强调指出"语文是一门学习语言文字运用的综合性和实践性课程""语文课程致力于培养学生的语言文字运用能力"。近年学界又力推"语文教学应发展学生的语文核心素养",2017年底颁布的《高中语文课程标准》将语文核心素养界定为"语言建构与运用""思维发展与提升""审美鉴赏与创造""文化传承与理解"四个维度,其中最重要的构成要素,也是整体结构最基础的层面就是如何落实语文课程的"综合性""实践性"的"语言建构与运用"这一核心素养。站在语文课程的价值定位思考,语文课程的本质决定了语文课堂教学的价值诉求——致力于培养学生娴熟的祖国语言文字运用能力,从而实现语文核心素养全面而和谐的发展,而诗教恰好照应了人的核心素养,它与常规语文教学融合起来无疑成为颇有研究价值的课题。

二、诗教融入语文课堂的基本价值

从学术史的角度看,我国的诗教发展大致经历了经学之前的诗教、儒家视野中的诗教和现代学术视野中的诗教三个发展阶段。其中孔子是诗教的鼻祖,也是诗教思想的集大成者。在孔子看来,语文教育应该"兴于诗"。给出的理由就是"《诗》可以兴,可以观,可以群,可以怨;迩之事父,远之事君;多识于鸟兽草木之名"(《论语·阳货》)。从核心素养的视角审视,诗之"兴观群怨"侧重的是有助于自我健康发展的素养,即抒发情感(兴)、了解社会(观)、与人交流(群)、表达诉求(怨);"迩之事父,远之事君"指的是有助于人的社会参与素养发展——谙习伦理道德,对亲人尽孝,服务社会,报效国家;"多识于鸟兽草木之名"则有助于人扩充视野,发展知识文化素养。正因为诗具有发展人的核心素养功能,孔子反复告诫儿子孔鲤要学习诗,并断言"不学诗,无以言"①(《论语·季氏》)。这里的"无以言"可以多角度分析:其一,从言说内容上来说,其含义是"没有用来说的",俗话就是"没得说"。从正面看,"学诗"就等于"学识",有了学识自然就"有得说"。其二,从言说境界看,内含着"不能说",即语言表达缺乏德性与审美修养,说出来的话难以和谐人际关系,达到体现个人修养的效果;其三,从言说表达上来说,指的是"没法说",即缺乏语言表达艺术,既"没得说"也"不能说"。将诗教融入语文课堂,对于语文课程从目标定位、内容整合以及教学过程安排均有重要的价值。

(一) 目标定位:变"外在规训"为"诗意生成"

从本体论的视角透视,指向理解的语文课堂教学存在"义理教学"和"语言知识教学"两种本体观。所谓的"义理教学本体观"②,指的是语文课堂教学注重学生思想内容培养,教学内容被架空于义理层面和观念的熏陶,甚至简化为道德教化或为政治思想的灌输;所谓"语言知识教学本体观"③,指的是语文课堂教学逐渐转向为语文知识传输、语言规则分析。知识是显性的、现成的,义理是内隐的、观念的,因为二者难以圆融,也不会自觉地转化成学生运用语言的能力,广大一线语文教师只能选择单向度且外在于学生心灵的"规训",将大量的时间和精力放在文本思想内涵的讲解和语文知识传授、语言规则的训练上,既难以拨动学生语文学习情感的心弦,也难以诱发学生心灵的回应。而诗教,从源头上追溯,它源于原始农耕文明的巫术文化与周代礼乐文化的双重作用,由政教思想之"道"和诗独特体裁之"文"共同作用而成的;从价值诉求看,它强调人类的存在是指向诗意的,其教化自然需要凭借"诗"般的形式,以诗歌、情感、自然、人生和美为内容。学生在读诗、诵诗、写诗的言语实践中不仅能够生成"兴观群怨"的诗情,还能够感悟"迩之事父,远之事君"的诗理,更能自然而然地吸纳"草木虫鱼"的诗学。将诗教与语文课堂教学进行融合有助于突破、超越传统"义理教学本体观"和"语言知识教学本体观"的目标定位。

诗教融入常规语文课堂教学如何实现"诗意生成"呢?任何语文课堂教学的终极原因是人,人的本质体现在人所创造的符号中,人的自主性表现在能创造和使用符号的自觉性与能动性等方面。与其说人是创造并使用劳动工具的动物,不如说人是创造

---

① (清)纪昀主编,王嵩编.家藏四库全书(精华版)[M].北京:中国华侨出版社,2015:45.
② 李海林.现代语文教育的定位问题——经义教育·语言专门化·语用[J].课程·教材·教法,2015(05):61—68.
③ 潘先军.对外汉语分类教学实践[M].北京:北京语言大学出版社,2008:54.

性使用符号创造文化的动物①。语文课程的实践性不同于其他学科的实践,它是直接发展人力的实践活动,是创造性运用语言符号的活动,这种创造性运用语言符号的活动其实就是言语实践活动。语文课堂教学的目标定位就在于充分开展学生、教师、文本三主体间的言语实践活动,让学生在言语实践中涵养亲近母语、热爱汉语的情怀,发展创造性运用语言文字的言语智慧,提高诗一般的典雅语言文字表达能力,进而促进语言和德性同构共生,语言训练和学生的人文精神培育,即德性发展同步进行,二者水乳交融,达到促使学生语文素养全面而和谐发展的效果。比如,《珍珠鸟》的三维目标这样设计:知识能力目标为"每个学生学会抓体现作者描写珍珠鸟感情色彩的关键词,学习交错式构思的方法",情感态度价值观目标为"针对以我为主的态度,每个学生学会细致入微地体察动物的心理,进而建立人与动物平等的关系",过程方法目标为"每个学生通过读出一句话——读出几个词——读出文中味的言语实践过程,了解语象、把握情象、理解意象,进而娴熟交错式构思方法的运用"。如此一来,课堂上学生不论是阅读、还是写作,以言语实践作为本体,学生在自读自悟、自造自建地创造性运用言语符号的言语实践中自然能够化《珍珠鸟》原文的情怀、交错式构思为自我处理人与动物的诗意情怀与行为。

(二)内容整合:变"教教材"为"用教材教"

一线语文教师常感叹备课是"相顾无言,惟有泪千行"。如果手头上只有一本教科书,便会很恐慌,于是在书店会出现教师购买教案的身影,往往一本教案还不够,一定要买两本,甚至多本,好让这些教案"取长补短"。假若轮到开公开课,更会紧张几宿,原因不言而喻——不知如何备课,更不知如何整合教学内容。究其原因,教师习惯"搬运工式"地处理教材,教材成为"字词句语修逻文"和"义理考据和辞章"条分缕析的彼此分离的"自在之物",而不是学生发展语文核心素养,尤其是进行语言建构与运用的"自为之物"。范祥善先生在《国文教授革新之研究》中指出:"宜善用教科书而不为教科书所用。教科书,死物也。教授国文,舍而弗用固不可,用之不当,其害立见。"②语文教学内容整合如何从静态封闭的、彼此隔离的"教教材"走向动态开放、且圆融互摄的"用教材教"?诗教提供了别具一格的思路。据《论语》记载,子夏读到《诗经·卫风》之《硕人》,对诗中"巧笑倩兮,美目盼兮,素以为绚兮"③一句,不知如何把握其蕴含的

---

① 卡西尔著,甘阳译. 人论[M]. 上海:上海译文出版社,2003:5.
② 范祥善. 国文教授革新之研究[J]. 教育杂志,1918(第10卷).
③ (春秋)孔丘. 论语全鉴(第2版)[M]. 北京:中国纺织出版社,2014:40.

"义理",于是向孔子请教,孔子用绘画作喻,提出了"绘事后素"的观念(《论语·八佾》),巧妙地分析真善美的关系。一幅尽善尽美的绘画,首先需要良好的质地作基础,然后绘画者凭借良善的艺术修养作画,在基础上再进行锦上添花的加工润色。推及该诗之美人,其美在于有"仁"的"真",然后进行"礼"(即"善")的提升,再饰以"美",则美人变得更美。

  绘画之所以流光溢彩,美人之所以顾盼生辉,均离不开绘画者和欣赏者的解读,这个解读过程其实就是依照"归真、求善、至美"视角进行内容整合的活动。推及语文教材内容整合,诗教融入语文课堂教学也需要从这三个彼此关联的关键词入手。所谓的"归真",既指语文内容整合还原教材立体的生活图景,归于教材文本真实的语境;也指调动学生全面的感知系统,归于学生语文学习真实的状态。所谓的"求善",指的是把握教材文本内蕴的善意、作者的善心以及学生凭借语文教材学习而生发的善念。所谓的"至美",就是让语文文本和学生发生"切己的联系",将内在归真的感情与求善的善念,外化为塑造理想自我的行为,从而走在美的路上。这个过程诚如朱熹所言"切己体察"[①],即教材内容整合不仅激活学生认知结构已有的"相似块"归真信息,还善于把握学生人文情怀"结构差"的求善修养,还让学生相遇生命感动,相遇未曾遇见的自己,进而抒发自己切己的感受。比如人教版九年级下册《谈生命》一文,从归真的角度分析,既要把握冰心描绘春水一路东流入海以及小树成长五种形态之实,也要研读学生掌握了比喻修辞但不知化虚的生命为实的春水及小树的写作手法,"化虚为实"就成为语文课堂教学的起点;从求善的角度分析,作者写春水和小树用到了大量的动词和形容词,分别让学生排列组合,分类咀嚼,就能够透过"聚集、合成、奔注、穿过、冲倒、挟卷、流走"这些动词,认识到"春水向下奔注,穿过悬崖峭壁,冲倒层沙积土,挟卷沙石,一路流走,这是永不停步的春水,这是目标专注的春水",还能够把握"有力、曲折、快乐、勇敢、愤激、怒、心平气和"等形容词把握生命"勃发春的气韵、散发春的气息、生机勃勃的活力以及丰富多彩的人生经历"等良善品质。从至美的角度整合,冰心表现的生命与学生理想自我的生命进行圆融,调动学生的内心感受,塑造自我——"在我眼里,生命是墙角数枝梅,凌寒独自开的傲然风骨""生命是劫后重生的凤凰,抖落风尘,绽放历练的美丽"。

(三) 教学过程:化"结果验证"为"过程实践"

  传统的语文课堂教学从教学过程视角看,尽管新课程改革也催生了许多课堂教学

---

① (清)陈宏谋辑.五种遗规[M].北京:线装书局,2015:27.

改革模式,但"师本"的本质观念还在发挥作用,课堂上,教师的主要活动就是提问、繁琐的内容分析与借助一课一练检测、验证课堂传授知识的结论。语文教学过程本应该是教师的教与学生的学相互促进的实施过程,是学生在教师的引导、组织、示范下相遇文本、对话作者进而塑造理想自我的体验过程。这个过程就是上文所论述的创造性运用语言符号解读文本、解读自我的言语实践活动。任何一首诗均是由语象、物象、情象、意象构成的,将诗教与语文课堂教学过程融合,一方面强调"以诗解文",即带着诗意的眼光审视文本物象、作者情象、作品意象以及学生意象;另一方面做好"化文为诗"的工作,即从语言出发,又回到语言,让学生在从"寻言观象""寻象观意""化意为诗"的言语实践中生成"课本诗"。这个过程赋予课文文本、作者、自我及其彼此关系以诗意观照,从而触发师生生命感动后采用"诗"的言说方式去解读、演绎课文所涉及的生活内容,从教学内容中读到生活图景,读到生命感动,发表并表达"切己"的感受,去相遇未知的自己。正如加拿大教育现象学者马克思·范梅南曾所言:"所谓诗化不仅仅是诗歌的一种形式,或一种韵律的形式。诗化是对初始经验的思考,是最初体验的描述。"[①]这种过程式的体验是教师引导学生对"言、象、情、意"整体把握、领悟、融通的活动。

　　教育部编版七年级下册《紫藤萝瀑布》一文,广东叶才生老师设计如下教学过程。第一环节,语象阅读:朗读课题,感悟语言。即引导学生朗读课题后,设计"心(　　　)"的言语实践,促使学生对文本教学点——修饰性的比喻有语言的敏感。学生在"心窗、心花、心门、心扉、心树、心锁、心书、心画"的语言表达过程中把握课题本体与喻体的关系。第二个环节,物象阅读:联系生活,揣摩文本。首先让学生欣赏生活中真实的紫藤萝,然后让学生阅读文本,勾画描写紫藤萝特点的语句,学生第一眼读到的是紫藤萝的繁盛与颜色,第二眼读到的是瀑布。"紫藤萝"与"瀑布"只是客观的物象,通过引导学生观生活之象到举文本之象,盘活学生记忆中具体情态的"自然紫藤萝及瀑布",进而体验、比较、揣摩作者笔下的"眼中的紫藤萝及瀑布"。第三环节,情象阅读:模仿练习,体味情感。首先引导学生完成"人生如河:儿童泉、少年瀑、青年(　　　)、中年(　　　)、老年(　　　)"词语扩张式比喻练习,然后根据这个言语实践支架领悟"十来年里,紫藤萝会遇到各种各样的不幸"并进行自我创造性语言表达,学生自然领悟到作者之于紫藤萝这一物象的情感、态度与价值观。第四环节,意象阅读:对话作者,推进创

[①] 周益民.回到话语之乡——周益民的"另类课堂"[M].上海:上海教育出版社,2012:23.

造。首先让学生以诗解文,即从"普通紫藤萝"的物象,提升到"心中瀑布"的情象,升华到"生命瀑布"的意象,让学生获得"见山是山,见水是水;见山不是山,见水不是水;见山还是山,见水还是水"的顿悟;然后让学生化文为诗,即将文本阅读和自我生命观照结合起来,写一首课本诗,从而完成由言到意,又由意到言的转换,产生"悠然心会,妙处难与君说"的审美感受。学生不难写出这样的诗句:"扬起花的风帆,在阳光浩浩荡荡的航道里,多少灰色与星辰的凋零,都落在心灵以外""这瀑布如此蓬勃,这鼓鼓的紫色,酝酿着生命的酒,消隐了曾经的焦虑和悲痛,紫藤萝披戴着阳光"。不仅如此,学生还会以诗人之眼观世,以诗人之心察心,写出诸如"愤怒时,花朵握紧了拳头;开心时,花朵抿着小嘴笑了"等心灵顿悟之作。更深刻的意义还在于圆融学生的生活,诗化学生的心灵。

三、诗教融入语文课堂教学的基本方式

笔者参考国内外不同时期诗教融合常规语文课堂教学的基本方式,根据诗教"呈于象——感于目——会于心"(《原诗·内篇》)的认知规律以及阅读教学"初读整体感知——再读把握情感——精读品味语言——四读拓展提高"的过程规律,巧妙统一于归真、求善、至美、圆融四个阶段,力争将语文教学的价值取向指向语言表达,让学生在自主的言语实践活动中陶冶诗情、训练诗思、培养诗感以及践行诗意,从而做到语文课堂教学与诗教的合规律性与目的性的统一,形成了多样化的融入方式,主要有如下三种。

(一)诗意点圆融式

所谓"诗意点",就是能够触发学生生命感动的文本内容所包含的关键处、精美处、深刻处、疑难处,文本形式所体现的语言、结构、手法巧妙处;作者在作品中表达的富有诗意的思想、情感、志向等"有嚼头"的地方,它是"知、情、意"与"真、善、美"的巧妙融合。[①] 所谓诗意点圆融式,指的是以"诗意点"为核心,以形式多样的操作方式为圆环,在赏析中理解认识诗意点,拓展延伸中掌握诗意点,创作中运用诗意点的言语实践活动,从而达到阅读教学与诗教圆融目的的教学方式。主要步骤体现在如下几个环节:

第一步,引入诗意点:将学生注意力集中到文本、作者、学生学习的知识能力、情感态度价值观等教学目标聚焦点,也称为"导入点"。比如《珍珠鸟》一课的诗意点就是

[①] 冯铁山.诗意语文论[M].北京:中国社会科学出版社,2016:194—200.

文本形式展现的人与鸟交替互动的方式,即交替式构思诗意点。再比如《湖心亭看雪》中的"雪"意象。

第二步,揭示诗意点:紧扣教学目标,结合文本相关信息,在教师提示、举例或示范的言语实践中陶冶诗情、启迪诗思、领悟诗意。比如《湖心亭看雪》一文,结合文本"崇祯五年十二月""大雪三日""湖中人鸟声俱绝""天与云与山与水,上下一白;湖中影子,惟长堤一痕,湖心亭一点,与余舟一芥,舟中人两三粒而已"等信息,设计"这是一场(　　)的雪,这场雪下得(　　),下得(　　),下得(　　)"的言语实践,学生在老师的提示下,学生自然能够写出这样的句子:"那是1632年冬天,雪下在了前朝。雪下了三天,下得杭州遁入空门,下得天地寥无人迹。十万里西湖嫁给了苍茫,世界空了,西湖终于属于我独自享用。"

第三步,延伸诗意点:提炼诗意点的关键词,沿着关键词,牵联出若干相关或相邻知识、能力训练点,从而使诗意点延展成线、成面、成体。在《湖心亭看雪》上一环节教学的基础上,教师可以引用《诗经·采薇》里的"雨雪霏霏"、柳宗元《江雪》里的"千山鸟飞绝"、白居易《夜雪》里的"夜深知雪重,时闻折竹声"以及毛泽东《沁园春·雪》里的"万里雪飘"等意象,让学生把玩、吟味,从而获得"雪"相对完整、立体的意象。

第四步,圆融诗意点:教师设计若干紧扣诗意点的言语实践,让学生分析判断并动口、动手表达、运用,教师根据学生的言语表达、反馈的信息进行点评,达到理解文本、陶冶情操等教学目标。在《湖心亭看雪》的这一步,教师无需多费口舌,让学生在"这是一场(　　)的雪,从这大雪,我读到了诗人(　　)"的言语实践中自读自悟,学生内心有所触动,自然会表达出"这是(千里冰封、万里飘扬)的雪,从这大雪,我读到了诗人(对雪的痴迷);这是(湖天茫茫、万籁无声)的雪,从这大雪,我读到了诗人(内心的孤寂,雪国无声);这是(威严无比、层染世俗)的雪,从这大雪,我读到了诗人(遗世独立,永远生活在明朝那些事儿中);这是(天寒地冻、人鸟无声)的雪,从这大雪,我读到了诗人(梦的温度,故国的怀恋)……"。

第五步,反思诗意点:教师引导学生对所学习的诗意点进行理性反思,整理与该诗意点相关的知识能力点,或情感态度价值观点,或学习策略、思维方式等过程方法点。力求一课一得,得得相联。

(二)读写比照式

所谓"读写比照"式,指的是利用读写同质异构的关系,按照学生的心理发展特点、认知能力的发展规律,将阅读和诗教中的陶冶诗情、启迪诗思、感悟诗理、践履诗行、积淀诗语进行比较、对照,引导学生构建和完善有关读写的"认知结构"而形成的读写活动结构框架和教学程序。

叶圣陶先生在《语文教学二十韵》里说到"作者思有路,遵路识斯真"[①]。作为语言运用的具体产物,任何言语作品产生的过程是:物——意——思——文。对一个诗歌创作者而言,他进行诗歌创作,首先是生活中具体的动人的形象(物象)打动他,使他内心里自然生发生命的感动(情象),接着将自己的感情移用到歌咏对象上,于是有了一定的思想认识(意象),然后才通过一定的技巧、方法表现生动的形象并提炼出对生活的理解,简而言之:物象:是什么——情象:怎么样——意象:为什么——方法:怎么写。而学生阅读言语作品,首先是利用形象思维感知作家塑造的物象,根据已有的知识经验体验情象,再上升到理性思考的层面,把握表现手法,进而挖掘作品刻画的社会意义,即领悟意象。将这个过程具体阐述一下,主要包括如下几个因素:作者写了什么,我知道些什么——陈述对象有什么特点,我怎么表述这些特点——这些内容怎么组织起来的,用了哪些方法——作者为什么写这些内容,有什么意义。简单表述为:写什么——怎么样——方法——为什么。因此,诗教之诗歌创作的思维路径与阅读教学存在一定的比照关系。有机利用这种思维比照关系,将诗教的课本诗创作与阅读教学融合,也有利于语文教学指向语言表达。主要步骤体现在如下几个环节:

表 12 - 1　读写比照示意表

阅读思维流程	课本诗创作思维流程
写了什么事?用了哪些材料?	物象:我知道些什么?(头脑风暴)
材料有什么特点?	情象:我可以怎样将想法分类?
作者为什么写?(情志)	意象:我为谁写?我为什么写这些内容?
用什么方式组织材料?	意境:以何种方式、方法组织材料,构成完整的意境?
提出问题——比较、对照——解决问题	

第一步,略读归真比选材,明确写什么。即一方面引导学生归于作者真实的言说语境,弄懂文本里作者所表现的"是什么"的知识;另一方面归于学生真实的生活,调动学生的生活储备,诱发学习主体阅读协同写作的学习动机。比如部编本七年级上册教

---

① 叶圣陶.箧存集二编·语文教学二十韵[J].叶至善、叶至美、叶至诚,选编叶圣陶集(第八卷)[M].南京:江苏教育出版社,1989:251.

材《走一步,再走一步》,文本里的"走一步,再走一步"是莫顿·亨特处于险境时父亲对他说的话,而学生的真实生活可能是三千米长跑精疲力竭之时同学们的鼓励,也许是学习困顿之时的自我提醒。教师顺势布置"当_____的时候,你会走一步,再走一步;当_____的时候,你还会走一步,再走一步……"句子,让学生自我表达并与原文比照,学生不仅读懂课文作者的处境,更触发自我的心灵感动。

第二步,精读求善比立意,明确怎么样。所谓求善,即理解阅读材料里包含的"怎么样"的社会意义。既把握材料记叙、描写对象的形象特征,也让学生思考自己创作时所选材料的价值。比如把握了文本的基本内容,教师再布置"当_____时候,走一步,再走一步是_____"的言语实践去把玩原文的哲理,同时获得自我创作的立意。这时纷纷写出这样的句子:当攀登高山,体力达到极限时,走一步,再走一步是坚持;千里之行始于足下,不积跬步无以至千里,走一步,再走一步,是积累;当遭遇挫折,面对人生困境之时,走一步,再走一步,是永不言弃。在比照中学生充分感受和认识所读的和所写的事物立意的共性和个性。

第三步,点读至美比情志,明确为什么。所谓至美,即走在追求美的路上,让学生所读与所写发生切己的联系,读到文字背后的图景,触摸到文字背后的温度,抒发自己切己的感受,从而理解阅读材料和自我创作"为什么"的知识。比如,莫顿·亨特通过记叙自己童年受困、脱困的经历获得了"着眼于那最初的一小步,走了这一步再走下一步,直到抵达我所要到的地方"的启示,那么,生活中,学生遇到相似的境遇又会获得什么样的切己的感受呢?教师布置"倾听内心的声音"的言语实践,让学生写出至美的独特感言:我被困住了,无数个声音对我说"不可能",我会告诉自己,走一步,再走一步,这是我战胜胆怯后的果敢行动。

第四步,赏读圆融比构思,明确方法。即鉴赏"怎么写"。在分析情志的基础上,教师引导学生对言语作品的构思技巧、抒情方式、语言风格等写作形式细细咀嚼、吟味,从阅读材料中发现和归纳出规律性的技巧和方法。比如《走一步,再走一步》一文是典型的感悟式构思,基本的思路就是"冒险——脱险——人生感悟"三个步骤,借助这基本的步骤,让学生进行创造性的改造,学生会圆融到自己的创造中,得出"自我感悟——叙事——叙事"等一个又一个符合学生认知结构的变式来,变机械的模仿为自主的创造。

(三)随机菜单式

所谓菜单随机渗透模式,就是在遵循阅读教学基本规律且不改变正常的阅读教学程序前提下,根据学生学习的需要,罗列教材蕴含的言语训练点,形成菜单,让学生自主选择进行语言表达训练。菜单的编写遵循主体性、目的性、实践性与系统性等原则,辨证处理教师主体、学生主体、教材文本作者主体的关系,课程内容、教材内容、教学内容的关系,工具实践、精神实践与言语实践的关系,语文知识能力、情感态度价值观与过程方法的关系。教材的菜单可以是文本内容补白处:课文中的省略号、人物对话的言外之音等等;也可以是总分式、转折式、递进式、承接式、并列式、因果式、概括具体式等段式的仿写;还可以是人物外貌特点、人物语言描写、人物心理刻画、人物动作表现等人物专题菜单。菜单运用方法与步骤如下:

第一步,随文随机列举菜单,激发兴趣:根据学生的学习兴趣,选取课文材料与学生创作的知识点构成训练菜单,供学生选择。比如笔者指导自己的学生方庆娇老师执教部编本四年级下册教材《触摸春天》一课的时候,为学生提供了"课前预习"的学习菜单,鼓励学生根据自己的兴趣选择自己的学习内容:可以围绕"春天"的话题去整理课文写到春天的词语,并将自己筛选的词语写成诗句;也可以围绕描写主要人物"安静"或"蝴蝶"的词句,探究行为背后的诗意情思;还可以围绕课文诸如"谁都有生活的权利,谁都可以创造一个属于自己的缤纷世界"这样的经典句子去探究生命的意义。

第二步,建立诗意的视角,初步训练:由文本自动迁移写作,让学生多角度去透视学习菜单,找到自己的感动点、训练点,进行简单的模仿练习与单句创作。此环节为上课的导入阶段,不同于常规教学,方老师上课之初,引导学生朗读课题后就有读写深度融合的意识,提出了这样的问题:假如你是作者,可以给课题"触摸春天"加一个标点符号,你是加逗号、句号、感叹号、疑问号,还是省略号呢?这个问题就把学生引入到自己的创作当中,鼓励学生选一个标点符号进入到课堂探究当中。

第三步,展现人生的美丽风景,变式训练:采取人与自然、人与社会、人与自我的顺序,让学生感受彼此之间切己的关系,变简单的单句训练为创造性多句创作活动,变简单的模仿为自主变式创作。因为每一个同学均选择自己的学习视角,在此步骤的教学当中,方老师先展示几张关于春天的图片,引导大家结合预学菜单整理的课文描写春天,诸如"花繁叶茂、浓郁花香、绿地小径、沾着露珠、缤纷世界、清香袅袅"等词语和课外习得的词语,谈谈自己心目中的春光。在老师搭建的语言建构与运用支架"这是鸟语花香的春天/茉莉花散发着缕缕清香/黄鹂一声清脆的歌声/轻轻地,叫醒了春天的耳朵"示范下,学生进行"一探春天""二探安静""三探生命"的言语实践。学生纷纷建构了属于自己的诗句:"这是面朝大海,春暖花开的春天/一只燕子衔着水草高飞/红红的别墅/在青山绿水中温暖了春天。""安静是一个神奇的女孩/在花香的引导下/她竟然和蝴蝶相遇了/蝴蝶在她的掌心里舞蹈/我不知道/是蝴蝶吸引了安静/还是安静感召了蝴蝶？""蝴蝶有生活的权利/她在盛开的花丛中翩翩起舞/安静虽然是个盲童/她同样拥有生活的权利/在春天的深处/安静细细地感受着春光……"在这样的课堂，老师成为诗教的导引者与示范者，而学生成为探索者与实践者，不仅读懂了课文，还表达了自己，对自己的理解与表达给出了个性化的"标点"。

第四步，圆融文本理解，自动化训练：比照原文，反复比照、打磨、实践，既欣赏原作，又自能自发地选择相对应的训练点进行言语实践，在言语实践中不落痕迹地把知识、能力、过程方法等训练点融为一体。在此环节教学，用诗意的语言进行引导：无论是岩石下顽强生长的小草，还是暴风雪中灿烂绽放的梅花，或者是如同安静一样的盲孩子，每个人都有生活的权利，只要你热爱生活，热爱生命，秉持"我也有生活权利"的观念，一定可以触摸、描绘出一个属于自己的春天，创造出属于自己的缤纷世界。目的在于"由理及情，研读自己"。

四、进一步讨论

当下中小学语文课堂教学还存在较多灌输式的知识掌握、条分缕析式的内容讲解，缺乏过程性的、非线性的感悟自得，更缺乏对语言文字本身的尊重。这背离了《义务教育语文课程标准（2011年修订版）》"语文课程是一门学习语言文字运用的综合性、实践性课程""语文课程致力于培养学生的语言文字运用能力，提升学生的综合素养"等精神。语文教学本应该是师生生命的重要历程，是创造性运用语言符号表达生命感动的活动。F教授和Y老师精诚合作，致力于将民族特色教育——"诗教融入常规语文课堂"，充分开展学生、教师、文本三主体间的言语实践活动，让学生在言语实践中涵养亲近母语、热爱汉语的情怀，发展创造性运用语言文字的言语智慧，提高诗一般的典雅语言文字表达能力，进而促进语言和德性同构共生，语言训练和学生的人文精神培育，即德性发展同步进行，二者水乳交融。2017年1月25日，中共中央办公厅、国务院办公厅印发了《关于实施中华优秀传统文化传承发展工程的意见》文件，该文件要求：围绕立德树人根本任务，把中华优秀传统文化全方位融入思想道德教育、文化知识教育等环节，贯穿于启蒙教育、基础教育等领域。诗教是传统文化重要内容。如何借助诗教这一民族特色教育方式传承民族精神与发展传统文化？如何借助高校智力资源和发挥诗教的素质教育功能，实践中还会遇到什么样的困难？面对上述问题，必将引发新一轮的教育探索与实践。

思考练习题

1. 在"诗教融入常规语文课堂"语文教学改革道路中,除了案例中提到的几个方面,还需要考虑哪些问题?

2. 语文教学如何坚持弘扬诗教传统?

3. 怎么看待当前部编版语文教材加大诗词歌赋比重的现象?

附录：
跋山涉水探幽卉　归真求善臻美境
——冯铁山教授和他的诗意教育

本刊特约记者　王为[①]

关山迢递，筚路蓝缕。30余年来，冯铁山教授致力于诗意教育探索与实践，采取联合教研的方式，深耕中小学课堂，在全国各地建立了20余个实验基地，培养了百余研究生、中小学诗意教育名师。早在《时代教育·诗意教育探索》创刊之前，冯教授就和本刊就已结下不解之缘，并受聘担任诗意教育专家团队成员，共同用诗意教育的理论和实践，滋兰树蕙，栽李培桃。

《论语·季氏》载："子曰：'学诗乎？'（孔鲤）对曰：'未也。'（子曰）'不学诗，无以言。'鲤退而学诗。"诗教是汉民族最具特色的传统，汉诗是汉民族最具代表性的文学样式，而汉语文是"诗意语文"，语文教学要"不断地强化汉语的典雅性，给生命以诗意的底片"。拘明月在手，数十载孜孜以求，学者冯铁山教授做诗意教育田园的开掘者、栖居者，并做着导引者。本刊最近对冯教授进行深度访谈。

弦歌不断，诗教田园的开掘者

王为：冯教授，您好！在诗教日渐衰微的时代，您为什么三十余年一直致力于诗教及诗意教育研究，初衷是什么？

冯铁山："诗者，志之所之也。在心为志，发言为诗"。正如叶嘉莹先生所言："诗词

[①] 王为.跋山涉水探幽卉　归真求善臻美境——冯铁山教授和他的诗意教育[J].时代教育·诗意探索，2020(2)：53—57.

教学给人以兴发感动"。上世纪八九十年代,我也曾任教中小学语文。因为执教的是农村孩子,班上学生语文基础底子薄,尤其是遇到古诗文便觉"佶屈聱牙"。当时的境况是大多数老师奉"翻译串讲"教学为圭臬——根据教学参考书进行程式化的、应试化的文言知识灌输和练习、测验强化,学生成为机械笔记和背诵的学习者。该如何让学生爱上古诗文呢?最初的探索就是通过朗读,学习古人"诵读涵咏"的读书方法,要求学生做到"初读有声,字音准;再读有情,节奏明;三读有疑,意义清;四读有形,韵味足",成为改进古诗文教学的基本课型。后来,经过团队,尤其是我的学生王不了、叶才生等老师的推广实践,逐步形成了古诗文"诗意演绎"教学。成功打造出"诵读演绎、鉴赏演绎、创编演绎和化用演绎"等多种课型,以及"人＋言＋意义""人＋事＋品质"等灵活机动的典雅语言"化用方式"。

王为:您为什么倡导雅言教育呢?如何典雅语言呢?

冯铁山:关于典雅语言,通常的看法有三个方面:其一,雅正之言;其二,正确合理的言论;其三,高雅的言辞。我个人认为,雅言为中华民族言语之根;教师,尤其是语文教师,应成为雅言的代言人,通过雅言才能雅心,进而成就学生的雅容与雅行。古诗文恰好是雅言的集大成者,也是学生习得雅言的智慧宝库。但学生生活在当下,不能也没有必要机械地复制、粘贴古人"之乎也者"的言说方式。这就存在一个"雅化"的问题。如何雅化呢?可以根据学生语文素养发展的需要,提出关键词,让学生口头或书面表达。例如"什么是幸福",学生会迅速把古诗文化用为"幸福是'常记溪亭日暮,沉醉不知归路'的回忆""幸福就是那化作春泥更护花的点点落红"。经过多年的探索,我自己执教班级学生的古诗文的学习能力,尤其是语言表达的能力得到了提升。从功利的角度审视,当时所任教的班级语文成绩超过省重点、市重点中学,两次入选"教育系统师德、业绩讲用团",被教育局作为英模在各镇、区进行讲用,也多次荣获人民政府和教育系统颁发的"立功"和"嘉奖"等表彰。

王为:您这种来自一线经验性的探索如何上升为理论层面的诗意教育呢?

冯铁山:古诗文"诗意演绎"教学获得的成功,确实给了我信心,但也带来很多困惑。其中最大的困惑在于如何找到理论支撑,如何作出具有引领性的课题。基于这个目的,一线工作八年后,我决定考研并被湖南师大录取。在读研期间,受到周庆元先生、程大琥先生和张良田老师等专家教授的指导,把古诗文教改经验与最具中国特色的"传统诗教"对接,并挖掘、整理、发展为"新诗教"。研究生毕业后就进入高校工作,以此为题,选取自己所在高校的湖南第一附属小学作为研究基地,依托语文学科切实地开展系统的实验,自然也就申报了全国教育科学"十五"规划课题并成功立项。课题立项以后,逐步推广到广东、浙江等地。在三年为期的实验过程中,从设计教案,到亲自登上一线讲台上教研课和示范课多达八十余节次。在课题的引领下,参与实验的老师端正了语文教学的观念,创造性地引导学生在自主的"文—意—言"多重转换中,化文为诗,以诗释文,有效地促进学生语文素养和谐发展,相当多的实验教师也逐渐成为作家、诗人。

教学相长,诗意语文的栖居者

王为:冯教授,据我所知,您是浙江省的优秀教师,也是全国研究生优秀指导教师,更是广大一线教师的智慧导师,尤其带出了一批有影响的语文名师,请问您有什么"秘诀"?

冯铁山:其实没有什么所谓的"秘诀",来我门下学习的学生、徒弟或合作伙伴,我经常讲的一句话就是"相遇未曾遇见的自己"。因为每一个人是生成的,是不确定的存在;每一个人又是有追求的、立体的存在。作为"立体人",她或他不仅是时间上的"历史人、现实人、未来人",而且还是空间上的"物质人、精神人和灵魂人"。我在高校主要从事语文课程与教学论研究,因此,作为语文教师还要成为相遇自然、社会、自我诗意的"理想自我"。这种"理想自我"不只是知识的容器,更多的素养在于"归真的认知、求善的德性与至美的境界"。

王为:您倡导的诗意语文其中的关键词简单概括起来也就是"归真、求善、至美",其中的奥妙又是什么呢?

冯铁山:这个问题说来话长,简而言之。中小学语文教学一直存在一个方向错位的问题,这个问题就是重视内容解读,教学指向理解,忽略语文教学本体,忽略民族语文的理论根基,忽略了培养学生"热爱"并"创造性"地运用祖国的语言文字符号。所谓的语文,正如叶圣陶先生所言,口头为"语",书面为"文";二者的结合就是口头语言与书面语言。这是语文概念的简单语素分析。如果从语文的源头看,语文不过是生活中运用语言文字符号进行交际交流的活动,是一种言语实践活动。言语实践的水准自然取决于做人的品质与思维、学识、文化等要素修养的水平。从理论根据看,孔子倡导"兴于诗、立于礼、成与乐",辩证地处理了语文语言文字教育与立德树人的关系,这个关系的处理离不开"归真、求善、至美"。所谓的"归真",指的是归真自然的诗意、学生自然的本性以及语文认知的真确,即语文文化知识的素养;所谓的"求善",指的是彰显与生俱来的善心、内外互化的善意与人己互惠的善行,即社会参与的素养;所谓的"至美",指的是实然与应然境界的提升、语言表达个性的彰显、理想自我的塑造。目前的中小学语文教学主要进行的是浅层知识认知理解教学,导致语文教学成为"祛魅"的存在,认知没有深度,还羞于育人,怯于审美,既缺"德",也缺"美"。

王为:您是如何指导您门下学生、徒弟实践诗意语文教学思想的呢?

冯铁山:在高校,大多数研究生专业均存在全日制研究生和非全日制研究生两种类型,普遍存在"全日制研究生缺乏实践平台""非全日制研究生没人管、培养缺过程性"等问题,本科生教学也存在"学科本位",相对忽略"实践知识与实践技能"等问题。如何解决这些问题呢?我2010年9月开始实施了"1+1手拉手协同培养"的机制,即把在职的非全日制研究生、全日制研究生、本科生组织起来,实施"联合教研"机制。所谓的"联合教研",就是依照诗意语文"归真、求善、至美"的理念,采取"教——学——研"一体化研究的学习方式,要求三类学生围绕语文教学某一问题或专题开展同台教研,将在职研究的"经验"与全日制研究生、本科生的"理论"统整起来,促使"经验长翅"与"理论扎根",二者达到"和谐共振"效果的人才培养措施及操作规程。这个教研机制不仅促使全日制研究生、本科生人人考上编制,论文年年获评优秀;而且非全日制研究生纷纷被评为省特级教师、正高级教师、省市教坛新秀、名师、骨干教师、学科带头人等。这些年来的足迹遍及祖国大江南北,打造了诗意语文阅读教学、诗意作文、古诗文诗意演绎、诗意专题教学等一百余个经典案例。这也就是本科生、研究生,甚至国培、省培的老师都亲切地称我为"冯爸爸"的原因,也是成为宁大首届"最美老师"的重要原因。

亦师亦友,诗意德育的践行者

王为:您从事诗意语文教学研究成绩斐然,为什么又从事诗意德育研究呢?

冯铁山:将"新诗教"和"诗意语文"发展为"诗意德育",来源于2004年8月去中央教育科学研究所(现中国教育科学研究院)访学的机缘。在央所詹万生、朱小蔓等教授指导下,将"诗意"概念引入道德教育,采用"设境兴志""以诗言志""以德喻志"等诗意言说方式,让大、中、小学生接受诗意文化熏陶,自启其智,自健其德。后来在陕西师大攻读博士期间,在栗洪武教授指导下,就以"诗意德育研究"为题进行"陕西师范大学优秀博士论文资助项目"研究,还获批立项为国家社科基金项目。

王为:落实立德树人根本任务,不仅是高校,还是中小学需要认真对待的课题,您能结合自己的经验,给予一线教师如何学习并实施诗意德育一些建议吗?

冯铁山：我个人认为德育是学生为人的逻辑前提，有魅力的德育应该促使受教育者与生俱来崇明的美德得以光亮，得以弘扬，从规范自己的言行起步，进而带动周围的人走在新新不已的前进之路上。诗意德育的要义就在于——陶冶诗情，启迪诗思，品味诗意，践履诗行，积淀诗语。目前我国大中小学生德育工作的瓶颈在于生硬的规训导致德育的"低效"。正如孟子所言"仁义礼智，非由外铄我也，我固有之也"。主要的建议如下：

一方面，教师要善于用生活中的点滴感动去引导学生感受德育的诗意。"你不是诗人，但不能缺乏诗意的生活；同学们若能诗意的生活，那么你就是诗人。"这是我经常对学生讲的话。在教学中，教师应该始终以开朗的笑容感染学生，与学生能够一起席地而坐，指引孩子看窗外的彩虹，将彩虹的梦化作奋斗的蓝图。还要让学生学会感恩国家、父母、学校、老师、同学以及所有与自己有关的人，并带着这种感恩情怀去探究教学问题。我每接一个班的课程教学，都会引导学生给自己、给班级乃至未来自己的职业以诗意的命名，形成一种散发诗意德育场，促使学生沉浸其中，带着诗意的眼光审视世界，变不良的行为为优秀的习惯，化优秀的习惯成为美德。

另一方面，教师要发挥语言的德性功能，运用诗意的言说方式。信守"语言是存在的家"的哲学理念，采取"开口开心、雅言雅行"的策略，让学生与自然、社会、自我发生切己的联系，每天写一句典雅的汉语激励自己，每周编一报复活每一个汉字温暖的灵魂，将汉字折射的生活化作可以兴、可以观、可以群、可以怨的诗篇。在引导学生在锤炼典雅语言的过程中其实就是陶冶诗意情意，塑造富有诗意的理想自我形象，成为一个雅言、雅心、雅容、雅行的文明人。

此外，我多年来以自己的博客、微信和公众号为阵地，引导本科生、研究生去相遇未曾遇见的自己，去解决心里种种困惑与问题，这种所谓的"教育诗"多达五百余首。"走出来吧/用脚步写一首属于我们的诗/不要等着花谢了/才想起要跟上前行的节奏""灯，自己点亮/存身的世界才会越老越光明/路，自己去走/跋涉的前途才能越来越宽广""久久的凝视/一朵花/你就会变成/一只蝴蝶/久久地浸润/典雅语言世界/你就会化作/生命兰溪里/一条永不老去的鱼"。

"带着感动全息体验，谱写教育本真的曲；带着诗意审视生活，唱起汉语典雅的歌"。读一读冯老师写给学生的教育诗，你一定会跟随他的脚步，做诗教田园里的开掘者，诗意语文的栖居者，诗意德育的践行者，写出属于自己的"教育诗"。

（该文刊登在《时代教育·诗意探索》2020年第2期）